女性の中年危機

中年の危機
ミドルエイジ・クライシスを
チャンスに変える方法

スザンヌ・シュミット＝著
岡本祐子＝監訳
寺田容子・青山 薫＝訳

NEWTON PRESS

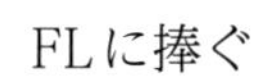

FLに捧ぐ

女性の中年危機

ミドルエイジ・クライシス（中年の危機）をチャンスに変える方法

第１章
はじめに

「中年の危機（ミッドライフ・クライシス）」の歴史が悪名高き衝撃的な虐殺事件から始まり，しかもその語り手が女性であったとは誰も想像できなかっただろう。「雑誌の仕事で訪れていた北アイルランドでの取材中,私の目の前で話していた少年の頭が銃弾で吹き飛ばされた。イギリス軍の装甲車が群衆に突入し始めたのだ。自動小銃を手にして，戦車から飛び降りてきた空挺部隊の兵士たちが，人々に銃弾を浴びせかける。顔を失った少年の体が私に覆いかぶさってきた」[1]。1972年1月30日，イギリス政府による令状なしの拘禁政策「インターンメント」に抗議する市民デモに対し，軍が発砲して死傷者を出した「血の日曜日事件」である。当時,ニューヨーク誌の記者だったゲイル・シーヒーは，アイルランドの自治獲得を目指す「ホームルール運動」[2]やアイルランド共和軍（IRA）における女性の役割を取材するために北アイルランド第2の都市ロンドンデリーを訪れていて，事件に遭遇した。その4年後，シーヒーの名はベストセラー『パッセージ――人生の危機』（1976年，邦訳：1978年，プレジテント社）の著者として世界に知れわたることになる。私は，「中年の危機」という言葉が，この本の出版をもってアメリカ，そして世界の大衆文化と社会科学に受け入れられたと考える。この本は，シーヒー独自の血の日曜日事件についての考察から始まる。自身の体の不調は35歳のときに北アイルランドで負ったトラウマが一因であり，40歳を前にして人生を振り返り軌道修正する必要性に迫られているからでもあると分析し，「この『中年の危機』なるもののために自分にできることは何でもやろうと決めた」[3]と記した。

中年の危機というと，男性の耽溺（たんでき）と無責任 —— 自分の年齢の半分ほどの若い女性を助手席に乗せて赤いコルベットを飛ばす裕福な中年男性 —— という陳腐なジェンダー・ステレオタイプが頭に浮かぶ。しかし元来は，女性の権利に関する概念として提唱された言葉であった。シーヒーは，自分の中年の危機は半年以上に及ぶ強度の神経症状として現れたと記し，血の日曜日事件，および1972年7月10～13日に開催された民主党全国大会という，二つの政治的な出来事についての自身の考察と関連づけながら10ページにわたって論じた。このときの民主党大会というと，フェミニズム団体の全米女性政治連盟（NWPC）が創設後初めて参加し，運動の方向性をめぐって内部対立を繰り広げ，醜態をさらしたことでも知られている[4]。

シーヒーは『パッセージ』で一般的な現象として「中年の危機」を描こうとしたため，この本のなかでは冒頭の描写以外に再びこうした自身の経験を語ることはなかった。個人的経験を紹介するのは読者との距離を縮める効果がある文学手法の一つではあるが，シーヒーが描いた危機は大半の読者にはピンとこないものだった。戦争記者や政治評論家としての自分をアピールすれば，読者からの信用は高まり，作家としての格は上がるかもしれない。一方で，メンタルの崩れをつまびらかに描写することは真逆に作用する恐れがある。担当編集者は「読者から頭がおかしい人だと思われるよ」と警告した[5]。

何より，北アイルランド紛争の流血と世界を股にかけるジャーナリストの中年の危機を並べて語ることには，一定の不安があった。しかし，アーネスト・ヘミングウェイなど複数の人物が，戦争は男性の人格形成上の通

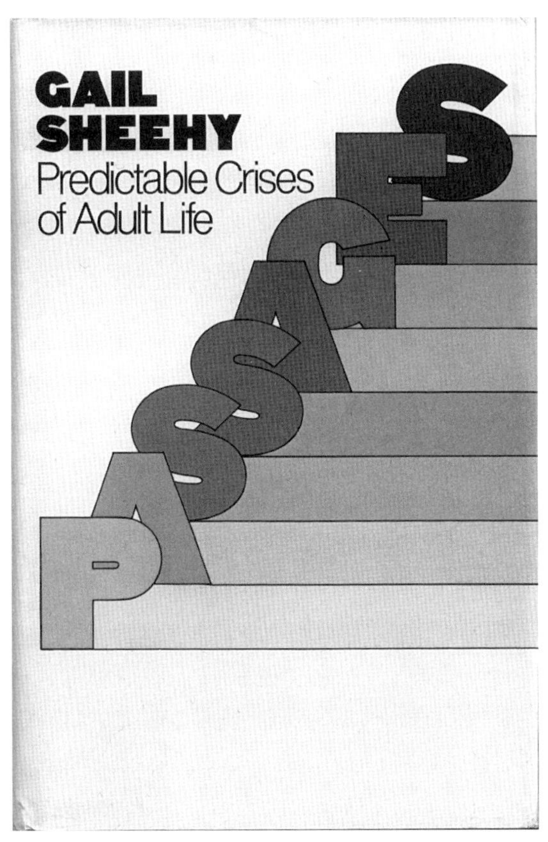

図1-1 ゲイル・シーヒー著『パッセージ── 人生の危機』(1976年)の表紙。ミルトン・グレイザーがデザインした，レインボーカラーのステップが並ぶ表紙が印象的だ。大胆な色使いと大きな文字が記念すべき出版を彩ると同時にその重大性も表している。

過儀礼の一つと表現していたのと同様，シーヒーは単にその女性版を示したにすぎない。血の日曜日事件や全米女性政治連盟と同じ文脈で語ることで，中年の危機を女性たちの目覚めや権利を求める闘いとして位置づけようとしたのである。女性たちは実際に，アイルランドでは武器を手に取って，フェミニズム運動では民主党全国大会から始まった制度内部からの変革によって闘った。それはまさに,「個人的なことは政治的なこと*1」[6]だからであった。

「中年の危機」という言葉はもともと,カナダの精神分析家で経営コンサルタントのエリオット・ジャックスが1950年代に生み出した造語である。当時は心理学の世界でも一般社会でもあまり知られていない言葉だったが,シーヒーは女性が35歳前後で自らを振り返るタイミング,つまり平均的な中産階級の家庭で末の子どもが就学した頃に経験する人生の再評価,見直しを表す言葉として,これを用いた。女性たちは自問する。「私は結婚のために何をあきらめたの?」「なぜこんなに子どもを産んだの?」「なぜ私は進学をあきらめたの?」「仕事をやめて何年も経つのに,学位は役に立つの?」「働くべき?」「なぜ誰も私に再就職すべきだと言わないのだろうか」[7]。

シーヒーは男性たちの中年の危機についても描いている。しかし,それは女性たちのそれとは違うし,ジェンダー・ステレオタイプの「耽溺と無責任」とも異なる。シーヒーによれば,女性が専業主婦・母親としての役割とキャリアを天秤にかける頃,男性は仕事の世界に幻滅している。40歳になろうとする男性たちは不満のときを迎えるのだ。『パッセージ』が出版されたのは1973年の第一次オイルショックと株価暴落の直後で,キャリアが停滞した人や失業した人が多くいた時期だった。たとえ成功者でも安泰ではなかったのである。男性の中年の危機の代表例としてシーヒーが仮名で取り上げたのは,世界で確固たる成功を収めていたニューヨークのエリートだった――「I ♥ NY」のロゴで有名なグラフィックデザイナー,ミルトン・グレイザーを指すものと思われる。グレイザーはキャリアの絶頂期にあったが,立ち止まって自らの人生の意味を見直さなければならないと考えた。そして自分の功績は妻の幸福と自己実現を犠牲にして成し遂げられたものだと気づく。そして,妻は大学に戻り,彼は料理学校に入った[8]。

『パッセージ』は，ベティ・フリーダンの『新しい女性の創造』(1963年，邦訳：2004年，大和書房)とデイヴィッド・リースマンの『孤独な群衆』(1950年，邦訳：2013年，みすず書房)を融合したもので，「家庭内で理想を押しつけられる女性の不満」と，「仕事の世界から疎外される男性の不満」に新しい名称を与えた[9]。この本は高い評価を得て世界中で読まれ，「中年の危機」という言葉を世に知らしめた。また，2年あまりにわたってアメリカのベストセラーランキングに入っていた。これは同年に出版されたどの著作よりも息が長い。ざっと見積もって，800万人のアメリカ人が読み，さらに多くの人々が主要な新聞・雑誌や学術誌に掲載された書評，抜粋，著者インタビューを読んだり，友人や親族の本棚で見かけたりして，『パッセージ』のことを知っていた。1980年代と90年代にはアメリカ議会図書館がまとめた「人生に影響を与えた10冊」に，聖書や『新しい女性の創造』とともに選ばれている[10]。シーヒーのメッセージは28の言語に翻訳され，北米，西欧はもちろん，アジア，アフリカ，南米，南太平洋諸国の読者にも届けられ，「世界的ベストセラー」の名声を得た[11]。

*

「中年の危機」という概念の歴史を論じる文献は，これまでほとんどなかった。大半の著作は事の始まりを簡単に記してあるのみで，それも導入部分で取り上げるだけか，補足程度に紹介するのが通常であった。そこには共通した暗黙の了解がある。ある心理学の教授は次のように書いている。「当初，中年の危機の概念にはトゲはなく，名称も『中年期の人生の転換』

---

*1　1960～70年代の第二波フェミニズム運動のスローガン。第二波フェミニズムとは，1970年前後の日常に潜む性差別を問題化し，社会的な抑圧全体を問い直した女性解放思想・運動である。女性たちは男性の劣位に置かれ，男女の関係にこそ性差別があると告発した。

というもっと地味な表現だった。それはイェール大学の社会心理学者ダニエル・レビンソンの著書『ライフサイクルの心理学』(1978年，邦訳：1992年，講談社学術文庫)に出てくる。『中年の危機』という迫力のある名称を授かったのは，ジャーナリストのゲイル・シーヒーがレビンソンの著書を大いに参考にして出版した本(『パッセージ』)のおかげだ」[12]。中年の危機の歴史的な経緯について書かれた本の多くは，その文体がジャーナリスティックであったり学術的であったり，肯定的にとらえていたり否定的にとらえていたりさまざまな違いはあったものの，結局は同じ見解にたどりつく。「中年の危機」の生みの親として，ほかにも精神科医のジョージ・ヴァイラントや心理療法家のロジャー・グールド，精神分析家のエリオット・ジャックスを挙げる本があり，そのほかあまり有名でない人々の名前が挙がったこともある[13](以前はドイツの精神分析家アレキサンダー・ミッチェルリッヒの名もあったが，現在では否定されている)。とにかく「中年の危機」は心理学から発した概念であることと，『パッセージ』がその大衆化，普及に決定的な役割を果たしたという点で，どの文献も一致している。

しかし，こうした標準的な説明は歴史的経緯として正確ではない。というより，明らかに間違っている。なにしろシーヒーとレビンソンの出版の時系列が逆転している。本書は，中年の危機が心理学の用語となる以前から社会に浸透していた概念であることを，『パッセージ』の力を借りて解き明かしていく。さらに，シーヒーの著書はジャーナリストによる独立した論評であって，他人が書いたオリジナルの文献を大衆にわかりやすく書き改めたものではない点も説明する。シーヒーはジャックスの文献を引用することで，自身の理論の前身を生みだし，裏づけとした。他方，レビンソンやヴァイラント，グールド，その他の科学や医療の専門家たちは，シーヒーの本の成功を受けて中年の危機に関する本を出したにすぎない[14]。

本書では，中年の危機の概念が大衆文化から学問の世界に逆流した跡をたどり，「大衆化」の歴史をさかのぼるとともに，これまでの歴史的経緯を正しく把握する重要性を示していく。知識は図書館や調査，伝統的な知的活動によってつくられ，発見され，大衆へと染み出していくのが一般的だが，中年の危機の歴史は逆である。学者，作家，フェミニズムの運動家がジェンダー問題やライフコースを論じる間に，中年の危機の概念が彼らの間を行ったり来たりしていたことがわかる。ジャーナリストのほうが科学研究の成果を大衆化し，普及・拡散するだけでなく，自らの主張の裏づけとして理論を利用することもあったし，学術的な発見や専門知識に異を唱えることもあった。一方で，社会科学者のほうが大衆的な知識を利用し，雑誌記事に反応したり，ベストセラー本からアイデアを借りたり反論したりもした。そうして専門家としての権威を振りかざし，多様な考え方や批判の正当性を否定することもあった[15]。

たとえば精神分析学者で発達心理学者のエリク・エリクソンは，元教え子のベティ・フリーダンが自分の理論である「アイデンティティの危機」を使って女性の働く権利に関する理論を主張したことに不満をもっていた。フリーダンは，女性の抱える問題の原因は「女らしさの神話*2」を体現することに苦しむ「女性の役割」の危機ではなく，集団的な「アイデンティティの危機」にあるのではないかと論じ，この問題に注目を集めようとした。エリクソンが青年期のマルチン・ルターや宗教改革を説明する際に使ったイデオロギーの方向転換理論である[16]。これに対しエリクソンは，女性の「内的空間」説*3を唱え，「生物学は宿命である」から女性の居場所は家庭だとする論文を発表し，物議をかもした[17]。その後，シーヒーが男女の成熟の

---

*2　女性は結婚，家事，受動的な性，育児などだけで満足を得られるとし，妻と母の役割に限定しようとする社会通念。

*3　女性は生物学的に子を育む「内的空間（＝子宮）」を有することが，心理社会的なアイデンティティ形成に決定的な意味をもつという考え方。

新しい基準を提唱し，フリーダンの主張をさらに裏づけることになる。エリクソンはシーヒーへの反論はしていないが，代わってレビンソンやヴァイラント，グールドなど一部のエリクソン派が中心となり，彼女が描いたライフコースの代替モデルを否定した。

俗説と異なり，ヴァイラント，レビンソン，グールドの三人の専門家は中年の危機を考案した人物ではないし，発見してもいない。むしろその本来の意味を逆転させて，中年の危機とは，「父親の義務を終えた男性が家族を捨てて，新しい自分を見つけにいく」ことだとする，男性中心の概念を提唱したのである。この「男らしさの危機」としての中年の危機は，核家族像をひっくり返す一方，男性優位のジェンダー・ヒエラルキーを強化することになった。三人は，女性が自分の家庭とキャリアのあり方を刷新することを禁じ，中年期の人生の転換から完全に女性を排除した。シーヒーの著書は大衆化されたものだという指摘を武器にして，アイデンティティの精神分析学的モデルに対する彼女の批判を巧みにそらして信用を落とし，自分たちが専門家であることをアピールした。かくして彼らのアンチ・フェミニスト的な中年の危機の定義のほうが正確で先駆的なものとみなされ，支配的となっていった。しかし，これはそんな単純な征服の話ではない。

まず，一般に広まった彼らの説では，中年の危機の発祥も結末も正確に把握できていない。1980年代，男性版中年の危機はフェミニスト社会科学者らによって軒並み反証された。代表格は心理学者で倫理学者のキャロル・ギリガンである。彼女はハーバード大学出版局から出したベストセラー『もうひとつの声 —— 男女の道徳観のちがいと女性のアイデンティティ』(1982年，邦訳：1986年，川島書店)のなかで反論を展開した。ウェルズリー大学の心理学者グレース・バルークとロザリンド・バーネットも家庭と仕事を両立する女性について大規模な研究を行った[18]。この三人の心理学者は，フェミニスト視点の自我の考察において意見が異なる。ギリガンは伝統的に女性と結びつく価値観や考え方であるケア（配慮・気配り），人と人との関係性，共感力といったものを再評価した一方，バルークとバーネットは，女性たちの人生全般にわたる自律性，選択，自らによるコントロールを大きく取り上げた。しかし，中年の危機は一つの社会病理であるという点では一致していた。

レビンソン，ヴァイラント，グールドの三人は，女性の人生に「第二の青年期」はないとし，中年の危機は普遍的な発達段階の一つであるという見方に異を唱え，男女双方にとっての定義を書き換えた。彼らによる「中年の危機」とは，いわばジェンダー役割（性別による伝統的な役割分担）への固執が生み出したものであり，成長ではなく退行と頑迷さの表れである。三人は，一部の男性が変化を拒む様子を時系列的に示したにすぎない。

フェミニストによる中年の危機批評は，1980年代に広く知られるようになった。ギリガンの『もうひとつの声』は，フェミニスト理論において10年間で最多の引用回数を記録した[19]。さらに，2000年代初めに行われた権威ある研究「MIDUS（アメリカにおける中年期調査）」のデータによると，中年期の個人的で感情的な混乱はアメリカ国民のわずか10％未満にしか認められないことがわかった。中年の危機を男性優位論者の決まり文句，陳腐な弁明だと思っていた多くのアメリカ人の理解が正しかったことが確認されたのである[20]。

*

昨今，中年の危機の定義，対処法，あるいはそもそも存在するのかといったことが，心理学や哲学，自己啓発，ジャーナリズム，社会学，社会政策など幅広い分野で扱われるようになった。精神科医でコラムニストのリチャード・フリードマンはニューヨーク・タイムズ紙で次のように書いている。「中年の危機とは，人間の過ちの最高の言い訳である。『中年の危機なんだ』と言うほうが『私はクズでナルシストなんだ』と言うより聞こえがいいのは認めよう」（後半の文章で，ここでの「人間」とは「男性限定」だとわかる）[21]。

中年の危機の存在を主張し続ける人もいる。経済学者や霊長類学者は，ライフコースの満足度はU字型の曲線を描くと考える。これは男性にも女性にも（チンパンジーにも）見られるもので，社会的・経済的な背景に関係なく世界共通であるとしている。人生の初期は満足度が高く，40代で最低となり，その後上昇に転じる[22]。人生の意味という根本的な疑問は，中年期という概念を土台にして答えが見えてくる。もしくは，よくいわれるように中年期になると答えが見えてくる。マサチューセッツ工科大学（MIT）で哲学を教えるキーラン・セティヤによると，生きてきた年月の蓄積は，

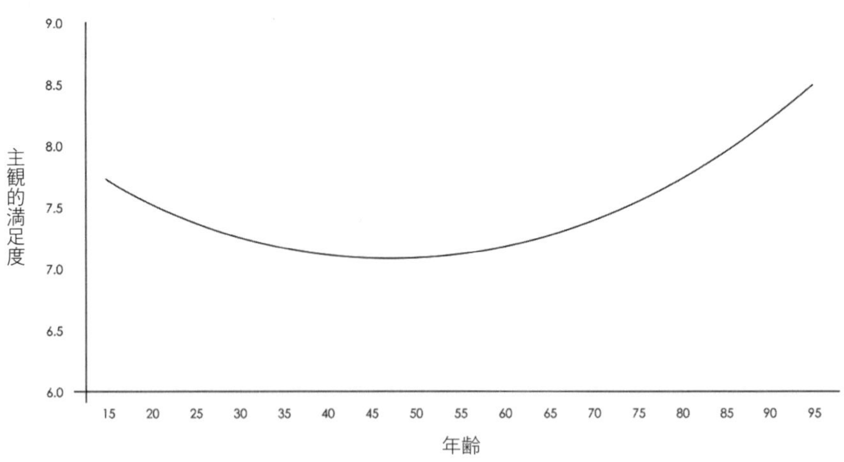

図1-2　幸福のU字曲線は年齢と主観的満足度の相関関係を表している。40代で満足度が最低になるのは万国共通。グラフは経済学者のキャロル・グラハムとミレナ・ニコロワの分析に基づく。

可能性の逆進的な減少，失った選択肢への後悔，プロジェクトの完成や失敗，虚無感や閉塞感といった人生における一時的な特性を出現させる。そして，こうした中年の危機の原因は「テリック・アクティビティ（telic activities，目的重視の活動）」にあり，活動終了後に抜け殻になったり疲れきったりしてしまうことにあると論じた。そのうえで，アリストテレスやショーペンハウアーの言葉を引用して次のように助言している。「中年の危機の解決や予防は『アテリック（atelic，未完であること）』を重視することだ。自分にとって最も重要な活動で，人生に意味を与えてくれるものは，目的を有しない活動でなければならない」。となると，赤いコルベットのようなスポーツカーを買うことは哲学的に有意義な行為といえる。「スピードが出る車を買うのは，目的地への所要時間を短縮するためではない。その旅程を楽しむためだ」からである[23]。

中年の危機の存在を主張し続ける経済学者や霊長類学者にとって，中年の危機は男女に共通して普遍的に存在するはずだが，現代の中年の危機関連の話は男性に関するものばかりだ。心理学者のメアリー・ガーゲンは主要な中年期研究を読んだ感想として，「人生で3回目の10年間を生き残れるのは男性だけだと思われているのかもしれない」と書いた[24]。また1970年代，哲学者のバーナード・ウィリアムズは，元株式仲買人の画家ポール・ゴーギャンの成功，すなわち妻子を捨てた身勝手な行動が芸術的な功績で正当化されたことを，中年期の「道徳的な幸運」として称賛した一方，夫と子どもを捨てて駆け落ちした小説の主人公「アンナ・カレーニナ」については「失敗だ」とみなした。ウィリアムズは，人生を変えようとする女性の選択を，彼が言うところの社会的罪の赦免対象にはしなかったのである[25]。それから40年の時が経ち，キーラン・セティヤは，中年期を考察する自伝的著書のなかで自己認識を高めようとする男性の挑戦に焦点をあてた。セティヤ本人や哲学界の偉人たちの経験に加え，トルストイの『アンナ・カレーニナ』に登場する駆け落ちの相手であるブロンスキー伯爵，レイチェル・カスクの小説『愛し続けられない人々』(2014年，邦訳：2019年，図書新聞）に登場するギリシャ人作家のパニオティスという架空の人物も考察対象になっている[26]。どうやらセティヤは，トルストイもカスクも女性が主人公の小説を書いたのであって，男性は脇役だということに気づかずに選んだようである。

ここで私は，人生の閉塞感や選択肢の喪失への後悔，「これでもう終わり？」という疑問は，女性の経験やフェミニストの目的とつながっていると提議したい。私は，中年の危機を年齢や生物学的な事実の問題としては見ていない。中年の危機への対処法や，その存在の有無を問うわけでもない。本書では，中年の危機がもたらす恩恵，用途，活用方法を考え，社会的・政治的な資源と機能，その本質と正当性をめぐる対立がどんな影響をもたらすかを説明する。また，アイデンティティ，仕事，ジェンダーをめぐって行われてきた議論と，20世紀後半にそうした議論がアメリカでどのように進んだかに，中年の危機という概念のルーツがあることを示す。不況や社会規範の変化にともなって「一家の大黒柱（稼ぎ手）の父親と専業主婦の妻」という核家族モデルが崩れ出した時期，「人生半ばで軌道修正すべきだ」という考え方は人気を博した。しかし，女性が主たる稼ぎ手である家庭や共働きが増えたことで，男女双方の人生の過程が変容することになった[27]。エリクソンが1950年に発表した理論「人間の８つの発達段階」に代表されるライフサイクル[*4]の連続的な発達段階モデルは，以前から欠点を指摘されてきた。他方，シーヒーなどによる中年の危機の定義は，働く環境や家族の価値，人生パターンの変化に意味を与えた。かくして人類学的に普遍なもの，あるいは言い訳や作り話となっていた中年の危機が，ジェンダー間の関係や人生パターンの変化を読み解くための歴史的，文化的，社会的な構成概念へと転換していくのである。

＊

本書では,「人生の変化」と社会の変化の相互作用について論じる。歴史学者，歴史人類学者，文学者は，発達やライフコースの概念がもつ社会的，経済的，文化的な機能と，その概念が社会構造をつくったり変化させたりする重要な役割を指摘してきた。中世を研究した歴史家フィリップ・アリエスの子どもに関する画期的な研究によれば，近代ヨーロッパにおける子どもと大人の区別というものは,ブルジョワジー(中産)階級の家庭が私的な機関として台頭したことや，教育への関心が生まれたことと密接に関連しているという[28]。社会史や法制史の専門家や古い時代の研究者らは，19世紀のヨーロッパや北米でライフコースの代表的な表現であった「人生の階段」の絵画が，相続をめぐる紛争や世代間対立の解決に使われてきたことを研究してきた[29]。たとえば，アメリカにおける戦後の「世代間の溝(ジェネレーション・ギャップ)」や「ベビーブーム」をめぐる議論を見ていくと，思春期，青年期，世代間の相違の理論を用いて社会の変化を理解し,「騒乱」を制御しようとしたことが見てとれる[30]。ところが，中年期の現代的な概念がどのような社会的機能をもっているのかに取り組む研究は，これまでのところほとんどない。現代生活の生産と再生産の時期である中年期は，子ども時代，青年期，老年期と比べて注目度が低いのである。

発達の頂点にあたる成熟期のあり方は，人生のそれ以前および以後の定義を構築する。ギリガンは,「幼年期から順に積み上げていくピラミッド型」の発達モデルという考えを逆転させ，頂点である成熟期から土台に向かってたどっていくことを提案した[31]。中年期の意味は性別や社会的背景

＊4 「ライフサイクル」は，人間の誕生から死までの「一人の人間の一生」であるとともに，人生は親から子へ連続する「世代の循環」であることを示す概念である。それに対して,「ライフコース」は，人生行路における特徴や変化を記述する用語である。

図1-3　「人生の階段」（1811年）と題した銅版画。人生におけるさまざまな年代と段階を表している。最上階に位置するのが中年期だ。19世紀のヨーロッパや北米では加齢とライフコースを描く最もポピュラーな絵画だった。ロンドンの大英博物館所蔵。

によって異なり，何歳が中年期なのかもさまざまである。スーザン・ソンタグは，もはや古典と化した「老化のダブルスタンダード」[*5]のなかで，中年期とジェンダーは切っても切れない関係にあると書いている（第2章参照）。「加齢は主に想像力の生み出す地獄である。倫理の病，社会病理，そうしたものは男性よりも女性が多く被るのが事実だ」[32]。

女性の中年期は生殖活動の終了するときとされてきたが，具体的な年齢が設定されているわけではなく，子どもが離乳する，成長する，独立するというタイミングから閉経期までとらえ方はさまざまである。オノレ・ド・

バルザックが描いた30歳未婚の「特定の年齢の女性」もこれにあてはまる[33]。そこで常に問われるのが，妊娠出産以外の女性のアイデンティティである。これはしばしば女性の幸福にとっての脅威であり,「病」や「病理」と考えられてきたが，別の選択肢もあった。多くの女性はソンタグ同様，老化のダブルスタンダードを拒否し，生殖能力の限界こそが「生物学が宿命ではない」ことの証明だと考えてきた。母性に関する問題の終了は，社会と仕事への復帰という解放の始まりだというのである。

過去の大半の中年期研究で取り上げられたトピックである更年期について，キャロル・スミス＝ローゼンバーグ，スーザン・ベル，マーガレット・ロックなどが行った歴史学的，社会学的，人類学的な研究では，医学，精神医学，精神分析学における中年期の定義が女性に対して差別的であり，その権利や可能性を制限しているとし，注目を集めた[34]。この研究は化学，技術，医学における男性中心主義についての膨大で重要な学術知識の体系化に貢献した[35]。最近では，専門家の権威の限界を指摘し，伝統的なジェンダー・イデオロギーにおける女性の利益と投資について強調する研究も出てきている。ジュディス・フックとエリザベス・ワトキンスによる更年期障害とその治療の歴史に関する研究では，医学の世界には緊張や温度差が存在し，教科書に載っている治療ガイドと実際に現場の医師が行う処置には開きがあることが紹介されており，女性患者が専門家に抱く期待と希望を明らかにした[36]。

私は，ほかの多くの学者と同じく，社会統制による社会科学分野の解明にとどまらず，女性のエージェンシー（行為主体性）の解明を目指してい

＊5　作家 スーザン・ソンタグが執筆したエッセーのタイトルで，男性と女性では，社会的に老化の意味が異なることを言い表したもの。男性にとって加齢は社会的に成熟していくことを意味し，肯定的にとらえられるが，女性にとっては美しさを失い，力を失っていくものととらえられている風潮を批判した。

る。一方で，男女の性差によるダブルスタンダードの分析には反駁（はんばく）しない。それよりも私が目指すのは，フェミニストによる中年の危機批評の中心を明らかにし，アイデンティティと人生設計の歴史において重要な貢献をしたことを確認することである。中年期に関する論文の古典であるソンタグの「老化のダブルスタンダード」が社会批評であるのは偶然ではない。ここで私は問う。女性（および一部の男性）は，どのように中年期をフェミニスト的な目的のために使ったのか，と。

人文科学と社会科学は長年，統制と服従を結びつけてきた。第二次世界大戦後には，（戦前にさかのぼって）政治組織や軍事組織が企業のアジェンダ（なすべきこと）に与える影響を追跡する歴史研究が行われ，人格，主観性，関係性をめぐるアイデアは個人を規制する手段と理解された[37]。しかし，その後の研究は政治志向の多様性に焦点をあてており，科学と企業もしくは国家との関係は単純ではないことが示されてきた。20世紀後半には，社会科学者らの一助で，リベラルで多元主義的な「オープンマインド」が美徳となり，権利をめぐる政治論と消費が結びつけられるようになった。人類学者のマーガレット・ミードが冷戦期に携わった政治に関する研究では，社会科学の影響力が過大であることより，過小であることのほうが問題になりやすいことが示された。1960～70年代，学問の世界と学術的概念は，現状維持を助けるよりも，圧倒的に現状打破に寄与していた[38]。哲学研究の基本となる理論を提供したミシェル・フーコーですら「自己への配慮」のことを，懲罰的権力を暴き出し，拒絶する出発点ととらえていた[39]。

中年の危機の歴史は，20世紀後半，学問の世界においてもそのほかの世界においても，社会科学やアイデンティティの概念，自己の概念を用いて女性の権利や役割が再定義されてきたことを示している[40]。また，フェミニズムは単なる運動や「波」，そして知的伝統にとどまらなかったこともわかる。すなわち女性の権利は社会的，文化的，あるいは政治的なさまざまな場面で多様なかたちで推進されてきたのである[41]。私はこれまでベストセラーとなった書籍やライフスタイル雑誌でフェミニストたちが目指していたものを研究してきた経験から，1970年代のフェミニズムとメディアの関係を，対立というよりはもっと複雑なものだったととらえている。学術研究がアンチ・フェミニズムからの揺り戻しを中心としていた1980年代をフェミニズム運動の終焉だとする考えには，当時もフェミニスト的思考は拡散を続けていたことを示して，私は反論する[42]。最後に，ライフコースと中年の危機に対するフェミニストの視点は幅広く多様であることを示し，フェミニストが常に一枚岩ではないことを説明する。

心理学における女性とフェミニズムの歴史をまとめた，カナダの心理学者アレクサンドラ・ラザフォードのデジタルアーカイブ「フェミニストの声」に注目してほしい。私たちの年齢と加齢への理解を変えることになる。女性にとって，中年期には機会が開かれていること，単なる終わりではなく新たな始まりであることがわかる。中年期を女性の社会復帰のタイミングととらえる概念は，フェミニストによる中年の危機の歴史の主眼となっている。アルヴァ・ミュルダールとヴィオラ・クラインというスウェーデン人とイギリス人の改革者がこの概念の典型的な例を示してくれている。二人は第二次世界大戦後に発表した論文で，中年期を女性が仕事の世界に復帰するタイミングとして定義し，欧米各国の政府に対し，教育を受けた女性,母親が40歳で社会復帰する際の支援制度を整備するよう呼びかけた。その結果，アメリカやヨーロッパの行政当局者，学者，運動家の目的意識に大きな影響を与えることになった[43]。シーヒーがライフコースのフェミニスト的概念を中年の危機に取り入れたのは，その20年後のことだ。

中年期とジェンダーに関するフェミニストによる論評と女性の地位を肯

定する概念は，アイデンティティとライフコースをめぐる社会的な議論には欠かせない。成熟の意味と生殖を終えたあとの女性の人生を考察することによって，社会改革者や社会科学者，政策立案者，医療関係者たち――その多くは当事者である女性だった――は，生涯を通じて変わることのない女性の役割という従来の考え方に反論した。女性が年を重ねることを祝福するのは，それまでの男性に寛容で女性に厳しい中年期のダブルスタンダードに明らかに反していただろう。著名なジャーナリストのアンナ・ガーリン・スペンサーと，医師で運動家のクレリア・デュエル・モッシャーも，中年期が女性にもたらす恩恵など一つもないとした時代遅れの「騎士道精神的な」老化の理論を一蹴した[44]。しかし，よいことずくめの中年解放論は，単なる防戦目的の主張ではない。多様で安定した思考体系を成し，20世紀全般において大きな反響と批判を巻き起こしたことでかえって広く知られ，影響力を得るようになった。

今日でも年齢，ジェンダー，キャリアをめぐる議論は続いているし，そうあるべきである。ジャーナリストのハンナ・ロジンは「男性は中年の危機という青天の霹靂(へきれき)に目を丸くするが，女性にとってはずっと隣にいる存在だ」と書いている[45]。不妊治療技術の発達と男女のライフコースに与える相反的な影響もあって，働く母親や共働きの夫婦なら仕事と家庭生活のバランスは日々問い続けるものだろう。フェイスブックの幹部シェリル・サンドバーグの「リーン・イン（一歩踏み出すこと・挑戦すること）」をめぐる社会的議論，依然として女性の昇進を阻む「スティッキー・フロア」*6，卵子凍結の短所・長所，そして30代の働く女性の中年の危機は生産と生殖，すなわち社会的な仕事と出産・育児について見直すことにともなう期待と不安を示している[46]。

本書では，『パッセージ』という１冊の本の成り立ち，その主張がもつ歴史，忘れられたジャーナリストや名の知れた有識者の物語，そして1970

年代以降のアメリカの社会科学とジェンダー研究の考察を進め，こうした変遷の源を明らかにする。

＊

本書は，中年の危機をめぐる議論が大衆文化から学術研究へと浸透する様子を時系列的に説明していく。まず第2章では，19世紀後半から1960年代にかけての医学，社会科学，ビジネス，政治，ジャーナリズムにおいて現代の中年期のダブルスタンダードが出現し，統合されていった過程を考察する。医学文献，女性向け指南書，そしてミュルダールとクラインの著書『婦人の二つの役割 —— 家庭と仕事』(1956年，邦訳：1985年，ミネルヴァ書房) などの政策議論を活用し，加齢に関わるジェンダー，階級，人種の行動規範を分析し，中年期を女性の家庭からの解放の瞬間であり，輝かしいキャリア，そして社会的地位の向上の始まりとして称賛する肯定的な定義を論じる。

続く二つの章では，「中年の危機」のフェミニストによる定義とその幅広い人気に焦点をあてる。第3章はゲイル・シーヒーが男女双方にあてはまる中年期の脱ジェンダーの概念を生み出し，老化のダブルスタンダードに反論したことを紹介する。シーヒーは『パッセージ』で，フェミニズムの論評や心理学の再定義の議論 —— フリーダンがエリクソンの発達理論を採用したことなど —— に参戦し，大きな影響力をもつ精神分析学者のアイデンティティ発達段階モデルに異議を唱えた。かくしてシーヒーの本は大成功する。第4章では，新聞，雑誌，学術誌，業界紙が掲載した抜粋や書評を検討していく。1970年代の社会的変化について説明しきれていなかっ

＊6　職場で高い地位に上がっていけないことを，「べたべたして足にくっつく床」にたとえたもの。

た戦後のライフコース理論が放置した穴を，中年の危機の概念が埋めていく様子を示す。100％と言わないまでも読者の大半が女性であった『パッセージ』は，さまざまな世代の女性に向けて人生設計や人生の軌道修正に関する助言を提供し，多くの研究者には新しい研究の土台を提供した。

第5章と第6章では，中年の危機の心理学的な再定義とそれに対してフェミニストが行った反論について考察する。シーヒーと敵対したエリクソン派の学者たち——心理学者のダニエル・レビンソン，精神科医のジョージ・ヴァイラント，ロジャー・グールド——は中年の危機について，一家の大黒柱がプレイボーイに転身することを正当化する男性目線の定義を提唱し，女性の人生の転換を阻もうとした。彼らはシーヒーが正統派の研究者でないことを挙げつらねて『パッセージ』を否定し，自分たちの主張こそ正確で科学的な中年期理論であるとアピールした。成功した研究者たちによる提唱ではあったが，彼らの男らしさの危機というセオリーは万人に受け入れられるには至らなかった。

第6章と第7章では，心理学者のキャロル・ギリガン，グレース・バルーク，ロザリンド・バーネット，そのほかの社会科学者らが，1980年代に男性目線の「中年の危機」に対して批判を展開する様子を示す。このときの反論と論評はその後数十年にわたって読まれ続けた結果，男性目線の中年の危機が男性優位のステレオタイプであることを認知させ，フェミニストによる中年論の継続的な影響力を証明するに至るのである。

第 2 章

男性の老化と女性の老化は違うのか

中年の危機という言葉が一般に浸透したのは1970年代だが，発想自体は新しいものではない。もともと中年期はライフコースの重要な一段階として広く知られていたため，中年の危機という言葉も幅広く受け入れられていたのである。スーザン・ソンタグは，加齢のプロセスを老年期でなく中年期のものとしてとらえ，次のような分析を示した。「現代の老化の概念は，女性に対して特別に厳しい目を向ける。社会が男性の不貞に対し，女性の不貞よりも寛容なのと同様，男性の老化のほうが許容される。男性は老化しても許され，女性の場合だと科されるペナルティが男性には科されない場合が複数ある」[1]。ソンタグが手掛けた病気に関する研究は大きな影響力をもっており批判にもさらされたが，老化に関するこの主張に批判は不要のようだ。彼女の分析は至極当然であり，ダブルスタンダードが依然根強いことを証明していた。いかに加齢が女性に不利益をもたらし，中年期のダブルスタンダードが女性を差別してきたかについては，過去の大量の研究成果が示しているとおりである[2]。

しかし，年齢とジェンダーの関係はもっと複雑である。老化のダブルスタンダードは主に白人の中産階級の現象で，黒人や労働者階級については同じようにあてはまらない。さらに言えば，白人でも中産階級の女性はジェンダー・ヒエラルキーを崩すために中年期の変化に対する多様な概念を用いた。ダブルスタンダードは，フェミニストによる肯定的な中年期の定義とは反目する関係にあった。

それまでのジェンダーや中年期についての文献に女性の地位向上につながる概念が欠落していた大きな理由は，この時期の主要なトピックが更年期で，関連する文献も医学や精神医学の著作であったためである。こうした著作は生殖や臨床医学の枠組みのなかで女性の体や妊娠・出産を中心に扱っており，中年期に関しては病理学的な側面が重視されていた[3]。対照的に社会科学的な研究や調査，事業報告書や政策報告書，ジャーナリスティックな出版物や政治的な刊行物は，中年期とは女性にとって新たな出発点であり，成功と進歩を実現する期間であるとしていて，ビジネス視点の社会的な文脈に焦点をあてている。そして，中年期は家庭生活と母親業からの歓迎すべき「解放」であり，キャリアにおける専門的な功績を積み上げ，社会的な影響力が増す時期の始まりであるとしている。加齢を肯定的にとらえるこのような概念はジェンダー役割（性別による伝統的な役割分担）を揺るがし，男性優位に対抗するものだ。中年期の変化には肯定的・否定的両方の意味があるという証拠を示し，（男性を中心とした）中年期理論の構築の矛盾を示している。ジェンダー・ヒエラルキーを安定させるものもあれば，逆転させるものもある。ダブルスタンダードは有力な理論ではあるが，老化の概念はそれだけではないし，万人に共通する理論でもない。

1 男性の転換期，女性の転換期

「男性にも更年期がある」という見方は20世紀に現れたといわれることが多いが，実はそのはるか昔から存在してきた。長年の間，中年期の話が出れば，男性のそれを指してきた。いわゆる更年期障害など，中年期に体調の変化が訪れる「厄年」という概念（訳注：日本の厄年とは異なる）は，古くは古代ローマの文法学者ケンソリヌスやアウルス・ゲリウスなどの作家の文献にも見られる。ゲリウスによれば，さらに昔の古代エジプトやカルデア王国（新バビロニア王国）の時代の発祥だそうである。人生は7年ごとに一区切りを迎える（9年ごとという説もある）とされ，7年（もしくは9年）ごとに厄年がやってきて体の仕組みに突然の変化が訪れる。人生における変化と決断のときであり，ヒポクラテスが提唱した「分利（「病の峠」を意味する。英語でcrisis）」の概念にあてはめれば，熱が下がり病状が改善するか悪化するかが決まる分かれ目の数日間または数時間にあたる（危機は特定の週，日付，時間帯に発生するもので，それがいつ起こるかは病気の種類によって決まると考えられている）[4]。

子どもや若者の場合は，7年ごとに成熟の段階が進んでいく。7歳で永久歯へと生え変わり，14歳で思春期を迎える。しかし，変化とはまた危険をはらむもので，特に中年の転換期に起きる大きな体の変化は命の危険をもたらしかねない。厄年に命を落とす人が多いことは数々の研究が示している。なかでも危険なのは「命取りの」大厄と呼ばれる63歳で，49歳はそれよりは危険度が低い「小厄」とされる[5]。

16～17世紀，数多くの文筆家が転換期となる危険な時期を取り上げ，考察を深めた。人文主義者ジョヴァンニ・バティスタ・コドロンキとヘンリクス・ランゾヴィウスは，厄年に死去した有名無名の人物の分厚いリストをまとめ，厄年理論の証明を試みた。当時の葬儀の弔辞や式辞，誕生祝いのスピーチでは厄年をもち出すことが多かった。スピーチのなかで厄年にからめて言及されるのは大抵の場合君主で，亡くなったのは，「厄年を目前にして」や「厄年を終えたところで」や「ちょうど厄年で」などと言われるのだ。この「厄年」に男女の別はないが，それでも男性について言われることのほうが多い。各種スピーチの対象となる人物も，コドロンキやランゾヴィウスの死没者リストもほぼ男性のみである（女性の掲載は上流階級と聖人のみ）[6]。これは男性を基準に人間の尺度が決まっていたからということに加え，男性のほうが社会に出ていたからでもある。「厄年」は医学的な観測点であり，人生のベンチマークでもあったのである。

19世紀に入ってしばらく経ち，体調変化の転換点の概念が中年期における更年期障害を示すようになってからも，診断の対象は主に男性だった。足の浮腫，たるんだ腹，頻脈，病気にかかりやすくなること，うつ症状などが見られ，死亡の可能性もある「転換期の病」は主に男性に見られるとされた。イギリスの内科医ヘンリー・ハルフォードは王立内科医協会の研究者で，のちに内科医協会会長となり，国王ジョージ3世の主治医を務めたイギリス医学界の重鎮である。この人物が1813年に書いた大きな影響力をもつ論文「転換期の疾患について」では，「転換期の疾患は時に女性にも男性同様に認められることはあるが，私はそう頻繁に出合ったことはなく，明確な特性が女性に現れることもない」と書いた。更年期に関する重要な文献となったこの論文は，重版されて外国語に翻訳され，標準的な医学事典にも掲載され，20世紀に入っても多数引用された[7]。

少なくとも英語圏では「女性版」転換期が否定されていた。アメリカの内科医で産科医のウィリアム・ディウィーズは，1826年に発表されたあと，30年で複数回重版された『婦人科疾患』という本のなかで，女性にも中年の転換期の疾病があるというのは「誤った俗説」であると一蹴している。さらに,「ほかの期間と比べてこの時期の女性は死に至る病から最も無縁である」と主張した[8]。婦人科医を含め大半の医師は,女性の中年期に無関心だった。婦人科医の論文の多くは女性の中年期の体調変化について触れず,触れたとしても,初潮が早かった人は閉経が遅いという内容について1〜2段落ほど割くだけだった。主流派のテキストが閉経についての記述に複数の段落を割くことは滅多になかった。代表的な医学文献索引である『インデックス・メディカス』の1921年版では,閉経は見出しには登場したものの結局は「月経,停止」の項を参照せよという指示があるだけだった[9]。

医学文献や教育的文献の大半は,中産階級の出生率低下対策として若い女性を対象としたもので,医師の関心はもっぱら月経や月経障害にあった。月経は妊娠・出産と同様,女性の自由を奪う機能としてみなされており,女性の進学や社会進出に異を唱えるために使われた[10]。だからといって閉経を肯定的にとらえていたわけでもない。閉経の話が出ても,多くの医師は苦しみからの解放,つまり女性が再び活動的な生活を送れるようになるという解釈をしたがらなかった。時に医師は,閉経を月経に関する悩みの一つとして扱うこともあった。イギリスの小児科医で産科医のチャールズ・ウェストは,1858年に婦人科疾患に関する講義を行った際,閉経を月経障害の一つである「永久的な」月経停止と呼んだ。それも早期月経停止,無月経,月経痛(月経困難症)と並列で一言,言及しただけだった[11]。

閉経は月経障害と同じく非生殖を示唆するが,周期的な月経も生殖に結びつかなかったという意味で同様の扱われ方だったといえる。かつて月経は女性の体を浄化する機能と考えられていた。しかし,19世紀後半に,月経のプロセスは周期的な卵子の産出と関係していて,妊娠に直結するという見解に修正されると,多くの医師は,月経は胎児を育む体の仕組みが不幸にも機能しなかった結果だとみなした。閉経をめぐる議論も月経と同じ調子だった。「月1回の月経について言えることは,一生に1回の閉経についても言える」[12]。精神分析学者のエリク・エリクソンは，1960年代半ばになってもこの調子で月経と閉経を語っている。「月経は子どもを悼む天への嘆き。閉経によって消えない傷となる」[13]（ざっと計算して女性の一生の月経回数は450回。フェミニストの学者・社会活動家のケイト・ミレットに言わせれば「人口統計学者の悪夢」だ）[14]。

医学における女性の「厄年」への関心の低さは，医師が閉経を個別の医学的な問題と考えなかったことを示していると同時に，妊娠・出産以外の女性の体の問題についての知識不足を物語っている。19世紀半ば以降，アメリカで医師免許を付与された女性たちは，医学界の女性の健康への無関心を嘆き，中年女性の体調変化の問題にもっと注目するよう求める声を上げた[15]。その後は中年女性の体調変化について新たな定義づけがなされてきたが，それでも女性が健康を保持し，医療を受ける権利については曖昧な意味合いにとどまっていることが多かった。

2 更年期用語の誕生

中年女性の体調変化について英語圏で出版された初期の本に，イギリス人医師エドワード・ティルトの著書がある。同時代のほかの多くの医師と同様に，1830年代後半から1840年代にフランスで医学を学び，そのまま現地で医療活動を行っていた人物で，更年期についてもフランスで見識を得た[16]。1851年に発表した女性用ミニガイド『女性の体調転換期における健康づくりについて』の後半の章で初めて中年女性の体調不良に触れ，その後は複数の論文で更年期について書いている。そして1857年には，このテーマを専門に扱う，もっと本格的な医療専門家向けの本『健康と病気における人生の変化 —— 晩年の女性に見られる神経疾患等に関する実践研究』を発表した[17]。このなかで「転換期」「人生の変化(女性更年期を指す表現)」といった更年期用語が登場した。またフランス語の医療用語で，ギリシャ語の「月」「毎月」「停止」を意味する単語に由来する *la ménopause*(更年期)という言葉を取り入れた。この言葉はティルトの本の出版より40年ほど前にフランス人医師シャルル＝ピエール＝ルイス・ド・ガルダンヌが生み出したもので，もともとはフランス語で閉経を表す *cessation des menstrues*(月経の停止)という不格好な表現だったのを *ménespausie* と言い換えたのが始まりだった[18]。

ティルトが「月経」を用いて論じたことにより，「転換期」というよりも「閉経」と女性の体調変化との関係が強調された。ティルトは，中年期の体調変化は男性の場合「無意識に」進むが，「女性の場合，その時期はしばしば危険をはらみ，より顕著な影響が現れる」と記し，ハルフォードの説をくつがえした。さらに「この危機」は卵巣の「退行」，つまり収縮に起因しており，医師はもっと注意を払うべきだと主張した。症例研究にはティルトが診た女性患者が数多く登場しており，頭痛，めまい，いらだち，頭がおかしくなるような気になる，記憶の低下，メランコリー，不機嫌などの悩みを訴えていた。ティルトはこうした不調をヒステリーと比較し，「疑似麻薬作用」と呼んだ[19]。

ティルトは英語圏でこの分野の第一人者だった。『人生の変化』はイギリスとアメリカで重版され，特にアメリカで人気を博した1882年出版の第4版は複数回重版され，大勢の患者が大西洋を渡ってティルトのもとを訪れた[20]。1860年代以降，イギリスの文献に「女性の転換期」という表現が増えていき，1880年代後半には「menopause（更年期）」という単語が辞書に載ったが，一般に通じるようになったのは1890年代になってからである[21]。1897年に出版されたニューヨークの医師アンドリュー・カリアーの『更年期』は，中年女性の体調変化が新たな地位を得たことを示した。ティルトの研究の更新を目的に掲げたこの本は，この分野で初めてアメリカ人医師が手掛けた研究論文だった[22]。

更年期障害の診断が行われるようになった結果，中年期の女性の苦痛が認知され，「緩和とサポートを得てしかるべきだ」という臨床的地位が明確になった。しかし，ほかの数多くの医学的概念と同様に，重要な社会的目的を果たすことにもなった。つまり，女性の身体機能と社会的な役割，生殖能力，家事労働を関連づけることは，妻と母が女性の役割だと規定し，女性がいるべきは家庭という考えを正当化することになったのである。

更年期という新しい医学上の分類の誕生を受け，医学界はそれにともなう問題を指摘した。更年期が正常な変化であると表現するのではなく，治療が必要な疾患，もしくは病の兆候の一つとしてとらえ，がんや精神不安定を引き起こす原因になる，少なくとも専門医が診る必要があると説いたのだ[23]。臨床医らは自分たちの病理学的な焦点とその限界を知っていた。カリアーは，『更年期』で中年期の疾患について述べる前に，次のように注意をうながしている。「大半の女性は思春期のように，特に不調や悩みを経験せず更年期を通過する。つらい思いをして診察を受けるのは一部の例外的な女性のみだ。閉経後の問題の危険性と深刻度を説く教旨は，こうした例外的な経験のうえに組み上げられたものだ」[24]。

女性の苦痛の原因を説明し，治療を提案するにあたり，医師たちはアンチ・フェミニスト的な規範的意味を，特に明確に説明した。彼らは，閉経後に問題が発生するのは，女性が社会的な規範に違反したことが原因であると言ったのである。月経が女子教育を阻むのだとすると，閉経は女性のキャリアを閉ざすものだった。カリアーは働く労働者階級の女性を例に挙げ，更年期障害は「女性らしくない仕事」を続けている人ほど深刻だとほかの医師たちに報告した[25]。当時，更年期の不調は主に中流階級や上流階級の女性の話で，このニューヨークの婦人科医も中流から上流の女性に認められる症状だと説明していた。しかし，同じ人物が書いた医学書では労働者階級の女性を否定的な症例として登場させ，女性が職業をもつことは不適切であると説明していたのである[26]。

女性の大学進学に異を唱える現代の医学論争と類似するところだが，更年期の病理学的な定義づけは，女性が家庭を離れるのを阻み，政治参加や就労に反対する流れをつくることになった。カリアーはお決まりの口調で主張を展開した。自分のところに診察を受けにくる女性の大半は，カリアーが文明の印と表現する更年期の悩みを経験しており，この「人生の変化」は「静かでおとなしい」女性ほど軽くてすむのだと述べた。教育と就労，避妊や中絶，夫や子どもに十分尽くさないこと，女性参政権の運動に加わること，おしゃれで社交的すぎるライフスタイルさえも，すべて更年期に特につらい症状をもたらす原因だと説いたのである[27]。

さらに，中年女性に対し，思春期の娘や孫娘を説き伏せるかのごとく，メンタルな活動は控え，新しいことを始めるのを避け，家庭にとどまるように指示した。更年期の療法として，内省する，食生活に気をつける，休養をとる，ゆっくりと入浴するといったことを提唱した。それは，社会と距離をとり家に引きこもることを積極的にすすめているのも同然だった。医師の指示に従わない女性は,「若づくりをして」とばかにされ，年をとってからさらに苦しい日々が待っているとおどされた。ある女性向けガイドブックには，こう書かれている。「健康的な老後を望むすべての女性は40歳から思慮深く体をケアすべきで，むしろもっと早く始めてもよいと強くすすめる。もはや若くないのに若づくりするのをやめ，得るべくして得た成功のさなかに興奮と疲労の華やかな世界から身を引き，目前に到来したこれまでよりも穏やかな人生の章に歩を進めるべきだ」[28]。おとなしく年をとることを処方されたのである。

しかし，家庭にとどまっていた女性も，体調不良を避けることはできなかった。アメリカ医師会会長だった婦人科医チャールズ・リードが1901年に出版した婦人科疾患のテキストは，女性にとって喪失の時代の「精神的な」側面を強調した先駆けの1冊だった。「突如，彼女は自分の魅力，若さ，そして性そのものが自分から去っていくのを思い知る。つい最近まで彼女は夫の性行為の対象であり，彼の赤ん坊の母親であったが，単なる知性をもった付き添い，あるいは性別の意味をもたない配偶者になりましょうと，残酷なほど唐突に招待を受けるのだ。彼女の成人としての人生はまだ残っており，ささやかな喜びに満ち，多大な貢献ができる日々にできるはずだ。しかし，征服と降伏の栄光の思い出に浸りながら，退屈な空っぽの時間に身をやつす未来が広がっている」[29]。かくして中年期とは空虚と退化の時代の始まりであるというイメージが，20世紀半ばの更年期の特徴となっていった。

ホルモンの学問である内分泌学では，更年期は女性ホルモンのエストロゲンの減少によって引き起こされる欠乏症の一つとみなされていた[30]。生殖内分泌学が確立された1930年代半ばまでには，更年期の不調の万能薬としてエストロゲンが処方されるようになった。アブナー・ワイズマンがいち早く開設したニューヨーク市の内分泌科には，開院直後から1日50～100人もの中年女性が押し寄せたという[31]。1938年に安価な人工エストロゲンが開発され，1940年代にホルモン代替療法が広まり，戦後に人気を博すことになった[32]。1960年代，ベストセラー『永遠の女性』(1966年，邦訳：1967年，主婦と生活社)の著者であるブルックリンの婦人科医ロバート・ウィルソンと看護師の妻テルマ・ウィルソンは，長期的なエストロゲン補充療法を提唱した。ウィルソン夫妻は，この療法が女性が「生きるというより，ただ存在するだけの」産まなくなった「抜け殻」と化すことを防ぐと主張した[33]。ホルモン療法は不調をやわらげたが，更年期が疾患であるというイメージを増幅させ，悲観的な側面を暗示した。ウィルソン夫妻提唱の死ぬまで続けなければならない治療は，健康と生殖能力を区別しておらず，加齢に病のレッテルを貼ることになった。加えて，女性の避妊が普及した時代に妊娠の機会喪失を強調し，閉経前の女性は遅きに失する前に子づくりをするようにという圧力になった[34]。

体内のエストロゲン量の低下と精神状態の悪化を結びつける精神分析学と心理学の論理は，中年期を「象徴的な喪失」の時期と位置づけるのに中心的役割を果たした[35]。フロイトは，更年期への注目度が子どもや青年に対してよりも低く，加齢については大して意味のない発言しかしていない。1933年の女性性をテーマにした講演では，30歳から女性の不調が始まると話した。「精神分析のたびに私が感じることに言及しないわけにはいかない。男性の場合，30歳前後は伸びしろがあり，精神分析により開ける成長の可能性を精力的に活用していくことが期待できる。一方で女性は精神的な頑固さと変化への抵抗があり，我々はしばしば恐怖すら感じる。さらなる成長の道は閉ざされている。女性にとって厳しい状況が彼女の可能性を枯渇させているかのようだ」[36]。

フロイト派による更年期の分析には，ポーランド系オーストリア人の精神分析学者ヘレーネ・ドイッチュによるものがある。著書『若い女性の心理』上下巻（1944～45年，邦訳：1964年，日本教文社）の最終章のテーマは「転換期」である。彼女は，中年期とは「自分の一部との死別，喪失，悲嘆」を意味すると書いた。また閉経は未来の命を宿す役割としての存在を終える瞬間，「種」のしもべとしての役割が自然に終わる瞬間，すなわち自分の一部との死別に到達するときだと表現した。女性が自分の退化に抗い，活発な抵抗を繰り広げる一方で，女性器は少しずつ，形だけの不活性な構造物へと姿を変えていく。このような「フェミニン・マゾヒズム」論を提唱する者たちは治療ではなく苦しみを処方した。ドイッチュは，女性は運命を受け入れるべきだと冷酷に言いわたし，化粧品の使用も，昔の自分に「陶酔する」ことも，そのほかの「愚かな行い」も禁じた[37]。

こうした記述は喪失や悲嘆，そして中年女性が望まれない存在であり，役立たずであると思わせる。社会批評家や専門家は中年女性を無意味で退化した存在だと描き出した。フィリップ・ワイリーの悪名高き社会批評ノンフィクション『毒ヘビの世代』（1942年）は，19世紀後半に「母性主義（マターナリズム）」による社会改革が提唱されるなかで女性が公的政治的な努力をしたことに攻撃を加え，中年女性は「怠け者」で他人に寄生する「ママたち」だという偏見をつくり上げた[38]。精神科医デイヴィッド・ルーベンは，1969年の自身のベストセラー『誰もが知りたがっているくせにちょっと聞きにくいセックスのすべてについて教えよう』[39]のなかで，こう大言した。「卵巣の働きが止まり，女性が女性である本質が消える。卵巣を失ってなお生き，人間としての有用性を失ってなお生きていく。残された年月は，分泌腺をたどって忘却のなかへと去っていくまでただ時を刻み続ける」。

科学人類学者エミリー・マーティンによると，医学文献ではしばしば経済や産業の比喩を用いて女性の体を説明する。更年期は，機械が故障したり動かなくなったりして，余剰人員や過剰設備が生まれ，工場が整理対象になり，あげくに倒産という究極の恐怖をもたらすのと同じだという[40]。また，鳥類学から借用した戦後の中年女性の典型的なイメージ「空(から)の巣」にも，同様のホラー・バキューイ（虚無に対する恐怖）が現れている。「空の巣」は1880年代から使われている隠喩で，核家族における中年期の変化を表す言葉として，1950年代に入ってから広く知られるようになった。子どもが独立して家を出たあと，母親が生きる目的やアイデンティティを失う様子を指して「空の巣症候群」と呼ぶ[41]。この言葉は女性がレゾンデートル，すなわち出産と育児両方の意味で母親であるという存在理由と，若さが授け加齢が奪う美しさを失うタイミングであるという，中年期の典型的な理解をつくっている。男性の場合，全員ではないが大半がこの「空の巣症候群」を免れる。

3　中年期は「人生の最盛期」

中年期の体調変化が女性を想定した概念となるにつれ，男性の転換期を中心とした従来の考え方は後退していった。「男性の」更年期や，閉経の「男性版」という視点は，女性更年期のバリエーションの一つとして男性更年期があるというとらえ方であり，女性の体が基準であることを確認することになった。中年女性の転換期に関する一般向けの本や更年期治療薬が人気を博し，医師，精神科医，さらに遅れて薬剤師もこの波に乗ろうとした。こうした動きの多くはそれまで放置されてきた問題に注目しようという名目で，一周回って男性にも更年期の概念をあてはめようとするものだった。しかし男性たちは，更年期なんて女々しい，男らしさにおける不合格の烙印のようだと言って，診断を拒絶した。男性更年期の議論はメディアを中心に続いたが，それはそのような診断への拒否の表れだった[42]。

医師が男性更年期に言及するときは，決まってその不適切さを強調し，転換期の問題は女性のものであることを知らしめようとした。たとえば1898年，アメリカの産科医ジェームズ・スコットは次のように書いた。「男性の場合，（転換期の）影響は女性ほど明確に認められることは決してない。男性は相当の年齢に至ってもきわめて強い生殖能力を有しているが，女性の生殖能力はほぼ例外なく50歳までに失われる」[43]。

婦人科医のリードは，女性と男性の中年期の変化を明確に比較した。「男性の加齢は，情け深く優しく徐々に進んでいく。晩年に向けて，半分意図的に半分無意識に，なめらかに下っていき，後悔の念は穏やかでため息をもたらすことはほぼない。しかし女性は，男性が20年かけて体験する変化を２年で駆け抜ける。無理やり突然の変化を迫られる。彼にとっては進化，彼女にとっては革命だ」[44]。1960年代にエストロゲン補充療法を提唱したウィルソン夫妻も同様に「男性は最期まで男性のままだが」，女性は「女性ホルモン」が枯渇すると「部分的に女性であるだけ」になるのだと言った[45]。

男性のほうが中年期の害が少ないだけでなく，恩恵を得られることさえあった。心理学者でジャーナリストのウォルター・ピットキンのベストセラー『人生は四十から』(1932年，邦訳：1953年，六欧社)には，男性は(おおむね)生きているかぎり脳が発達し続けると書かれている。「神経繊維を適切に刺激から保護すれば，脳は使うほど成長する。つまり40歳未満では，知能を十分に働かせて成熟させることができる人はいない」。かつて達成の心理学を研究していたピットキンは，この著作のあとまもなく『四十からのキャリア』(1937年)という自己啓発本を出版しており，人間の知能およびキャリアについて考察をした人物である[46]。

20世紀初頭といえば，知的職業階級が発達した時代で，専門職の人々は収入も地位も上昇を続けた。フォードやデュポンといった大企業が家族経営の中小企業にとって代わり，アメリカのビジネスを一変させ，管理職制度を整備して，給与体系と固定された昇進過程を確立した[47]。ピットキンは，計画雇用とアイデンティティ形成を関連づけた。「特定の目標の達成は，達成までの段階が多いほど長い時間がかかる。ゆえに普通は達成が遅くなる。キャリアは間違いなくここで支えになる。複雑さ，奥深さ，幅広さは達成を遅らせる」[48]。

ピットキンはさらに言う。「40歳前の成功もあり得るが，それは軽い小説や叙情的な音楽のように『凡庸な』成功であり，きわめて重要性が高く建設的な成功は，40歳の峠を越したあとのほうがはるかに多い。……白髪の生える頃の勝利のほうが，より大きく優れた勝利になる」。ピットキンは，過去の芸術家の例を用いてこの主張を裏づけた。「ヘンデルが『メサイア』を書いたのは56歳。バッハが『マタイ受難曲』を書いたのは44歳。画家でいえば，ダ・ヴィンチは『モナ・リザ』を54歳で描き，ゴヤはしばらく箸にも棒にも掛からなかったが，37歳で芸術の才能が一気に開花し，40代，50代になっても成長を続けた」。そして，亡くなるまで衰えを見せなかったそうである[49]。

男性は技術と経験がもたらす価値に恩恵を見出し，通常40歳で収入がピークを迎える。心理学者のバーニス・ニューガーテンは，1960年代に行ったビジネスマンとの面談の結果，働く人々は「職場の人々の自分に対するふるまいに感じられる敬意」と中年期の始まりとを関連づけていると述べた。自分が中年になったと感じたのはいつかという質問に対し，「ある人は，年下の同僚がドアを開けてくれたときと答え，またある人は，会社の新人から肩書きで呼ばれたときと答えた。初めて後輩から礼儀正しく助言を求められたときという人もいた」[50]。

成功への野心は，「ステータスのパニック」と失敗への恐怖をともなう。ニューガーテンによれば，中産階級の男性は，仕事で成功していなかったり収入が高くなかったりすると，まだ若いのに自分の老化を感じるのだという。またソンタグも同様に，男性の加齢問題と「『成功』という，中産階級の証(あか)しを獲得せよという重圧」との関係性を指摘した。専門職の人やビジネスマンとして成功をしている人であっても，中年期の状況を重く見すぎるがゆえに，自分の成功をとるに足らないものだと思う，出世の道を順調に進んでいないと感じる，若い人に自分の地位を奪われるのを怖がる，といった「物悲しいパニック」を経験していた。一方，女性の場合は，そもそもキャリアや仕事での成功を否定されていたので，年齢に関連するこうした不安を感じる人はほとんどいなかった[51]。

男性のライフコースで重要な概念は，青年期および「第二の青年期」と称される中年期，すなわち才能の開花や若い女性との性的逸脱というかたちで自己実現や再生が行われる時期である。伝記や自伝がこうした考えを採用している。青年期の概念を生み出した心理学者のG・スタンレー・ホールは，フランスの社会学者で哲学者でもあったオーギュスト・コントの人生を用いて自説「老年の若さ」を説明した。「コントは1798年に生まれ，27歳で結婚し，44歳で離婚した。40歳で最初の危機を経験し，47歳でクロティルド・ド・ヴォーと出会い，翌年彼女は死んだ。その後は人道を説く司祭となり，『実証政治学体系』を著し，新興宗教の始祖となった」[52]。男性は年老いても「男性のまま」であるだけでなく，中年期に本当の男性になれるのだとホールは言う。

男性の中年期を表すこのような表現は，しばしば女性も対象とした。「同時代の最も厳しく規範的な」精神分析学者として知られ，男性中年期分析の分野で1950年代の重要な研究者の一人であるエドマンド・バーグラーは，「中年男性の反乱」とは，突如「あらゆるもの」，特に結婚に対して不満をもつようになることだと語っている（バーグラーはこの分野のエキスパートで『不幸な結婚と離婚』『離婚では解決しない』などを執筆した）[53]。バーグラーのもとにカウンセリングに来ていた患者は成功したビジネスマンたちで，妻のことを「つまらない」「けむたい」と思うようになり，「心変わり」に従って行動して「若くてきれいな」ものと取り換えた[54]。バーグラーは，ここでの問題は男性の行動ではなく，自分の「悩み」や心理学的な影響，「感情的な第二の青年期」の重要性に対する「広範な無知」だと主張した。彼は既婚女性たちに，「反乱」を起こした夫に理解を示すべきで，罰（離婚手続きなど）を与えるべきではなく，男性の変化に順応して従うようにと助言した。これは「女性が中年男性の反乱を理解し，心構えができ，達観してくれる」という，バーグラーがよりよいと考える実現可能性の低い未来図である[55]。

女性には人生の終わり，男性には第二の青年期。こうした更年期と中年期の受けとめ方は，ソンタグが「老化のダブルスタンダード」だと批判したものの典型である。彼女は包括的なジェンダー・ヒエラルキーがその背景にあると考えた。「年をとっていく女性に向けられる偏見は，男性優位論者の重要な武器である。両性別間で成年の役割が不平等に割り振られているがために，男性には年をとる自由があり，女性にはない」[56]。

しかし，すべての男性にとって中年期が素晴らしいというわけではない。明示的にも黙示的にも，黒人男性は中年期の成長の例外とされてきた。これは有色人種を成熟の枠組みから外すことが広く規範的に行われてきたことと関係していた。ソンタグと同時代のフェミニズム運動家で公民権運動家でもあるティッシュ・ソマーズは，成熟のダブルスタンダードの違いについて，次のようにまとめた。「軽蔑的に黒人を呼ぶ際の『男の子』と女性を呼ぶ際の『女の子』の違いは，黒人が男性になりたいと思い（そこに価値を見出している），女性がひそかに女の子のままでいたいと思っているところにある」[57]。人種と中年期に関する研究は過去にほとんど例がないが，1990年代に行われたエスノグラフィー的研究[*1]によると，ニューヨークで黒人が多く住むハーレムの貧しい地域の情報提供者は，ライフサイクルの一段階である「中年期」という言葉を使うことがなかったという。別段区分のない長い成人期のあと，明確に区分された「老年期」が最後にやってきて，ときには「子ども時代に戻る」ことがあった[58]。

老化の概念は，ジェンダーおよび社会階層によって明確に分断される。中産階級の男性が40代でキャリアが花開く頃，30代で収入がピークを迎える労働者階級の男性は経済力が低下していく。社会思想家で労働運動の指導者フリードリッヒ・エンゲルスは，第一次産業革命の終わりに行ったイギリスの労働者階級に関する研究で次のように報告した。「労働者は，生活と労働の環境が原因で非常に早く疲弊する。大半は40歳で労働に適さなくなり，45歳まで耐えられる者はまれで，50歳では皆無となる」。鉱山作業員の老化はきわめて早期に始まり，35歳でもはや働けなくなった。エンゲルスは「早期老化」は属する階級に左右されることを明確に示した。「マンチェスターでは例外なく労働者に早期老化が見られ，40歳の男性はほぼ全員が10～15歳は年上に見える。一方裕福な階級では，飲酒量が過剰でないかぎり男女双方ともはるかにうまく若さを保っている」[59]。しかし労働環境だけが原因なのではなく，雇用形態にも問題があった。

労働者階級は専門職ではない。概して不安定な請負契約で雇用されており，周期的に失業していた。工場の閉鎖や一時解雇が繰り返され，30代半ばを過ぎると特に立場が弱くなる。1920年代，のちにルーズベルト大統領の「ニューディール政策」を考案した社会評論家スチュアート・チェイスは，次のような点に気づいた。「40歳を超えると雇用の維持が難しくなり，一度失職すると再就職はさらに難しくなる」[60]。ゆえに労働者階級の男性は，給与の額より雇用の安定を重視した。社会調査員で労働問題に関する作家でもあったホワイティング・ウィリアムズによる1920年の潜入取材記『労働者は何を考えているか』にも書かれている。「賃金に興味はあるものの，働く男性の世界は雇用を軸に回っている。職さえあれば，いかに小さな仕事であっても，少なくとも自分の基盤をもち，よりよい将来を目指して計画を立てることができる」[61]。実際には労働者階級であるかぎり昇進は望めず，状況の改善はなかった。学歴が関係するような職業は経験年数により大幅に収入が増えていったが，高い技術を必要としない労働または単純労働の職業には年功序列も昇級も関係がなく，出世の可能性はほとんどないかゼロだった。逆に，労働者階級の男性は年をとるほど収入は下がった[62]。

労働者階級の男性が生涯をかけて身につけてきた熟練技術の価値は，機

＊1　集団の行動様式を実際にその内側に入って人々が行うことをともに体験し，その行動の意味を理解し，分析する研究手法。

械化により低下した。この変化は第二次産業革命以降，特に急速に進み，社会学者のヘレン・リンドとロバート・リンドが行った1929年の研究でその影響が示されている。リンド夫妻が「ミドルタウン（中流都市）」と呼ぶ「平均的な町」インディアナ州マンシーは，有給雇用されている10人に7人は労働者階級だった。夫妻は調査対象を「平均的なアメリカ人」の代表である「地元出身の白人」に意図的に限定した。マンシーが選ばれたのはアフリカ系や移民の人口が少なかったからだが，リンド夫妻はマンシーほど単一的な人口構成は例外的であることは認識していた。これは，中年期をめぐる議論が白人にのみ焦点をあてていたことの表れであり，科学的な研究対象は白人を標準とするという先入観にほかならない[63]。

1920年代，マンシーでは義務教育が14歳までで，労働者階級も学校に通っていた。就労年齢は19世紀に比べれば2～5年遅くなっていたが，人生のパターンに大差はなかった。「労働者階級の男性は14～18歳の間に働き始め，働き盛りは20代で，40代後半から弱っていく」。40歳の作業員の妻は，夫の仕事の将来についてリンド夫妻にこう答えた。「年をとったら捨てられる。男性はできるだけ若くあり続けることしかできない」。鋳型製作者の妻はこう言った。「夫は40歳で，あと10年も経てばお払い箱。45歳を過ぎた鋳型(いがた)製作者は見向きもされない。若い人しか採用されない」[64]。

工場の経営者らはそろってこうした話を一蹴したが，有名な機械工場の人事担当者は「製造業はスピードが命だから，40歳か45歳が限界だ。40歳を超えたら，清掃の仕事くらいしかない」と話した。別の大手工場の監督者も「年齢制限はひたひたと作業員に迫ってくる。45歳が潮時だ」と言う[65]。労働者たちは白髪を染めたり眼鏡をやめたりして若づくりをすることがあった。こうした中年の危機を迎えたステレオタイプの（しかしのちに標準となる）行動は，年齢が雇用可能性に悪影響を与えることが原因となっていた[66]。

リンド夫妻がその研究成果を出版した1920年代末，雇用における年齢差別はアメリカのメディアで大変な話題となり，20世紀を通じて重要な公的政策および社会政策の課題となった。1930年代の激しい議論を経て，第二次世界大戦中は中年労働者の就職環境は大幅に改善し，戦前には就けなかった仕事にも雇われることが多くなった。ところが，戦場から帰国した若者が就職活動を始めると問題が再燃した。1950年代のアメリカ労働省の研究によると，35～44歳の就職がきわめて難しかった。主要7都市の雇用局で職探しをした人を1年間調査したところ，45歳以上が40％を占め，そのうち実際に就職できたのは22％だった。また年齢制限が男女ともに存在し，職種によって異なることも示されている。特別な技能をもたない人は，45歳を過ぎるとホワイトカラー，ブルーカラーを問わず，最も厳しい状況に陥っていた[67]。

当時，中年期に「人生の最盛期」が訪れる男性は一握りで，その人のジェンダー，人種，階級を示すサインだった。白人中産階級の男性は，中年期の衰退を免除されることにより，「男らしさが自分より劣る者たち，および女性たちとの関係性において」構築される「覇権的な男らしさ」という特権的な地位を獲得していた[68]。その一方で，老化のダブルスタンダードは主に白人中産階級に適用されることも表していた。

ソンタグは貧困層や労働者階級の女性は，老化を悩む余裕もないまま早い時期から重度の加齢を感じていると主張した[69]。しかし，これは単純に程度の問題ではない。夫の仕事を心配するマンシーの女性と，子どもが独立しようとしている中産階級の母親の状況は別物である。労働者階級の夫が失業したり，病気になったり，稼ぎが少なかったりすると，その妻が立ち上がったものだ（マンシーでは一部の地元企業の工場に存在していた，既婚女性は採用しないという戦前の暗黙のルールは消えつつあった）[70]。リンド夫妻が典型的な例として挙げたのが，子どもが4人いる45歳の女性で，過去5年間のうちに夫が失業したり病気になったりした際，収入を補ったり医療費を払ったりするためにたびたび働きに出たケースである[71]。また，1990年代都市部の貧困街に住む黒人女性の多くは，孫の育児の主な担い手となっていたし，そうでなくても少なくとも青年期の子どもが同居していたので，「空の巣症候群」を経験することはなかった[72]。中年のダブルスタンダードは，白人家庭の一般的な就労形態や家族形態と結びついていたが，白人中産階級のジェンダーや加齢の規範にも批判はあった。

4 女性の新たな可能性

すべての中年の定義が，退化する女性を想定していたわけではない。女性にとって中年期は，妊娠可能な年齢の終わりを歓迎すべきときであり，新たな状況での再出発を意味する「ニューディール」が始まるときであるとする定義も多い。たとえばジャーナリストであり，教育者，ユニテリアン派の司祭，そして女性参政権運動の指導者でもあったアンナ・ガーリン・スペンサーの男女平等についての論文『社会的文化における女性の役割』(1913年出版, 1925年再版)もその一つだ。スペンサーは社会経済改革の比喩を用いながら,「加齢とは衰退である」という考えと真っ向から対立する中年期の理解を提唱した。「中年の転換期に達すると，自然は条件を更新し，男女間の新しい力関係が始まる」。

さらに，中年期の体調変化は，女性のライフコースと男性のライフコースを異なるものにするが，それでアドバンテージを得るのは女性のほうだとした。男性は「長く直線的な前進の道筋を描き, 少年期を経て青年期, そして成人期に入るが，その頃には老いが忍び寄ってくる」。対照的に，女性は中年期に再生を経験する。「二度目の青春」は人生を再定義し, 家事労働の代わりに公人としての「功績」を手にする。中年期はより広い社会文化への参加が可能になることを意味していた。「かくして彼女は世界へ踏み出す。新しい意味で一個人たる世界市民，一人の(公)人となり，いまや全体社会が彼女の主たる関心事項である」[73]。

スペンサーによる女性の「二度目の青春」の定義は, 中年期の変化を肯定的にとらえた概念の典型だった。社会改革者や社会学者，運動家，ジャーナリストだけでなく，医師や精神科医，そのなかでも多くの女性たちが，政治論文，社会学研究，自己啓発本のなかで肯定的な更年期の定義を提唱した。彼女たちの文献に共通していたのが，身体機能ではなく社会的な文脈を重視していたことである。医師による論文でさえ，更年期に経験する社会的変化，つまり医学とは無関係のことを強調した。中年期や更年期が主なテーマである文献の多くは，スペンサー同様，女性の権利に関するより広範な議論における中年期の概念を取り上げていた。スペンサーが，中年期以降に現れる「豊かで大きな可能性」を無視している「昔の理論」を嘲笑したように，こうした文献による女性の加齢についての説明の多くが明らかに中年のダブルスタンダードと対立していた[74]。一方で中年期の解放という考えは，単なる守りの反論にはとどまらなかった。安定した自己実現の概念となり，「昔の理論」にかみつくことはまれだった。

医学のテキストに着目して更年期の病理学的概念を中心に考察していくと，中年期の歴史は，もう一つの中年期の定義を曖昧(あいまい)にさせる。あるいは，かつて中年女性が家族や国家のために自分の希望を犠牲にしたという考えを強調しているだけだとして，肯定的な定義を否定されることもあった。少なくともそれらは，加齢にまつわる有力な論調に足りないものの証拠としてとらえられていた[75]。しかし，もし歴史家のカール・デグラーとキャロル・スミス＝ローゼンバーグが言うように，女性が医師の抑圧的な助言を無視して，更年期を「『あまたの困難』からの解放」と考える傾向があったならば，加齢を称賛することは，病理学的な説明よりも正確に女性の経験を言い表していたのかもしれない[76]。少なくとも現代的な中年期とジェンダーの理解は，かつての病的で陰湿な中年期の定義より，ずっと複雑なことがわかる。

中年期の「再生」に対する称賛は，女性の場合も男性の場合もコンセプトは同じで，中年期を「二度目の青春」ととらえ，人生のピークに「広がる世界」，高い経験値と知恵を享受できることを評価するものである。コロラド州デンバー出身の産科医で作家のエマ・ドレイクは，大人気の女性向けガイド『45歳の女性が知っておくべきこと』(1902年)で，社会的な活動が広がり，地位も上昇する50代を称賛した。ドレイクは，女性のライフコースを子ども時代から思春期まで，思春期から閉経まで，閉経から人生の終わりまでの,3段階に分類した。三つ目の段階は「ありとあらゆる機会が用意されている広い大地を女性が意のままに楽しむことができる」ような，衰退ではなく達観の期間であると表現した[77]。

病理学の更年期研究は匿名の事例研究に基づいて行われたが，肯定的な更年期を描写するときには，中年期に男女双方に大きな影響を与えるような活躍をした女性たちを次々と登場させる傾向があった。そのなかでも強い啓発力をもつ代表格としてドレイクなどに採用されたのが，女性参政権運動家で教育者のフランシス・ウィラード，ジャーナリストで女性の権利の擁護者メアリー・ライバーモア(「45歳を過ぎてから最高の仕事を成し遂げた人物」として知られる)，詩人，作家，社会活動家のジュリア・ウォード・ハウだ[78]。クララ・スティーホルムとルース・フリーマン・フィッシャーの『40歳を超えた女性』(1934年)は，偉大な女性たちに1章を割いた。「女性たちの名前のリストをじっくりと考えるのは感慨深い」と記し，スペンサーの自己実現の概念へと行きつく。「40歳を過ぎた女性はそれまでに生み出したものをあとにしてはじめて，これから一個人として社会に最大の貢献ができることに気づくのである」[79]。

病理学の主張も更年期を称賛する主張も，女性の母親としての役割が中年期に終わる点では一致している。異なるのは，病理学側が更年期を欠乏症としている一方で，称賛側はジェンダー平等の前進ととらえている点である。高名な医師で女性の健康活動家のスタンフォード大学教授クレリア・デュエル・モッシャーは，1915年のキリスト教女子青年会(YWCA)全国総会において，「健康と女性運動」と題したスピーチで，長い間女性の就労反対論の根拠となってきた月経が病気であるとする考えを否定するとともにに，更年期についても同様であると話した[80]。

モッシャーは，閉経は月経と妊娠からの「解放」であり「歓迎すべきもの」と論じた。医学者のモッシャーが，中年期と更年期は医学的な現象としてではなく，社会的，心理学的な観点で理解すべきで，女性が家庭の仕事を引退するときであると主張したのである。「女性の状態は，中年期にビジネスをやめた活動的な男性のそれにほぼ匹敵する」という。モッシャーは，中年期の体調変化を心配することは心気症に通じるとして，対処法は「有給の職に就く」，学校に通う，そして何よりも政治活動への参加を推奨した[81]。

さらに，医学的見地から女性の法的な平等を主張し，女性参政権は中年期の不調対策にもよいとした[*2]。多くの女性は，長年にわたる家事と出産・子育ての日々のなかで，知的な職業や家庭の外への関心を放置しており，そのせいで更年期が一層つらいものになると主張した。女性参政権は家庭で「母親と娘だけでなく父親と息子」までもが政治問題を語りあう状態を生み出し，女性の「政治への受動的な興味」をつくり出す。この状態は女性の家庭での責任が消滅していくまで続くことになる。「女性に投票権を！(Votes for Women)」(女性参政権運動のスローガン)は，中年女性のお守りであり，家族の健全性を守る一助となる。女性の力と知性を生産的な目的のために使えば経済的な資産にもなる。これを有効利用しなければ，医療費や療養所での治療費，それに危険な流行病への対応に消えていくばかりだ[82]。

このような中年期と公的な政治活動の関連づけは頻繁に行われてきた。中年期は，女性が政治的な活動を行う時期だと多くの評論家が述べ，閉経後の女性に婦人会に入ることや，「世界の母親」的な立場から世の中を眺めることをすすめた。地域のハウスキーパーとして，社会生活に参加することを提唱した。出産・育児や家事の能力では若い女性が上であっても，地域のハウスキーパーという名称であれば差し障りない。しかし，地域のハウスキーパーの仕事は社会秩序の維持にとどまらない。家庭の外に出たいと主張する女性は，「母性主義政治」という戦略をとった。19世紀末から20世紀初頭にかけて特に効果的だったフェミニストのアプローチで，家事労働を美徳として称賛する母性主義を用いれば，女性が政治，国家，地域，職場，市場と公に関わることを正当化できたのである[83]。

20世紀を通して，中年期は女性の経済的平等を求める闘いとも関係していた。特にアメリカ憲法修正第19条で女性参政権が認められた1920年以降は，中心的な課題となった。中年女性も職をもつべきだと語る評論家のなかには，自らが専門職である人も多く，キャリアの話をすれば決まって中年期の問題を取り上げた。1919年創立の全米ビジネスプロフェッショナル女性クラブ連合会の機関紙インディペンデント・ウーマン（のちのナショナル・ビジネス・ウーマン紙）では，女性たちのサクセスストーリーが紙面を飾り，「40歳リミット説」を否定した[84]。1928年にビジネスにおける既婚女性をテーマに討論を行った際，連合会は議論のガイドライン作成をエコノミストでソーシャルワーカーのグレース・コイルに依頼した。このガイドラインでは，結婚・出産して10～15年経った「年長の」女性に特別の配慮がなされ，冒頭でスペンサーの「二度目の青春」論を丸ごと引用することになった[85]。

中年期に新しい機会が訪れると強調することは，閉経前の女性に家庭に専念することを強いることにつながりかねない。女性が家庭を出て自分のやりたいことや夢を追いかけることは可能だが，それは家での役割を全うしてからという話になった。ある意味，中年期の「ニューディール」は脱出口を与えてくれた。中産階級の女性は，仕事か家庭かの選択をする必要が

＊2　アメリカ合衆国では，女性参政権は1920年に発効した。

なかった。しかし往々にして逆もまた真なりで，中年期を女性の政治への継続的な関心の根拠としたモッシャーをはじめ，多くの識者は中年期の女性の就労を推奨し，さらに中年の転換期の概念を根拠に女性の終身雇用を主張した。ポイントは働き続けることだった。こうした話の対象は，高学歴の中産階級の女性であり，職をもっていること，特に40歳の時点で仕事をしていることをキャリアと称し，自己実現を達成し，仕事で大きな成果を上げ，生活費を稼ぐこともできた。だが医師のエディス・ロウリーが指摘するように，中年期からのキャリアのスタートは難しかった[86]。中年期の再就職とその難しさを理解すれば，より幅広い女性の就労の機会とライフコースを通じた継続的な雇用が適切であるのは当然のことだった。

出産しても仕事をあきらめず続けるべきであり，家庭以外の世界を広げるべきだと，多くの本が書いている。スペンサーは，職業への関心を断念しチャンスを「捨てている若い既婚女性の破滅的な傾向」を嘆いた[87]。それから四半期近く経った1936年の医療に関する調査報告のなかで，ジャーナリストのレイチェル・パーマーと医師のサラ・コスロウ・グリーンバーグも同じ問題を指摘した。閉経後の女性に向けた「内分泌（ホルモン）対策商品」を「偽物」のインチキ商法だと断罪し，女性たちはそんなものに頼るよりも仕事をするべきだと訴えた。「一部の女性が経験する心理的な悩みを解決するには，中年期が到来するずっと前の時点で人生との向き合い方を変えることだ。キャリアをもつこと，キャリアとまでいわずとも，とにかく仕事をすること。家庭のみに身をやつす人生から脱却する最もよい保険となる」[88]。20世紀の後半，この論法はさらに深まっていくことになる。

女性の中年期が内分泌学や精神分析学の枠組みで盛んに議論された1940～50年代にかけては，更年期はつらくて苦しいという概念が多く見られた時期だった[89]。ホルモン療法やフロイト学派的な視点が広がるなか，加齢を称賛する肯定的な考え方も根強かったということは，戦後の状況が，くっきりとした男女の領域分離という既成概念が示すよりも，矛盾に満ち緊迫していたという一般的な発見が正しいことを示す。年長の女性の労働参加が増える一方，専業主婦に徹する女性がどの程度存在するかは，階級や人種，そして年齢によって違いが現れた。育児に関する話をしているとき，家庭以外にアイデンティティをもつべきだというアドバイスが出るのは普通だった。たとえば心理学の専門家は，女性は「母親」以外のアイデンティティをもつべきだと主張し，特にフルタイムで働くことを推奨した[90]。

更年期に関する1950年代から60年代初頭の代表的な著作『更年期』(1952年，のちに『女性が悩む必要なし』として再版)で，産科医で精神科医，性教育の専門家のレナ・レヴィンと，共著者で『がんに関する初めての本当にわかりやすい本』で有名なジャーナリストのベカ・ドハーティは，家庭の理想が幻想であることを証明した[91]。レヴィンが親しくしていた同僚に，全米家族計画連盟*3の共同創立者マーガレット・サンガーがいる。レヴィンは，医学的な問題の多くは，誤った情報と無知が原因だと主張した。そして，明快な情報の提供に努め，患者の教育は医師の責任であるということを認識するよう医師に呼びかけた。家族計画連盟が1938年に発行した『医師が新婦に話す』(1960年代に繰り返し再版)を含む数々のパンフレットのなかで，レヴィンは医師と患者両方に働きかけた[92]。『更年期』も両方を対象とした本だった。ニューヨーク州の精神衛生局は，レヴィンのパンフレットを「すべての公立図書館と診療所の待合室」に置くように指示した[93]。

レヴィンとドハーティは，更年期は「人生の(正常な)一時期から次の時期への移行期にすぎない」と考え，フロイト学派による否定的な更年期解

---

*3　1916年創立の女性の性・生殖に関する医療サービスを提供する非営利組織。安全な人工妊娠中絶手術，避妊薬の処方，性病治療などを手頃な価格で提供するほか，性教育などの啓蒙活動も行っている。

釈，特にドイッチュの主張を批判し，ホルモン療法への警鐘を鳴らした。二人は「更年期（menopause）」という言葉を便宜上用いたものの，「転換期（climacteric）」という表現のほうが「より正確な用語」だとした[94]。「転換期」のほうが古い表現ではあるが，彼らが重要事項としていた二つのこと，つまり中年期の変化は正常であることと，その社会的な意味をよく言い表していたからである。

レヴィンとドハーティは，専業主婦の女性のほうが中年期の悩みが多いことに着目し，更年期の諸問題は家庭での疲労と孤立に起因していると考えた。中年期に入った多くの主婦が，「自分に何の非もないのに，あきれるほど空っぽになってしまった自分の人生を振り返る。何百万人もの女性が，普通の生活を続けるために必要な作業が多かったとはいえ，退屈で誰もほめてくれない家事を日々繰り返して疲弊した自分に，人生半ばを過ぎて気づくのだ」。家事労働に革命を起こす性能のよい全自動洗濯機などの便利な機器が誕生したのは，『更年期』の出版年のほんの少し前のことだった。家事労働者を工場の製造ラインにたとえ，そうした便利な家電があったとしても「幾千回と繰り返さねばならない作業の量は絶望に達するほどで，労働者のやる気と生産性の維持は監督者にとって大きな問題であるのに，家事労働について同様のことを心配する向きはほとんどない」[95]と書いている。

仕事と中年期にまつわる話は密接に絡みあっている。人類学者で知識人のマーガレット・ミードはライフ誌のプロフィールでこう嘆いた。「知識人や専門家は，子どもが独立したあとに母親が何をしたらよいのかも見当がつかないくせに，妻業や妊娠・出産について論じている」。ミードの主張はほどなく「ミード主義」として日常会話の語彙となる。さらに，ミードが「活力がみなぎる『閉経後の歓喜』の25年もの間，女性資源をどう活かすかわかっていない」とつづったのは有名である[96]。のちにミードがイギリスの人気司会者デイヴィッド・フロストのインタビュー番組に出演した際，どうやったら彼女より二回り以上若い人でも疲れ果てるであろうペースで働き続け，多くの成功を手にすることができるのかと聞かれ，こう答えた。「若いときなら，私も死んでいたかも。閉経後にわき出るエネルギーのおかげです」[97]。

1950年代に既婚女性の就労を主張する改革派の声が高まった頃も，中年期は中心的な話題だった。女性もキャリアをもつべきだと提唱する最も影響力のある主張の一つとされた，アルヴァ・ミュルダールとヴィオラ・クラインの中年期のすべてがつまった著作『女性の二つの役割 ―― 家庭と仕事』(1956年，邦訳：1985年，ミネルヴァ書房)にその様子が描かれている。この著作は，1940年代半ば，国際大学女性連盟(のちの大学女性協会)がスウェーデンの社会学者で政策立案者のミュルダールに，女性が仕事と家庭を両立するための社会改革の必要性について社会調査を依頼したのがきっかけとなり，書かれた。国連の福祉政策部門のトップだったミュルダールは，その後ユネスコの社会科学部門の責任者となり，このテーマでオーストリア系イギリス人の社会学者クラインと共同研究を進めることになる。クラインは，女性と仕事の問題やフェミニストとアンチ・フェミニストの思考を研究テーマとする専門家で，女性の就労機会が制限されていることへの懸念をミュルダールと共有していた。当時，働く女性の絶対数は増加していた一方で，専門職の女性の割合は急激に低下していた。たとえば大学など学問の世界でも，教員に占める女性の割合が1940年には27.7％だったが，1950年には24.5％となり，1960年には22％を切っていた[98]。

ミュルダールとクラインは30～40代の既婚女性の雇用市場への復帰を求めた。女性のライフサイクルを段階的に表す従来の概念を採用し，女性の就労の流れを示した「三段階モデル」として知られる考えを提唱した。

「第一段階」は卒業から結婚・出産までの期間で，5~7年間にわたり大半の女性が自分で生活費を稼いでいた。第二段階では結婚せず自活を継続するか，大半の女性のように仕事を辞めて家族をもった。出産・育児と一部の主婦のパートタイム雇用が，第二段階の特徴である。15年ほどで手間のかかる育児と家庭内の責任から「引退」し，第三段階に入ると再就職のときがやってくる。ミュルダールとクラインは，このようなパターンで「40歳での新たなスタート」を実現するためには，たとえばパートタイムの仕事などを通じて女性が，第二段階にも技能を維持できるようにする雇用市場の調整が必要だと訴えた[99]。

二人の三段階モデルは大きな反響を得て，それぞれの母国であるスウェーデンとイギリスをはじめ各国で熱狂的に受け入れられた。1963年に，クラインが大学官職任命委員会に出席した際，何人もの講演者が何度も『女性の二つの役割』を引用していたという。この任命委員会は，イギリスの高等教育機関で権威あるキャリア・ガイダンス・サービスの報告を行っていたヘイワース卿がトップを務めていた委員会である。ケンブリッジ大学の任命委員会の秘書は『女性の二つの役割』は自分のバイブルだと言っていた[100]。

一方，当時東西冷戦のさなかのアメリカでは，マンパワーと「ウーマンパワー」をめぐる不安が高まっていた。ミュルダールとクラインのメッセージが，政府による女性と仕事に関する研究を支援するかたちになった。これは1953年にアメリカ教育協会の女性教育委員会が依頼した案件で，社会心理学者のマリー・ヤホダと発達心理学者のメアリー・カヴァー・ジョーンズが，女性の中年期の不調を男性の退職と比較した研究である[101]。ヤホダは中年女性のフォローアップ研究のなかで，「（女性の）ライフパターンの肯定的な側面」にもっと注意を向けるべきだと訴えた[102]。1957年に全米人材開発評議会（NMC）の後援で開催された「既婚女性の人生における就労」という会議では，著名な児童心理学者エレノア・マコビーが，母親が家の外で不定期の仕事に就いていても子の発達になんら影響はもたらさないと語り，NMCで正規採用されている女性職員のキャリアに支持を表明した[103]。

1960年代，ケネディ政権は三段階モデルを社会政策として採用した。ケネディは，1961年に女性の地位に関する大統領委員会を設置し，「女性が妻，母としての役割を継続しながら周囲の世界に最大限の貢献をするためのサービスの勧告」を取り入れた。さらにミュルダールとクラインの「女性がその能力を育成し，継続的に希望を叶える機会を保証するべき」とする理論に賛同を示した[104]。ベティ・フリーダンが『新しい女性の創造』を発表したのはその2年後だ。フリーダンは，ミュルダール，クライン，ヤホダの三人が執筆のインスピレーションになったと話している[105]。

ソンタグはエッセイの最後の段落で，ダブルスタンダードは男性が生み出してきたものだが，「女性の黙認がなければ根づくこともなかった。欺瞞（ぎまん）と苦悩と（年齢の）嘘によって女性が助長してきたのである」と書いた[106]。一方で中年期の解放について，歴史を振り返ると，老化のダブルスタンダードは必ずしも永続的でも普遍的なものでもなかったことがわかる。加齢は，必ずしも常に抑圧の道具であったわけではない。多くの女性にとってそれは，伝統的なジェンダー役割からの解放も意味していたのである。

5 女性よ，大志を抱け

「概念は記憶をもつ」とは，概念とその定義，あるいは再定義が歴史を内在していることを指す。1970年代の中年の危機の定義づけ，あるいは再定義は，それ以前の中年期の理解に基づいて構築された[107]。40歳が人生の変化のときという考え方である。ライフコースに予想可能な転換期が存在するという近世の概念を土台にしており，ヒポクラテス的な意味では「分利（病の峠）」となる期間であると理解されていた。また，人生の盛衰を分かつ重要な発達過程とされた。中年の危機という概念はもともと，白人中産階級のジェンダーと加齢に関する伝統的な議論のなかで形成された。それがよく知られるようになったのは，男女のライフコースにおける変化をフェミニストの視点でとらえ直したためで，中年期を女性にとっての「ニューディール」，すなわち母親業の終了とキャリア開始の時期であるとする定義を用いている。

1972年，ソンタグはその論文で「老化のダブルスタンダード」を唱えたが，彼女は最初の提唱者でもなければ唯一の提唱者でもない[108]。中年期の歴史研究においてソンタグの貢献が強い影響力を残しているのは，彼女が多くの人々が共有するよく知られた考え方を強力に発信したからである。彼女は論文の結びに肯定的な中年の概念を打ち出した。「女性には別の選択肢がある。彼女たちは優しいだけでなく賢くなろうとしてもよい。助けるだけでなく有能になってもよい。強くなろうとしてもよい。大志をもってもよい」[109]。同時代に筆をとったゲイル・シーヒーは，ソンタグが示した中年期のエンパワメントの概念を土台に，男女双方の人生における変化と脱ジェンダーの重要な時期であるとして，中年の危機を定義したのである。

第3章

フェミニズムの視点から「中年の危機」を見る

記者で作家のゲイル・シーヒーは,「中年期を迎えた女性に与えられる新しい人生」という概念に基づいて,「中年の危機(ミッドライフ・クライシス)」を社会批評の概念として世に知らしめた。「クライシス」という言葉は古代医学に由来し,通常は診断カテゴリーとして理解される。しかし歴史家のラインハルト・コゼレックが指摘したように,元来,語源のギリシャ語krísisは政治用語だった。「クライシス」という用語は,政府や軍事,司法における「危機」という文脈で用いられ,その内容を描写すると同時に,規準(規範となる標準)を確立しようとする「批判」という意味も暗に示唆していた[1]。1970年代,「中年の危機」という概念もkrísisと同じように,批判的な性質をもつようになった。

「中年の危機」という言葉は,1950年代に精神分析家エリオット・ジャックスによって生み出された。しかし,この言葉が広く知られるようになったのは,その20年ほどあとの1976年に出版されたシーヒーのベストセラー『パッセージ―― 人生の危機』で,老化のダブルスタンダードに反論するフェミニスト的な概念として提唱されて以降である。『パッセージ』は115人の男女の人生に基づいて,中年期の概念について,女性にとって中年期とは自己充足と成功の期間だが,長年社会に適合してきたホワイトカラーの象徴である「グレーのフランネルのスーツ」をまとった男性にとっては，疲れと不満のときであることを組み合わせて紹介した作品である。中年期に男女のジェンダー役割がくずれていく様子を描き出すことで，男性が外で働き，女性は家庭を守るという従来型の核家族のライフスタイルに対する批判として「中年の危機」を描き出した。

書籍のなかで「中年の危機」の歴史について説明する際には通常，導入部分でごく簡単に触れるだけのことが多く，そこではシーヒーの名前はよく登場するものの，中心的な役割を果たした人物としては描かれていない。報道記事でも学術的な文献でも，「中年の危機」という概念はシーヒーが「大衆化」させるよりも前に，心理学から生まれたものだという合意があった。歴史家のスティーヴン・ミンツですら，短く中年の危機に言及した際に，「カナダの精神分析学者エリオット・ジャックスが考案し，ゲイル・シーヒーによって大衆化した言葉だ」と述べている[2]。それでも，解釈や普及といった「大衆化」によって人々に受け入れられた理解は，わかりやすく書き換えられ説明されているがゆえに，原著そのものの知見が直接人々に適用され，再評価され，反響を呼んで，再びその知見が深められるという知識の循環を妨げるものとなる[3]。

シーヒーは，自身の考えは専門家が発祥である点を積極的に述べ，自分の前に理論を構築した人物を生み出すことで自分に対する評価を高めた。彼女がいなければ，「中年の危機」の生みの親がジャックスであったことを知る人がどれだけいただろうか。さらにシーヒーは，学術研究を称賛し宣伝するのではなく，同時代のフェミニストの活動家，作家，学者がそうしたように，ライフコースの心理学的および精神分析学的概念を痛烈に批判したが，「中年の危機」はその批判の有用な材料になった[4]。『パッセージ』は「大衆化」ではなく，心理学批判であり，「中年の危機」の歴史の重要な出発点だったのである。

シーヒーの批判の矢面に立たされたのが，ライフサイクルの連続的な発達段階モデルの代表「人間の8つの発達段階」を提唱した精神分析学者のエリク・エリクソンである。エリクソンの理論は，男性の人生に関するものだったが，女性は「家庭を守り，よき妻，よき母親である」ことが「よい発達である」という，母親と妻のためのガイドラインの意味合いも含んでいた。女性は専業主婦として母親業に取り組むのがあるべき姿だという主張に女性たちが反発したとき，エリクソンは女性の「内的空間」*1に関する論文で反論した。歴史家たちは，著名なエリクソンによる女性の内部性，つまり女性は身体の内部に子を宿す特性をもつことへの称賛を，フェミニストのケア（配慮・気配り）の倫理に同意していると誤解してきた[5]。一方で，エリクソンは変わらずフェミニストの枠組みを否定することに全力を注ぎ，母性と内部性を源とするアイデンティティを最大限に美化したが，その先の女性の権利にまでは考えが及ばなかった。シーヒーは，男性のライフコースと女性のライフコースを統合し，男女間の構図を丸ごと逆転させた。これにより，女性は従来男性のみに認められていた主体性，活動，機会を享受でき，男性の側もまた，共感，愛着，主観性について再評価することが許されることになった。

---

*1　女性のアイデンティティ形成は，「内的空間（＝子宮）」を擁する身体のつくりゆえに男性とは異なる。内的空間は選ばれた男性の子孫を宿す宿命を負い，したがって幼少期の人間を育む生物的，心理的，倫理的な義務が格納されている。詳しくは90ページ以降を参照。

1 女性の記者が活躍した1970年代のニューヨーク

『パッセージ』が出版されたのは，シーヒーがジャーナリストになって15年目の年だった。ゲイル・ヘニオン（シーヒーの旧姓）は1937年，セールスマンの父と専業主婦の母のもとに生まれ，ニューヨーク州ウェストチェスター郡に育った。バーモント大学を卒業後，大手百貨店JCペニーに外回り営業職として就職する。1960年に結婚し，夫の姓であるシーヒーを名乗った。翌年には娘が誕生したが，1968年に離婚。同年に創刊したばかりのニューヨーク誌の寄稿編集者になった[6]。

それまでも記事の執筆経験はあった。ロチェスター（ニューヨーク州北西部の都市）の地元紙やニューヨーク・ワールド・テレグラム紙，サン紙などで記事を書き，ヘレン・ガーリー・ブラウンが編集長を務めたコスモポリタン誌*2やホリデイ誌，マッコールズ誌などの雑誌にも寄稿していた。なかでもシーヒーのベースとなったのがニューヨーク・ヘラルド・トリビューン紙で，名物ファッションエディターのユージニア・シェパード編集長のもとで特集記事を担当した。「ジュニアリーグ*3の最新ティードレスに話題騒然という茶番」を軽蔑することに誇りを感じ，「よく言えば見苦しく，悪く言えば過激な」（それでも掲載される）反戦デモ，妊娠中絶の権利支持，アラバマ州セルマの公民権運動で負傷した人の手当をする女性医師，ハーレムの女性の家賃ストライキについての記事を書き，ファッションページから主役の座を奪うことに喜びを見出していた[7]。

当時，新聞には「女性面」があり，家事や育児といった女性に課された縛りを慣行化する「ソフトニュースの掃きだめ」と批判されていたが，同時に印刷媒体におけるフェミニズム活動の中心にもなっていた。いち早く女性にとって重要な問題を指摘して深く追求し，ほかのどの紙面よりもニュ

図3-1 ゲイル・シーヒー。1975年撮影。1974年にシーヒーが書いたニューヨーク誌の記事「キャッチ30」がペニー・ミズーリ・マガジン年間最優秀賞を受賞した際，選考委員会に提出した写真。Penney-Missouri Journalism Awards Records, collection 4050, folder 163, State Historical Society of Missouri, Photograph Collection.

ースを掘り下げていた。また，「女性面」の政治化が進み，女性ジャーナリストの選択肢が広がった。当時は女性記者がハードニュースの分野に進出するのは難しかったが，フェミニズムの視点からの「フェミニスト政治」と

＊2 ブラウンは同誌をセックスも含めて人生を謳歌するキャリアウーマン向けの人気雑誌に育て，32年間編集長を務めた。

＊3 地域コミュニティの改善と市民社会の社会的，文化的，政治的な構造の改善を目的とした上流階級の女性によるボランティア組織。

いう新しい分野が女性ジャーナリストに活躍の場を与えた[8]。シーヒーは1964年，ニューヨークで乳児死亡率が急激に悪化していたときに発表したニューヨークの産院に関する調査報道シリーズで，ニューヨーク・ニューズウィメンズ・クラブ一面記事賞を受賞し，注目を浴びることになった[9]。

たび重なるストライキでヘラルド・トリビューン紙が低迷した際，編集者のクレイ・フェルカーとグラフィックデザイナーのミルトン・グレイザーは日曜版を独立させるかたちでニューヨーク誌を創刊し，1968年4月に第1号を発行した。シーヒーはここに寄稿編集者として加わった[10]。ニューヨーク誌は大都市圏での発行部数が33万部あまりに達し，文学的技法を駆使したルポルタージュの手法を取り入れ，ニュー・ジャーナリズムの源流となった。トム・ウルフが「ラジカル・シック（radical chic）」の記事*4できわめた，消費者志向のライフスタイル記事と調査報道，そして画期的な政治・社会分析を統合するスタイルである[11]。ジェンダー・ポリティクス*5において進歩主義をとり，記事に登場する男女のタイプにもその特徴が現れていた。ニューヨーク誌は，グロリア・スタイネムのミズ（Ms.）誌を育てた雑誌でもあり，実際に1971年の創刊を助けている。一般消費者向けのメディアのなかでいち早くフェミニズムに堂々と取り組んだニューヨーク誌を，フェミニストのライターたちは仲間だと考えていた[12]。

1977年にメディア王ルパート・マードックが買収するまで，シーヒーはニューヨーク誌を主な活躍の場とし，9年間で同誌最多となる55本の記事を執筆した[13]。カウンターカルチャー，薬物問題，ブラックパンサー党，地方政治など，トピックは多岐にわたっていたが，やはりメインはジェンダー問題だった[14]。性別という意味の「セックス（sex）」と社会的イデオロギーとしての「ジェンダー（gender）」の定義は，1970年代にはっきりと区別されるようになってきていたが，「ジェンダー」はまだ一般的な用語ではなかった。「セックス（性別）」は，自由で幅広いかたちで，男性と女性に対する歴史的，文化的な態度や，より大きな社会秩序との関係を概念化する言葉として使われていた。「ジェンダー」については，シーヒーはたびたび使用してはいたが，たとえば「若い女性は性別ごとの役割に根差したアイデンティティに満足し，あるいは適応することを期待されていた」という文章では，「性別ごとの役割（sex roles）」や「性差（sex difference）」，「二つの性別（two sexes）」というかたちでsexを使うことが多かった[15]。

シーヒーは執筆テーマとして，異性間恋愛，大卒の白人中産階級，人種や階級を問わない「家父長制」，つまり性差別という，1970年代にメディアで盛んに取り上げられたフェミニズム問題の代表格に取り組んだ[16]。初期の作品に，通勤電車文化に垣間見られるアメリカの男らしさの問題についての文章がある。男性の「インディアンクラブ」についても書いているが，ダイアン・アーバスのフォトストーリー作品として発表されたものだ[17]。グロリア・スタイネムのフェミニスト・コラム「シティ・ポリティック」で，1971年にスーザン・ブラウン・ミラーらが企画したマンハッタンの教会でのレイプ被害者による初の告発について，ゲスト・コメンテーターとして参加したり，セントラルパークに展示されたニキ・ド・サンファルによる彫刻群（女性性を肯定し，強調した挑発的な「ナナ」と呼ばれる女性像シリーズ）について記事を書いたりした。また，一家の稼ぎ手の男性と家事をする女性と子どもという核家族像を超えた家族のかたちについてのシリーズも担当した[18]。

1971年には，フェミニストの作家ジャーメイン・グリアが作家ノーマン・メイラーを男性優位論者として断罪した市民集会で，タウンホール事

＊4　社会的エリートとして上流階級のライフスタイルを保ちながら，影響力を及ぼしたり，名声を獲得したり，白人優位社会への罪悪感を払拭するために，社会主義者や急進的な左翼を支援する，軽薄な政治的扇動者をラジカル・シックと呼んで揶揄した。

＊5　性差による政治，女性の政治的領域への進出，政治課題として登場する性差の問題などを指す。

件とも呼ばれた「女性の解放についての対話」も取材している。その席上で，ニューヨーク・タイムズ紙の書評家アナトール・ブロヤードからの「女性は何を求めているのか」という質問に対し，グリアは「いろいろあるけれど，あなたではないわ，ハニー」と答えたのは有名な話だ[19]。シーヒーは数々のルポルタージュやエッセイを生み出し，性の革命，フェミニズムの急進派，アイルランド共和軍（IRA）やブラックパンサー党などの女性活動家，人類学者ライオネル・タイガー（訳注：男性の衰退を論じ，その権利擁護を訴えた），社会生物学，そして男性運動が初めて経験する動揺や評判などを取り上げていった[20]。

シーヒーは1970年までには，ニューヨーク誌の，そしてニューヨークの，最も注目される若手記者の一人と称されるまでになった[21]。1969年から2年間コロンビア大学の研究員として「異人種間報道」を研究したあと，1971年に『パンサーマニア』を出版した。コネティカット州ニューヘイブンで起きた殺人事件（訳注：急進派黒人民族主義組織ブラックパンサー党の女性メンバーが起訴された）の公判を追った著作である[22]。

続いて，ニューヨークのタイムズスクエアでの売春行為に関する調査報道に取り組んだ。社会の不正を暴こうとする改革志向のジャーナリストを指す「マックレイカー」さながらの手法を用いて，地域的な売春組織の背後にいる巨大ビジネスの存在をあらわにしていった。ニューヨーク誌に掲載した，ミッドタウンのヘルズキッチン地区を舞台とした戯曲「ヘルズ・ベッドルームの大家」（1972年）は，優れたジャーナリズムであるとニューヨーク市長に称賛された。タイムズスクエアから売春行為が一掃されたのは，おおむねニューヨーク市当局がシーヒーの助言に従った結果だと見られている。シーヒーはこのルポルタージュでナショナル・マガジン賞と一面記事賞を受賞したが，一方で，複合的な登場人物を用いて事実とフィクションを融合させるニュー・ジャーナリズムをめぐる議論に巻き込まれることになった[23]。このテーマは1973年に『ハスリング』として1冊の単行本にまとめられ，1975年にテレビドラマ化されたときには，ある評論家の粋な批評いわく「シックな報道記者」であるゲイル・シーヒーをリー・レミックが演じた。2017年にもHBOで『DEUCE/ポルノストリートin NY』として再ドラマ化されている[24]。

そんななか，シーヒーの長年の関心事項であるジェンダー・ポリティクスに切りこんだ『パッセージ』は，経験を積んだジャーナリストにこそふさわしい社会批判の作品だった。アリシア・パターソン基金で1年間ジャーナリズムの研究資金を獲得して下準備となる研究調査を行い，1973年に執筆に着手した。小規模ながら権威あるニューヨークの出版社E.P.ダットンとの契約段階では「夫婦についての本」だったはずが，最終的には「男女の発達段階と年齢」を論じるプロジェクトへと発展していくことになったのである[25]。

2 科学とジャーナリズムが出合うとき

シーヒーは，成人のライフコース研究において，20歳手前で親元を離れる時期から始まり，20代，30代，40代と進んで，50代までを順に分析していった。なかでも考察の中心は30代と40代で，前段階である20代でその背景がつくられるとした。シーヒーが説く中年期の自己発見の概念を理解するためには，成人期の初期段階を検討すべきである。それは，「『成熟』はそれ以前が未成熟であることを示唆し，『大人』はそれ以前が子どもじみていて未熟だったことを意味する」からである[26]。『パッセージ』は，キャリアや人間関係がスタートした時点から問題が蓄積し始め，30代半ばから40代初め，すなわち中年期にまだ入らない直前の時期，シーヒーがいう若い成人期から中年期への移行期に，決定的な人生の変化となって顕在化する様子を描き出した[27]。かくして中年期に突入すると，20代から30代前半にかけて確立されたはずの男女のジェンダー役割が崩壊する。

シーヒーは，この時期の激動と変化を言い表す的を射た表現を数多く生み出した。シーヒーが在籍したニューヨーク誌は，表情豊かな口語体というべき，いい得て妙なキャッチフレーズを生み出すことで知られていた。大人になりたくない大人を意味する“grup”や，レビューだけで本や映画に評価を下す“bullcrit”など不発に終わったものも多かったが[28]，トム・ウルフの「ラジカル・シック（radical chic）」や「ミー・デケイド（me decade）（訳注：自己中心主義が蔓延（まんえん）した1970年代のアメリカを指す）」はヒットしたし，のちにソファに寝そべってテレビばかり見ている人を表す「カウチ・ポテト」という言葉を生み出したのもニューヨーク誌だ[29]。自称「比喩の達人」，あるいは「しゃれた頭韻（とういん）担当のプリンセス」と呼ばれたシーヒーもこの精神にのっとり，人生の「パッセージ（通過点）」を言い表す複数の表現を考案した。たとえば「試練の20代」(小児科医ベンジャミン・スポック博士の「魔の2歳」にならったもの)，「キャッチ30」と「スイッチ40」(ジョーゼフ・ヘラーの反戦小説『キャッチ＝22』になぞらえたもの)，「巣からの解放」(「空の巣症候群」の逆)，「セクシャル・ダイヤモンド」(男女の性的ライフサイクルの対比を表す図)といった具合だ[30]。

『パッセージ』では「中年の危機」という用語が適宜使用され，シーヒーは，出版の10年ほど前に論文「死と中年の危機」を発表した精神分析学者エリオット・ジャックスが生みの親である点を指摘した。本の終盤の男性の中年期について記述した部分で，ジャックスの論文の要旨を紹介し，「中年の危機」はジャックスのものであり，この論文は「古典である」と述べた[31]。ジャックスへのこうした称賛は，作家としてのシーヒーの地位を高め，その主張を強化することになった一方で，彼女自身が自分の先人を創り出してしまうことにもなった。同様の効果は学問の世界でも見られる。たとえば，科学者のジョルジュ・カンギレムは次のように語っている。「その時代には当惑をもたらすだけの想像も及ばぬ理論的もしくは実験的な結果に出合ったとき，ことによると自分の考えはまだ誰も思いついたことがないものかもしれないということを確かめようとする。そして自分の発見の認定を過去に求める。発明者が自分の先人を発明するのだ」[32]。神話創設は正当化の戦略であり，専門家の間でのみ起こることではなく，科学とジャーナリズムが出合うときにも用いられたということだ。

ジャックスは「中年の危機」を『パッセージ』よりも前に考案したが，実際には古典ではなく，シーヒーの定義と密接に関係してもいなかった。ジャックスがこの言葉を生み出したのは1957年，イギリス精神分析学会の入会審査の席だった[33]。ジャックスは1917年にトロントで生まれ，第二次世界大戦中にカナダ軍医療部隊の駐屯にともないロンドンに拠点を移した。精神分析と組織心理学専門の医師として数々の大学で教鞭をとると同時に，経営コンサルタントの仕事もしていた。企業内ヒエラルキーの専門家であり，「裁量の時間幅」という考え方を生み出したことで有名である。職責の重要性の黙示的な評価に使う主要な基準は，個人が決定を下した際にその判断が承認を受けるまでにかかる時間の幅であるという考えで，重要性が増すほど時間は長くかかる[34]。

ジャックスの論文は,精神分析学の事例研究と19世紀の神経科医ジョージ・ミラー・ベアードなどが用いたライフコースの定量的研究を統合したものだ。ベアードは「年齢と仕事の関係法則を初めて発見した」と主張した人物である。著書『アメリカン・ナーバスネス』(1881年)には年齢と生産性の関係の研究が含まれている[35]。ベアードは「世界の偉人500人」の人生を分析した結果，最も大きな働きができるのは30～40代であると結論づけた。たとえば，哲学者のフランシス・ベーコンが最初の著作『随筆集』(1597年，邦訳：1948年，岩波文庫)を書いたのは36歳のときであり，百科事典『学問の進歩』(1605年，邦訳：1974年，岩波文庫)は44歳のときだった。美術批評家のジョン・ラスキンは『近代画家論 第1巻～第5巻』(1843～60年)を20代後半から40代半ばにかけて書いた。イギリス海軍のネルソン提督が爵位に叙されたのはサンビセンテ岬の海戦のあと,39歳のときで,命を落としたトラファルガーの海戦は47歳のときだった。風景画家として知られるジョゼフ・マロード・ウィリアム・ターナーが最も有名な海の作品群を描いたのは39～45歳の「中年期」である[36]。

ジャックスはまた,「天才」といわれる男性300人ほどの人生が「中年の危機」により転換期を迎えたことを示した。この300人は芸術家，作家，科学者などで，中世から20世紀半ばのヨーロッパ(主にイタリア，フランス，ドイツ，イングランド)に住んでおり，なかでも中心的に取り上げたのは,ライフコース文学の古典『神曲』を書いたダンテだった。ほかにもラファエル，バッハ，ゴーギャン，アインシュタインなどについても分析しており，「ミスターN」こと，成功を収めた活動的な人物だという謎の患者や，仕事と妻と三人の子をもつ「行為者」も登場する（彼は割れた牛乳びんの夢を見て，「覆水盆に返らずだ」と泣いた）。この論文にはフロイト学派の「死の本能」の概念と，ジャックスの師匠であるメラニー・クラインがその概念を用いたことについても短く記述されている[37]。

G・スタンレー・ホールやウォルター・ピットキンなどの著作家の先人に習い，ジャックスは中年期を自己実現と達成の時期であると宣言した。調査対象の偉人たちは35歳前後で「転換期」，つまり「中年の危機」を経験していると主張した（全員がこの時期を乗り越えたとは限らないが）。「中年の危機」の前後の作品を比較すると，危機を経験したあとのほうが洗練された手法と技術になっているという。ダンテは37歳で『神曲』（1321年）の執筆を始めた。冒頭の記述，「人生の道半ばで私は正しい道を踏みはずし，気づくと暗闇の森のなかにいた」が，ダンテ自身の状態を指すのだという。ヨハン・セバスチャン・バッハ（1685～1750年）は「一介のオルガン奏者にすぎなかったが，38歳でライプチヒの教会の音楽指導者の役職であるカントルに就任したあとに数々の傑作を生み出し始めた」。ゴーギャン（1848～1903年）も同様である。「33歳で株式仲買人を辞め，39歳で画家としてクリエイティブなキャリアを確立させた。美術批評家によると，彫刻家ドナテッロ（1386～1466年）は39歳以降，スタイルに顕著な変化があった」と記している[38]。

ジャックスは，中年の危機は「創造力の増大」をもたらす人生にあらかじめ組み込まれた機会であり，ゆえにバッハやゴーギャンがそうなら，ミスターNも同じはずだと考えた。「名だたる偉人たちを例にとってはいるが，中年の危機はすべての人になんらかのかたちで出現する反応であるというのが，私の主要なテーマである」と述べている[39]。しかしながら，ジャックスの理論には例外が多々つくられていた。女性を除外することは明確に記述されていたし（女性には中年の危機の代わりに，男性の危機に数年遅れてやってくる更年期があるとした），暗に除外を示唆している集団もあった（調査対象はヨーロッパの白人のエリート層に限定されていた）[40]。ジャックスの「中年の危機」は，男性は中年期に再生するが，女性や労働者階級と有色人種の男性はそうではないとする老化のダブルスタンダードの典型だった。

ジャックスの論文は今日，中年の危機について引用される古典となり，「『中年の危機』の生みの親」として知られている[41]。「死と中年の危機」は，1965年の発表から半世紀あまりで1000件以上の書籍や論文で引用された。年平均にして15回のペースだ[42]。だが実際は，ジャックスは中年の危機の歴史の始まりにおいて主要な存在ではない。ジャックスをこのテーマで初めて引用したシーヒーの役割の重要性を確認するために，この論文が引用されているにすぎないのである。

ジャックスの論文は，発表当初ほとんど取り上げられることがなかった。おそらくイギリス精神分析学会との関係が険悪だったためだろう。通常，学会で論文を発表すれば討論が続くものだが，彼の場合，沈黙が続いたという。「私が読み上げ終えても，話はまったく弾まなかった。普通は論文についての討論が45分から1時間行われるが，私の場合はわずか5分だった。とても落胆した」と振り返っている[43]。この事態は想像できる。精神分析学というものは，子ども時代に焦点をあてるので，多くの学会員は成人期の見解に基づく概念への関心が薄かったのだろう[44]。加えて，1939年のフロイト死去後の学会は，研究手法をめぐる内紛に荒れていた。1940年代のアンナ・フロイトとメラニー・クラインによる「論議を呼ぶ討論」によって，イギリス精神分析学会はフロイト派，クライン派，そして中間派の3派に分裂した[45]。ジャックスはクラインの門下だったので，対立派閥の沈黙は予期できたであろうし，おまけにクライン派とも複雑な関係にあった。

1947年，ジャックスはウィルフレッド・ビオン，ジョン・ボウルビィらとともにイギリス精神分析学会と密接に連携する機関として，ロンドンにタヴィストック人間関係研究所を設立した。1946～50年まで，学会でメラニー・クラインの指導のもと，精神分析の訓練を受けた。しかしジャックスは資格を取得してわずか1年で，研究の資金と手法をめぐり「それはそれは感情的な議論」を経て，タヴィストック研究所を辞めてしまった。これは学会流の精神分析との断交だったというのが，各方面共通の見方である。ジャックスはクライン派の分析手法について，「その弱点がこちらを凝視している」と語り，意識せずにいられないことを吐露している[46]。

おそらくこうした経緯もあって，学会はジャックスの論文出版を8年先送りにしたのだろう。論文は1965年に出版されて精神分析学コミュニティで知られるところとなり，老化や死に関するいくつかの論文や，キャリア・プラトー（キャリアの停滞）や退職を研究するイギリスの一部の組織心理学者に引用された[47]。アメリカでカリフォルニア大学ロサンゼルス校の精神科医ロジャー・グールドがグループ療法における年齢グループについての論文でジャックスに言及した一方，総合精神医学雑誌が「空の巣」とともに「中年の危機」を否定した[48]。

間違った解釈で引用されたこともある。アメリカ政府の報告書『アメリカで働く』（1973年）は，「中年の危機」とは管理職が感じる失敗の恐怖と疎外感であるとして次のように記述した。「中間管理職が一般的に感じる出世から取り残される不安は，30代後半になると支配的になる。キャリアは天井を打ち，今後の人生は転落しかないと気づく。会社員は35～40歳にかけて死亡率が顕著に上がるが，これはいわゆる『中年の危機』が原因のようだ」[49]。これはジャックスが描き出した創造的な再生というよりは，ウィリアム・フート・ホワイトの『組織のなかの人間』や，デイヴィッド・リースマンの『孤独な群衆』に近い。「死と中年の危機」はジャックスの論文集『仕事，創造性，社会正義』(1970年)のなかにも掲載されたものの，大半の書評で無視されるか，想像力に乏しく時代遅れだと否定された[50]。

ジャックスの論文の２年後に発表された世界精神保健連盟の『中年期の男性』(1967年)といった中年期研究の重要文献では，ジャックスについては触れられていない[51]。バーニス・ニューガーテンによる600ページ近い研究書で，引用回数が多いことでも知られる『中年期と老化』(1968年)は，「成人のパーソナリティ：ライフサイクルの心理学に向けて」[52]を含む未発表の論文を掲載し，さらに中年期についての著名な研究者の著作を引用していた。しかしエリク・エリクソン，エルゼ・フレンケル＝ブルンスヴィック，ロバート・ハヴィガースト，ウィリアム・マスターズ，ヴァージニア・ジョンソンの名はあっても，ジャックスは採用されなかった。「中年の危機」という単語さえ，分厚い本のなかに登場しなかった。1972年にイェール大学の社会心理学者ダニエル・レビンソンがライフストーリー研究学会総会で「中年の危機」という言葉を初めて考案したかのように話したときも，ジャックスを擁護する者は誰もいなかった[53]。また，1970年代半ばの社会科学研究会議中年委員会文献総覧にもジャックスの論文は入っていない[54]。

ジャックスを知る大半の人は，シーヒーによってその名前を知った。関係性を語ることで遺産なるものの権利を主張する人の立場は強化される。加えて，「発見者」の立場も強くなる[55]。シーヒーはジャックスの1965年の論文を「古典である」と宣言することによって，「発見者」としての地位を手に入れた。社会科学者がシーヒーの本を引用することは滅多にないとしても，一定の人数の科学者がシーヒーの本を読んだと想定され，それがジャックスの論文を，シーヒーの言うとおりの「古典」とならしめた。『パッセージ』の出版後，「死と中年の危機」の引用回数は，平均年２回だったのが10倍以上に急激に伸びた[56]。それまでジャックスを無視してきた中年期問題の専門家たち，バーニス・ニューガーテンや，自分が「中年の危機」を生み出したといっていたダニエル・レビンソンすらも，ジャックスを引用するようになった[57]。

しかし，そうしたことはジャックスの概念の「復活」ではなかったし，シーヒーが彼のアイデアを「大衆化」したわけでもなかった。『パッセージ』がジャックスの「中年の危機」にスポットライトをあてたのは確かだが，『パッセージ』はそれだけの本ではない。シーヒーは同書で複数の社会科学者にインタビューをしたが，存命中にもかかわらず，ジャックスには話を聞かなかった。そもそもシーヒーの中年の危機の概念とジャックスの概念に重なるところはほとんどない。ジャックスが立証したダブルスタンダードにシーヒーは異論をつきつけた。『パッセージ』は，ジャックスが論じた男性の創造力よりも，ベティ・フリーダンの『新しい女性の創造』のほうに近かったのである。

3 男性中心主義の心理学と精神分析学との闘い

『パッセージ』の出発点は怒りであり，怒りがシーヒーを理論と研究との格闘に向かわせた。のちにシーヒーは，精神分析学者たちの権威ある論文を斬り捨てて「不服従のあきれ顔」を見せるのが楽しかったと，回顧録に書いている。彼女に言わせれば，権威ある論文は「問題全体の1/3にしか」取り組んでおらず，問うべき疑問はあと二つ残っているという。「(中年期に入る)厄介な通り道を女性たちがどうやって通過し，何を思うのか」，そして夫婦間の二重メッセージにおいて，この移行期はどう展開するのか」[58]である。

この答えを探るため，シーヒーは18歳から55歳までの115人に聞き取り調査を行った。大半は子どもをもつ夫婦で，半数以上が離婚経験者だった。ニューヨークとワシントンDC在住者が多く，一部はカリフォルニア州沿岸部に住んでいた。ひとにぎりの例外を除き，匿名である[59](ジャーナリストのキャロル・タヴリスによると，ニューヨーカーたちは出版された本を読んで，自分がどんな仮名で書かれているかを探して楽しんだそうだ)[60]。例外は実名で登場した人類学者のマーガレット・ミードについての長いセクションで，ニューヨーク誌に過去に掲載された記事を引用したものだった。シーヒーは，ミードの中年の危機は文化人類学者で精神医学者でもある夫グレゴリー・ベイトソンとの別離を決意したことに関係していると考えた。その決意が実際の別離に影響を及ぼしたのは数年後のことだが，ミードは自身が43歳の1945年8月，日本への原爆投下がきっかけとなり，別離を決断したと語っている[61]。

聞き取り調査に協力した人のなかには，シーヒーの友人や，友人の友人，同僚，知り合いがいた[62]。『パッセージ』の2年前にニューヨーク誌に掲載された中年の危機の記事「キャッチ30」を読んで手を挙げた人もいた[63]。記事が出たあと，取材対象の元妻から自分側の話も聞いてほしいと電話がかかってきたこともあった[64]。また，シーヒーが「セレーナ・カーター」と仮名をつけた，夫の夢をかなえるため献身的に尽くす24歳の女性からは，記事に対する苦情の手紙があった。ロースクールに通う夫を支えるために事務のアルバイトをしている大卒の女性で，記事に共感も同意もせず，「あなたの周りにいる男性は，悪いことが起きれば妻のせい，よいことが起きれば自分の優れた判断力のおかげだと言う，大人げない非現実的で不安定な人たちなのだろう」と言ってきた。シーヒーが「あなた方ご夫婦は理想的な20代の代表になれると思うのですが，次に出版する本に協力してもらえませんか」と返信すると，「喜んで」との返答が来た[65]。

聞き取り対象は，主に大卒以上の白人中産階級だった。男性の職業は弁護士，医師，経営者，中間管理職，大学教授，政治家，学生，芸術・メディア・科学の分野で，女性は，男性と同分野で成功している専門職の人も一部にはいたが，大半は専業主婦やパートタイムで働く主婦だった。少数ながら労働者階級の女性と黒人男性を参加させ，典型的なアメリカ社会を反映している集団だと主張して，理論の一般化を図った。労働者階級の女性の厳しい雇用状況を描き，女性の人生における教育と継続的なキャリアの重要性を説いた[66]。

また，中年の危機は白人以外にも共通するという裏づけのため，例外的な成功を収めた黒人男性二人を登場させた。一人は，名門プレップスクール「ホッチキス」出身でウェストハーレムの俳優学校にパートタイムで通うデニス・ウォトリントン。もう一人はアーサー・ミッチェルで，ニューヨーク・シティ・バレエ団初の黒人ダンサーとなり，初の黒人クラシックバレエ団であるダンス・シアター・オブ・ハーレムを設立した人物だ（両名とも実名での掲載に同意した）。シーヒーは，イーストハーレム育ちのウォトリントンについて，「階級や人種，あるいはその両方でハンディキャップを背負っている家庭とは事情がまったく異なる」と認めているものの，最終的には「彼の状況は例外的ではあるが，その反応は典型的だ」と結論した[67]（『パッセージ』では，ウォトリントンの母親について短く言及した以外，黒人女性は登場しない。労働者階級の男性は，人種を問わず皆無である）。

シーヒーは，聞き取り対象者たちをアメリカの「先導者集団」であり社会的前進の道標であると述べたが，これにより白人中産階級がどういう規範をもっているかを鮮明にすると同時に，彼女自身の計画的なアプローチと改革者としての意図を明確にした[68]。『パッセージ』の聞き取り調査が回顧録や事例研究，単なる個人の話を集めたものにならず，「ライフ・ヒストリー」になった大きな要因は，対象者の選び方にあった。歴史家のレベッカ・レモフが指摘するとおり，個人としての存在よりも広範な社会の実態としてとらえられてきた，おおむね無視されてきた人，声なき人に声を与えるのが「ライフ・ヒストリー」だからである[69]。ジャーナリストのハッチンス・ハプグッドの『ある泥棒の自伝』（1903年）や『アナーキスト・ウーマン』（1909年）といった古典的ライフ・ヒストリーまたは「自分史」は，調査対象者に芽生える政治意識について描いているが[70]，シーヒーもまた，危機や問題，変容を描きながら社会変革を論じた。

1960～70年代の女性運動にとって，伝記的手法は重要な役割を果たしていた。女性が自らの経験や「自分史（自分の人生の物語）」を共有し意識を向上させる手法である[71]。「考え込むだけの代替療法」，つまり面接室で話し考えるだけの心理療法の代替のようにいわれることもあったが，「意識向上」は運動組織にとって欠かせない思考と行動へと導く土台だった。フェミニズム運動家ティシュ・ソマーズの有名なスローガン「悩むな！組織せよ！」のとおりである[72]。

1970年代半ばからフェミニストの作家や社会学者の間で，女性の就労や社会組織への参加を紹介したり称賛したりするために，ライフ・ヒストリーや私的な文書などを用いる伝記的な手法が広がり，女性の人生のエピソードが数多く世に出るようになった[73]。イヴリン・フォックス・ケラーによる1978年と1979年の植物遺伝学者バーバラ・マクリントックのインタビューは，サイエンス誌掲載のプロフィールの土台になり，そのあとに出版された伝記『動く遺伝子 ── トウモロコシとノーベル賞』(1983年，邦訳：1987年，晶文社）は新しい直観的な科学文学として高い評価を受けた。出版から5カ月後，マクリントックは動く遺伝子の発見でノーベル医学・生理学賞を受賞し，学問の世界における女性の努力の象徴となり，ケラーの本はフェミニスト的視点による科学批評の基本的な書物となった[74]。

シーヒーが回顧録に記したニューヨーク誌の同僚グロリア・スタイネムと交わした会話についてのくだりに，こうした手法への期待のほどが書かれている。1970年代，二人のジャーナリストは，「ロビン・モーガン（作家，活動家）が広めた『個人的なことは政治的なこと』というフェミニズムのスローガンの意味をつかみかけていた。女性が思いきって，自分の経験した真の人生を物語ることにより，生活のすみずみにまで染みついているジェンダーの不平等をあぶり出すのだ」[75]。

シーヒーはライフ・ヒストリーに加えて，伝記，自伝，小説，さらにはアルビン・トフラーの『未来の衝撃 ── 激変する社会にどう対応するか』（1970年，邦訳：1971年，実業之日本社）やフィリップ・スレイターの『アースウォーク』(1975年）などの社会批評を考察し，ライフコース研究の長い伝統がある社会学，心理学，経済学，医学，性科学の研究成果を大いに活用した。リースマン，フレンケル＝ブルンスヴィック，マスターズ・ジョンソン報告にとどまらず，心理学者のエレノア・マコビー，社会学者のミラ・コマロフスキー，経済学者のケネス・ガルブレイスの文献も引用している[76]。

『パッセージ』のカバーにある「シーヒーは学問の境界を超える」との文言は，包括的な視点に対する批判に先手を打っていると同時に，懐疑的であるばかりの学術研究に対するシーヒーの姿勢を表現している。シーヒーは，科学論文の特徴である解説や称賛の語調を滅多に使わなかった[77]。学術論文を身近な存在にする手助けをしたわけではなく，自分の論点の立証に活用した。たとえば，女性のライフコース分析では，自身の経験を引き合いに出すとともに，ミードやレビンソンに言及することで結論部分を裏づけた。「女性が20代で結婚と仕事と母親業を同時に成り立たせるのは，ほぼ不可能だ。それを試みた我々がそろそろ認めるべきだ。30歳ならやればできる。35歳なら確実に可能だ。しかし，それ以前となると，安定装置として必要な人間的な統合がまだ形成されていない。マーガレット・ミードとダニエル・レビンソンも同じ意見であると，彼らとの討議のなかで感じた」[78]。

シーヒーが科学研究の成果や学説を堂々と活用することを学んだのは，1969～70年まで研究員として異人種間報道プログラムで学んだ名門コロンビア大学ジャーナリズム大学院である。ここでは，ジャーナリストとして数年間の経験をもつ社会人を対象としたコースで科学研究，特に行動科学や社会科学の研究を活用する手法を学ぶことができる。研究の内容と研究法は，現代に実際に起こっている問題を行動科学や社会科学の文脈にあてはめて理解するための資源となる。学生たちに行動科学を学ばせるにあたり，大学側は言う。「報道は人類学，心理学，政治学，歴史学，その他の学問に始まる。自分が何を伝えているのかをより豊かな知識のなかで理解できれば，自分の報道しているものの社会的な意義をもっと理解できるようになる」[79]。シーヒーは六人の研究員の一人で，チャールズ・V・ハミルトンの政治学黒人政治クラス，都市政治論，そしてミードが担当教官の人類学の講義を二つ履修した。ミードはその後,『パッセージ』のプロジェクトに指導教官として参加した。この頃シーヒーは，名門ホッチキス・スクールに初めて入学したハーレム出身のティーンエイジャーについての1年間の参加観察プロジェクトのなかで，当時17歳だったデニス・ウォトリントンと知り合っている[80]。

コロンビア大学は，ジャーナリズムと社会科学の歴史的な関係を反映する手法をとっており，これがシーヒーの経歴に適していた。シーヒーの拠点であるニューヨーク誌は，ニュー・ジャーナリズムの旗のもと,「従来の社会学が決して試みることがなかった都市生活の社会学研究，たとえばウォールストリート文化，ニューヨークの賄賂文化，警察官文化，マフィア文化といった，特異な社会とその不満に取り組み」，マックス・ウェーバーの社会階層論を実行,あるいは拡張さえしていることを誇りとしていた。あるいは，ほかの手段を通じて精神分析としてのジャーナリズムを提示していた。ニュー・ジャーナリズムの旗手トム・ウルフの言葉によると,「フロイト学派の革命とはセックスではなく，主観的な現実が人の行動に与える影響の話」[81]なのだ。決してフロイト好きとはいえないシーヒーは,科学を「7年目の浮気」といった言い伝えや従来のライフサイクル理論にたとえて，博識を自称するフロイト学派を批判した。「詩人や神秘論者は，すぐそういう考えに行きつく。シェイクスピアは人生は7段階だと言おうとしたし，その何世紀も前には，ヒンドゥー教が4段階の人生を経典に記している」[82]。

シーヒーは決して科学嫌いだったわけではない。社会科学への批判を進めることにより，人文科学，社会科学，なかでも心理学と精神分析学における男性中心主義との闘いに，フェミニストの学者らとともに見晴らしのよい場所から参戦した。シカゴの心理学者ナオミ・ワイスタインは，1968

年発表の学会論文で，心理学が女性蔑視の基準に基づいているかぎり，「人間とその行動を描写，説明，予想するのに相対的に役立たない」と述べている。さらに「女性の真の姿がどうであるか，何が必要か，何を求めているのか，心理学が出せる答えは何もない。なぜなら（心理学は女性を）知らないからだ」と言ったことは有名だ。ワイスタインには拍手喝采が贈られ，彼女の論文「科学的法則としての 3 K，子ども，料理，教会 ―― 心理学は女性をつくりあげる」は女性運動において広く読まれ，複数のフェミニズム著作集に掲載された[83]。

1970年代，フェミニズムを学ぶプログラムは急増した。1970年にはサンディエゴ州立大学の総合女性研究プログラムの 1 件のみだったが，カリフォルニア州立大学各校の先駆的プログラムがこれに続いたあと，1975年には150件，1980年には300件にまで増えた[84]。1970年代半ばには，学問の世界における女性蔑視と男性中心主義に対する批判が広がった。シーヒーは『パッセージ』執筆のために，未発表のものを含む各種論文を分析した。心理学者のマティナ・ホーナーによる女性の「成功への恐怖」についての文献，経済学者のマーガレット・ヘニッグによる女性の企業重役についての文献，社会学者のハリエット・ザッカーマンによるノーベル賞受賞者のキャリアについての文献を参照した。シーヒーが引用した文献には，ジュリエット・ミッチェルによる「ペニス羨望」批判，社会学者ジェシー・バーナードの婚姻を活用もしくは悪用する男女の分析，精神科医メアリー・ジェーン・シャーフィーによる胚形成のフェミニスト的再定義*6 が含まれる[85]。

一方で成人期の発達について，シーヒーはこう述べている。「大半は男性がほかの男性を研究することによって行われた。研究目的のために男性と女性を分けたのかもしれないが，私たちがそのように暮らしているはずがない。私たちは男性も女性も一緒に生活している。男性の発達について理解しようというのに，男性をこの世に産み落とした人々，彼らが愛し，憎み，恐れ，尽くす対象である女性，頼り，頼られ，傷つけ，傷つけられる相手である女性の話を聞かずして，どうやって理解できるというのだろうか」[86]。

＊6　人間の胚は，胚がホルモンに誘導されて男性になるまで女性であるという理論を使った再定義。

4　発達段階理論の功罪

シーヒーの主要な批判対象となったのは，最も広く浸透した人間のライフサイクルの概念の一つを考案した精神分析学者エリク・エリクソンである。権威ある研究『幼児期と社会』(1950年，邦訳：1977年，みすず書房)で人生における人格発達分化の過程のモデルである「人間の８つの発達段階」の図式を提唱した[87]。エリクソンのモデルは，フロイトの心理性的発達理論，すなわち口唇期，肛門期，男根期，潜伏期，性器期という発達段階の理論を基礎としており，幼児期前半，人生の最初の数年間における信頼感，自律性，自主性，勤勉性，そのあとの第５段階である青年期の「アイデンティティの危機(アイデンティティ・クライシス)」や，第６段階の若い成人期における「親密性」を特に詳しく論じている。

８段階で最も長く続くが，最も特徴が書かれなかった第７段階「成人中期」では，生殖の生物学上の，そして文化的な特徴が強調されている。「ジェネラティビティ(世代継承性，次世代育成能力)」の成熟を，「次世代の(性器性欲の発生・発達にともなう)達成」，および「生産性」，「創造性」と定義づけ，社会全体に対する「親であることのような責任感」をもっていると説明した[88]。出版当時は，社会でアイデンティティと仕事の関係が議論され，ホワイトカラーの疎外の問題がごく普通だった頃であったが，エリクソンはキャリアこそが本来の真正な自分への道だと提唱した。

エリクソンの発達段階モデルを土台にして構築されたのが，教育者のデイヴィッド・ディーデマンとロバート・オハラが発表した『キャリア形成』(1963年)の重要な理論である。「エリクソンは，自己同一性の定義を満たすためには，職業的アイデンティティの達成が不可欠だと信じているようだ」と書いている[89]。同様にエリクソンに指導を受けたダニエル・レビンソン，および心理学者のアブラハム・ザレズニクとリチャード・ホジソンも，ハーバード大学の企業リーダーシップ研究のなかで，企業内で出世を目指す組織人は，「社会心理学でいう統合性の状態である発達段階，すなわちエリクソンのいう『成熟』」を達成していくと説明した[90]。

最後の第８段階「自我の統合性」は，「自分自身の唯一無二のライフサイクルを受け入れる」ことを意味している。エリクソンのモデルでは，成人期以降は「人生は短い。人生をやり直し，統合性に向かう別の道筋を試すにはあまりに短い」として，後悔や軌道修正の余地は与えていない[91]。エリクソンは，「中年期に何度も見られる」死への疑いや恐怖は，自我の統合性の欠如を示しているとした。そうした人々はある疑問にとらわれるのである。「過去のある時点で別の選択をしていたら，違う自分になれたのか。違う自分になっていたら，この状況にもっとうまく対処できたのか。こんな

1	2	3	4	5	6	7	8	段階
							自我の統合性 VS. 絶望	8 老年期
						世代継承性 VS. 停滞		7 成人中期
					親密性 VS. 孤立			6 若い成人期
				アイデンティティ VS. アイデンティティ拡散				5 思春期・ 青年期
			勤勉性 VS. 劣等感					4 児童期
		自主性 VS. 罪悪感						3 幼児期
	自律性 VS. 恥・疑惑							2 幼児初期
基本的信頼 VS. 不信								1 乳児期

図3-2 精神分析学者エリク·エリクソンの「人間の８つの発達段階」の図式によると，ライフサイクルは上昇を続ける階段である。男性のみを想定したよく目にするモデルだが，子育てのガイドラインという意味で女性も対象としている点は重要である。エリクソン自筆の線画より作成。

自分であるせいで離婚を繰り返してしているのだ」[92]。

エリクソンのハーバード大学の同僚アイヴズ・ヘンドリックが言うように，エリクソンの発達段階理論はフロイト学派の伝統にのっとった男性のモデルであり，女性は対象ではない[93]。一方で，戦後の幼児期の概念は，最大限成長すること，成長させることが重要であり，その意味でこのモデルでは，母親としての女性が想定されている。エリクソンの伝記を書いたローレンス・フリードマンは，「8つの発達段階」は親子の絆を扱っていて，エリクソンにとっては，従来の「乳児期の始まりからの再構築」である理論と自身の理論の違いは，この異世代間の絆であると指摘している[94]。

エリクソンの発達理論では，女性の主たる仕事は子ども，特に男児を育てることで，信頼と自律を育み，最終的に発達モデルの第8段階に示した自我の統合性をもつ市民にすることだとされた。1950年に始まった親，教育者，ソーシャルプランナーのための指針作成を目的とする「児童福祉ホワイトハウス会議」の準備会合において，このメッセージが特に鮮明に打ち出された。証言のために招聘された専門家四人のうち，筆頭がエリクソンで，ほかに育児の専門家ローレンス・フランク，社会心理学者マリー・ヤホダ，人類学者アシュリー・モンタギュがいた。児童福祉会議の課題調査委員会のトップ，ヘレン・ウィトマーは，エリクソンのライフサイクル概念を高く評価し，発言をそのまま会議の報告書に引用したいと考えた[95]。

会合では，エリクソンの子どもの発達モデルについての議論の大半が，子どもではなく女性の教育について行われた。参加者らは「親」「父親や母親」という表現を用いはするが，実際には男性はかやの外で，男性が話題の中心になるのは，父親が過剰に育児に関わると同性愛を誘発するという，父親業と病因との関係について論じるときだけだった[96]。他方，女性の問題は，フルタイムの業務とみなされていた母親業に対する同一化が欠けていることだとされた。女子学生のための幼児教育課程を設けていたサラ・

ローレンス・ナーサリー・スクール(現在のサラ・ローレンス大学幼児期センター)の創立者ロイス・マーフィーは，「8つの発達段階」理論は，女子学生に母性を「深く受け入れさせる」のに効果的で，「女性の普遍的(生物学的)能力の活用」をうながしたと指摘した[97]。

著名な小児科医で育児の専門家ベンジャミン・スポックの『スポック博士の育児書』(1946年，邦訳：1966年，暮らしの手帖社)も同様で，「子どもの頃から将来母親になることが楽しみな目標になるように」女子教育は共感と家族関係を重視すべきであると書かれていた。女性と家事労働との同一化に影響しないよう，成人初期において，高等教育は男女別に行うべきであるとされた。「女性教育は，依然としておおむね男性の伝統的な教育の模倣である。とりわけ大学では，人文学，科学，産業における功績を重視し，そのような成果を目指すことを是として指導する。そう明言することはないが，暗に人間関係や出産・育児については軽視している」[98]。

母親の役割からの逸脱は発達異常とされた。マリー・ヤホダの発表「メンタルヘルスの社会心理学に向けて」を最後に会議は終了し，エリクソンは,「子どもをもつことを拒否する母親」は破綻したアイデンティティの典型である，と総括した。「アメリカの女の子は，母親と自分を同一視することを求められないかぎり，とても安定しており健康的で素直である。そしてやせていて，活発に行動することなどを自分のアイデンティティであるととらえている女児の問題が多発している。このような女児は，子どもをもつことがこうしたアイデンティティの感覚と軒並み一致しないと考えるようになるかもしれない」。こう述べたエリクソンは,「こうした傾向が重度の神経症に至らない程度であれば，産科医が社会的価値の変更と保証をすることで，女性は変われるかもしれない」と語った[99]。もっとも，多くの女性は「変わる」つもりなどなかったのだが。

5 フェミニスト vs. エリクソン

カリフォルニア大学バークレー校でエリクソンのもとで学んだベティ・フリーダンは，フルタイムの母親業に適応することが困難であるという，女性の「役割の危機」という解釈を否定し，エリクソンが男性のみを念頭に置いて構築したアイデンティティ形成理論は女性にもあてはまり，女性の発達にも「アイデンティティの危機」が発生すると主張した。女性の主な問題は，「成長したときに自分はどういう人間なのかを理解し，一人の人間として自分のアイデンティティを選ぶことを期待されないことだ。女性らしさ論者は，解剖学は宿命だという。つまり，女性のアイデンティティは，生物学的に女性であることによって決定されているというのだ」と述べている。

専門家たちは，女性もアイデンティティの危機を経験することを軽視しているが，女性たちも自分自身に問うのだと，フリーダンは主張した。「私はどこにいるのか。私は今ここで何をしているのか。ある意味，それは一人の女性の人生を超越していて，女性が女らしさと称される未熟な状態から完全な人間へと成長する際の危機だと私は考える」[100]。女性が成熟と成長の過程において，政治的・社会的束縛から解放されることは，個人レベルでも社会レベルでも，エリクソンらが示したような生物学的運命に背くことではなく，人間発達の原理を示していたのである[101]。

エリクソンは反論した。1963年10月，フリーダンの著書『新しい女性の創造』が出版されたあとに，アメリカ芸術科学アカデミーが主催した「アメリカの女性」という会議において，エリクソンは「内的空間と外的空間」というスピーチを行った。ちなみに，これは米ソの冷戦最中の当時，宇宙空間の防衛をめぐる米ソの競争にアイデアを借りたタイトルである。会議の後援者のなかには，エリクソンの主張と相容れない社会学者のアリス・ロッシ，社会心理学者のロッテ・ベイリン，歴史学者のカール・デグラーなどがいて，デグラーに至っては正面切ってフリーダンの分析が正しいと断言した[102]。ロッシは「男女間の平等」という「不謹慎な」提唱を行い，これは「アメリカ人女性のフェミニズムの情熱」に再び火をつける号令となった[103]。

こうした傾向に対し，エリクソンはベティ・フリーダンの『新しい女性の創造』を引用しながら，「女性が伝統的な意味での『完全な人間』になることは可能か，どうすればなれるのかという，今ちまたに出回っている議論は，壮大なパロディである」と反論した[104]。エリクソンは，自身の「アイデンティティの危機」論と発達理論の対象として女性を考慮していなかったので，女性の詳細を論じてこなかったと認めた。さらに，「女性のアイデンティティ形成は，『内的空間』を擁する身体のつくりゆえに男性とは異なる。内的空間は選ばれし男性の子孫を宿す宿命を負い，したがって幼い人間を育む生物的，心理的，倫理的な義務が格納されている」と説明して悪評を買った[105]。

歴史学者らは「内的空間と外的空間」は「明らかに親フェミニスト的」であり，女性の特徴に対する称賛であると，前後関係や背景事情を無視して考えた。エリクソンの伝記を書いたフリードマンは『新しい女性の創造』に言及はしなかったものの，1970年代のフェミニストからの攻撃は「エリクソンによる性差の観察を不平等の承認と混同させた」と書いた[106]。心理学史の専門家エレン・ハーマンによれば，エリクソンは男性偏重原理とそれにともなう女性と女性らしさの軽視に対するフェミニストからの公然の批判にもかかわらず，ケア（配慮・気配り）の倫理を「予期していた」という[107]。

とはいえ，「外見の類似は間違いのもと」だ。似たような見た目をしているのは紛らわしい[108]。フェミニストは理論派も活動派も，ケアと養護の概念と活動を用いて，これまで女性や女らしさと結びつけられてきた場所の重要性を復活させ，またそうした場所を中心に生活している人々の行為主体性を再評価しようとした。こうしたフェミニストたちの考えは，1970～80年代にかけて，精神分析学の再構築と刷新に重要な役割を果たした[109]。それでも，エリクソンの「内的空間論」を復活しようという試みはほとんどなく，あったとしても影響力はなく，失敗すらした。心理学者，精神分析学者のドナ・ベイシンは「女性が劣っていることではなく，内部性を示すこと」の比喩として「内的空間」に言及したが，ほどなく発言を撤回し，「『内的空間』という言葉選び，そしてエリクソンの理論との関連性には問題があった」と認めた（ベイシンは「内的主観性」「間主観性」という表現を提案した）[110]。

事実，精神分析学やエリクソンの研究を再検討するにあたってフェミニストの活動との比較を行えば，エリクソンは自身が唱えた「内的空間」を女性の「妊娠・出産の機能以外の領域」に拡大する意図はなかったこと（ベイシンによる）が明確である。エリクソン本人も，そうした意図はないと何度も否定している。エリクソンが「何を伝えることを意図したのか」を突きとめるため，「内的空間」の歴史的な意味を理解するには，まず当時のあらゆる範囲のやりとりを把握する必要がある[111]。エリクソンがこのやりとりに加わっていいるならば，その相手は誰だったのか。「内的空間」とはどのようなメッセージだったのか。

結局のところ，エリクソンが女性の内部性を強調したこと自体がその答えである。彼は，フリーダンとその先の女性運動を止めようとしたのだった。1963年のアメリカ芸術科学アカデミーの会議で，エリクソンはカリフォルニア大学バークレー校におけるジーン・マクファーレンによるガイダンス研究の一環として，1939年と1940年に行った子どもの遊びの観察結果を利用して，自分の主張を証明しようとした。エリクソンの実験のもともとの目的は子どもの発達に関する臨床仮説を検証することにあったが，それから20年ほど経ってから，「実はそうではなかった」と話したのである[112]。エリクソンは「内的空間と外的空間」のスピーチで，ジェンダーの差異を論じるために自身の研究の再解釈を行った。おもちゃの使い方を観察した結果，「女児は内的な空間，男児は外的な空間を強調した」。これは自分から見れば「当然のこと」だったという。「遊びの場面での構成の男女の差異は，性器の形態の違いと同等である」。フロイト学派のペニス羨望とエディプス・コンプレックスを軽くなぞって追加の裏づけとし，フリーダンが異論を呈した「解剖学的宿命」を改めて確認したのである[113]。

それから15年経ったあとも，文学者のシンシア・グリフィン・ウルフは，当時の女性たちがエリクソンの論文を読んで感じた（そして思わず声を上げた）「恐怖」がよみがえってくると語っている[114]。フリーダン本人は反論しなかったが，ほかの者が声を上げた。エリクソンの主張はやや修正されて「女性であることと内的空間」という論文として発表され，エリクソンの最も人気を博した著書の一つ『アイデンティティ：青年と危機』（1968年，邦訳：1973年，金沢文庫）というエッセイ集に収録された。その結果，さらに多くの人に読まれるようになり，フェミニストからの批判にさらされた[115]。ワイステインは「科学的法則としての3K，子ども，料理，教会」の導入部でエリクソンの論文を引用し，レディーズ・ホーム・ジャーナル誌のコラム「母親との対話」で知られた精神分析学者ブルーノ・ベッテルハイムと並ぶ，お粗末な心理学の例として紹介した[116]。1970年5月に行われたアメリカ精神医学会年次総会で，進歩派グループが配布したパンフレットにはこう書かれていた。「ペニス羨望や内的空間が，私たち女性の人生を決めるわけではない。私たちの人生を決めるのは，私たち女性が自らを完全な人間とみなすことを妨げる，保守的で抑圧的な男性優位の社会構造と一連の社会的態度である」[117]。

心理学以外の場所でも批判は続いた。『去勢された女』（1970年，邦訳：1976年，ダイヤモンド社）の著者でオーストラリアのフェミニズム運動家ジャーメイン・グリアは，「エリク・エリクソンは女性の『身体のつくり』で，あいた『内的空間』という概念を発明した。子どもの面倒を見る義務が格納されているそうで，頭にあいた穴（訳注：不要なもののたとえ）のようなものだ」と批判した[118]。

同じく1970年出版のケイト・ミレットの『性の政治学』（1970年，邦訳：1985年，ドメス出版）は，D・H・ローレンス，ヘンリー・ミラー，ノーマン・メイラーの小説の分析と並び，エリクソンの「内的空間」の分析に丸ごと一節を割いた。ミレットの論述は，のちの歴史学者にエリクソンの主張を誤解させることになるのだが，そうなる以前には，エリクソンの「騎士道的な」視点を問題視していた。ミレットは，エリクソンの主張はフロイトの生物学的決定論の再考であると指摘した。「エリクソンは２種類の女性，つまりフロイトが軽視する女性と自身の騎士道精神で守るべき女性との間で揺らいでいる。解剖学（身体のつくり）は女性の宿命（人格も然り）だと主張する一方，同時に，女性の従属という歴史的な宿命を，母性の利益を庇護する紳士的な譲歩で緩和したいとも望んでいる」[119]。翌年，作家で批評家のエリザベス・ジェインウェイの代表的な研究で，内的空間論への反論である『男世界と女の神話』（1971年，邦訳：1976年，三一書房）が出版された[120]。

エリクソン批判が珍しくなくなった1970年代半ば，門下生の一人ジーン・ストラウスは，自身が編纂するエッセイ集『女性と精神分析』（1974年）に寄稿して「内的空間」について再考してはどうかとエリクソンに打診した。エリクソンはこれを反撃の機会ととらえた。この本は「内的空間」論を含む女性心理をめぐる代表的な論文11本を集めたもので，ほかにもフロイト，ヘレーネ・ドイッチュ，クララ・トンプソンなどを収録し，それぞれに当代の専門家が解説を添えた。ジェインウェイ，ミード，ジュリエット・ミッチェルが解説に参加したが，ただ一人「生きる伝説」であるエリクソンだけが例外的に自分の論文の解説を執筆した。ストラウスは，「内的空間」論争のなかで噴出した疑問を，エリクソン本人に問う機会を用意した。「自身の女性論が女性運動に与えた影響」についてどう思うのか。後発的に獲得した特徴を生物学的な特徴と取り違えているという，ミレットなどがつきつけた批判に対し，どう答えるのか[121]。

フリーダンがエリクソンの「アイデンティティの危機」を論文に用いてから10年，エリクソンの考え方は変わらなかった。「内的空間再び：元指導学生への手紙」では，自身を批判する者は「過激派知識人」であり，非科学的な「パンフレット配り」にすぎないと論じた。さらに，ミレットやジェインウェイを例にとって批判を展開し，自身が書いた文章の詳細な文体，also，and，canといった単語や斜体文字にした部分に至るまで，言語学的手法で解説して，批判派は理論のニュアンスを理解できないのだと叱責したのである。

女性の役割の修正をエリクソンが許容する余地は，この程度しかなかったということだ。ストラウスが，「文化的条件づけを決定するかぎりにおいて，解剖学は女性の唯一の宿命である」という主張への回答を求めたところ，エリクソンは『性と内的空間』のなかから次の一節をあげて答えた。「女性の義務と関与の基本的な様相は，身体の基本計画も反映している。身体のつくり，歴史，人格，すべてがひとまとまりの宿命である」。そしてストラウスと自身の作品の読者に呼びかけた。「再度文章を読んで，小さな単語に印をつけてほしい。“also”とは，女性の存在の様相が身体の基本計画を反映していることを意味する。男性の場合も，男性の体のそれを反映しているように。“and”は歴史と人格と解剖学は宿命を共有していることを意味する。斜体文字の“combined”も含めて，全体的関連性が示されている」[122]。

エリクソンはストラウスにこう述べた。「あなたは，修正できるのであれば何を修正したいかとは聞かなかった。しかし，あなたの編纂した論文集で唯一存命の執筆者として言わせてほしい。修正したいかと聞かれたとしても，そうしたいとは毛頭思わない」[123]。ここまできっぱりとした抵抗こそが，フロイト理論と異なり，エリクソンの理論がフェミニスト的観点からの本格的な再考と再定義の対象とならなかったゆえんである。一方，男性と女性双方に適用した，シーヒーによる再定義については，エリクソンからの反論はなかった。

6 ピラミッド型社会とダイヤモンド型社会

『パッセージ』は『新しい女性の創造』の続編と考えられるかもしれない。つまり,「名前のない問題」であった中年の危機の新しい標語である。シーヒーの中心的課題である中年期にやってくる変化は,フリーダンの時点ですでに重要な役割を果たしていた。『新しい女性の創造』に描かれた揺れ動く女性は35~40歳,ちょうど「中年の危機」の範囲に入る。フリーダンは,エリクソンの「アイデンティティの危機」を根拠として,結婚して15年ほどのこの年代で,女性が二度目の青年期である「生まれ変わり」を経験すると論じた。中年の危機の代表例として,アメリカの郊外に住む妻が不満を抱えていく様子を描いた。「彼女はベッドをととのえ,食品の買い出しに行き,家具のカバーを取り換え,子どもと一緒にピーナッツバターサンドを食べ,ボーイスカウトやガールスカウトの移動の車を出し,夜は夫の横に寝て,口にするのも恐ろしい疑問を感じる。『私の人生はこれだけで終わるの?』」[124]。

『新しい女性の創造』から12年の時を経て,シーヒーは母親業が終了する年代を,女性が「性的なピーク(性欲とオーガズム機能の頂点)」であり,仕事に復帰する(こちらのほうがシーヒーの記述の中心)活力みなぎるエンパワメントの時期であるとした。「ケイト」は名門女子大だったラドクリフ出身の主婦で高校教師だったが,40歳で出版業界に就職し,ほどなくして編集者に昇進,同じく40歳の「ペギー」は不動産会社に就職して離婚,実名で登場したキャサリン・グラハムは夫と死別後,ワシントン・ポスト紙の社主になった,といった女性たちの事例が登場する[125]。

こうした事例により,女性が仕事によって自己充足に至るという確立されたフェミニズムの考えが認知された。フリーダンも書いている。「女性が自己を発見し，人間としての自分を知る唯一の方法は，男性と同様，自分自身の力による創造活動である。ほかに術(すべ)はない」[126]。さらに，ボランティアやパートタイムでは家事と変わらない，中年期はキャリア形成のときなのだと述べた。シーヒーはこうした主張の裏づけとして，働くことの経済的な必要性，つまり，大半の女性にとって仕事復帰は「クジラの歯のペンダントが自分の店で売れたときの興奮」とは無関係で，食べるために働くのが本筋だということを指摘した。「結局，夫は，悲しいほどの高い確率で戦場へ出かけたり，戦争で捕虜となったり，愛人をつくったり，心臓発作を起こしたり，中年にして妻を残して旅立っていくものだ」[127]。

フリーダンがエリクソンのアイデンティティ形成の概念は女性にもあてはまると主張した一方，シーヒーによる女性の中年の危機論は，同じくエリクソンの「８つの発達段階」に挑み，組み直した。『パッセージ』は，終始エリクソンの発達の定義に対して次のような反論を展開した。青年期の過ちの概念は，女性の場合は「好色」という汚名を科されるリスクがあるため適用されないし，そもそも男性にとっても問題がある。空っぽの「内的空間」とは女性の子宮ではなく，キャリアの機会が与えられないことを表している。第６段階の心理社会的課題「親密性」は，自律した自己の概念が出現したことで，すでに時代遅れである。「エリクソンが内的空間論を執筆していた当時の精神分析の価値体系は，他者への無私の献身として漠然とした『真の親密性』を描いており，自己は曖昧な概念だった。自律性に問題の焦点が移った今，自己を維持しながら他者に与えるというバランスをとる行為として『親密性』をとらえようとしているが，その基本的な定義すら確定できていない」[128]。

シーヒーの批判は，エリクソンによる成人の発達理論を広めた門下生や信奉者にも及んだ。「８つの発達段階」に基づく男性のライフコース論を提唱したレビンソンに対しては，男性中心思考だと批判し，「レビンソンによる男性の成人発達段階の概要は，悪質な条件を前提としている。何人の男性が，自分の妻やガールフレンドも発達を必要としていることを認識しているだろうか」と述べた[129]。

また別のエリクソン派，精神科医のジョージ・ヴァイラントによる論文については，男性の自己実現は，女性の排除であろうと言っているとし，次のように指摘した。「成人期の適応で最高点をたたき出す男性は『親密性』を習得したのだというヴァイラント博士の説明には，混乱を覚えた」。ヴァイラントは，十分適応できている男性は30歳になるまでに健全な結婚をして婚姻関係も維持できると書いた。ヴァイラントにとって「親密性の定義は婚姻の維持であるようだ。彼らの妻で完全な成人期の発達を実現できた人が何人いるだろうか」と述べている[130]。ちなみに，社会学者ジェシー・バーナードの最近の調査によると，既婚男性と未婚女性よりも，既婚女性のほうが自分は神経症になりそうだという不安を抱えている。また，心身の不安を経験するのも，婚姻関係に欠点があると感じ，適応できないのは自分のせいだと責めるのも，既婚女性のほうが多いそうである[131]。

なにより，エリクソンの成人期のジェネラティビティ（世代継承性・次世代育成能力）の概念には，他者に献身する女性が含まれていないが，実際には大半の女性がずっとやってきたことである。「子育て，夫の世話，ボランティア活動抜きで，女性のライフコースをどう語れというのか。若い妻が外に出て働く場合でも，大抵の場合は教師か看護師だ」。女性が人生の後半に見つけた新しい目標は，他者の世話をすることではない。「それは中途半端になっていた才能の活用であり，自分自身の確信にのっとった野心の追求である」。シーヒーはエリクソンのモデルの補足を提案した。「ジェネラティビティによって停滞の打破を目指すことが，男性中年期の苦闘だとすれば，女性のそれは，自ら宣言することを通して依存から脱却することだと考える」[132]。これにより，男性にとってのジェネラティビティの意味も再定義された。

シーヒーはフリーダンと異なり，男性と「男らしさの神話」にかなりのページを割いている[133]。『パッセージ』の構成において，男性と女性のライフコースの比較は重要である。男女の人生を交互に考察し，相違点と類似点を述べる章，節，段落が並ぶ。男性の中年の危機は，女性のものの対極として描かれた。女性が「自分の山を登ろうと野心みなぎる」一方，男性は「自分の力，権力，夢，幻想が眼下にすべり落ちていくのを，崖の淵から眺めている」[134]。女性は性的には高みに達するときだが，男性は性的不能を覚え始める。シーヒーはこれも「男性転換期」「男性更年期」だと述べている。女性が社会復帰を果たす一方で，男性は脱落し，圏外へ消えていくのだ。

シーヒーは中年のダブルスタンダードを逆転させた。中年期は女性にとって困難だが，後悔と疑念と不確実性にさいなまれる男性にとっては，それ以上の危機である，と提唱した。『パッセージ』の文中においても，女性より男性についての「中年の危機」の記述が多い。シーヒーは，男性は迫りくる危機の兆候を読みとる術を知らないので，中年期に入る際には男性のほうがつらく，危機の到来が遅れたり悪化したりするのだと説明した[135]。女性が中年の危機を経験するのは35歳頃だが，男性は40歳頃だとされた。この時間差は，女性が男性よりも早く老化するというダブルスタンダードを強調するように見えるが，一方で女性を基準に男性の発達を語るという科学における男性中心主義の逆転をも意味する。女性が「早い」のではなくて，男性が「遅い」のだ。

シーヒーの中年男性の危機論は，社会学者による20世紀最大のベストセラーとなったリースマンの『孤独な群衆』(1950年，邦訳：1955年，みすず書房)や，「同調」を批判するテオドール・アドルノの『権威主義的パーソナリティ』(1950年，邦訳：1980年，青木書店)，バークレー世論研究グループと社会学者C・ライト・ミルズによるホワイトカラーの生活分析，あるいはウィリアム・ホワイトの社会学的ビジネス論『組織の中の人間』（1956年，邦訳：1959年，東京創元社）を想起させる[136]。彼らはエリクソン同様，仕事とアイデンティティの密接な関係に着目する一方，ミルズの言う「パーソナリティ・マーケット」における自己疎外を批判した[137]。

シーヒーはまた，仕事上の成功とアイデンティティの達成の関係についても同様に異論を呈し，企業の内部構造が男性の中年期を困難なものにしていると指摘した。「我々の社会では，男性が40歳になるのはそれだけで重要な出来事だ。店頭に並ぶ商品よろしく会社から品定めをされ，ひそかに点数をつけられる。保険会社は等級を変更し，ライバルたちにはレッテルを貼られる。仕事の世界においてピラミッドの一部となっている男性の大半は，夢のレベルをある程度引き下げざるを得なくなる」[138]。

「下方修正」は給与の大幅カット，降格，そして失職の恐れをも意味する。不況とリストラの時代には，その社会情勢に飲み込まれる人が増える。『パッセージ』に登場する「ケン・バブコック」は43歳のとき，会社が不況の波にのまれ，社長の夢をあきらめた。退社して，ウォール街の証券会社を再建するために貯金をつぎ込んだが徒労に終わり，妻と共同所有していた自宅を手放さざるを得なくなった[139]。

一方でシーヒーは，夢をかなえた男性も不満を感じるのだと強調した。手掛ける作品が次々と受賞し，海外で展覧会も開かれたマンハッタンの建築家「アロン」（おそらくD・H・ローレンスの妻子を捨てた男の物語『アロンの杖』を由来とする仮名。ケイト・ミレットの『性の政治学』による批判の的になったことで知られる）は，虚しさとゆううつを感じていた[140]。仕事での成功は，彼を幸せにはしなかった。同様の例として，ワシントンDCのエリート職を捨て，メイン州で不動産業の平凡な仕事に就き，家族とともに暮らすことを選んだ男性も紹介している。シーヒーの聞き取り調査で，男性はこう話した。「家で育児に専念することにします。本気です。子どもたちが大好きなので。実を言うと，人生ここまで生きてきて，家の壁を塗ったり，庭に小屋をつくったりしたくなったんです」[141]。

ジェネラティビティを語る際，エリクソンとその信奉者は生産性として論じ，シーヒーは，女性が男性に提供するケアと同等の利益を男性が女性にもたらす偉業と論じた。「妻が仕事の成功に燃える夫に与える一般的なケアを，夫が自分の妻に提供し，面倒を見ること」を称賛した。事例研究に採用した例に，詩人のエドナ・セント・ヴィンセント・ミレーがいる。ミレーの夫は，精神的に弱い妻が才能を発揮できるように支えた。また，ジョン・F・ケネディの主治医ジャネット・トラヴェルの夫は，50歳で証券会社を退職し，「残りの人生は，遠くまで出張にでかける妻を車で送り，疲労困憊した彼女のために寝る前に本を読んでやることに捧げた」[142]。

1970年代，フェミニストが男性について発信することは珍しくなかった。フェミニストのライターや運動家は次第にフェミニズムの包括性を強調するようになった。その理由の一部は，「フェミニスト＝男嫌い」と批判されないように予防線を張ったのである。ワシントン・ポスト紙にグロリア・スタイネムが発表した「『女性解放』は男性の解放も目指している」というメッセージは広く共有された[143]。

1970年に全米女性機構の初期メンバーで当時新人記者だったマーリーン・サンダースが手掛けたABCのドキュメンタリー番組『女性の解放』は，リンダ・フィッシャーというフェミニズム運動家の「女性運動は男性の利益にもなる」という言葉を伝えている。「第一に，男性は家計を支えるという責任をただ一人で背負わなくてもよくなります。大黒柱であるがゆえの重圧が引き起こす潰瘍やほかの病を患わなくてよくなります。また，精神的な面でも恩恵を得られます。『泣けたらどんなに楽か』と多くの男性が言いますが，彼らは長い間，泣くことが不適切であると信じてきたので，泣き方を忘れてしまったのです」。同じドキュメンタリーのなかで，フリーダンも「敵は誰か」という質問に対し，「男性は敵ではありません。男性も同じく被害者です」と語った[144]。フリーダンが『セカンド・ステージ——新しい家族の創造』(1981年，邦訳：1984年，集英社)で論じたフェミニスト的中年の危機論は，この発言の詳細を論じたかたちとなった[145]。

シーヒーは，女性の解放と男性の疎外を融合し，「男女の中年の危機はジェンダー役割の入れ替わりのときである」という主張を展開した。すなわち，妻は専業主婦からフルタイムの専門職，主たる生計者へ，夫は稼ぎ手から家事担当へと入れ替わる。シーヒーはこれを野球場のダイヤモンドの形で表現し，「セクシャル・ダイヤモンド」と名づけた(次ページの図参照)。「男女の変化はダイヤモンドの形をつくる。最初は男女ともに同じような点を出発し，20代でばらばらに離れていき，30代後半から40代前半にかけて最も大きく距離が開く。性的退行に入る50代で最接近し，老年期のユニセックスな点で合流する」[146]。

ダイヤモンドは女性器の比喩表現でもある。芸術家のジュディ・シカゴによる作品『ディナー・パーティ』(1979年)はその代表例で，女性の身体を連想させるのは「中心的な焦点(または空洞)，領域，半球，円，箱，楕円，重なった花型と網目」とされる[147]。ニューヨーク誌の『パッセージ』の抜粋記事に添えられたダイヤモンドのイラストは，グラフィックデザイナーのバーバラ・ネッシムの考案である。このダイヤモンド形は1960~70年代にかけて，企業社会などの階層構造を批判するために使われた平等を表す社会モデルを想起させる[148]。ここでも，「大多数の人が低層に属する」ピラミッド型社会の対極として，このダイヤモンドが提示されている。ダイヤモンドが示す社会は，中間層の雇用がピラミッド型よりも多く存在し，それを中心に組織されている。シーヒーは，このような社会変革とフェミニズムのシンボルを用いながら，核家族に代表される仕事と家族の価値に

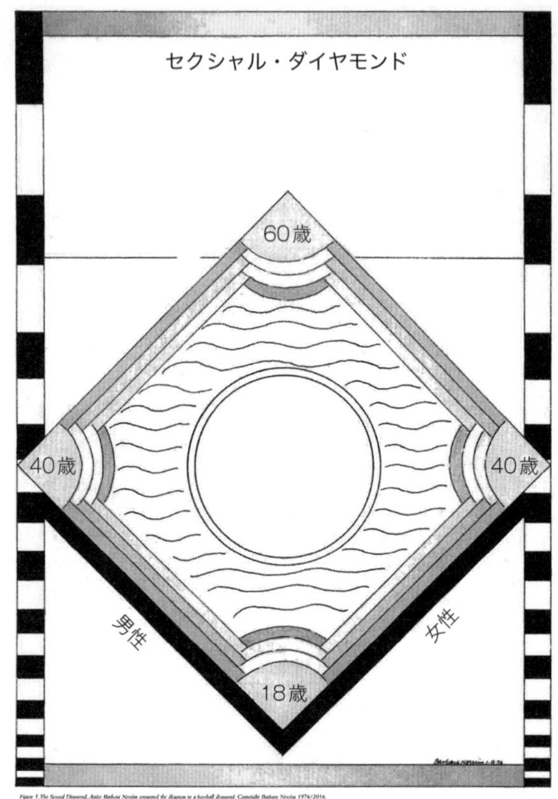

図3-3 「セクシャル・ダイヤモンド」の挿絵。グラフィックデザイナーのバーバラ・ネッシムがニューヨーク誌に掲載された男女のライフコースに関するシーヒーの記事に提供したもの。中年の危機を野球場の形で表現し，真ん中にスペースがあいた四角の枠を囲むひし形になっている。© Barbara Nessim, 1976/2016.

対する批判として，またジェンダー平等への一歩として，中年の危機を描き出した。中年の危機とは，ジェンダー役割の逆転と最終的な消滅を意味していたのである。

男性研究を女性研究と融合し，比較することにより，シーヒーは女性のジェンダー規範と同時に男性のジェンダー規範にも異議を唱えた。数年後，歴史家のジョーン・スコットによる，文献のなかでフェミニズム研究が行ってきた批判を補充するプロジェクトに，シーヒーも参加したのである。スコットは，脱構築的に理解する補充を語り，女性に関する新しい思考を学術研究の対象とすることは，欠けていた部分を埋めるものであると同時に，学問として成立する水準を十分超えていると論じた。スコットの理解では，エリクソンとその信奉者も知っているとおり，「補充」とは常に「理論を書き直す」という意味も含んでいるものだった[149]。

7 「男性は洗濯をしなさい」

女性の社会と労働への参加を促進するために，男性にできることは何かという問いに，専門家はいつもこう答えてきた。「洗濯をしなさい」[150]。シーヒーは同意する。シーヒーの「中年の危機」の概念は，ジャックスによる当初の定義をくつがえし，女性がキャリアをもつことと男性が家族に対する義務を果たすことの両立を証明した。女性解放と「男らしさの神話」について書いた『パッセージ』は，中間層の仕事と家族の価値とそれらを裏づけていた科学理論に立ち向かった。シーヒーは，心理学と精神分析学における男性中心主義に対する現代のフェミニストの批判として，エリクソンの「人間の８つの発達段階」に対する反論を展開し，その仕事と家族の価値に関する理解に異論をつきつけた。フリーダンはエリクソンの「アイデンティティの危機」を女性に適用し（エリクソンは反対したが），結婚と出産・育児における女性のアイデンティティ形成の独自理論を提唱した。シーヒーは，自己主張として女性版「ジェネラティビティ」を定義づけ，エリクソンの発達段階理論を補充して，男性の「ジェネラティビティ」に女性のキャリアをサポートすることという新しい理解を加えるなど，発達モデル全体を再構築したのである。

これまでの学術研究，科学論文，あるいは自己啓発書による中年の危機の成り立ちについての説明は，シーヒーのコンセプトを軽くなぞるだけで，その純粋で重要な意味合いを無視する傾向があった。それでも，中年の危機の歴史において，シーヒーは中心的な位置を占めている。『パッセージ』が大衆的な心理学以上の価値があると同時に，何百万人もの読者を獲得したからである。多くの女性と男性が，シーヒーが論じる中年の危機から，社会変革の時代における方向性と大局観を得たのだった。

第4章

1976年の夏に最も売れた本

『パッセージ』は一大旋風を巻き起こした。ニューヨーク・タイムズ紙は「心理学に関する著述に革命をもたらした」と評し，リベラル派のニュー・リパブリック誌に「本気の」一冊だと言わしめ，ミズ誌は結婚と別離について繊細に分析していると称賛した[1]。出版から数週間でベストセラーにのぼりつめると，アメリカで1976年の夏に最も売れた本になった。アメリカの読者の5人に1人が出版から2年以内に読み，さらに多くの人が書評，シーヒーのインタビュー記事，雑誌に掲載された抜粋を読んだり，友人や親族，同僚との会話で話題にしたりして作品を知った[2]。女性たちが感じてきた思いを言い表してくれているようだと話題となり，広く読者を獲得した[3]。シカゴのジャーナリスト，エレイン・マーカーツァスは，『パッセージ』を読んだ「大勢の人が，幻想をはぎ取られ，魂をむき出しにされ，現実を見せつけられ，我々を我々たらしめているビジョンとの対峙を迫られ」自身を重ね合わせた，と述べている[4]。

シーヒーの成功には，フェミニズム的主題と社会科学的な研究手法が大いに貢献している。第二波フェミニズム運動に関する研究は，フェミニズムの主張の発信や報道において失われたものや変化したものに注目してきた[5]。『パッセージ』は，1970年代にフェミニズムが人気を博したのは，かたよった表現方法や自分になじむところだけを受け入れるという選択的な受容があったからではないことを示した。つまり，女性の人生や生活のより本質に光を当てたことを明らかにした。マスメディア，特に女性誌は，女性運動が始まる前から，女性が家庭以外の場で人生を築くビジョンを発信できる場になっていた[6]。加えて，経済危機によって社会規範が変化しつつあった当時，稼ぎ手としての男性に依存することを批判し，女性のキャリアと男性の新しい役割を訴えたフェミニズムは，単なる女性差別反対運動にとどまらず，社会的・文化的な思想へと姿を変えていった。

『パッセージ』は，高等教育を受けた白人女性が中心的な読者層となり，フェミニスト的な人生における出産・育児のバイブルとして，エリクソンやスポック博士などの専門家の教えに取って代わった。そのメッセージは30代以上の女性たちの圧倒的な共感を得て，第二波フェミニズム運動は若い女性の運動であるという理解を揺るがし，同時に，自分たちと次世代のためのジェンダー役割の再定義に既婚女性や母親が参加するという変化をもたらした[7]。『パッセージ』は中年期を迎えた女性読者に仕事と家庭生活の見直しをうながし，若い独身の女性読者に早すぎる結婚と出産はためにならないと警告した。そして，結婚しても労働市場から脱落せず，仕事を続けることの利点を教えたのである。

学者や専門家も，シーヒーの論点や発見に注目した。『パッセージ』の書評の1/3は学会機関誌に掲載されたが，科学的水準に達していないと却下されることも少なくなかった。従来の学術研究や科学技術研究は，このような「バウンダリー・ワーク（境界線を引く作業：科学とそれ以外の領域を分ける作業）」によって「真正の」研究領域から「非科学的な内容」をいかに排除または追放するかに焦点をあててきた[8]。しかし，ここで重要なのは，学者たちがジャーナリズム作品の方法論に欠陥を見つけたことではなく，マスメディアの出版物が社会調査とみなされたことである。シーヒーのベストセラーからカウンセリングや研究の着想を得て，たたき台として利用したのは，ほかでもない，「『パッセージ』は科学とはいえない」と批判した心理学者や社会学者，臨床医たちだった。

しかしながら，シーヒーの成功は当然の結果ではなかった。当初，シーヒーの自律的に思考し発信する者としての権利は，次節以降に述べるように疑問視され，抵抗にあったのである。

1 盗作疑惑が物語る女性差別

シーヒーの本は，出版前からスキャンダルを生み出した。タイム誌の行動科学欄の編集者で根っからのアンチ・フェミニストだったジョン・レオが，『パッセージ』出版の2週間前に，シーヒーの盗作疑惑を伝える記事を匿名(とくめい)で発表したのである[9]。この疑惑は，カリフォルニア大学ロサンゼルス校の精神医学の准教授で開業医でもあるロジャー・グールドが2年ほど前から訴えていた問題で，シーヒーのほか，ニューヨーク誌の編集者のクレイ・フェルカーとニューヨーク・マガジン・コーポレーションを「盗作，とりわけ著作権侵害」で提訴するとしていた[10]。重要なのは「とりわけ」の部分だ。どういうことかというと，盗作は民事の不法行為として告訴できない。アメリカの当時の著作権法は言語表現のみを保護し，アイデアは対象ではなかったのだ。そこでグールド（と弁護士）は契約法に戻るという，盗作案件でよく使われる手法をとった[11]。

訴訟の対象とされたのは，ニューヨーク誌に掲載された記事で，シーヒーがまだ執筆中だった本の一部を抜粋して掲載したものだった。「なぜ中年期が夫婦の危機をもたらすのか」（1974年）というタイトルで，主にグールドの文献を引用した詳細な事例研究だった[12]。1972年に発表されたグールドの論文「成人の人生の諸相」が，経験の内的変化に対するシーヒーの関心と重なっていたことから，グールドにインタビューを行い，その数カ月後に記事が掲載された。シーヒーは「彼が用いた言葉は，私が使ってきた言葉とほぼ同じだった。人生の各段階の概要も，さまざまな部分で一致していた」と書いている[13]。

グールドの研究のなかには，成人の人格形成に関する観察による研究があった。それは，1968年にカリフォルニア大学ロサンゼルス校の精神科外来クリニックで，同年齢の集団療法に参加していた患者の観察に基づくものであった。さらにこの研究結果は，患者ではない白人中産階級500人あまりに対する調査により確認された。この調査は「そう，女性もいる」とシーヒーが述べているとおり，男性に加えて女性も調査対象としており，肯定的にとらえられていた[14]。全体的に見れば男女比はほぼ均衡していたが，年代はかたよっており，グールド本人も「女性は45歳以上の割合が多い」と書いている（若い男性の割合が大きすぎる点については，それほど気にしていなかったようだ）[15]。

シーヒーとグールドが会ったのは1973年の夏だ。二人は，シーヒーが行っていた個人史的なインタビューやグールドの研究について話をした。グールドは自分の講義原稿をシーヒーに渡し，シーヒーは二人が「一緒に仕事をすることに決めた」と書いている[16]。共同研究というものには，女性の努力と貢献が，ともに仕事に取り組む同僚男性の利益のために組織的に搾取あるいは排除されてしまう傾向，いわゆる「マチルダ効果」がある。これは，19世紀の終わりに自らこの現象を経験し，指摘したアメリカの婦人参政権論者で社会学者のマチルダ・ゲイジにちなんで，科学史の専門家マーガレット・ロシターが名づけたものである[17]。

グールドとシーヒーの対立においても，グールドがシーヒーに男女の役割分担批判をやめさせたかったことと，彼女一人に執筆者を名乗らせず，共同執筆にもち込もうとしたことは深く関係していた。グールドが数量的分析で，シーヒーが質的分析であることなど，二人の研究対象や分析の尺度は相互補完的であると見られる一方，グールドはエリクソンの発達段階モデルを信奉しており，ジェンダーの視点から発達段階を見直すつもりは毛頭なかった。抜粋記事のなかで，シーヒーは，「中年男性の妻への助言という領域のどこを探したら，『彼女の』自我を育てる方法が見つかるのだろうか」と批判している[18]。

グールドは，論文「成人の人生の諸相」を最初の発表から3年後（シーヒーのニューヨーク誌の抜粋原稿掲載から1年後）に，サイコロジー・トゥデイ誌に掲載するため加筆修正したが，その際，40代の女性たちがもつ母親としての義務を強制される懸念，権威主義的な育児を行ったことへの後悔について描き出した。「当時，私は若かったから，医師に言われたとおりにしていた。赤ん坊が泣いたら，抱っこすべきだとわかっていたのにしなかった。あのとき，自分の判断に従っていればよかった」[19]。さらにその後，グールドが1978年に『パッセージ』に応えて出版した中年の危機に関する著書『変容：成人期の成長と変化』は，シーヒーとの間に根深い見解の相違が存在していることを示すことになる[20]。

ここで重要なのは，シーヒーがグールド教授から渡された未公開の講義原稿から一部を盗用したか否かではない。「提訴する」というおどしは，用語とともにアイデアも自分のものとして守ろうとするグールドが，シーヒーの執筆内容と重複すること，そして彼女から反論されることを心配していたことを示していた。それは発言権をめぐる争いであり，そのなかでどの用語をどういう意味の範囲で用いるかは，ジェンダー役割の議論から切り離せなかった。

ニューヨーク誌に中年夫婦についてのシーヒーのルポルタージュ記事が掲載されると，グールドは自分の原稿を盗用されたと告発した。法律的な表現でいえば，「表面上の独占創作権」を行使して「共同執筆の契約」に違反したと訴え，「正当な補償」を得られない場合，裁判にもち込むことも辞さないと言ったのである[21]。作家やジャーナリストに対する盗作訴訟は珍しいものではなく（通常はすでに本を出している著者の側が原告になった），原告有利の結果になるのが常だった。

『パッセージ』と同じ年に出版された著作では，ウェイン・ダイアーの自己啓発書『自分のための人生』（1976年，邦訳：1976年，三笠書房）や，アレックス・ヘイリーの小説『ルーツ』(1976年，邦訳：1977年，社会思想社)が同様の裁判沙汰になっていた。ダイアーを訴えたのは心理学者のアルバート・エリス，ヘイリーの場合は小説家のハロルド・クーランダーである[22]。アメリカの著作権訴訟で，ジャーナリズムや研究における著作物の「公正な使用」の抗弁事由が有効になったのはこの４年後からであり，しかも未発表の文献の使用については依然として難しかった[23]。

シーヒー側はグールドをなだめようと，まず無効を訴え，ダメだとわかると金銭的補償について交渉したが折り合わなかった。しかし，その後，1万ドルの着手金と本として発売される『パッセージ』の印税収入の10％の支払いで示談が成立した。この印税収入の元となる売上には，実際には単行本の売上だけでなく，ペーパーバック(安価な文庫版)の売上25万ドルも含まれていた。『パッセージ』出版から2年足らずで，グールドは印税7万5000ドルを手に入れ，「他人の本でここまで大金を稼いだ史上初の学者」という汚名を授けられることになった[24]。

文学者マリリン・ランドールは，盗作は作家の意図よりも読者の判断によって成り立つと主張した。繰り返しや反復は文章を書いたり，考えたりするうえで不可欠なことなのだから，「盗作かどうかを決めるのは間違いなく読者である」[25]。タイム誌のレオはこの争いを報じるにあたり，裏づけをとったうえ，示談で合意したものを「提訴」したとして，契約違反ではなく「盗作」についての記事として書いた。また抜粋原稿の記事だけではなく，出版される書籍の内容も反映し，シーヒーとグールドのやりとりから，シーヒーの「要領を得ない」科学情報源の扱い方までを批判する内容にした。

シーヒーが堂々と社会科学の領域と渡り合っているのを，レオは腹立たしく思っており，「シーヒーは自分が『ジャーナリスト的な方法と学術的な方法の架け橋をつくった』と考えている。『パッセージ』を博士論文として提出すれば，簡単に心理学の研究者の認定を得られると本人は言っている」が，実際は既存の研究成果を踏襲しているにすぎず，「シーヒーが発見したと言っているものの多くは，すでに学問の世界で発表済みである」と非難した。シーヒーが，自説の新奇性を主張するためにグールドら「仕事上の優れた助言者を不当に切り捨て」，彼らの研究成果を流用したとも批判した。「シーヒーが専門家の論文を引用するとき，彼らは彼女が主役のショーの引き立て役として呼ばれるだけだ」。さらに，レオは記事の結びで，シーヒーが「自分は独立した研究者として正式に認められるべきだ」と考えるのは勘違いだとの結論を下した[26]。

こうした意見に誰もが同意したわけではない。シーヒーが著作のなかで相当な分量を引用した，女性の経営幹部の人生に関する未発表の博士論文を書いた，ハーバード大学の経済学者マーガレット・ヘニッグは，タイム誌の取材に対し，自分は盗用されたとは思わない，実際はその逆で，シーヒーは「自分の評価を上げてくれた」のだと答えている。シーヒーが執筆にあたりインタビューした学者や未発表の原稿を引用された学者，マーガレット・ミード，バーニス・ニューガーテン，マティナ・ホーナー，ジョージ・ヴァイラントなどの大半は，この件について特に何も発言していない。しかしレオは，シーヒーが文献を「了承を得ずに借りてきた（盗作と同義の表現）」ことへの苦情をほかのところからも見つけてきた。シーヒーが本のなかで男性中心主義だと批判した社会心理学者で組織心理学者のダニエル・レビンソンは，「自分の発表済み，もしくは未発表の文献引用については，許可が不完全だった」と述べている[27]。このように他人の文献を私物化していると批判するのは，シーヒーのフェミニスト的な意図に同意できないことを表明する方法の一つだった。

シーヒーは盗作疑惑を「すべて作り話」と一蹴した。グールドの講義は「誰もが聞けるものであり，引用元を適切に示した」と反論した。さらに，当初グールドは共同執筆者ではなく，専門的な助言者として報酬を受け取ることになっていたと説明した。しかし，グールドは「シーヒーには『博士』などの肩書がなく，学者でもないため，立場が弱いだろう」と，シーヒーの意に反して共同執筆者として名を連ねようとしたという。しかも，シーヒーの執筆技術をけなし，自分なら「1カ月半でこの本を書ける」と豪語したそうだ[28]。

シーヒーはタイム誌の編集者であり匿名記事の執筆者でもあったレオあての手紙で，引用の出典を事細かに書き記した大量の脚注と引用文献リストを示し，批判は「不公平」であり，嫉妬にほかならないと書いた。そもそも中年の危機を考案したのは，グールドでもレビンソンでもなく「エリク・エリクソンが生み出した理論だ」と説明し，自分はさらにそれを発展させたと主張した。「現在の研究の大半は，男性が男性を研究しているものだ。私は女性のライフステージに焦点をあてた。その結果，男女の発達のリズムの不一致が顕著であることを明らかにした」。タイム誌は編集者への手紙を通常は3週間以内に公表してきたが，このときのシーヒーの反論はなかなか掲載されず，シーヒーがニューヨーク誌の編集者クレイ・フェルカーとともにはたらきかけたところ，6週間経ってようやく「純粋なアイデアにあらず」という見出しで掲載された[29]。

この一件は，女性が執筆者として認められる難しさを物語っている。執筆者というと本質的に性差に基づくイメージができており，男性は独創性と創造を連想させる一方，女性はコピー，機械的な複製，模倣，才能と努力の不足を連想させる。したがって女性が著者であることは慣例に逆らうように見え，「執筆者であって執筆者でなく」，むしろ執筆活動にとって有害とされてきた[30]。しかしながら，女性執筆者が盗作で訴えられることはまれだった。通常は，文章を女性にたとえて「レイプされた」「性的暴行を加えられた」といった非難を，男性執筆者が（原典となった作品の男性執筆者から）浴びるものだった。シーヒーと同時代に盗作で訴えられたウェイン・ダイアーや盗作されたと訴えたハロルド・クーランダーのケースがこれにあたる[31]。したがって，シーヒーがこの盗作疑惑で執筆者であると名乗り出た背景には，グールドやレオに対して自己防衛する必要があったことを示している。

特に，女性が自分の発見した科学的知識に対する権利を守ることは難しかった。19世紀，科学の世界が職業化した時代，既婚女性は特許権というかたちで知的財産権を保有する権利をはく奪されていた。既婚女性には市民，つまり「人」としての地位がなく，財産の保有が認められていなかったのだ。何か発見や発明を成し遂げて，自分の名前を冠して販売や出版が行われたとしても，法的に守ることは不可能だった。それでも物理学者，化学者で知識人としても知られたマリア・スクウォドフスカ＝キュリー（キュリー夫人）の例にあるように，知的財産所有の道が閉ざされていても，有名人となる道は閉ざされていなかった。キュリーは科学以外における所有権獲得のために，有名人の影響力という公共性の文化を活用した[32]。シーヒーも同様にメディアの力を活用し，公共の承認を獲得することになった。

スキャンダルは社会の亀裂と排斥のメカニズムをあらわにする一方，耳目を集め，広く世間に知らせることもできる。図書館学と社会学の専門家ジュディ・アンダーソンは，著作権の争いは本の宣伝方法の一つになりうると語ったが，実際一部の作家や出版社は，盗作疑惑を効果的でお金のかからない宣伝広告の道具として活用してきた[33]。シーヒーの場合も，グールドに支払った金額は，「ベストセラーの原動力になった高い注目度の金銭的価値に比べたら微々たるものである」と，あるメディア関係者が述べている[34]。公的に認められた権威に立ち向かったシーヒーは，専門家に立ち向かう存在として称賛を浴びたのだった。

2 読者と同じ目線に立つことの大切さ

『パッセージ』出版の際，アメリカの二大書評誌，ニューヨーク・タイムズ・ブック・レビューと，ワシントン・ポスト・ブック・ワールドは，シーヒーとグールドの論争には複雑な背景があるとして，レオの記事の内容に疑問を呈した。ニューヨークで活動する出版業界の内部者で，ワシントン・ポスト紙のコラム「ブック・ビジネス」の硬派のニュースのスクープが高く評価されたジョイス・イリグは，『パッセージ』におけるグールドの著作や発言の役割は比較的小さかったと述べた。グールドの名前が登場するのは文献引用と謝辞で，文中にはせいぜい4，5回でしかないと指摘した。さらにイリグは，シーヒーの代理人が書面契約をまとめることを怠り，口約束のみだったという事実を把握していた。イリグは実際の提訴には至らなかった点を強調するとともに，グールドがサイモン＆シュスター社から新刊出版の準備をしているとも明かした[35]。

ニューヨーク・タイムズ紙は盗作疑惑をより大局的にとらえ，「物知りだが文章が下手な」専門家と，幅広い読者層を獲得する力をもつ腕が立つライターとの間の緊張関係を描き出した。「専門家は普及者（ポピュラライザー）の饒舌（じょうぜつ）さを非難し，普及者は専門家たちの閉ざされた世界を軽蔑した。自我のぶつかり合いや，普及者が専門家の研究からいくら稼ぐべきか，あるいは専門家が普及者の執筆の腕からいくら稼ぐべきかという，みにくいお金の話があったことは，言うまでもない」[36]。

時事解説者たちがバランスと協議を重視した一方，書評家たちはシーヒー勝利の審判を下した。ワシントン・ポスト紙の政治コラムニストであるロデリック・マクリーシュ（ちょうど50歳になったところで中年の危機に詳しかった）は，『パッセージ』はホメロス以前の神話，シェイクスピアの

『リア王』，ゲーテの『ファウスト』の現代版だと評した。シーヒーがいかにして科学文献を活用したかを論じたマクリーシュの記事では，グールドの名前を出すことを避けたにもかかわらず，レオの批判に一つずつ反論する様子が見てとれる。「著者自身が述べているとおり，ゲイル・シーヒーはこの作品の理論を考案したわけではなく，数多くの情報源を用いている。シーヒーは文献を集め，巧みな技術で普及に適した文章にまとめ，上品で優しい一般的なスタイルに仕上げたのであり，それは高く評価されて然るべきである。彼女は，ゼネラリストとして結論を導き出したのだ」。

さらにマクリーシュは，『パッセージ』の想定読者層を考慮して，科学者や科学ジャーナリストの批判を一蹴した。「専門家たちは確実に彼女の仕事に意見するだろう。専門家とはそういうものだ。しかし，シーヒーが広めていく機知と希望，そして男女に関する固定観念の否定は，『パッセージ』を一般人に悟りをもたらす作品とならしめるだろう」[37]。

一方，ニューヨーク・タイムズ紙では，フリーライターでミズ誌の常連執筆者だったサラ・サンボーンが真っ向からグールドを批判した。当時は専門家，技術者や科学者出身の行政官が厳しい目で見られ，精神医学批判が人気のあった時期で，グールドは格好のターゲットだった。サンボーンは，「この本を書いたのは心理療法家ではなくジャーナリスト」であり，ジャーナリストは情報提供者の経験則と読者による解釈の独立性を尊重するものだとして，『パッセージ』を擁護した。

サンボーンはさらに，シーヒーはカウンセラーや精神科医とは対照的に，聞き取り対象者の目線に立ってインタビューを行い，「本の執筆を助けてほしいと頭を下げ，その人が価値ある経験をしてきたと信じ，本人がその分析をすることができると考えていた。調査対象者はともに答えを探そうと，彼女に応じたのだった」と書いている。シーヒーは作家として講釈をたれたり，命令したり，指示を出したりすることはなかった。『パッセージ』は「大人たちのために大人が書いた本。熱心だけれどやや後ろ向きの青年期の人間が書いたものではない」。「人生の問題を心理療法が解決するといわれる社会で」，シーヒーの議論は人々の目を覚まし，「意識」を向上させた，とサンボーンは述べている[38]。

シーヒーの親しみやすい文章，安心感を与えるメッセージ，相手の目線に立った物言いに対する称賛は，ベンジャミン・スポックが書いた絶大な影響力をもつ戦後の育児本『スポック博士の育児書』(1946年, 邦訳：1966年，暮しの手帖社)の解説を思い出させる。1976年に第4版が出版されると，翌年には売上が2800万部にまで伸びた。実にアメリカで生まれた第一子の親の二人に一人が読んだことになる。出版とペーパーバックの歴史の専門家ケネス・デイヴィスは戦後の重要なベストセラーであるこの育児書を研究し，人気と息の長さの秘訣はスポックによる文調にあると分析した[39]。スポックの「科学的な知識を一般の人に説明する才能」は伝説的で，科学者や科学記者の鑑(かがみ)として頻繁に引き合いに出される，と書いている[40]。

この本はゆったりとした新しい子育てを提案しており，医学の権威が上から目線で厳しい指導をするのではなく，優しい励ましを送るものだった。「自分を信じなさい。あなたは自分が考えるよりはるかに多くのことを知っている」という書き出しは有名だ[41]。スポックは「従来は『気をつけろ，ダメな親め。言うとおりにやらないと赤ん坊が死ぬぞ』という言い方でした。私はきつい言い方をせず，親御さんたちと親しくなるにはどうしたらよいかを考えました」と話している[42]。

スポックは読者と距離の近い専門家，「権威主義的でない権威」の理想を体現していた。読んだ人々は語りかけてくるような文体に感銘を受け，一般の読者のためにも専門家のためにもなる本だった[43]。育児書の文中で引用されているアメリカ合衆国児童局(訳注：現在は保健福祉省の部局)の教育専門家マリオン・フェーガーの言葉を借りれば，「印刷物なのに，著者と読者の間を隔てるものが何もないようだ」[44]。また，ある母親は「まるで博士と直接話しているように感じました」と，スポックに語った[45]。チャールズ・アンダーソン・オルドリッチは，スポックよりも前に，妻のマリー・オルドリッチとの共著で同様の自由放任主義の育児書『赤ん坊も人間だ』(1938年)を出版していたが，「読んですぐにスポックの親しみやすさに衝撃を受け，こうした著作にありがちな，親に対する粗探しや批判など，あとかたもない」と思ったそうである[46]。

『スポック博士の育児書』との対比で評価されるのは，『パッセージ』にとって最大の賛辞だ。『パッセージ』は革命的かつ信頼でき，思いやりにあふれ，人生を変える。他人の結論を伝達するだけの本ではなく，シーヒー自身の考えを気取らない言葉で巧みに提示し，作家としての独創性をにじませた。ニューヨーク・タイムズ紙の高名な批評家アナトール・ブロイヤードもこれを認めている。「今年の本」に『パッセージ』を選出した際にも，無許可の借用の嫌疑を否定し，「シーヒー氏の基本的概念は，少なくとも彼女の応用手法においては，彼女自身が言うよりも独創的である」とした。

ブロイヤードはさらに，シーヒーの他人の研究の私物化や厚かましい態度を批判したレオに反論し，むしろ彼女は謙虚であると書いた。「『人生の7つの段階』はシェイクスピアが書いたことだと，彼女は謙遜しながら指摘した。しかし，当時の概念を現代生活にあてはめて説明した自分の才知をもっと評価してもよいはずだ。エリク・エリクソンも人生のさまざまな段階について書いたが，彼女はエリクソンの理論を基盤として，さらに発展させた」[47]。シーヒーは先人の研究に追随するのではなく，自分でものを考えて書く自律的な専門家であったのだ。

『パッセージ』は『スポック博士の育児書』の続編ではないが，スポックの著作やほかの人気育児書との比較は複数行われた。ニューヨーク・タイムズ紙のサンボーンは，「スポックや(心理学者で小児科医のアーノルド・)

ゲセルが子どものために取り組んだことを，シーヒーは大人のためにやった」のであり，発達段階という意味での続編となっていることを指摘した。ミズ誌は『パッセージ』を「スポック博士の育児書大人版」と呼んだ[48]。一方，シカゴの子育て指導のカリスマで，全米で読まれたコラム「あなたとあなたの子ども」(1961～72年)やロングセラー『優秀な子どもの育て方』(1967年)の著者であるジョーン・ベックは，シーヒーの本を成人期半ばまで続く子育てのガイドだと勘違いしており，「大きくなっても，親にとって子どもは子ども」だと述べている[49]。

当時スポックは，女性は家にいるべきだとするシステムの象徴と見られるようになり，1971年の全米女性政治連盟の会合でグロリア・スタイネムから「男性による抑圧の象徴，ちょうどフロイトと同じ」と言われたのは有名な話だが，そこで『パッセージ』は，いわばアンチ・スポック的存在となった[50]。シーヒーは母性についてのメッセージを繰り返すことはせず，出産・育児後の人生について問うことで，「女性の第一の仕事は子育てである」という育児書の大前提に疑問を呈した。ミズ誌で結婚離婚・シングル問題について執筆していたパトリシア・オブライエンは次のように書いた。「序章を読み終わらないのに，私はもうマーカーを引き始めていた。驚くような新事実が書いてあったからではなく，変化と加齢に対する人類の普遍的な恐怖と不透明感を論理的に整理し，対処できるようにしてくれる人物がようやく出てきたからだ。ゲイル・シーヒーはすべての大人に，私たちのスポック博士を授けてくれたのだ」[51]。

全米規模の有力紙や各種雑誌などの絶賛により，メディアの『パッセージ』に対する態度が固まっていった。「心を揺さぶる一冊」(ロサンゼルス・タイムズ・ブック・レビュー誌)，「すべての人が読むべき」(ボルチモア・サン紙)，「目からうろこの一冊」(アトランタ・コンスティテューション紙)という具合である。メディアはシーヒーの成功を取り上げ，それがまた成功を呼び込んだ[52]。1970年代以降，書籍は定期刊行物や電子メディアに比べて，安定し，自己完結していて，排他的であるとさえいわれ，軽視される傾向にあった[53]。しかし，現代における書籍の力とは，メッセージをさまざまな形態と様式で広める機能にある。本は書評，抜粋，転載を生み出し，コメント，著者インタビュー，世間の会話に乗って，直接的な意味の読者以上のはるか遠い範囲まで浸透する[54]。19世紀後半，マスコミュニケーションの時代の到来を目の当たりにしたフランスの社会学者ガブリエル・タルドは言った。「読まない者すら読む者と話をして，受け売りの思想の流れを追いかけることになる。100万の舌を動かすには1本のペンで十分なのだ」[55]。

世の中は『パッセージ』一色のようだった。1976年1月，出版から4カ月もたたずに全米ベストセラー入りを果たし，その後2カ月順位を上げ続け，8月には1位に輝いた。新たに6刷目の2万5000部を印刷して累計12万5000部となり，年内にはハードカバー（単行本）が12刷を重ねた[56]。書店ではカウンター近くの特設棚に置かれ，リテラリー・ギルドをはじめとするブッククラブ*1がは郊外の世帯に『パッセージ』を届けた。大衆向け女性誌のマッコールズ，ファミリー・サークル，そしてリーダーズ・ダイジェストが，その抜粋記事を家庭の居間，台所，ベッド脇のテーブルへと運んだ[57]。シーヒーは，著者としてピープル誌のインタビューを受け，テレビではジョニー・カーソンのトーク番組に出演し，公共放送サービス（PBS）のリチャード・ヘフナーの番組「オープン・マインド」では女性，ジェンダー，フェミニズムを語り，その後はベティ・フリーダンやマーガレット・ミードとの対談に臨んだ[58]。

『パッセージ』がベストセラー入りして3カ月後の9月，リベラルで比較的高尚なニュー・リパブリック誌でロバート・ハッセンガーが「大変注目されている本だ」と書いている。「ペーパーバックの権利はすでに25万ドルで売却済みだ。トリュフォー*2もメイスルズ兄弟も後れをとったのだろうか」[59]。ニューヨークを拠点とした社会学者ハッセンガーは，ニューヨーク誌でのシーヒーの一流の仕事ぶりを称賛していた人物で，この発言の裏には，1972年にニューヨーク誌に掲載されたシーヒーのルポルタージュ「グレイガーデンの秘密」を原作にしてアルバート・メイスルズとデビッド・メイスルズが映像化したドキュメンタリー作品『グレイ・ガーデンズ』が人気を博したという経緯がある[60]。

事実，アメリカ三大テレビネットワークの一つ，ABCは『パッセージ』のドラマ化を計画していた[61]。ハッセンガーはこうも続けた。「監督はウッディ・アレンがいい。この本はあまりにもシリアスだ。心底怖がる人が大勢いる」。「昔の交際相手にマーカーを引いて送りつける」ことを想像しながら，この社会学者は，「特に面白い」第21章「スイッチ40」にアンダーラインを引いていた[62]。

＊1　読書愛好家の団体。有料会員になると，毎月その団体が推薦する本を直接販売方式で割安で買うことができる。
＊2　女性を描くのを得意としたフランス映画の巨匠。

3 フェミニズムが脚光を浴びた1970年代

『パッセージ』のヒットにより，1970年代にフェミニズムの社会的地位は上昇した。1970年，グロリア・スタイネムは「女性解放の年」を宣言したが，少なくとも，「数年前から盛り上がっていた運動にメディアが気づいた」年ではあった[63]。女性運動は，この10年間でメディアにとって魅力的な話題に進化していた。アメリカ全体のニュースの方向性を牽引するニューヨーク・タイムズ紙は，1969年の時点でフェミニズム関連記事の掲載は皆無だったが，1970年代初期から中期にかけてめざましい増加が見られ，1975年には週2～3本を掲載するようになった。これは全米女性機構のメディア戦略の成果にほかならない[64]。三大テレビネットワークによる女性運動関連の報道は，ABCのドキュメンタリーやCBS，NBCのシリーズ番組を含め，1970年の1年間だけで20本以上にのぼった[65]。

報道のあり方も女性運動に対してより好意的になった。それまでメディアのフェミニズム報道は冷たい傾向があったが，1970年代には支援する側に転じた。女性誌は中絶，レイプ，女性蔑視など女性運動が推し進める話題を定期的に特集し，フェミニストのコラムや特別コーナーを設けた。月刊誌マッコールズが企画した，フェミニストの活動のニュースを短くをまとめた8ページのとじこみ付録「ライト・ナウ」などがこれにあたる。1972年，同誌はスタイネムを「ウーマン・オブ・ザ・イヤー」に選出した[66]。

マスメディアでフェミニズムが存在感を強めたことは，そのまま書籍市場にも反映され，フィクション部門にも効果が波及した。エリカ・ジョングの『飛ぶのが怖い』(1973年，邦訳：1976年，新潮文庫)やマリリン・フレンチの『女たちの部屋』(1977年)をはじめとする「意識向上」系の小説のベストセラーが登場し，ノンフィクション部門にも同様の効果が見られた[67]。ケイト・ミレットの『性の政治学』(博士論文がもとになっている)，シュラミス・ファイアストーンの『性の弁証法』(邦訳：1972年，評論社)，ジャーメイン・グリアの『去勢された女性』(以上すべてアメリカで1970年に出版されたノンフィクション)の成功により，大手出版社がフェミニストの作家に注目し始めた[68]。ミレットは『性の政治学』でヘンリー・ミラーとノーマン・メイラーをこき下ろしたことで有名で，この作品によって傾いていた出版社ニュー・アメリカン・ライブラリーの文学部門と文学雑誌ニュー・アメリカン・レビュー誌は息を吹き返した[69]。

1973～74年には，「ボストン女の健康の本集団(ボストン・ウィメンズ・ヘルス・ブック・コレクティブ)」による『からだ・私たち自身』(邦訳：1988年，中西印刷出版部松香堂書店)の初の市販版がサイモン&シュスター社から出版され，大学の構内販売でベストセラー入りし，2年後には，改訂版がニューヨーク・タイムズ紙のベストセラーリスト入りを果たした[70]。ランダムハウス社がロビン・モーガン編集の『女性同士の連帯は力強い』(1970年)を発売したことは，ナオミ・ワイスタインの論文「科学的法則としての3K，子ども，料理，教会」など灰色文献*3が広く社会に読まれるきっかけとなった[71]。ジャーナリストのヴィヴィアン・ゴーニック(ヴィレッジ・ヴォイス誌)とバーバラ・モラン(ウーマンズ・デイ誌)が編集したベーシックブックス社の『女性蔑視の社会に生きる女性』(1971年)は，ワイスタインの研究をはじめ，社会学者のポーリーン・バートやジェシー・バーナード，心理学者のフィリス・チェスラーやエリザベス・ドゥーヴァン，文学者のエレイン・ショウォールターやキャサリン・スティンプソン，美術史家のリンダ・ノックリンなどによるフェミニズムの学術研究を多く

*3 一般の出版流通経路には乗らないが資料的価値の高い政府刊行物，地方自治体や研究機関の資料，学位論文，議事録などの資料の総称。

の人に紹介した[72]。

フリーダンの『新しい女性の創造』が発売された1960年代初め，出版業界に「女性の研究者」というカテゴリーは存在していなかった[73]。10年後，フェミニズム関連の本が急速に広がったことについて，サンディエゴの大手出版社ハーコート・ブレイス・ジョヴァノヴィッチのウィリアム・ジョヴァノヴィッチ会長は，次のように語っている。「社会全体で女性についての考え方が変化していることに，出版業界が気づいたのは間違いない。10年前に比べて女性に関する本や女性作家の本に対する注目度が高くなった」[74]。

直観力の鋭さで名を馳(は)せたダットン社の編集者ハル・シャーラットは，ライフ誌記者ジェーン・ハワードと「フェミニスト運動が普通の一般的なアメリカ人女性，つまりすべてのアメリカ人女性に与える影響」を探る本の執筆契約を結んだ。ハワードは2年かけて全国津々浦々をまわって多くの女性と会い，恋人や夫，仕事，お金の使い方，やり直せるとしたら何を変えたいか，といった話を聞いた。かくして「解放されたアメリカの女性たち」をめぐる旅行記『違う女性』(1973年)は，全米の女性が心に抱いている女性解放への固い信念を明らかにした[75]。同年，シャーラットはシーヒーに『パッセージ』執筆の申し入れをした[76]。

フェミニズムは万人受けするものではなく，その人気は選択的で，きわめて議論を呼ぶものだった。第二波フェミニズム運動に対する世間のイメージは，教育を受けた白人中産階級の女性のもの，リベラル派の思想であるということで，フェミニストのメッセージは黒人，メキシコ系女性，労働者，レズビアンには理解を得にくいものだった[77]。ラディカル(急進派)・フェミニストについても同様の問題があった。女性運動においてラディカルとされたグループは，1970年代初めに分裂が進み，1975年には崩壊することになった[78]。ラディカル・フェミニストは，マスメディアがフェミニストの政治的なメッセージを骨抜きにして，商業利用していると非難し，その主たる標的が，グロリア・スタイネムのフェミニスト女性雑誌ミズだった。

急進派のフェミニスト行動グループ「レッドストッキングス」が編纂した作品集『フェミニスト革命』(1975年)のなかで，ジャーナリストで運動家のエレン・ウィリスは，「利益重視」の「ミズ主義」フェミニズムは「急進派が重要視する性的かつ感情的な問題」にとっての敵であると糾弾した[79]。レッドストッキングスのメンバーが『パッセージ』に言及した様子は見られないが，のちにシーヒーが担当したニューヨーク・タイムズ紙のスタイネムの紹介文に対して攻撃的な手紙を送ったことがあった。スタイネムは，「レッドストッキングスからとおぼしき手紙」の原因をつくったことをシーヒーに謝罪した[80]。

女性運動の歴史を分析して急進派の考え方を確認すると，「大衆的なフェミニズム」がその対象を選び，それに合わせることによって形成されたことがわかる[81]。おそらく「大衆的なフェミニズム」で最も重要なのは，メディアでの成功が必ずしも社会的政治的な影響力にはつながらないことを示した点だろう。歪曲と穏健化だけが，シーヒーの作品のようなフェミニスト的思考が普及した理由ではない。フェミニストのライターや運動家が，積極的にメディアを活用したからだけでもない[82]。『違う女性』のジェーン・ハワードのような作家も，「態度を軟化させること」は障壁を取り除く手段として重要であると言っている。「原理に固執した異端者がわめきちらすこと以上に説得力に欠ける行為はない。姉妹よ，あなたの話はわかった。確かにそのとおり。しかし，私は打楽器より木管楽器のタイプ。ピッコロ抜きというわけにはいかないはず。それよりもっと重要な大義があるのではないか」[83]。加えて，仕事と家庭についてのフェミニスト的視点が，1970年代の特徴である社会的経済的な変化を説明するものだったからである。

『パッセージ』が出版された時代は，経済危機や社会規範の変化によって，大黒柱の男性と専業主婦と子どもという核家族のモデルがゆらいでいた。「男性が稼ぎ手」の家族モデルは白人中間層で一般的だったが，社会政策の理想的かつ中心的な概念的枠組みとしてのほうがよく浸透していたといえる。1960年代終わりから70年代にかけて，こうした予定調和の典型的な例とされてきた家族形態が崩壊し始めた。すなわち，理想的な家計収入が困難になり，離婚率が急上昇し，また中年期になって学業に復帰することを含めて女性の高等教育進学率が上昇した。男性の実質賃金は伸び悩み，教育期間は延び，企業は確実なキャリア構築制度を廃止し，雇用保障や年功序列賃金は確かなものではなくなり，結果として早期退職制度の実施も増えた。ベビーブーマー世代の中年夫婦には青年期後半の子どもの教育費高騰がのしかかり，人口統計学でいう子育て費用が回らなくなる「ライフサイクルのひっ迫」に苦しむことになった。郊外型のライフスタイルの理想と実収入のレベルが一致しなくなってしまったのである[84]。

核家族モデルと職業倫理に対する批判は1950年代から存在したが，実際に共働き世帯が男性のみが稼ぎ手の世帯にとって代わったのは，1970年代になってからである。二馬力モデルへの移行は，早婚と男女の領域分離の終わりを意味し，30歳以上のすべての人が，ライフスタイルやベビーブーム世代の人生設計や期待の実現に対して，再考を迫られた。ジェンダーは，もはやライフコースを正確に予測する因子ではなくなった。こうした社会的な変化が進むなかで，仕事と家族についてのフェミニストのメッセージは世間にとって，抵抗勢力から一転，強力なガイドラインとなり，説明となったのである。

もはや従来のライフコース・モデルでは，社会学者がいう「ライフコースの脱標準化」を説明できなくなった[85]。考案から20年あまり経過したエリクソンの「人間の８つの発達段階」という連続的な発達段階モデルは時代遅れになりつつあった。エリクソンの代表作『幼児期と社会』(1950年, 邦訳:1977年, みすず書房)は1963年に大学販売用の改訂版が発売され, ペーパーバック革命の恩恵を受けて1960年代は広く成功し続けた。「エリクソニアン」はキャンパスでは誰もが知る用語となり, エリクソンは, 精神分析学者で有名な知識人であると同時に, 多くの学生運動家にとっては英雄だった(エリクソン本人には異論があったが)[86]。エリクソンの指導学生でのちに同僚となったロバート・コールズ執筆の伝記『エリク H.エリクソンの研究』(1970年, 邦訳:1980年, ぺりかん社)は, 当時のエリクソンの無双ぶりを詳しく伝えている[87]。

ところが1970年代に入ると, エリクソン離れが始まった。フェミニスト志向ではない人々までも, エリクソンは社会保守派で現状維持論者だと批判するようになった。精神分析学者で社会哲学者のエーリッヒ・フロムは『精神分析の危機 ── フロイト, マルクス, および社会心理学』(1970年, 邦訳:1974年, 東京創元社)で, 社会的な組織や価値観は自己を縛りつけ, 誤ったアイデンティティの感覚を生み出すとする論題の追究が不十分だと, エリクソンを批判した。また, タフツ大学の政治学者トニー・スミスは, エリクソンは抑圧的な保守派の社会心理学の典型であり, 社会的役割が個人を疎外する力について曖昧にして, 「現状をイデオロギー面で擁護」していると批判した[88]。

エリクソン派の人々は, 特にエリクソンを擁護しようとはしなかった。精神分析学ではエリクソンの「アイデンティティ」の概念よりも「自己愛」が優先されるが, エリクソンはこの議論には加わらなかった[89]。「人間の8つの発達段階」やエリクソンの心理史的伝記を肯定してきたジョン・デモスなどの歴史学者は, エリクソンが子ども時代と家族に関する新しい研究で社会構造を強調し始めると, エリクソンから「距離をおくように」なっていった[90]。

エリクソンの著作は売上が激減した。ノートン社のペーパーバックの売上はエリクソン人気がピークだった1970～71年度には13万9000部近かったのが，５年後の1975～76年度には6万6400部となり，ほぼ半減した[91]。

エリクソンは，1975年に出版された自身の論文集『ライフ・ヒストリーと歴史的な瞬間』（悪名高き「内的空間再び」を含む）が「一番売れなかった」と述べている[92]。政治学者のマーシャル・バーマンは，ニューヨーク・タイムズ・ブック・レビュー誌の巻頭掲載の書評で，「人間の８つの発達段階」の表は無意味な九九の表のようなものと揶揄（やゆ）し，「（エリクソンは）この説を唱えるたびに支持者の2/3を失うだろう」とまでこきおろした[93]。

政治学者で精神分析の歴史学者，ポール・ローゼン（彼もまたエリクソンの指導学生だった）によるエリクソンの伝記『アイデンティティ論を超えて』（1976年，邦訳：1984年，誠信書房）では，エリクソンが過去に関する精神分析に基づく遡及（そきゅう）的分析ではなく，ライフサイクルによる将来の分析に夢中になっていたと指摘し，それがエリクソンに対する関心の低下を招いたと説明している。伝統的なフロイト学派が過去の挫折や無力感などをことさら強調したのに対し，エリクソンは人間の成長について「過剰なほど楽観的」で，すべては統合の達成につながるものと見なし，疎外感について考慮しなかった。どんな変化も，葛藤や危機でさえも，強要されて心的外傷となり，神経症に結びつくものなどではなく，健康的で進歩につながる「発達」のプロセスだとした[94]。

しかし，「このような楽観論には代償がともなった」とローゼンは書いている。不満や後悔には健全な居場所がなかったし，エリクソンが蓄積してきたライフステージ論は，理論の逸脱を許さなかった。ローゼンは，エリクソンによる成熟した「統合性」の定義に疑問を呈した。「なぜ智慧（ちえ）を，必然的に起こるものとして黙従しなければならないのか。智慧を獲得しても過去の自分の過ちや不条理，是正されない社会的不正義に対して，不満や，時には憤怒すら感じると主張してはいけないのか」。「自分をしっかり保ち，他者に貢献する」ことを求める，エリクソンにとっての理想的な自我の強さと成功は，社会的不平等の継続と同時に人間の悲劇と苦しみも隠していた。「人生で困難におそわれたときに（主体的に対応することは），長期的には，盲信的な順応よりもよい結果を生みそうだ。これは，ロマンチックな人でなくても考えることだ」[95]。

エリクソンの評価が低下していくなか，シーヒーによるライフコース・モデル批判や中年期の不満の見直しは，広く人々の心をつかんだ。精神科医のアンソニー・クレアは，『パッセージ』は「エリク・エリクソンの人格の成長と発達の８つの段階を更新した」と述べている。一方，ブロイヤードはシーヒーが行ったのは，精神分析学の用語の「解釈」や「更新」以上のことであるとして，次のように書いている。「彼女は優れたジャーナリストであるがゆえ，また115人に話を聞いたがゆえに，明快に説明する才能があるのだ」[96]。『パッセージ』は新しい現代的な理論を提供したのである。

エリクソンのライフサイクルの発達段階モデルは，発達が始まる幼少期に注目しており，中年期の変化への熱望を，健全な「統合性」ではなく，病的な「絶望」とみなしていた。対照的に『パッセージ』が主張したのは，中年期に射しこむ光である。中年期の動揺は，男性と女性の両方にとって新たなスタートと方向転換の可能性を内包していたのだった。

4 『パッセージ』旋風とその影響

『パッセージ』のファンはその熱狂ぶりから「軍団（レギオン）」と呼ばれた[97]。アリス・ヒルズウェック・ボールという30代女性はバージニア州リンチバーグのランドルフ・メーコン女子大学の同窓生にあてた手紙で，シーヒーの本をすすめた際，「彼女がじかに私に話しかけてくれているみたい」と書いた。ニューヨーク誌の読者で30歳の現代フランス文学の専門家は，『パッセージ』を読んでよいと思ったところを聞かれて，こう答えた。「シーヒーが言うことのなかで，まさにそうだと思ったこと。それは，世間は四年制大学に通う女性をおだてるくせに，卒業したら見捨てる，という箇所だ」。アメリカ最大の大学構内書店であるハーバード大学生協で，若い女性が『パッセージ』を指さして「素晴らしい本です」と言った。自分の読みたい本を読む大勢の学生たちが，ほかの人が読んでいる本に手を出して行きついた結論だった[98]。

『パッセージ』は，主に大卒以上で，子どもがいる既婚の白人女性について論じた本で，フリーダンの『新しい女性の創造』と同じく，そのような女性たちに多く読まれた（そうした女性たちだけではないにしても）。余暇に読書を楽しむ人たちが中心的な読者層だったことが，長期にわたるベストセラーリスト入りにつながった[99]。

フェミニストのメッセージをよく知る読者は『パッセージ』を歓迎していたが，新しい本だとは思わなかった。ロサンゼルス・タイムズ紙の書評欄で女性・ジェンダー問題を担当していたバーバラ・キャディは，「女性運動が取り組んでいる，社会的要因で引き起こされた一連の症状」をシーヒーが言葉にしてくれたのだという多くの読者の思いを代弁し，『パッセージ』を称賛した[100]。同年に出版されたフェミニズム関連の書籍には，精神分析学者ジーン・ベイカー・ミラーの『新しい女性心理学へ』(1976年)や，心理学者ドロシー・ディナースタインの『性幻想と不安』(1976年，邦訳1984年，河出書房新社)がある。また，翌年にはナンシー・フライデーが議論を起こした『母と娘の関係』(1977年，邦訳：1980年，講談社)が出版された(この本では『パッセージ』が引用されている)。

しかし，シーヒーの著作はフェミニズム界ではほとんど印象を残せなかった[101]。『パッセージ』の存在意義は，ジェンダー理論を書き換えたり，女性運動の活動計画を方向転換させたりすることではなく，フェミニストの主張を多くの人々に伝えることにあった。

シーヒーの本を購入しなくても，中年の危機について読む方法は多々あった。『パッセージ』の一部がライフスタイル雑誌に掲載されていたからだ。『パッセージ』の章の半分以上は抜粋・転載されていたし，なかには同じ箇所が雑誌に複数回転載されることもあった。掲載の大半は女性誌で，グラマーやマッコールズ(抜粋の掲載が多い雑誌として知られ，掲載回数はリーダーズ・ダイジェストに次ぐ2位)は，出版前の4月と5月に『パッセージ』の一部を掲載し，ファミリー・サークル誌とブライズ誌は7月と12月に抜粋を掲載した[102]。

男性向けの雑誌でも，2誌で掲載された。デルタ航空の機内誌スカイと創刊されたばかりのビジネス誌ウォートン(ハーバード・ビジネス・レビューのライバル的存在)が，男性の中年の危機について書かれた部分を掲載したが，いずれも発行部数はわずかだった。もっとメジャーなプレイボーイ誌やエスクァイア誌は書籍の抜粋・転載の重要な舞台のはずだが，『パッセージ』の抜粋は掲載しなかった[103]。文学者のエレイン・ショウォールターは，「男性の危機」の部分を読むのはもっぱら「妻であり，彼女は朝食を食べながら夫に説明をするのだ」という。「だが，願わくば……男性には思いきって作品を手に取って読んでもらいたい」とも書いた[104]。

女性誌がどの部分を抜粋，転載するかはダイジェスト誌にも影響する。マッコールズとファミリー・サークルが掲載すると，リーダーズ・ダイジェストやブック・ダイジェストも掲載した。マッコールズが掲載した「40歳で夫婦が直面する危機」は，社会学者ロバート・ハッセンガーが気に入ったと言っていた「スイッチ40」関連の抜粋記事だ。中年期に婚姻関係に

図4-1 「どんな選択をしても，女性の人生はとてもつらい」。ブック・ダイジェスト誌は表紙風の写真とともに『パッセージ』の抜粋記事を掲載した。シーヒーは同誌の編集者によるインタビューのなかで，女性にとって時間の経過と対峙することは特に困難であると語った。キャリア，結婚，家族という複数の優先課題の間で引き裂かれるからだ。ブック・ダイジェスト誌（1976年9月）より。

訪れる変化を分析した記事で，リーダーズ・ダイジェストに転載されたことで3500万人あまりが読んだことになり，この部分は『パッセージ』のなかで最も多く出回った[105]。ボストン・グローブ紙のメディア批評担当，ブルース・マッケーブは，「リーダーズ・ダイジェストの記事はきわめて素晴らしく，読めばきっと本が買いたくなるだろう」と言った[106]。

当時はこうした転載記事が書籍購入の決定要因になるとされており，雑誌掲載がシーヒーの読者を増やすと同時に，本の購入者以外にもファンを広げることに貢献した[107]。マッコールズとファミリー・サークルはアメリカの二大女性誌で，出版業界の「セブン・シスターズ」(本来は名門女子大学7校を指す言葉)と称されていた。7姉妹（セブン・シスターズ）にはほかに，影響力が大きいレディーズ・ホーム・ジャーナル，グッド・ハウスキーピング，スーパーマーケットや室内装飾を取り上げるウーマンズ・デイとベター・ホームズ・アンド・ガーデンズ，そして最も発行部数は少ないが若い既婚女性や母親向けの雑誌レッドブックが含まれていた。それぞれ1500万部から2250万部を発行していた。雑誌は1冊を複数の人が読むのが普通なので，実売部数が印刷部数を下回っているとしても，読者の数は部数を上回り，通常は大幅に読者数のほうが多かった。

1970年代半ばには，ファミリー・サークルがマッコールズの売上をかろうじて上回っていたが，当時どちらの雑誌も合計4000万人ほどの読者がついていた。その大半が20歳から40歳くらいの大卒以上の白人女性だったが，実際にはそのような条件の女性の人口は5000万人あまりだった[108]。ファッション雑誌のグラマーやウェディングガイドのブライズの読者は20代の女性100万人ほどだった[109]。

当時は大衆向け女性誌がフェミニズム記事を掲載するのは珍しくなかった。男女の領域分離を助長していると批判されることも多かった女性誌だが，それでもフェミニストの思想には長年，関心をもち続けてきた。1940

年代から60年代初め，大衆向け女性誌は，科学，教育，文化，政治における女性の活躍を称賛し，女性の家庭内での役割に対する不満を伝えることに貢献してきた[110]。1950年代当時はまだ中産階級のファミリー向け雑誌だったコスモポリタンは，ベティ・フリーダン執筆の記事などアメリカ人女性についてのルポルタージュを掲載し，幸せそうな郊外の専業主婦像とは明確に異なる女性像を示した[111]。1958年1月, 同誌はアメリカ初の女性の権利条約であるセネカフォールズ条約採択110年を記念する特別号を発行し，議会，司法，工学における女性のキャリアを取り上げ，さらに，フロイトによる女らしさと女性のセクシュアリティの定義を批判した[112]。

女性誌は家事労働を単に美化していたわけではなく，女性が不満を語る場，複雑で矛盾した議論を生み出す場にもなっていた。なかでも夫婦間の問題についての議論は，女性の役割に対する不満を明確に述べる重要な機会となった。結婚問題の記事は家庭のイデオロギーを強化しただけではなく，女性の権利を促進することにもなったのだ。女性誌は，女性が家庭や私生活に満足できずにいる様子を伝えることにより，女性の家事労働の問題に社会の注目を集め，社会問題として描き出したのである[113]。

1950年代半ば，月刊のグッド・ハウスキーピング誌は，当時連載中だったニューヨーク・ポスト紙の有名編集者サミュエル・グラフトンによる夫目線の結婚生活へのアドバイスのコラム「マン・トーク（男の話）」に対抗して，作家でメディア評論家のローラ・ホブソン（ペンネーム「フェリシア・クイスト」）のコラム「バック・トーク（口答え）」を毎号掲載するようになった。ホブソンによれば「マン・トーク」は「センチメンタルすぎて不愉快か，もしくはマッチョすぎて怒りを覚えるか」だった[114]。「バック・トーク」は「マン・トーク」と見開きのページになるように掲載され，グラフトンの主張に反論していった。

雑誌が生み出した不満の談話は, 政治色を強めていくことになる。70年代になると，女性誌は多くの女性にフェミニストの思想を伝える重要なチャネルとなり，女性運動にとって重要なマスメディア上のフォーラム（公開討論の場）となった。1971年，マッコールズ誌はベティ・フリーダンが日々の出来事や自身の政治活動について書く「ベティ・フリーダンのノートブック」の連載を開始した[115]。同誌はこの前年にゲイル・シーヒーの小説『ラブ・サウンズ』の抜粋を掲載して過去最高クラスの売上を達成した。また，1972年の6月と7月にはエレイン・モーガンによる進化論の新提言『女の由来』（1972年，邦訳：1997年，どうぶつ社）の一部を転載した。人類の起源は狩人である男性ではなく，水生類人猿である女性であったという進化論の新提言である[116]。

レディーズ・ホーム・ジャーナル誌は，運動家でミズ誌共同創刊者，レティ・コッティン・ポグレビンの舌鋒鋭いフェミニスト・コラム「ザ・ワーキング・ウーマン」を10年にわたって掲載した[117]。ブライズ誌はコラム「セックス&ユー」でも頻繁に引用されてきたボストン・ウィメンズ・ヘルス・ブック・コレクティブによる『からだ・私たち自身』の一部を転載した。また，『からだ・私たち自身』は，しばしば既存の医学に疑問を投げかける女性の健康記事を掲載してきたレッドブック誌の購読を推奨している[118]。

常に実用的な記事を掲載してきたウーマンズ・デイ誌は男女同権や女性の地位向上に尽力してきた国内60の団体の連絡先をまとめた「女性の権利アドレス帳」を編集した[119]。代表的な家事雑誌であるファミリー・サークルまでもが女性の権利に関する記事を掲載し，女性有権者同盟，女性キリスト教禁酒連合（国際女性年の会合に代表者を派遣），キリスト教女子青年会（会員の「解放的」結婚を許可），キャンプ・ファイヤー・ガールズ（性教育を開始）といった伝統的な女性団体の抜本的な改革を称賛した[120]。1976年夏には，30誌以上の女性誌がアメリカ合衆国憲法の男女平等憲法修正条項案に賛同の意を示し，採択を求める特集記事を合同で組んだ[121]。

これだけで女性誌がフェミニスト団体になることはない。実際，女性誌に掲載された批判的メッセージと保守的メッセージの割合は均衡がとれていなかった。しかし，多様性は雑誌にとっては力になった。女性らしさの表現の分岐は，女性のアイデンティティ自体，流動的で多種多様であり，異なる要求のうちのどれを満たすか，折衝を必要とすることも多いという事実を反映していた[122]。定期刊行物はどれもそうであるように，女性誌もさまざまな記事の「寄せ集め」でできていた。マッコールズやレディーズ・ホーム・ジャーナルなど中産階級向けの雑誌は特に強い議論の力をもっており，論議を巻き起こし批判を招くことで知られていた。

また，大衆向けの女性誌を出す出版社は，現実的な視点ももち合わせているわけで，フェミニストの記事を組み入れれば読者は増え，誰もが自分の気に入る記事を一つは見つけることができる。読者は美容，ファッション，料理，子育てと同様にフェミニズムや女性の抱える悩みについても記事を読みたいと考えるからである[123]。多様性と矛盾を内包した女性誌は，女性の役割を議論する公共のフォーラムとなった。

その一方で，すべての読者が（編集者も）フェミニストのメッセージに好意的であったわけではない。女性誌は議論を奨励することにより，公平で信頼できる出版媒体としての役割を確認した。メディアと女性の共同体「メディア・ウーマン」による編集部占拠のあと，レディーズ・ホーム・ジャーナル誌は1970年の女性解放運動の特集記事を組んだ。記事の冒頭で編集者のジョン・マック・カーターは読者に向けて「レディーズ・ホーム・ジャーナルに次の8ページがある理由」という短いあいさつ文を書いた。「読者の皆さんは『ニュー・フェミニズム』のコーナーを読んで，啓発的だと思うかもしれない。当惑するかもしれないし，激怒するかもしれない。あるいは三つすべてかも。これは，今までとは違うコーナーなのだ」。

カーターはメディア・ウーマンの見解の多くには同意できないと認めて

いたが，それでも次のように主張した。「つまり，今は1970年ということ。誰でも，どちらの性別でも，自分の役割を自由に再検証してよいということだ。成長が止まった地点から成長を再開するのも自由だし，足踏みしていた地点から前進を再開するのも自由，自分だけの尊厳と願望を成就させるのも自由だ。それは，創刊から87年，アメリカ人女性に感情と知性のフォーラムを提供してきた本誌だからこそ，可能なのである」。さらに「賛否両論」を歓迎するとして，手紙で意見を寄せてほしいと，次のように締めくくった。「皆さんはきっと挑発的なコーナーだと思うだろう。考えを聞かせてほしい」[124]。

その結果，これまで同誌を読んだことはないが今回興味をもったという人が150人おり，定期購読をやめたという25人を圧倒的に上回った。意見の手紙は，賛同と批判，そして数多くの中間の意見が合わせて数千通届き，「アメリカ社会における女性の解放は新たな事実であり，（女性誌の）読者がこれに参加している」ことが示された[125]。

『パッセージ』を紹介する雑誌記事に対する反応はおおむね肯定的なものだったが，すべての人がシーヒーに同意したわけではない。自分の人生に危機が存在しないことを証拠に反論する人もいた。たとえばニュージャージー州ハリソンのキャロリン・ホーガン（30歳）は，「妻として母として幸せに暮らしていて何が悪いのか」と言った[126]。また，オハイオ州パーマハイツのマッコールズ誌読者のエリザベス・コマネクは「だまされた」ような気持ちだと語った。「私の中年の危機はもう14年も遅れている。つまり夫と私は本当に人生をともに楽しんで，夢の世界でふわふわ生きてきたようだ。何かやり方が間違っていたということか」。

一方で，多くの女性たちが，『パッセージ』の内容に自分を承認してもらったような感覚を体験していた。ワシントン州ガーディナーのマッコールズ誌読者は，問題を抱えているのは自分だけではないと安堵を感じ，「5年近く続いていたすべての感覚と心の奥底にある思考が，ゲイル・シーヒーの記事から立ち上がり，私を凝視していた」と語った[127]。ニューヨーク市郊外のヘイスティングス・オン・ハドソン在住の読者は「うれしすぎて競走馬のように興奮した」という。彼女はシーヒーに言った。「あなたは私の経験を本当に明確に説明している。作品は私の気持ちそのもの。私が闇のなかで一人でつづっていた言葉がそのまま使われている。あなたが発表した調査結果は，私が長く暗く寂しいと思っていた通り道（パッセージ）の先に光を見せてくれた」[128]。

ある38歳の読者は，友人たちにも記事を読むようすすめた。「私の友人たちも心をわしづかみにされると思う！」。50代の女性は，自分自身の中年の危機の経験と重なる部分があったと言う。「『40歳で夫婦が直面する危機』は，今まで読んだこのテーマの記事のなかでナンバーワンであり，最もデリケートな記事。危機を経験する前に読めたなら，もっと準備ができたし理解もできただろう」[129]。

読者は『パッセージ』によって，自分の中年の危機の経験を大きなパターンの一部として理解することができた。全米女性機構ニューヨーク支部のメンバーで，意識向上セミナーなどを長年担当したエレイン・エシュケナジは，次のように表現する。「自分の経験と感覚をほかの人と共有することによって，突然『開眼』するのだ。ジェンダーの不平等に基づく社会に，私たちがこんなにも影響されてきたということに衝撃的なかたちで気づくのである」[130]。

フェミニスト理論の専門家で作家のサラ・アーメドは，「フェミニズムがセンセーショナルである」理由は，強い興奮と関心を巻き起こすからだけではなく，腹の底で感じてきた不平等への意識を覚醒させるからであると述べた。「これは不正義だという感覚，何かが間違っているという思い，自分が不当に扱われたと感じる経験が，フェミニストになるきっかけになることはある。不正義の理由を探していくと，規則性やパターンが見つかる。知識と理解を身につけるごとに，不正義の感覚は鮮明になっていく」[131]。シーヒーが論じた中年の危機は，多くのアメリカの女性が経験していた状況を具体的に説明し，問題を特定したのである。

シーヒーは『パッセージ』出版当時39歳だったが，読者層もやはり30代から40代の既婚者で，10代の子どもがいる女性が多かった。シーヒーによると，20代の読者は中年の危機がやってくるなんて「考えたくもない」「ベッドのなかに隠れていたい」という反応だったが，30代以上だと自分一人ではないということを知りたがったという[132]。シーヒーのメッセージが30代以上の女性の心をつかんだという事実は，ベビーブーマーの親世代が1960年代から70年代にかけて社会に反抗し変革に参加したことに関する歴史学者のジェシカ・ワイスによる説を裏づけ，第二波フェミニズム運動が若い女性の運動であるという既成概念に疑問をつきつけた。多くの女性がジェンダー構造を見直しながら人生を進んできていたし，多くの女性にとって解放と中年期は同時にやってきて，中年期の結婚生活を脱して社会復帰していくことになった[133]。

世代による差異は，変革を求めるか否かではなく，フェミニズムのどの分野に関心があるかに現れた。1977年2月に『パッセージ』のペーパーバック版が発売されたとき，バンタム・ブックスは青，緑，オレンジ，赤紫の４種類の装丁で発行する遊び心を見せた。ニューヨーク市のアッパーマンハッタンとブロンクスの営業担当者によると，「40歳以上には青，35歳の知識階層には緑，30歳にはオレンジが最もよく売れ，20歳から30歳に一番売れるのは赤紫」だったそうだ[134]。70年代の社会学研究によると，年代層が低くなると中絶，避妊，レイプといった話題への関心が高くなり，40歳前だと『パッセージ』の中心的なテーマである離婚問題や経済・仕事における機会の平等を重視した（さらに年配の女性は貧困や社会保障の格差，年金の権利への関心が高かった）[135]。

若者と年配者を区別し，変化のなかにある年代として若者を特別扱いするようなコーホート分析では，たとえば母親が娘の人生設計の形成に関わって社会的変化に貢献するといった，世代をまたいだ関係性を考慮していない[136]。自分の人生はもう変えられないし，中年の危機など存在しないという女性であっても，ジェンダー規範の変革に関わっており，自分たちとは別の選択をするよう後輩世代にうながすことがあった。

ユタ州ローガンの50歳の専業主婦ヴェラ・ワトキンスは，女性解放特集を組んだ1970年8月発行のレディーズ・ホーム・ジャーナルを購入した一人だ。編集者あての手紙で，女性解放運動が自分に恩恵をもたらすことはないだろうとしつつ，「二人の10代の娘たちの人生は，よりよいものであってほしい。将来結婚しなくても子をもたなくても，恥ずかしいと感じながら生きていかなくてもいいように，彼女たちに，より多くの扉が開かれるように望んでいる」と書いた[137]。ワトキンスは女性運動に関心がないどころかむしろその逆で，娘たちを思う無私の願いを語った。母性の美徳の定説を示しており，彼女の言葉がもつインパクトをさらに強めている。

シーヒーは執筆にあたって，自分より若い女性にも聞き取り調査を行った。年下の聞き取り対象者は，独身（異性の交際相手がいる場合が多い）で子どもがいない女性が多かった。大学購買部のベストセラーリストに『パッセージ』が入っていたことから，他の年代同様，18歳前後から20代の若者にも広く読まれていたことがわかる[138]。ボストン・グローブ紙のインタビューでシーヒーは，『パッセージ』の理想的な読者層は30歳以下だと語っている。「彼女たちは本を読むと，頭のなかの人生のテープに記録する。3年間本をしまっておき，久しぶりに手に取って，『まさかと思っていた話だけど本当だったんだ』と言うのだ」[139]。

中年の危機は，30歳以上の読者にとっては変化の号令であり，若い女性には（一部の男性にとっても）教訓であった。シーヒーも次のように見ていた。「若者は『パッセージ』を読むと，安心感よりもむしろ憤りを感じる。25歳で自分の道を決めて突き進もうとしているところへ，そううまくいかないとは言われたくないだろう」[140]。シーヒーは，多くの30代女性が早すぎる結婚と出産を後悔しているという事実を指摘して，結婚せず子どもも産まなかったことを中年になって後悔するという一般的な警告を一蹴した[141]。グラマー誌に転載された抜粋記事「なぜ男性は結婚するのか。愛，安全，自由，あるいはそのすべてのため？」でシーヒーは，結婚という社会慣習は女性の権利を抑圧するものだと，若い読者に警告を送った[142]。

ブライズ誌の記事では，シーヒーは結婚志向の女性は子どもをもつことを先送りにするか，少なくとも仕事を続けるべきだとうながした。この記事には，「婚約中に冷静に想像すべき結婚生活のチェックリスト」なる付録がついていた。「子どもは欲しいか」，「何人欲しいか」，「いつ欲しいか」，「予定より早く妊娠したらどうするか」，「仕事と家事・育児を両立できると思うか」，「そうすることを夫は求めるか」，「必要になれば家族を養えるか」，「今は仕事と子育てについて意見が一致しているとしても，数年後に夫婦のどちらかが考えを変えたらどうするか」[143]。

シーヒーは，自分と同世代には中年の危機が到来することを予期したが，若い読者も同じ経験をするとは書いていない。ジェンダーをめぐる伝統的な問題をうまく回避し，中年の危機を防ぐことを期待したのである。

5 科学とポップ・サイエンス

『パッセージ』は，社会科学の著作としても読まれた。それまでも学術誌はシーヒーの作品の書評を掲載していて，たとえば社会学者のクラリス・ストールは，現代民俗学誌上でニューヨーク誌掲載のシーヒーの売春関連のルポルタージュを称賛した。「鋭い都市民俗学」であり，社会学者はシーヒーのジャーナリズム作品から少なからず学ぶところがあるかもしれないと明言した[144]。精神分析学者で犯罪学者のパーク・ディーツは，シーヒーの作品『ハスリング』を法精神医学の有益な入門書として推薦した[145]。ちなみにディーツは，1981年のレーガン大統領暗殺未遂事件のジョン・ヒンクリー・ジュニア元被告や「ユナボマー」ことテッド・カジンスキー受刑者の裁判で，専門家として証言したことで有名になった人物である。

さらに多くの専門家から注目を集めたのが，シーヒーによる成人発達に関する観察で，心理学の知識も豊富だと評価された。『パッセージ』の書評の３本に１本は学術誌や専門誌による掲載で，アメリカ心理学会機関誌の『現代心理学』やアメリカ社会学会機関誌の『現代社会学』，さらに結婚，離婚，キャリア・カウンセリング，ソーシャルワーク，成人教育の分野における定期刊行物などに取り上げられた[146]。

『パッセージ』はフェミニズムの概念を学問の世界へと進出させ，さらに専門家以外の一般の読者に届けることに貢献した。シーヒーが引用した学術的な情報の出所とメッセージは，フェミニストの学者らにとっておなじみのものだった。いずれも1975年創刊の女性研究誌であるフロンティア誌，サイン誌，セックス・ロール誌や1976年創刊の有力誌『季刊 女性心理学』は『パッセージ』の書評を掲載する必要すらなかった。こうした雑誌の読者の多くは，社会学者のジェシー・バーナードが言うように，シーヒーが「自分が考えていたことを確認しただけ」だと思っただろう[147]。

ミシガン大学女性生涯教育センター所長で，学校をドロップアウト（脱落）したあと，大学に舞い戻り「ドロップ・イン」する女性の研究で有名なジーン・キャンベルは，リーダーシップ研究誌『集団組織研究』において，「正確で力強く，鋭い洞察である」と『パッセージ』を称賛した。シーヒーが行った男性と女性のライフパターンの平行分析を高く評価し，また脱ジェンダーの説明を「両性具有（androgyny）という単語を使わずしてやり遂げた」ところなど，難解な専門用語を避けた言い回しを称賛した[148]。

一方でフェミニストの理論や研究に造詣が深くない学者にとって，『パッセージ』は従来とは異なる新しい存在だった。さまざまな分野の専門カウンセラーおよびカウンセリング研究の教授と学生向けの月刊誌『人材ガイダンス・ジャーナル』は，シーヒーの文筆力を「一流」と認めると同時に，男女のライフパターンの平行分析は「成人発達のもう一つの側面，女性側を掘り起こし，これまで放置されてきた恥ずべき穴を埋めることになった」と称賛した[149]。専門家たちはシーヒーによる調査研究，すなわち聞き取り調査の結果，事例研究，バラバラだった事実の統合，学術文献の引用，理論モデルの新奇性を高く評価した。家庭・調停裁判所協会は「カウンセリング理論と臨床のさらなる発展に洞察を与え」，「今後の研究の仮説を提供し」，「主観的経験の集合として今後の統計的分析結果の説明になる」作品であると指摘し，「読書療法」の図書としても『パッセージ』を推薦した[150]。

ルドウィック・フレックの以下の言葉は有名である。「大衆的な科学は，すべての人の知識の大部分を供給する。第一級の専門家ですら，多くの概念，比較，一般的な見地を大衆的な科学から得ている。科学者はこうした概念のうえに科学的専門性を積み上げる」[151]。『パッセージ』が大きな影響をもたらすことになったのは，ジャーナリストが手掛けるアメリカの社会科学に関するルポルタージュが確固たる影響力をもっていて，さらに「日常の心理学」を実践する伝統があったからこそである[152]。

『パッセージ』はそれまでのシーヒーの作品同様, 書評や論説でしばしば「ポップ社会学」「ポップ心理学」と称された。ここでの「ポップ」とは, 単なる「大衆化」の略ではない。1960年代以降, 「ポップ」は「ポップ・アート」を連想させる言葉になった。「ポップ・アート」は当時, 高尚と低俗, 芸術と日常, スーパーマーケットと美術館の境界線に挑戦する存在だった[153]。そのポップ・アートと同様, 「ポップ・サイエンス」は, 分析カテゴリーと実践, 双方の意味で, ジャーナリズムの知識と学者の知識のヒエラルキーを書き換えた。「大衆化」(あるいは大衆的な科学)と異なり, ポップ・サイエンスはベストセラーや雑誌のもつ影響力, カクテルパーティーで交わされる科学研究についてのおしゃべりの力さえも認めた。社会学者のシルヴィア・ファーヴァによる現代的定義にもあるとおりだ。「ポップ社会学は, 専門的な社会学の概念, 言語, 研究成果を一般の人でもわかる言葉で『通訳する』試みとは区別しなければならない。ポップ社会学は有益な見識を提供してくれるだろう。新しい研究の仮説を得ることが, その活用法の一つである」[154]。

キャンベル・スープの缶のような取るに足らないものをモチーフとしたアンディ・ウォーホルの作品は, 芸術とは何かという論争を起こし, 感情の状態を解析するシーヒーのジャーナリズムは, 社会科学とは何かという論争を巻き起こした。『西部社会学評論』誌に『パッセージ』の書評を寄稿した社会学者で犯罪学者のレネー・ゴールドスミス・カジンスキーは, ジャーナリストたちは「現代の主たる社会問題の分析と解説における先導役」となっているようだと述べ, 多くの人の考えを代弁した。では, 社会科学者は, 問題を提起してもらったあとに「ただそれに続くだけ」だったのだろうか[155]。学者も専門職の人も, 専門家である自分たちよりもシーヒーの本が進んでいるというイメージを, 書評によって払拭(ふっしょく)しようとした。

彼らはまず，シーヒーの「簡潔明瞭で素人にもわかる一流の文章」を称賛し，さらに当事者である女性としての視点，「知的かつ社会的な環境に向けられた鋭い洞察」を高く評価した[156]。しかし，多くの学者は秀逸なジャーナリズムではなく，科学としての不足を指摘した。マイケル・キンメル（当時は社会学博士号を取得した研究者で，のちにジェンダーと男性学で有名な学者となった）は『現代社会学』誌での書評で，上流中産階級（アッパー・ミドル・クラス）の白人のみについて論じるシーヒーの本は，階層と人種に対する偏見があるとして，「上流中産階級にとっての苦痛の緩和ケアでしかない」と指摘した[157]。

ニューヨーク州立大学バッファロー校の社会学准教授アデリーン・レヴィンは，「痛い」読み物だと批判した。事実伝達の文体を想定していた人は，シーヒーの文学的ジャーナリズムに当惑した。「体，顔，内心の状態について，食品，魚，花，海，家具，布地，壁紙，ビニール，ガーデニング，旅行カバン，そして一番多かった建築を用いた比喩によって説明している」。レヴィンはさらに，「この著者では，専門用語の茂みから脱出し，明快な文章世界に入る道を社会科学者に示すことはできない」と結論づけた[158]。

たとえ好意的な書評であっても，ジャーナリスト的な手法については肯定していないものが多かった。『季刊 成人教育』に掲載された書評において，成人教育の実践者であるテネシー大学のスティーヴン・チャップマンは，『パッセージ』執筆にあたってシーヒーが集めた「山のような聞き取り調査の資料」や「印象的な」メモや包括的な引用文献を称賛した一方で，一般読者向けに書かれたがゆえに専門家にとっての価値は「限定的」であると，次のようにくぎを刺した。「内容は面白く勉強になる。シーヒーは，既存のモデル以上に徹底した発達モデルを構築した。しかし，一般向けの本である。成人の発達心理学研究における決定的な一里塚にはならない」[159]。

家庭・調停裁判所協会の機関誌『家庭裁判所評論』は，シーヒーの洞察力，分析，研究データを絶賛したあとにこき下ろした。「この研究の全体的な弱点は，彼女が書いたのが大衆的な本であるという点にある。厳格な研究の手順には従っていなかった。明確な仮説を立てず，操作的定義*4も前提も示さず，研究成果を体系的に提示せず，再現性がなく実証的にも一般化できない」[160]。

歴史家や社会学者は，科学とそれ以外の知識形態の違いを裏づける科学的な「境界線を引く作業」が，特定の見解や手法，個人，集団の正当性を否定し，科学の領域から排斥するために利用されてきたことを実証している[161]。しかし重要なのは，ジャーナリストは科学者や専門家に「なれなかった」のだと科学者たちから指摘されることではなく，このルポルタージュが社会科学として読まれ，たとえ欠陥があるという結論になったとしても，学術的基準で評価されたという事実である。科学的な線引きがなされたことは，シーヒーが学術的な思考に影響を与えたことを示している。「ポップ・サイエンス」作品である中年の危機は，ベストセラーリストから学問の世界へと進出した。『パッセージ』の成功後，複数の主だった専門家による独自の中年の危機関連書籍の出版が相次いだのである[162]。

＊4　実験や調査の操作の手続きによって，研究対象の概念を定義すること。

6 フェミニズムとナルシシズム

『パッセージ』は批評家から称賛を受け，幅広く読者を獲得し，社会科学者から注目を浴びて，広範で長期的なインパクトを残す一大センセーションを巻き起こした。フェミニストとしての知識を活かして幾多(あまた)の読者に人生のアドバイスを与え，学術研究や臨床の現場に着想を与えた。これを契機に無理な経営拡大に乗り出したとされる出版元のダットンにとって，シーヒーの成功は諸刃の剣だったが[163]，そのおかげで世界中で読まれることにもなった。28の言語に翻訳され，北米と西欧をはじめ，アジア，アフリカ，中南米，南太平洋諸国にも読者を広げ，「グローバル・ベストセラー」と称されるようになった[164]。

だとすると，一体なぜフェミニズムの中年の危機論は，今日ほぼ消滅してしまったのだろうか。数々の金字塔を打ち立てたシーヒーの作品は，万人受けする本ではなかった。女性運動反対派の社会批評家で歴史学者のクリストファー・ラッシュは，中年の危機を自己中心的な女性と怠惰な男性を苛(さいな)む「ナルシスト障害」であると一蹴した。ラッシュはそのヒット作『ナルシシズムの時代』(1979年，邦訳：1981年，ナツメ社)のなかで「内省を奨励している」とシーヒーを叱責した。「これは成長ではなく，計画的陳腐化のレシピである」[165](ラッシュは「社会的価値の変遷を扱った最も素晴らしい本」のコーナーで，自著のペーパーバック版が『パッセージ』と一緒に並んでいるのが気に食わなかったのだという)[166]。

シーヒーは丁重に返礼した。ラッシュは，1984年に出版した『ミニマルセルフ —— 生きにくい時代の精神的サバイバル』(邦訳：1986年，時事通信社)でナルシシズムに対するさらなる批判を展開し，加えてフェミニストの思考を自己陶酔的で見当違いだと揶揄したが，シーヒーはこの作品を嘲笑する書評を書いた。「ラッシュ氏は最近，穴蔵のなかから外に出ることはあるのだろうか。彼はメアリー・カニンガム（ウォール街の銀行家）を誘ってランチに行くべきだ。サリー・ライド（物理学者，宇宙飛行士）のことはご存知だろうか。ヘレン・カルディコット（医師，反核運動家）は？ ジェラルディン・フェラーロ（民主党の下院議員，初の女性副大統領候補）は？ 彼女たちはうるんだ瞳でプールサイドに立ち，水面に映る自分の姿にうっとりする空想家ではない」[167]。コロンビア大学の文学者キャロリン・ハイルブランは，「シーヒーとラッシュの対立」は，「逃げる女性と家族を守ろうと闘う者たち」との対立だったと述べている[168]。

心理学的な自己啓発や心理療法文化に対する批判は，トム・ウルフがニューヨーク誌で1976年に発表したエッセイのなかで，「ミー・デケイド（自己中心主義の10年）」と呼んだ1970年代後半の時期においては重要な風潮であり，フェミニストの主張をエゴイストで不道徳だと揶揄する場面では盛んに論じられた[169]。その後の数十年，心理学文化を批判する人たちは好んで『パッセージ』を名指しし，女性が固執する自己中心的な70年代の「時代精神」の典型的な表現だといってやり玉にあげた。こうしたことはむしろ，シーヒーが成功して強い影響力をもっていたことを示す。チャールズ・テイラーは『自我の源泉 —— 近代的アイデンティティの形成』（1989年，邦訳：2010年，名古屋大学出版会）のなかで，心理療法や社会科学を「共同体帰属や出産・婚姻・家族の連帯」の価値を貶（おとし）めるものと批判した際，「第一参考図書」は『パッセージ』であるとした[170]。

シーヒーによる中年の危機論に対する批判で最も影響力があったのは，心理学者，精神医学者，および精神分析学者によるものである。彼らは，中年期に生まれ変わり，自己を再発見するという概念を否定したわけではなく，理論を流用し変更したのである。『パッセージ』の成功はフェミニストの枠組みと社会科学との関わりによってもたらされたが，それは批判を招くもとともなった。シーヒーの成功を受け，エリクソンに学んだダニエル・レビンソンら心理学や精神医学の専門家たちは，シーヒーを排除するために「境界線を引く作業」を利用して自ら中年の危機の権威を名乗り，その意味を変えていったのである。

第 5 章
心理学から見た「男らしさ」の危機

1978年(『パッセージ』出版の翌々年)を，シーヒーは「男性の年」と呼んだ。学者で作家のジョーダン・ペシルがその理由を推察して，「社会の動きを巧みにつかむことを仕事にしているシーヒーだから，そう察知したのだろう」と評したことを，シーヒー自身も知っていたはずである。シーヒーは，ニューヨーク・タイムズ紙に書いた記事のなかで唐突に，「社会科学は男性にとりつかれている」と指摘し，自分はその傾向についてどうかと思っていると述べている。また，結局のところ，そうした傾向は「今に始まったことではないが，完全になくなるものでもない」とも述べた。ペシルは，その年に刊行された社会心理学者ダニエル・レビンソンによる男性の中年期の研究『ライフサイクルの心理学』(1992年，講談社学術文庫)を視野に入れつつ，次のように説明した。「シーヒーが『男性の年』という言葉に込めたのは，フェミニストたちの探究活動に始まり，女性の役割やライフサイクル，姿勢，欲求，欲求不満について分析した本が山ほど出たあとに，男性による揺り戻し*1の時機が来ているということだったのだろう」[1]。

シーヒーに対する反動は，3冊の心理学の本のかたちをとった。レビン

＊1　特にアンチ・フェミニズム的な反動のことを「バックラッシュ」と呼ぶ。

ソンの『ライフサイクルの心理学』(1977年)，ハーバード大学の男子卒業生の調査研究の結果を精神科医ジョージ・ヴァイラントがまとめた『人生への適応』(1977年)，精神科医で心理療法家のロジャー・グールドが結婚生活についてアドバイスする『変容：成人期の成長と変化』(1978年)である。現在，中年の危機という概念はこの3冊から始まったとされており，レビンソン，ヴァイラント，グールドの三人が，実際にはこれらの本を『パッセージ』への反論として書いたという事実は知られていない[2]。シーヒーは，彼らが前提としているエリクソン派の発達段階理論を批判したが，アイデンティティ理論の教祖(エリクソン)自身は反論を控えていた。しかし，その信奉者たちは反論した。彼らは，中年の危機とは「プレイボーイ誌のファンタジーの世界を反映したような中年期」という男性中心の定義を提唱し，「女性が自己実現と成功を目指す人生の転換期」というシーヒーのとらえ方を許さなかった。

中年の危機という言葉を男性中心の定義に引き戻すうえで，「大衆化」というとらえ方が大きな役割を演じた。レビンソン，ヴァイラント，グールドは，「専門的な」科学と「ポップな」科学の間に境界線を引いて区別することでシーヒーを退け，自分たちの優位性を主張しようとした[3]。この作戦は功を奏し，三人の専門家の本のほうが科学的だとされ，『パッセージ』の原典となる著作として読まれることによって注目を集めた。ペシルは，レビンソンの『ライフサイクルの心理学』は男性による揺り戻しであり，その裏にはジェンダーをめぐる闘いが存在していることに気づいた数少ない人間の一人だった。こうしてアンチ・フェミニズムが，科学として大手を振ってパレードに参加することが許されたのである。

1 プレイボーイの精神を分析する

ある批評家はこう批判した。「『パッセージ』が出版されて以来，少しまともな文章を書ける35歳から45歳までの人間の誰もが，中年の危機を自伝的に解釈した本を出せるようになったようだ」[4]。シーヒーの成功を受けて出版された，成人期に至る道を語る「一連の」本の中心的な存在が，精神分析の専門家であるヴァイラント，レビンソン，グールドによる3冊だった。シーヒーは『パッセージ』でこの三人の過去の研究を引用し，その教義となっているエリクソンの理論を批判していた。いま，彼らの報復が始まった。

最初に出版されたジョージ・ヴァイラントの『人生への適応』は，ボストンの有名出版社リトル・ブラウンから一般読者向けに発売された。その表紙には，科学における男性中心主義の権化とされているウィトルウィウス的人体図（訳注：レオナルド・ダ・ヴィンチが描いたとされる）があしらわれ，その政治的意図を隠そうともしなかった。この本は，ハーバード大学の男子卒業生を長期にわたって追跡調査した結果に基づくもので，1930年代後半に設立された成人の社会的適応に関する「グラント研究」と呼ばれる縦断研究*2の結果の一部だった。最初は生理学的な男らしさの調査として始まったこの研究は，最初に研究資金を提供した，安売り量販店チェーン「W・T・グラント」の創設者ウィリアム・T・グラントにちなんで名づけられた。

ハーバード大学の学生の健康に関する調査研究であるグラント研究は，19世紀後半から1970年代にかけて，アメリカのエリート養成機関（アイ

＊2　同一の対象者を長期にわたって継続的に観察・測定することによって，変化や発達の原因を探る研究法。

ビー・リーグと呼ばれる名門大学では男性を対象とし，セブン・シスターズと呼ばれる名門女子大学では女性を対象とした）の多くで実施されたごく普通の健康管理活動だった[5]。医師のアーリー・ボックが率いたハーバードの研究データは，全裸で直立した学生を前面，背面，側面から撮影した「全身写真」を含む身体データを幅広く収集し，あらゆる側面から健康状態を評価した。対象者が全員男性だったこの研究では，学生は「男らしさ」の度合いによって，たくましければたくましいほど健康的であるととらえられた[6]。体力で選ばれた268名の学生のなかには，のちの大統領ジョン・F・ケネディや連続爆破犯「ユナボマー」ことテッド・カジンスキー受刑者もいた。のちに作家となるノーマン・メイラーと指揮者・作曲家になるレナード・バーンスタインも応募していたが，選ばれなかった[7]。

この調査研究は当初5年間のプロジェクトとして計画されていた。ところが，研究者たちは6年目以降も数年から数十年にわたってさまざまな提供者から研究資金の援助を受け，男子卒業生のデータは一連のアンケートや時折の個人面接を通じて収集され続けた。1972年にヴァイラントが主任研究者になると，研究はそれ以降も続けられた[8]。

グラント研究はもともと縦断研究として始まったのではない。ましてや，中年の危機につながる調査でないことは確かである。だが，研究はその見通しを変え，アンケートの内容と解釈を国内政治の変化や新たな後援者の意向に沿わせることによって，1970年代まで続いていた。第二次世界大戦時には，この研究をもとに将校の選考基準を特定した[9]。1955年にたばこ会社から助成金を受けると，調査内容に男性の喫煙習慣に関する詳細な質問が加わった。「1日に吸うたばこの本数は何本ですか。パイプならば何度吸いますか。葉巻ならば何本ですか。たばこの種類と銘柄は何ですか。どのように吸いますか」などだ。回答は「ほんの数回ふかすだけ。半分ぐらいまで吸う。2/3吸う。ほぼ1本吸う」のなかから選ぶようになっていた[10]。

1960年代後半，社会科学におけるデータ管理の「短い黄金期」に，当時の主任研究者で心理学者のチャールズ・マッカーサーは，対象者1名あたり5000件を超えるデータをコード化しようと，IBMのパンチカードシステムを導入した[11]。調査データの管理とアクセスを容易にする方法を考え抜いた結果，パンチとコーディングを使った分析データは何倍にも増えた。たとえば，政治的志向と甘いもの好きの傾向など，マッカーサー自身が「明らかに無関係な項目」と呼んだものの相関関係を探ると，「共和党員はキャンディをほとんど，またはまったく食べない」といった結果が出た[12]。

だが，資金提供者たちは，こうした分析手法に納得しなかった。マッカーサーは非生産的だと非難された。非難を後押ししたのは，「方法論がよく練られておらず，同じような内容の研究についてよく理解していない」と指摘した，発達心理学者のジェローム・ケーガンやライフコース社会学者のオーヴィル・ブリム，ジョン・クラウセンという著名な仲間による評価だった[13]。気分を害したマッカーサーは辞任し，グラント研究はヴァイラントに引き継がれた。ウィリアム・T・グラント財団は，ヴァイラントの精神分析的な構想に不安を覚えたが，「できれば商業出版社と組んで研究結果を本にまとめ，研究（とその後援者の名前）をかたちに残す」ことを条件に，資金提供を継続した[14]。

『人生への適応』は，当時40代半ばにさしかかっていた，グラント研究の対象者から無作為に選ばれた94名の自由回答形式の面接の内容に基づいて書かれた。それは，アンナ・フロイトが1930年代に発展させた昇華，投影，抑圧などの「自我の防衛機制」*3の理論を実証的に示した労作だった。そしてこのテーマに関する論文で，ヴァイラントはボストン精神分析学会の年次賞を受賞している[15]。自我防衛という全体的なテーマに付随す

*3　精神的安定を保つための無意識に作用する心理的メカニズム。

るかたちで書かれた,中年期に関する章「成人のライフサイクル」でヴァイラントは,エリクソンの「人間の8つの発達段階」とC・G・ユングとレビンソンの論文に基づき,ハーバード卒業生の「中年の危機」は不適応の兆候ではなく,重要な発達段階であると主張した[16]。

ダニエル・レビンソンは,キャリア・プラトー*4に関する彼の研究プロジェクト「男性の中年期10年の心理社会的研究」についてシーヒーが記事にした直後の1974年に,大手出版社クノッフと出版契約を結んだ。クノッフの編集者チャールズ・エリオットが「ニューヨーク誌の(シーヒーの)記事は,大部分が(レビンソンの)研究に基づいている」と指摘し,レビンソンと連絡をとったのである[17]。

1968年後半に始まった「男性の中年期」プロジェクトは,レビンソンの以前の研究を発展させたものだった。心理学者として訓練を受けたレビンソンは,エリクソンの門下生(ベティ・フリーダンも1942年から43年にかけて,カリフォルニア大学バークレー校大学院でエリクソンの指導を受けている)だった。レビンソンは,テオドール・アドルノの代表的著作『権威主義的パーソナリティ』(1950年)のために調査を行ったことで知られる「バークレー世論研究グループ」の一員であり,その研究活動(1944~47年)の一環として博士論文を執筆した。このグループでレビンソンは心理学的尺度分析,投影法による分析,統計的な分析計画と統計処理を担当し,アドルノの研究に貢献した[18]。「同調」に対する批判は,アメリカの社会科学における権威主義研究にとって,過去の遺産であると同時に新たな研究の出発点として依然として重要だったのである*5。レビンソンはその後,組織心理学に焦点を移し,最初はハーバード大学で,1966年以降はイェール大学で研究を続けた[19]。

エリクソンを記述し,ユングを借用するレビンソンは,ヴァイラントとは組織心理学でよく用いられる心理力動的な視点を共有していた[20]。レビンソンの主な関心は組織心理学の典型的研究対象である管理職，特にキャリア形成の問題にあり，その研究からは『エグゼクティブの役割の配置』（1965年）や『指導的立場になる：個人的・職業的発達の一段階としての昇進』などの出版物が生まれた[21]。

「男性の中年期」の研究では，レビンソンとその研究チーム──心理学者のマリア・ヘルツ・レビンソン（当時の妻）とエドワード・クライン，精神科医のブラクストン・マッキー，社会学者のシャーロット・ダロウを主要メンバーとする──は，プロジェクト開始当時35～45歳の間にあった40名の男性の人生を研究対象とした。対象者全員がアメリカ生まれで，ボストンとニューヨークの間のどこかに生活拠点を置いていた[22]。職業はさまざまで，10名がコネチカット州を拠点（当時）とする兵器メーカーのオリン・コーポレーションと電子機器メーカーGSI コーポレーションの幹部，10名はこの2社の社員，10名が生物学者（主にイェール大学在籍），10名が小説家だった[23]。大部分が白人だったが，黒人の対象者も5名存在し，うち3名が社員で2名が小説家だった。

対象者は1968年の秋から1969年の春にかけて数回面接を受け，1970年代初頭に追跡調査としてもう一度面接が行われた。さらに，クノッフから出版される本の準備用に，ジャーナリストのジャック・シェファードが，1976年に再び対象者に面接形式の取材を行った[24]。本のなかでは，実例を補完するために伝記に描かれた偉人や創作上の男性登場人物の生涯もつけ加えられた。そのなかにはダンテやシェイクスピア，聖書に登場するユダヤ人の先祖アブラハム，マハトマ・ガンジー，ポール・ゴーギャン，リア

＊4　昇進や能力の停滞状態。

＊5　ナチス・ドイツを逃れてアメリカに亡命したユダヤ系心理学者アドルノは，人間の権威主義的パーソナリティ（強者に従順で弱者に強圧的な心理的傾向）こそが，ファシズムを無批判に受け入れ，順応する「同調」につながったと分析した。

王，ウィリー・ローマン（アーサー・ミラーの戯曲『セールスマンの死』の主人公，1949年初演）らが含まれている[25]。

レビンソンとそのチームは，「中年期の10年」は変化の時期で，男性はその期間に生まれ変わるとした。『ライフサイクルの心理学』の主要な事例研究の対象者「ジム・トレイシー」は，オリン社の銃火器部門の副社長兼ゼネラルマネージャーだった。一連の性的逸脱のあと，彼は妻と離婚して若い女性と再婚，その後，会社を辞めて事業を始めた[26]。レビンソンは，そのような「中年の危機」もしくは「中年期の人生の転換」は男性のライフサイクルにおける普遍的な特徴であると考えていた。男性のライフサイクルについて，彼はこう述べている。「（それは）人類全体を通じてあらゆる社会に存在する。……男性の本質に根差しているからだ」。しかし，心理学者はこの概念からあることを除外していた。レビンソンは，女性を研究していなかったのである。40名の男性の妻に，「夫についてさらなる視点を得るために」面接しただけだった[27]。

三人の専門家による本のうち，最後にサイモン＆シュスター社から出版されたのが，ロジャー・グールドの『変容：成人期の成長と変化』（1978年）だった。シーヒーを盗作で訴えてから4年後，グールドは中年の危機に対して再び精神科医としての立場から主張した[28]。グールドはヴァイラントもレビンソンも引用しなかったが，その著書は彼らと同様，フロイト，ユング，エリクソンの流れを汲む心理力動理論を土台に組み立てられていた。夫婦間の問題を克服するための「7段階の内なる対話」を紹介した自己啓発書『変容』は，グールド自身がカリフォルニア州サンタモニカで行っていた心理療法家としての経験に基づいている。レビンソンの『ライフサイクルの心理学』も，ヴァイラントの『人生への適応』も，主に男性について語っていたが，グールドの『変容』は人間関係，母性，職業上のキャリア，女性の解放を論じる際には，女性の事例研究も取り入れた。ただし，

『変容』も，ほかの2冊と同様，「中年の危機」に関しては男性のみを対象としていた。

三人の専門家は精神分析に関しては似たような経歴をもっていたため，『パッセージ』への反応としての「中年の危機」の定義も似たものとなった。それは男性にのみ適用され，男性が稼ぎ手という役割への服従から抜け出すことを意味した。レビンソン，ヴァイラント，グールドは，アメリカの戦後の社会科学の根底にある「グレーのフランネルのスーツ」に縛られて退屈な生活を送る一家の稼ぎ手への批判と，男性の中年期を「人生の最盛期」とする広く認められた概念を織り交ぜた[29]。周囲に合わせる他者指向型の性格と男性を稼ぎ手とする家族への批判は二つの方向に分かれ，男性は父性を新たに認識するか，プレイボーイのライフスタイルに逃げ込むかのどちらかとなる可能性がある。スローン・ウィルソンの小説『グレーのフランネルのスーツを着た男』(1955年)の主人公トム・ラースは，妻に以前不倫をしたことを告白し，自身の父親としての役割を確認することで，己の誠実さを取り戻す[30]。シーヒーが定義する男性の中年の危機も，これと似ている。それまでの仕事に幻滅した男性はその関心の対象を料理，園芸，子育てに移行し，妻のキャリアをサポートするのである。

それに対して，レビンソン，ヴァイラント，グールドの一夫一婦制からの離脱の描き方は，ヒュー・ヘフナーが創刊したプレイボーイ誌に登場するような話の繰り返しだ。ヘフナーの成功は，はつらつとした男らしさの概念を戦後の消費主義に適合させたことにあった[31]。ヴァイラントのグラント研究のある男性対象者は，「エキサイティングな」恋愛のかたちで自分の内なる「ブラジルのジャングルをようやく浮かび上がらせることができた」と語った。別の対象者は「人に見せびらかせるような派手な家」——古典的なプレイボーイの象徴——を「恥ずかしげもなく」建てたという。三人目のハーバード卒業生は，グレート・バリア・リーフでスキューバダイビングをして,「オーストラリアで最も難易度の高いサーフィンビーチを攻略した」あと,親しい友人と一緒に「アマゾンのジャングルの奥地を,最も官能的な蘭の花の新種を求めて探検した」そうだ[32]。

レビンソンの『ライフサイクルの心理学』に登場する企業幹部も,同じように探検家神話と経済感覚を組み合わせて,カリブ海の島を購入し,「島に家をもつというファンタジーの実現だけでなく,(海外)投資の対象としても意味がある」と述べている[33]。一方,グールドは,男性にとって中年期は,「この家族以外に自分の人生はない」という前提に疑問を投げかける時期だと説明した。変化への欲求が「あまりにも強烈なため,我々の多くは(結婚)関係の維持につぎ込んだ15~25年の投資を忘れてしまう」[34]。

ヘフナーの雑誌は1970年代には新鮮味を失っていったようだが,そのアイデアはほかの場所で引き継がれていた[35]。プレイボーイのイメージは必ずしも現実である必要はなかった。それは,味気ない生活を送る一家の稼ぎ手たちの夢でもあった。「ステーションワゴンの代わりに高速のスポーツカーに乗りたい」「郊外の質素な戸建ての代わりに都会の超高層ビルのペントハウスに住みたい」「グレーのフランネルの代わりにエレガントなシルクを着たい」「妻の代わりに若くて可愛い女の子と恋をしたい」[36]。この男性の「一人二役」願望に沿って,レビンソン,ヴァイラント,グールドの中年の危機の定義は,稼ぎ手役とプレイボーイ役の組み合わせを提唱することになった。生涯を通じて続く関係と同時に,一夫一婦制から外れた関係の両方を。

2 「第二の青年期」の不都合な真実

「青年期」は，精神分析家が中年の危機をたとえる際によく使う比喩である。中年期に入って「第二の」もしくは「遅れてきた」青春時代が訪れ，「急に性的に活発になる」(レビンソン)ことをいう。男性は再び，「自分の新たな性的欲望と身体の変化に対処する方法を考えなければならない」(グールド)[37]。ヴァイラントは『人生への適応』で，かつてエリオット・ジャックスが立てた仮説「中年期の諸問題は死への恐怖から生じる」に異議を唱え，「中年期は新しい人生を始める時期である」とした。

ヴァイラントは，ハーバードでの研究テーマについて，次のように記している。「対象者たちは，25歳から35歳までは一生懸命働き，キャリアを固め，核家族での生活に専念する傾向があった。……自分にふさわしい女性と結婚したのかどうか疑問をもったり，ほかのキャリアを夢見たりせず，赤ん坊のおむつを交換し，周囲に合わせてきた」[38]。思春期の前に潜伏期があるというフロイトの考えを参考に，ヴァイラントは男性の30代を「真面目で，実務的で，性と無縁な」段階，40代を「抑制できなくなる」段階と表現した。「40代の男性は……再び本能の目覚めに直面し……青年期のように愛を模索し始める」[39]。

心理学者G・スタンレー・ホールの定義によれば，青年期には「野蛮で」大胆で攻撃的な男らしさが「反復的に発生する」という。「第二の青年期」という比喩と発達の概念は，より一般的な言葉で表すなら，統合性を求めて夫の座と父親の座から逸脱するということになる[40]。10代の若者の家出と同様，中年の危機は結婚という領域に破綻をきたす。ヴァイラントは，ハーバード大学卒業生の中年の医師「アダム・カーソン」とその人間関係における視点の変化について次のように述べている。この「魅力的な臨床医」

は,『人生への適応』における中年の危機の主要な研究事例だった。カーソンは26歳のときに，グラント研究の研究者に次のように語っていた。「私は結婚生活を何よりも大切にしていて，そこからとてつもない幸せを得ています」。

しかし,ヴァイラントが47歳のカーソンに当時の結婚生活を振り返るようにうながすと(「これは私が尋ねる最も難しい質問です。あなたはあの頃の奥さんについて説明できますか。奥さんについて不安だったことは何ですか」)，当時の妻と離婚し，現在は再婚相手と暮らしている臨床医は思い起こした。「妻をガラガラヘビのようだと感じていました。何かひどく恐ろしいことをするのではないかと」。ヴァイラントが説明するように，カーソンの前妻は「未熟な26歳の若者だった彼にはふさわしく」，その出世にも役立ったが，中年になった彼には「禁欲的」で「平凡」すぎる存在となったのである[41]。

レビンソンが以前書いた論文の一部に基づくヴァイラントの描写は，レビンソンの観察をたどり，裏づけた[42]。レビンソンは，男性は中年期の悟りの結果として，妻から遠ざかることがあると説明していた。「多くの男性は，30代後半から40代前半にかけて，以前は気づかないふりをしていた夫婦間の問題を真剣に考えるようになる」とレビンソンは書いている。「なかには，自分の結婚には初めから欠陥があったと認識する男性もいる」。その男性は家族の圧力やしきたり，反抗心，社会的地位，罪悪感ゆえに結婚した可能性がある。そして，「いまや幻想の大きな霧が取り除かれ」，妻との間に「何のワクワク感もなければ」「興味や関心を共有することもできない」か，妻が結婚生活に「失望」し，「憤慨している」ことに気づくのである[43]。

ヴァイラントとレビンソンが描いた自己実現のプロセスは，エリク・エリクソンの「男性の８つの発達段階」のジェンダー力学にならったもので

psychology today JANUARY 1978

What does it mean to be an adult? What are the root issues of adult life—the essential problems and satisfactions, the sources of disappointment, grief, and fulfillment? Is there an underlying order in the progression of our lives over the adult years, as there is in childhood and adolescence?

To answer these questions, a team of researchers led by psychologist Daniel J. Levinson began a study several years ago of 40 men between the ages of 35 and 45. At the time, there was comparatively little interest in adult development, a curious neglect that Levinson attributes to the dread of middle age in America. Levinson was a specialist in individual and organizational development, who was best known up to then for his work on authoritarianism and on mental hospitals. He was then 46 years old and wanted to understand what he himself had gone through in the transition to middle age. More and more, he discovered that the study of adult development, which draws its earliest inspiration from the work of Jung and Erikson, was becoming a new frontier in psychology.

In September, Psychology Today reported the results of a lifetime study of Harvard graduates from the 1940s ("The Climb to Maturity: How the Best and Brightest Came of Age," by George E. Vaillant). Levinson's work, The Seasons of a Man's Life, will be published in March by Knopf. It provides not only another view of male development, but also a new vocabulary to describe its features.

Levinson's team reconstructed the lives of their 40 subjects largely through intensive interviews. The team included Levinson; his wife, Maria H. Levinson, also a psychologist; Charlotte N. Darrow, a sociologist; Edward B. Klein, a psychologist; and Braxton McKee, a psychoanalyst. Each of the men was seen in 1969 and 1970 for a total of 10 to 20 hours, over a period of a few months. Most of the men were visited again a year or two later; their wives were also interviewed. The researchers then wrote a biography of each man from roughly 300 pages of tape transcripts. They also studied the biographies of great men such as Dante, Luther, and Gandhi, as well as memorable characters from novels and plays, comparing their development with that of their study subjects. Finally, they digested their material in ... among themselves and in a four-year seminar of ... faculty members from various behavioral disciplines. ... their deliberations, Levinson and his colleagues ... to identify a number of "eras" in the male life ... Each era, lasting about 25 years, contains a series of ... periods (see chart on page 31) defined by the develop... tasks an individual must perform at this time in the ... Although Levinson was most interested when he ... the midlife decade (35 to 45), he discovered that a ... in this period depends heavily on how he mas... tasks of the previous "novice phase." The novice ... a crucial stretch that starts at about 17 and lasts ... 16 years, during which men typically choose their ... and form unique attachments to men and ... outside their families, and complete their entry into ... adulthood. What governs these choices and relation... and how they may affect a young man's future, is ex... below in a portion from Levinson's study.

GROWING UP WITH THE DREAM

By Daniel J. Levinson

...ween the ages of 17 and 33, a young ... goes through what a Yale ...chologist calls the novice phase of ... He faces four main tasks: (1) to ...fine his dream of adult ...complishment; (2) to find a mentor to ...ide him; (3) to develop a vocation; ... (4) to open himself to new intimate ...lationships. Here's a report on how ...me succeed and others fail to meet ...ese challenges.

In everyday language, we speak of someone "succeeding beyond his wildest dreams" or "dreaming of a world he could never attain." We use the word "dream" here in a special sense; it refers neither to what we do during sleep nor to casual daydreams. From our study of the lives of 40 men—biologists, novelists, executives, working men—we have concluded that many young men have a Dream (we will use the capital to emphasize our specific use of the word) of the kind of life they want to lead as adults. The Dream in its primordial form is a vague sense of self-in-the-adult-world. It has the quality of a vision, an imagined possibility that generates excitement and vitality. The meaning is the one Delmore Schwartz intended with the title of his book of poetry In Dreams Begin Responsibilities.

The fate of the Dream has fundamental consequences for a man's life. A few men by their early 40s have achieved all or most of what they had set out to do; they feel that they have truly succeeded and are assured of a happy future. Others find themselves seriously disappointed and unable to avoid the conclusion that the satisfactions and peace of mind they

図5-1　夢，メンター（経験ある信頼すべき助言者），キャリア（業績），さらに家族。心理学者のダニエル・レビンソンは，中年期の男性のライフコースは，20代と30代でこれらの要素をどのように積み重ねてきたかにかかっているとしている。イラストは，サイコロジー・トゥデイ誌1978年1月号に掲載された『ライフサイクルの心理学』の抜粋記事のために描かれたもの。©Richard Grote

ある。エリクソンは男性の成長と発達に焦点をあて，女性にはその配偶者としての役割しか与えなかった。レビンソンは，20代から30代前半の男性が発展的な仕事をするには結婚が重要だと強調した。組織心理学者として以前からキャリア形成を研究してきたレビンソンだったが，『ライフサイクルの心理学』は「親密な関係」に注目したことで，それまでの研究とは異なるものになった[44]。

レビンソンは，「特別な女性」という言葉を使って，夫の仕事が発展するのを促進し，レビンソン流に言えば夫の「夢」をかなえようとする，献身的な専業主婦の妻（兼母親）を説明しようとした。特別な女性の「特別な」資質は，「若い男性（夫）の夢とつながることにあり」，妻のアイデンティティは「夫のアイデンティティの影響を大きく受けており，それを補うものである。このため，夫の夢は妻の関心を明らかにし，追求するための手段としても機能する」。妻は夫を「ヒーロー」と信じ，夫が目標を立てて実現するのを手伝い，夫が志を抱き，希望を育むことができる「境界空間」をつくり出す。心理学的なレベルでは，「特別な女性」とは，男性が「自分の無意識のなかにある女性像を投影する」ことが可能な女性ということになる。これは，ユングが「アニマ」と呼んだ概念である[45]。

「特別な女性」とは「主に妻と母親の両方の役割をもつ女性」のことだった。その女性が職業に就いている場合，「夫となる人を探している」か，教育や看護などの「適度に母性的であり，人の上に立たず，男性と競争することもない」仕事をしている未婚女性とした。レビンソンは，男性の職業上の成功や人としての成長には男女の領域分離（夫が稼ぎ，妻が家庭を守ること）が重要だと主張し，「特別な女性」を，キャリアにこだわるあまり結婚に「激しい不満と葛藤」を抱いている「解放された女性」と比較して，後者は自然に反していると述べた。「一人の夢を中心として生活構造を形成することでもかなり難しい。ましてや，パートナーと二人の夢をかなえるような生活構造を構築することは，よほどの蛮勇をもち合わせていないかぎり無理である。我々は進化的にも歴史的にも準備不足だ」[46]。

レビンソンは，完璧な妻は母親のような関わり方をするものだと主張した。「母性的で思いやりがある」女性は，「夫が物事を成し遂げるのを容易にする」というのである[47]。レビンソンは，イギリスの精神分析家ドナルド・ウィニコットの「ほどよい母親」*6の定義に基づいて，「ほどよい妻」と夫の関係を母と子の関係になぞらえた[48]。男の子の母親がそうであるように，「特別な女性」も男性にとって「（発達の）移行期の人物」である。「成人期の初期に，男性は自分のなかの小さな男の子を超えて，自律的な大人になろうと苦闘する。特別な女性は男性に，大人としての希望を育ませることができる。その後，中年への移行期で，男性はより個性を確立する必要が出てくる。さらなる成長によって男性が自己を完成させると，特別な女性をほとんど必要としなくなる」[49]。

かくして男性の中年の危機は，妻を捨てる正当な理由となった。レビンソンが初期の論文で「息子と母親のような関係から完全に自由になる」と述べたように，第二の青年期のたとえは結婚生活からの脱却をクリーンなイメージにするために利用された[50]。中年期の男性にとって妻は，自身が20代から30代前半だった時代ほど「必要でもなければ望ましくもない」存在となる。専業主婦の妻の内助の功のおかげで築き上げることができた仕事の業績も，世間に認められた40歳の男性にとって優先事項ではなくなった。中年期になってみれば，妻の「特別な」資質は夫の目には「過度なコントロールであり，息苦しく，自分の自由を奪う屈辱的なもの」と映るようになる[51]。そしてウィニコットが述べているように，子どもは母親に対して負うべき義務はない——母親とはもともと「献身的な」ものだからだ。レビンソンに言わせれば，夫には妻に対して負うべき義務はないということになる[52]。しがらみが存在しなければ，夫はずっと望んでいた人生を自由に生きることができる。

レビンソンは，ヘフナーがプレイボーイ誌で「隣の女の子（ガール・ネクスト・ドア）」と名づけたような若い女性とつき合うメリットを強調した[53]（レビンソンは，男性と若い愛人との理想的な年齢差を10歳としたが，グールドは10歳差では世代間ギャップが生じるとしている）[54]。愛人の特徴

＊6　完璧な母親による完璧な育児でなく、普通の「ほどよい母親（good enough mother）」によるほどほどの子育てを指す。

のいくつかは，中年の妻と比較することで定義された —— 若い女性は「理解があり，何かを共有しやすく，肉感的で刺激がある」。さらには，男性を「より人間らしく」感じさせてくれる[55]。

ユングの理論には，集合的無意識を形成する象徴的なイメージである，「元型」としての女らしさと男らしさの概念が存在する。それゆえ，ユング理論はアンチ・フェミニスト思想の中心となり，ジェンダーの両極性を強調することによって従来の男らしさの概念を強化するために使われてきた[56]。レビンソンは再び，ユングの精神的両極性の概念を利用して，異世代間の恋愛の心理力動的な妥当性を強調した。「我々は発達の観点から婚外関係を見る必要がある。それは，一人の男性のなかの老いと若さの対立を反映している。彼は，自分の若さが押しつぶされるのを恐れながら，若々しい生命力を主張している。……一方で，さまざまな年齢の女性と新しい関係を探求することによって，彼は自分や相手のなかに存在する女性性に気づき，男性性と女性性の対立を解消できる可能性がある」[57]。

中年期の離脱は，男性の現在の人間関係からだけでなく，結婚制度からの離脱となる場合がほとんどである。将来の約束のない，形式にとらわれない親密な関係を結ぶのは，若い女性との婚外関係の主な特徴である。男性の成功の勲章である若い愛人は，集合名詞で語られる。つまり，女性は「新たに加わった被征服者であり，入れ代わり立ち代わり供給される，匿名の存在」であり，すぐにいなくなるというのだ。あるいは，グラント研究の対象者の一人のように「数週間海外に遊びにいったつもりが，現地の女性との関係にのめり込んだ」事例もある[58]。

『ライフサイクルの心理学』に登場した企業幹部トレイシーは，最初は一人だったが，一気に数えきれないほどの女性と関係をもつようになり，息をつく暇もなくあらゆる情事に飛びつくようになった。「最初の女性とは行きずりの関係ではなかったので，夢中になりました。でも，彼女のことを愛していたとは言えません。それほど強い思いをもっていませんでしたが，性的欲求を抑えられなかったのです。その後の女性たちとは行き当たりばったりの衝動的な関係もあればそうでない関係もありました。どれも河原に無数にある小石を拾うようなものでした」[59]。

「選択肢の吟味」という意味では，レビンソンは離婚と再婚に関しては明言を避けていた。代わりに，「ほかの」女性（あるいは女性たち）を妻の隣に並べて取っておくように，と漠然としたアドバイスを行った[60]。夫婦円満を精神的な健康の指標としていたヴァイラントは，この従来のフロイト的な知恵を性的満足から切り離した。ヴァイラントは，「楽しい出来事（アフェア）（訳注：情事（アフェア）と掛けている）」があれば結婚生活は安定するので，婚外性交渉の解放は結婚にメリットをもたらすと主張した[61]。これは当時の心理学の通説であった。

心理療法家のO・スパージョン・イングリッシュが1967年に古典的な論文「婚外関係」で説明したように，婚外交渉は心の奥深くの個人的な欲求を満たすものだった[62]。1970年代に人類学者の夫婦エリザベス・ニーナ・オニールとジョージ・オニールが広めた「オープンマリッジ」も，一夫一婦制にとらわれない結婚の概念を提唱した[63]。しかし，夫婦間のニーズや期待に関する「オープン」で自由で明快なコミュニケーションを重視したオニール夫妻とは対照的に，男性の中年の危機論者たちは，男性は相手のどの女性とも関係のあり方について取り決める必要はないと考えていた。

『ライフサイクルの心理学』を読んだある女子学生は，若い女性に対するレビンソンの考えを問いただそうとして，「ハラスメントに関する項はどこにあるのか」と本に書き込んだ[64]。ヴァイラントは，性的逸脱が結婚の安定と相関関係にあるのは男性の場合だけで，女性にはあてはまらないとしていた。つまり，健康な結婚生活では，夫は数多くの婚外交渉を楽しみ，妻は「平然と黙認」せざるを得ず，不健康な結婚生活では，性欲の低い夫が妻の婚外交渉を容認するというのである[65]。

シーヒーは，『パッセージ』のなかでヴァイラント，レビンソン，グールドらの考えに反論している。レビンソンが専業主婦の妻を「特別な女性」と表現したことに対抗して，シーヒーは女性自身の発達するニーズに目を向けた。シーヒーが以前，レビンソンと研究に関する議論をしていたときに，男女の関係が永続的なものであり，それが女性の発達を促進する場合にのみ，男性の発達も促進するという効果を述べたところ，レビンソンは「もちろんそうだ」となにげなく同意したことがあった。シーヒーは，「その『もちろん』は，きっと人類の進化における最大の『もちろん』の一つですね」と応じた。もし女性にも妻がいて，自分の代わりに家を守り，子どもの世話をし，車を修理に出し，塗装工とやり合い，スーパーマーケットに駆け込み，銀行の残高を確認し，みんなの問題に耳を傾け，ディナー・パーティーの料理をつくり，「毎晩心豊かに過ごさせて」くれるとしたら，どうなるだろう。「どれほど可能性が広がるか想像してみてほしい」。本を書き，起業し，教授や議員，官僚になる女性が大勢出てくるはずである[66]。

シーヒーに言わせれば，三人の精神分析家が健康的な行動として描写していたのは，身体の老化に対する男性のパニック反応だった。スポーツカー業界の大物で，悪名高いプレイボーイのジョン・デロリアンの伝記には，この人物のパニック反応がはっきりと描かれている。デロリアンはシーヒーのインタビューに実名で登場することを許可した一人で，1960年代から1970年代半ばにかけてたびたび全国ニュースをにぎわせた。

当時，デロリアンはゼネラルモーターズを離れ，二度目の離婚をして三回目の結婚をし，顔の整形手術を受け，自身の会社デロリアン・モーター・カンパニー（略してDMC）を設立した。デロリアンの伝記を書いた作家の一人の言葉を借りれば，彼は「（男性の）夢を現実のものとした」。その人生は男性誌から抜け出してきたようで，1974年にはプレイボーイ・プレス社が伝記を出版する契約交渉を行ったほどである[67]。しかし，デロリアンはシーヒーが行ったインタビューで，自身の中年の危機を認めることはなかった。認めれば，「男らしさの神話そのものが破壊されてしまう」からである。代わりに，デロリアンは自身の加齢を思い出させるものをすべて追放した。「脂肪，同い年の妻，たるんだ顔と白髪交じりの髪。デロリアンは魔法の杖をもった魔術師のように，顔も体も妻も変えてしまった。……それは25歳の男性が見る夢のようだった」[68]。

シーヒーは精神分析家のジャッド・マーマーにならって，若い女性との「性的逸脱」を「過剰補償による否認」と分類した。これは，精神障害に顕著に見られる，ヴァイラントの「自我の防衛機制」の階層のなかで最も低い病理学的レベルである（ヴァイラントのグラント研究の対象者にはほかにも多くの不倫をしている男性がいたが，ヴァイラントが主張するように，鎮静剤への依存を認めることができないビジネスマン1名を除いて，精神障害が関係している否認の事例はなかった）[69]。シーヒーは「証となる女性」という用語を導入し，中年男性にとって有益な役割を果たす，パートナーの若い女性の視点を取り入れた。「証（testimonial）という言葉の語源は精巣（testis，複数形はtestes）だと，どこかで読んだことがある。ある先住民の部族の男性が同じ部族の男性に出会うと，挨拶として相手の睾丸を握るとあった。それは『男らしさの証拠』であり，『握手』の原型にもなっている。この話が真実かどうかにかかわらず，『証となる女性』は同じような奉仕をする。女性は男性の男らしさを強化する」[70]。

レビンソン，ヴァイラント，グールドはシーヒーには反論したが，彼らの女性運動に対する反応は一般的なものだった。彼らにとって若い女性に対する幻想――最初の妻であろうと愛人であろうと――が理想的な女性を象徴しているとすれば，中年の妻はフェミニストと対立する立場を表していた。彼女は，男性の中年の危機の物語の主な受けとめ手だったのである。

3 男性心理学者たちのたくらみ

レビンソンが望んでいたのは「人の生涯について男性読者に語りかける」ことだったが，男性の中年の危機は多くの点で女性にとっても大きな問題だった[71]。夫婦になって15〜20年の間，ある程度満足しながら平穏に暮らしてきたあと，突然夫が変わり始めたとしたら，妻はどう思うだろうか。マッコールズ誌の寄稿者で科学記者のマギー・スカーフが，ダニエル・レビンソンの妻で『ライフサイクルの心理学』プロジェクトの共同研究者であるマリア・レビンソンに，中年の危機に陥っている夫をもつ妻へのアドバイスを求めたところ，彼女は口がきけないほど驚いた様子だったという。最初は曖昧な答えしか戻ってこなかったが，ジャーナリストはさらに食い下がった。「仮に，夫が不安と苦悩の時期を迎えたら，妻にそのことについて話すでしょうか。あるいは，夫の自分自身への不満が妻への不満と関係があるとしたら ―― 夫は自分の問題について話す『ほかの』女性を見つけるのでしょうか」。ジャーナリストがそう尋ねると，マリアは「ためらいがちに私を見た。そのグレーの眼は大きく見開かれていた。『まあ，もしそうなら，私なら言います』 ―― マリアは素早くまばたきを繰り返した ―― 『私なら言いますね……それは残念だわ，と』」[72]。数年後，レビンソン夫妻は離婚し，ダニエル・レビンソンは若い女性と再婚した[73]。

『ライフサイクルの心理学』には，夫の中年の危機が妻に与える影響について，間接的に答えている箇所がある。それは，夫が「自律性を高め，親密さを分かち合う必要性」を妻の多くが十分に理解しておらず，それどころか「破壊をもたらす魔女か自己中心的なあばずれ女のように，強みも弱みも駆使して夫を制御し，夫が本当になりたいものになるのを阻もうとする」と嘆いている場面だった。妻は，夫が通常の発達段階にあり，「通常の中年期の課題に取り組んでいる」ことを認識する必要があると，レビンソンはうながしている。中年期の動揺は発達過程の一段階であり，ウイルス感染のように治療したり予防したりしなければならないものではない。「動揺の原因は，人生を向上させたいという願望ではなく，男性がこの目的を追求するうえでの障害にある」[74]というのである。

3冊のなかで最も女性読者を意識して書かれたグールドの『変容』は，40代の男性が経験する「婚外交渉への抗いがたい力」について詳細に解説している。「娘やその友達の丸みを帯びた身体を見つめないように，また妻がそれを知ることのないようにできるかぎりのことをしている。息子のガールフレンドもひどく魅力的で，時折夢想にふけることがある」。ほかに，女性の魅力(男性の魅力にはまったく触れていない)や若い男性についても言及しているが，ほんの申し訳程度だ。この本の女性に関する最大のテーマは，夫の婚外交渉に起因する妻の苦悩で，これはグールドが妻に対する忠誠心というものを軽んじて対処した問題である。グールドは一夫一婦制を宣言しつつ，親の愛情に対するエディプス的願望の継続も認めている。つまり，妻の夫に対する「子どもじみた所有欲」が，夫の「内なる自由」を大幅に縮小したというのである。グールドは，裏切られた妻の苦しみは不信という対抗手段となり，「子どもの思春期に両親が心配して行うような束縛」のかたちで夫に作用するとした。婚外交渉は夫の「個人的な問題」であり，それを夫婦の問題にすり変えたり，謝罪を求めたりすることは，夫の「人間性が最大限に発達する」能力を抑えてしまうというのである[75]。

妻は，夫の中年の危機を受け入れて従うように指示されただけではない。ヴァイラント，レビンソン，グールドはジェンダーによるダブルスタンダードを取り入れ，女性が自分の人生を見直すことを禁じた。男性の視点から発達を定義することにより，彼らはエリクソンやそれ以前の伝統に従った。キャロル・ギリガンらフェミニストの心理学者たちはのちに，男性と同じ発達段階を女性にもあてはめようとしている点で，『人生への適応』『ライフサイクルの心理学』『変容』を男性中心主義の本として読むことになる[76]。しかし，そもそも三人の研究は，男性をすべての人間の尺度としただけではない。女性そのものを，中年期に迎える「変容」というものから除外していた。彼らエリクソンの門下生たちは，かつてのエリクソンのように性差について議論していたのである。

レビンソンとヴァイラントは男性についてのみ研究し――妻たちとの面接は，その夫について詳しく知るためでしかなく――その発達段階モデルをどのように女性に適用できるかに関しては何も決めていなかった。レビンソンは，『ライフサイクルの心理学』が「女性学の基礎」としても役立つと考えていた。しかし同時に，男女については性差が大きすぎるために別々に研究する必要があるとして，女性を研究プロジェクトの対象から除外していた。更年期と中年の危機の比較も，役に立たない，ばかげたものとして却下した[77]。レビンソンの著書に登場する女性，特に妻たちは，男性の人生のなかで機能する，「(自律のための)探求を妨げる存在」か「成功報酬の一つ」として描かれていた[78]。その後，レビンソンの遅ればせながらのフォローアップ研究『ライフサイクルの心理学 女性版』は，彼の死後の1996年に，二番目の妻であり共同研究者でもあったジュディ・レビンソンの手で出版された。この本では，女性は中年期になると，専業主婦であろうとワーキングウーマンであろうと，仕事や家事に満足感を覚えることができなくなると述べられている[79]。

男女の比較研究を避けたのは，ヴァイラントも同様だった。当初のグラント研究で女性を除外したのは「許されない省略」だったと謝罪してはみせたものの，自身が女子大学で行ってきた数多くの同様の研究をグラント研究と関連づけて考えようとはしなかった。グラント研究の研究者が，第二次世界大戦後にブリンマー大学とスワースモア大学の女子学生を対象に行った一連の比較研究ですら，除外した。『人生への適応』においてヴァイラントは，エリクソンのジェネラティヴィティ（世代継承性・次世代育成能力）の概念は，「幼い子どもを育てている」母親にはあてはまらないと表明している[80]。男女両方を考慮したあのグールドでさえ，中年の危機に関しては男性特有のものとし，女性にはその対処法を説いただけだった[81]。

精神分析家たちは，中年の危機の概念から女性を外すことにより，女性が人生を再定義し，家庭の外に自己実現を求めることを妨げようとした。核家族問題の評論家も全員が女性の解放を支持したわけではなく，反対した者もいた。キャリアウーマンは，プレイボーイ誌の究極の敵だった。悪名高い『努力しないで出世する方法』（1952，邦訳：1964年，ダイヤモンド社）の著者でコラムニストのシェパード・ミードは，同誌のコラムで「仕事で女性を扱う方法」として，女性幹部に対して「ひわいな話でも何でも首を突っ込みたがる」ものだというイメージをもつように指示している。そこにあるのは，女性は男性の空間への侵略者だという意識である[82]。

1962年，当時のプレイボーイ誌編集長A・C・スペクタースキーは，中年期の母親に対する辛らつな批判で知られる人気作家のフィリップ・ワイリーにこう伝えた。「編集部の誰もが，人を喜ばせる絶対的な存在である母親に比べ，キャリアウーマンは排除すべき最たるものだ，というあなたの考えに拍手喝采でした。自分を女性と呼んでいるあの人型ロボットを際限なくこき下ろしてやりたい。あなたにならできる」。スペクタースキーはワイリーの執筆案に対して，「本誌にふさわしい記事」と請け合った[83]。

「モミズム（母親中心主義）」（訳注：気が強く過保護な母親は息子を弱々しくする脅威だとする，ワイリーが作り出した用語）に対するワイリーのミソジニー（女性嫌悪）的な攻撃は，この作家が女性がキャリアをもつことを支持していると解釈されていた。しかし，フリーダンの『新しい女性の創造』出版の前月にプレイボーイ誌に掲載されたワイリーの作品「キャリアウーマン」は，働く女性が仕事とマネジメントという男性の領域に侵入し，アメリカの文化に影響を与えるためにファッション，広告，テレビなどの業界での地位を利用してアメリカの文化に影響力を行使しようとしているとして，女性を非難している。ワイリーが描いたキャリアウーマンは，「男らしさや男っぽさを損なおうとする，節度を欠いた衝動をもっている」[84]というものだった。キャリアウーマンの問題は，女性が「男社会」での助手という自分の立場をわきまえないことにあるというのである。

レビンソンもこれに同意した。女性解放は，男性がその可能性を最大限発揮することを妨げる。働く女性の「不自然なまでの」仕事への野心は，若い男性の出世の見込みを制限する危険な存在となる。中年期のキャリアウーマンは，男性の自己実現をおびやかす。レビンソンは，自信をもった女性に対する恐怖が引き起こす「新しい男性の性的不能」についての当時の論争を利用して，女性たちのパートナーの「深刻な衰退」をもたらしたのはホルモンではなく，女性たちの「増大し続ける自己主張と自由」だとした。

レビンソンは，妻が「発展と変化を訴え」，「結婚生活を見直す主導権を握り」，「自分の視野を広げ，家庭の外で新しい事業を始めようとする」時期を問題にした。妻がこうした行動をとる時期こそが，シーヒーが考えた「女性の中年の危機」の定義だった。レビンソンは警告した。「その後，夫は現状を維持しようと考えるかもしれない。また，自分の若さが危機に瀕していると感じる男性は，喜ぶよりもおびえる可能性がある。彼は自分の権限が少なくなり，ますます衰退しつつあるように感じる。……これが発生した場合，深刻な問題となる」[85]。

レビンソンが「変化を始めるのは男性の特権だ」と認めた一方で，グールドは「フェミニストを飼いならす療法」を処方した。著書『変容』を「女性の解放」というセクションで締めくくったグールドは，「男性が自分たちの女性観を変えなければならないのは事実だ。だが，それは真実のすべてではない」と述べた。最大の問題は，女性たち自身の心理である。「女性たちが挑まなくてはならない闘いは，まだ二つある。それは，自分たちの外側の政治構造と内側の自己定義である。最も凶暴な敵は自分のなかにいる」。この事実に関しては，すべての女性がある程度わかっているはずだとグールドは言う。女性は「怖気づいたり，本心を隠したりする傾向がある。男性はそのようなことはめったにしない」。グールドは，女性たちが女性運動によって洞察力を失ってしまったと語った。「(女性たちは)自分たちが取り組んでいる政治運動のニーズと，自分が個人として成長するために必要なこととを区別できていない。女性運動が自分を精神的に支えてくれるものであるために，個人的な課題と混同してしまう。結果的に女性運動に参加することがその女性の自己実現を妨げる結果になってしまうのである。この二つの利益は見分けがつきにくい」[86]。

グールドは言う。フェミニストたちの積極的な運動は，女性たちの自己実現を促進せず，むしろ害を及ぼした。女性は，「男性社会のシステムがもたらす女性に対する偏見」を批判するのではなく(もちろん，男性個人を批判するのでもなく)，「自分自身のなかにある課題を解決することに焦点をあてるべきだ。女性が自分の人生に関わる男性たちに攻撃の矢を向ければ，不必要な不幸がたくさん起こる。誰もが苦しむし，誰の利益にもならない」。

中年期の女性たちは，特にフェミニストたちのアジェンダ(なすべきこと，行動計画)に敏感だった。彼女たちの多くが，結婚によって「失われた20年間の救済」を求めていることを知りながら，グールドは『変容』を，女性の主な問題は常に女性自身にあることを思い出させるかたちでこう締めくくった。多くの夫たちは子育てや自分のキャリアのために，妻に犠牲を強いてきた。そして，夫たちは今なお，女性は「足し算引き算をしたり，お金を扱ったりすることができず」，政治やビジネスに「疎すぎ」，「長時間，黙って考えることができない」と思い込んでいる。だが，たとえ夫が「熱狂的な男性優位論者であったとしても，すべての女性がまず取り組むべきなのは，自分自身の心，自分自身に対する態度，自分自身の気持ちを縛っている制約である。(女性は)常に最初に内なる敵を探すことを忘れてはならない」[87]。

レビンソン，ヴァイラント，グールドは，中年期を「男性の解放」とみなし，フェミニストたちのアジェンダに対抗して，老化のダブルスタンダードを突きつけた。それでも，男性の中年の危機に暗に込められた彼らのようなアンチ・フェミニストたちの意図が，公に議論されることはめったになかったのである。

4 『パッセージ』の原典

ヴァイラント，レビンソン，グールドは，自分たちの研究を『パッセージ』よりも優れた，『パッセージ』の原典として示した。シーヒーは，ヴァイラントが以前書いた記事をあざけり，彼が夫婦円満は精神的な健康を示す指標だとしたことに異議を唱えた。それは男性の場合で，女性にはあてはまらないからだ。ヴァイラントは『人生への適応』で，シーヒーの批判をかわし，シーヒーの表現はメディア特有の扇情的なものだとして退けようとした。彼は，「シーヒーは『中年の危機』という題材を大げさに扱いすぎている。……ゲイル・シーヒーのベストセラー『パッセージ』に登場するヤマ場は，グラント研究の対象者たちの人生ではほとんど観察されなかった」と述べたが，この主張はヴァイラント自身への反論として返ってくる結果になった[88]。

社会学者のアリス・ロッシは，「ヴァイラントは中年の危機に関する自著よりも人気のある本のヤマ場を否定したが，彼が行った事例研究と要約報告書はまさに後者の見解を投影している」と書いている[89]。それでも数カ月後にレビンソンの『ライフサイクルの心理学』が出版されたときには，ヴァイラントのときと同様，専門家の本のほうが優れているとする階層的区別，そして「原典」あっての「普及版」という出版順序に関する報道が繰り返された。

『ライフサイクルの心理学』もまた，『パッセージ』の原典として紹介された。執筆中の自著『パッセージ』の抜粋を載せたニューヨーク誌の記事で，シーヒーはこの本におけるレビンソンの研究の重要性をあらかじめ認めており，『パッセージ』が出版されたときには，謝辞に彼の名を「お世話になった主な専門家の方々」に含めていた[90]。そのような提携関係はシーヒ

図5-2 ダニエル・レビンソンの『ライフサイクルの心理学』は「『パッセージ』の原典」として発売されたが，シーヒーのベストセラーから２年後に出版されており，「中年期の人生の転換」の定義も相容れない。© Ballantine, Penguin Random House

ーの信頼性を高めたが，それと同時に，レビンソンの本が出版されたときには，彼女が言及したことが中年の危機に関するこの心理学者の権威を支え，レビンソンの研究があっての『パッセージ』だとする先行権の主張を強化した。その結果，『ライフサイクルの心理学』を「パッセージの基礎となった研究」と表紙に掲げて全面的に支えることにつながった。レビンソンはシーヒーの仕事をよく知っており，用語としては「中年の危機」よりも「中年期の人生の転換」のほうを好むと明言していたにもかかわらず，その著書のなかでは「中年の危機」を頻発する一方で,『パッセージ』について触れるのを巧みに避けた。このことが彼の先行権の主張を支えたのである(彼はなぜ,わざわざ自分の研究の大衆化につながるような言葉を繰り返したのだろうか)。

同じ効果をねらって,レビンソンは中年の危機の研究を思いついた時期を実際よりも前倒しして,ハーバードからイェールに移った1960年代半ばのこととし,「男性の中年期」プロジェクトは1970年以前にすでに「順調に進んでいた」と説明した。レビンソンはさらに,『ライフサイクルの心理学』の執筆計画を立てたのは1973年の春で,シーヒーのニューヨーク誌の記事が掲載され,クノッフの編集者チャールズ・エリオットがレビンソンに接近する以前だったとつけ加えるのを忘れなかった。

チャールズ・エリオットは,シーヒーに対して先行権を主張する際に,レビンソンと同様,多くの手を打っていた。エリオットの同僚の編集者たちは,当時執筆が進んでいたシーヒーの作品だけでなく,それ以前に出版されたバーバラ・フリードの『中年の危機』(1967年)やエダ・ルシャンの『中年の素晴らしい危機』(1973年)といった類書が存在することを知っていたため,当初はレビンソンの作品の質とそのセールスポイントの独自性について懐疑的だった[91]。エリオットは,ポップな心理学と真面目な科学の境界を利用して『ライフサイクルの心理学』を売り込んだ。クノッフの当時の編集長ロバート・ゴットリーブへの手紙のなかで,エリオットは次のように説明している。「レビンソンには,この本を詳細かつ具体的かつ信頼のおける内容にすることで,あまたある安っぽい心理学書とは一線を画す,必要不可欠な存在になると話し,理解してもらっています」[92]。

『ライフサイクルの心理学』が出版されたとき,その大きなセールスポイントとなったのが,『パッセージ』との関係だった。エリオットが書き,書店やマスコミに配られたプレスリリースでは,シーヒーの『パッセージ』

がレビンソンのアイデアに基づいていることを強調し，『ライフサイクルの心理学』はそれよりも「はるかに徹底した内容で，信頼性が高く，科学的な根拠がある」と称賛していた。具体的には，こう書かれている。「（本書に書かれているアイデアの）ゲイル・シーヒーによる質の劣った版（シーヒーは，レビンソンの研究が完了する前に彼に詳細なインタビューを行ってから『パッセージ』を書いた）は控えめに言っても，レビンソンの思考の深さと科学的厳密さには到底及ばない」。エリオットはセールスポイントのリストを次のように締めくくった。「『ライフサイクルの心理学』は，『パッセージ』よりもジャーナリズム色がはるかに少なく，徹底した内容で，信頼性が高く，科学的な根拠がある。『パッセージ』が楽しい航空ショーだとすれば，『ライフサイクルの心理学』は本物であり，信じるに値する」[93]。

グールドも同じ道を歩んだ。『変容』のまえがきで，かつての盗作疑惑に触れ，盗作の範囲を未発表の論文から新しく出版されたこの本に拡張した。グールドの説明によると，シーヒーは彼に「執筆に協力するよう」頼んできたが，「表面的な」ものを書きたくなかったグールドは断ったという。そして，シーヒーが1973年に『パッセージ』を書き始めたことを指摘し，自分の執筆のきっかけは，その「10年前」の個人的な危機によるものだとした。それが具体化したのが1972年の論文「成人期の各段階」で，UCLA（カリフォルニア大学ロサンゼルス校）医学部付属の精神科外来で集団療法に参加していた患者を年齢別に調査する研究だった[94]。

「原典」の科学と「ポップ」な科学の間に境界線を引くことで，ヴァイラント，レビンソン，グールドは中年の危機の概念を自分たちのものにすることに成功した。学術的な知識と「一般向け」の知識の違いを強調することは，アメリカ人の28％が一度や二度は心理療法を受けていたこの時代，資格を有する心理学者がその専門分野で名声を高めるための一般的な手法だった。人々は本やラジオ，テレビ番組からさらなるアドバイスを求めた。

1970年代初頭，心理学者たちはますます研究機関や開業医の仕事から，本や記事，脚本の執筆，放送番組での心理相談へと転向していった[95]。

アメリカ心理学会の観点からすると，メディアの利用は「生き残るために必要な技術」だった[96]。アメリカ心理学会の「自己啓発に関する特別委員会」は，通俗心理学（訳注：大衆の間でもてはやされるような心理学的なものを指す）の「途方もない可能性」を獲得するためにガイドラインを作成し，「誇張された」「センセーショナル」な仕事をする作家やジャーナリストよりも学者のほうが重要視されるように意図した[97]。科学者たちは，専門知識を新たな領域に拡大したり，公的機関を独占したりして，自分たちの自主性や権力を保護することを通して，心理学を仕事へと変えていった。そのような「境界線を引く作業」はしばしば女性の仕事を努力の要らない仕事として分類し，女性たちの貢献を代理的，無関係，間違っているなどの理由で却下した。これは，知識の作り手および担い手としての女性の地位が特に低いことを示している。歴史のさまざまな時点で，アマチュアリズムと専門知識，助産術と医術，事務とコンピューター・プログラミングの区別が，学者たちが女性を排除し，自分たちの仕事とアイデアを主張し，批判やほかの見解を黙らせる手段として利用されてきた[98]。

レビンソン，ヴァイラント，グールドが「『パッセージ』の主題」，つまり「中年の危機について言わずにはいられなかったこと」が読まれた結果，三人の専門家はそれまでの人気に比例して注目を集めた。これは，人々が中年の危機に対して関心をもち続けていたことを物語っている[99]。三人は，心理学，精神医学，社会学の専門家からだけでなく，教育を受けた中産階級の人々からも高い評価を得た。彼らの本は学術誌（特にアメリカ心理学会とアメリカ社会学会の機関誌）やニューヨーク・タイムズ紙，ウォール・ストリート・ジャーナル紙，ネーション誌などの新聞や週刊誌に書評が載り，エスクァイア誌とサイコロジー・トゥデイ誌には抜粋記事が掲載された。また，プレイボーイ誌やほかのブッククラブでも推薦書として配布された[100]。レビンソンとヴァイラントはグールドよりも頻繁に書評が掲載され，『変容』の8回と比較して，それぞれ少なくとも29回と20回，書評が載った。三人合わせると，少なくとも49回書評が掲載された『パッセージ』を上回った[101]。

だが，レビンソン，グールドら精神分析家たちが権威であるという主張は，まかり通らなかった。ライフコースを研究する社会学者のレナード・ケインは『ライフサイクルの心理学』について，クノッフは「ほかのベストセラー作品のように，ゲイル・シーヒーの『パッセージ』の二番煎じをねらっただけだ」と指摘した[102]。ネーション誌の批評家リチャード・リンゲマンの言葉を借りれば，レビンソンは「文学のクローンを作成」し，「成功した本の信頼できる似顔絵を描く技術」に長け，「適切に偽装」を行って，「原典の市場をとらえるのに間に合うように制作」を行ったということになる[103]。多くの人が専門家特有の文体の欠点を指摘し，「『ライフサイクルの心理学』は『パッセージ』よりも心理学的ではない」と考える者さえいた。

精神医学では，ジョゼフ・カイパースと共同で男性と女性の性格についての縦断的研究を行ったヘンリー・マースが，レビンソンの本は男性のみに関するものであり，「その方法論の説明は不十分」で，「参考文献がまったく載ってない」と指摘した。これとは対照的に，シーヒーに対しては「彼女の本には女性と夫婦だけでなく男性も含まれており，脚注の出典と参考文献は最良の学術的伝統にのっとっており，非常に優れている」と評した[104]。

しかし，そのような批判を上回ったのが，『ライフサイクルの心理学』『人生への適応』『変容』は中年の危機のよりよい解釈だとする論考だった。書評家たちは，レビンソンとヴァイラントの男性中心主義の研究手法は，より「慎重」または正確であるとして正当化した[105]。ボルチモア・サン紙は，ヴァイラントとシーヒーの本をオペラとポップミュージックにたとえて比較することで，ヴァイラントが『パッセージ』を退けたことを取り上げた。「『人生への適応』にとって『パッセージ』は（オペラ歌手の）ビヴァリー・シルズにとっての（ポピュラー歌手の）リンダ・ロンシュタットと同じである」[106]。

また，書評誌として影響力のあるニューヨーク・レビュー・オブ・ブックス誌では，内科医でセックス・マニュアル『The Joy of Sex：ふたりだけの愛のよろこび』（1972年，邦訳：1975年，双葉社）の著者アレックス・コンフォートが，レビンソンの『ライフサイクルの心理学』を「ゲイル・シーヒーの『パッセージ』の人気の根底にある価値の鎖」を適切に扱った本として，男性の自己啓発書に関する複数の書評に含めた[107]。

科学記者のロバート・カニーゲルは，シーヒーの本を読むことに反対するアドバイスまで行った。「もしあなたがまだ時流に乗っておらず，『パッセージ』を読んでいないなら，今は読んではいけない。ダニエル・レビンソンによる『ライフサイクルの心理学』が出版されたからである。こちらのほう良識があり，確かで，賢明なため，はるかに優れている。そして何よりも，信頼できる」[108]。

カニーゲルが「一人一人の人生のドラマは驚くほどのものではない」と評したのに対し，その著書が広く出版されている作家であり歴史家でもあるリチャード・ローズは，レビンソンの著作は「権威」であるだけでなく，実際に「（人間男性の性的行動に関する）キンゼイ報告に匹敵するくらい重要で並外れたものだ。『パッセージ』の人気が『ライフサイクルの心理学』から潜在的な読者を遠ざけてしまうのは残念である」と述べた[109]。

レビンソン，ヴァイラント，グールドは，三つの点でシーヒーよりも有利だった。①専門家としての資格がジャーナリストに対する権威を裏づけていること，②三人が同じように中年のダブルスタンダードについて繰り返しているために，中年の危機に関する説明を相互に確認できること，③『ライフサイクルの心理学』について書いた書評家と『パッセージ』の書評家がほとんど重複しなかったこと，である。シーヒーの本の書評は主にジェンダー，結婚，ライフスタイルを得意とする文芸評論家やジャーナリストが書いていたのに対し，『ライフサイクルの心理学』『変容』『人生への適応』の書評を書いていたのは主に精神科医，心理学者，社会学者，科学記者だった。シーヒーのメッセージにあまり詳しくない彼らは，中年の危機についてより優れた，さらに原典である本を書いたというヴァイラント，レビンソン，グールドの主張を繰り返した。

書評家たちはしばしば心理学者たちの出版物を，シーヒーの初期のベストセラーの後継ではなく先駆として扱い，明に暗に専門家とアマチュア，ジェンダーを意識させる並べ方で描いた。「レビンソン教授は，ゲイル・シーヒーが『パッセージ』で広めた中年の危機という言葉を発明した，我々が感謝すべき人物である」[110]，あるいはボルチモア・サン紙のように，「ダニエル・レビンソンは……シーヒーの本のベースとなった多くの研究調査を最初に思いついた」[111]。こうした文章が，編集者エリオットによる「本物」という宣伝文句とともに，レビンソンの本の書評の多くに似たような文言で含まれていた。書評家の大部分は『パッセージ』に，『ライフサイクルの心理学』(あるいは『人生への適応』や『変容』)の普及版という役割を与えるの難しいと認識していたが，科学を普及させる規準から見れば，原典よりもシーヒーによる普及版が先に世に出るのは間違っていることを思い起こし，そのような認識を素早く改めた[112]。書評家たちは『パッセージ』の出版を「時期尚早」だと責め，この本が『ライフサイクルの心理学』を「先取り」したことを長々と非難することが多かった。たとえば，「レビンソンの成人の発達に関する研究は，1967年に開始された。研究資金の提供は1973年の初めまで続いたが，本が出版されるまでにはさらに5年かかった。その間に，レビンソンの研究の一部を含むシーヒーの『パッセージ』が大人気となった」[113]というようにである。ウォール・ストリート・ジャーナル紙は，「レビンソン氏は，彼の研究の一部に基づいて急いでベストセラーを出したシーヒー女史に悩まされている」と書いた[114]。

書評家たちは，ねじれて見える出版順序を修正しようと，『パッセージ』について「盗作」という言葉を用いた。こうした申し立ては，グールドの『変容』が「『パッセージ』の父」として出版されたときに特に頻繁に見られたが，『ライフサイクルの心理学』の出版時にも同じことが起きた[115]。「私がダニエル・レビンソンだったら，ゲイル・シーヒーを訴えたかもしれない」と，ニューズデイ紙の書評家ダン・クライヤーは説明した。「彼女はレビンソンの最高のアイデアのいくつかを流用した作家だ」。確かに，「シーヒーはレビンソンから文字どおり盗んだわけではない」。しかし，彼女の本は「非常に注目を集めた。この本によって，私たちがレビンソンから与えられたかもしれない驚きの要素が失われてしまった」。クライヤーは，シーヒーの遠慮のない，「普及者ではなく発見者としてふるまう傾向」にもいら立ちを感じていた[116]。彼女への批判は，著作権者に対する普及者の不当な主張という論調になっていった。

シーヒーと見解が一致していた書評家でさえ，あとから出版された3冊を『パッセージ』の原典とみなしていた。学者で作家のジョーダン・ペシルは，『ライフサイクルの心理学』が含んでいるアンチ・フェミニストの意味合いを認識していたが，それを『パッセージ』の「基礎となる調査を提供した」研究として言い表した[117]。フェミニズムの学者にとって，人気のあるフェミニストの作品から距離を置くことは，学者自身の専門家としての権威を維持するために必要な試みであった。ジェンダーの専門家でフェミニズム研究を一般に広めてきた社会学者のローレル・ウォラム・リチャードソンも，ジャーナル・オブ・マリッジ・アンド・ザ・ファミリー誌で，レビンソンを「先着」として認めるよう望み，シーヒーが先に成功を収めたことを残念がっている。「『パッセージ』は，レビンソンの未発表の著作から「借用」したものだが，読者の多くは，レビンソンの著作のほうを昨日のスポーツ欄のように（訳注：情報として古く）感じるだろう」[118]。

科学とジャーナリズムの間に境界線を引くことで，中年の危機に関する精神分析家トリオという「権威者」が生まれた。彼らによるアンチ・フェミニスト的な中年期のとらえ方はその後何年も引き継がれ，女性運動への攻撃が広がりを見せていくのである。

5 「中年の危機」は女性は立入禁止なのか

1980年代になると，アンチ・フェミニストによる揺り戻しがマスメディアをにぎわす社会現象を生み出すようになる。それは男性の解放運動や男性優位論者（マスキュリニスト）の活動家グループよりも，大量市場からの出版のかたちで頻繁に現れた。「スーパーウーマン（訳注：仕事も家事も育児もこなそうとする超人的に有能な女性）」を嘲笑(ちょうしょう)したり，彼女たちの燃え尽き症候群，アイデンティティの危機，結婚生活のパニックを哀れんだりする記事が代わる代わる登場するようになった。こうした動きを強力に支えていたのが心理学者や心理療法家で，アンチ・フェミニストの揺り戻しによる圧力を彼女たちの個人的な問題だととらえるようにうながし，「女らしさへの回帰」を求めた[119]。

「男らしさの危機」宣言は，アンチ・フェミニストたちにとって重要な「言葉のあや」だった。ニュースの解説者たちは，女性のささやかな進歩にも過剰に反応し，男らしさを「ひよわな花」にたとえて，女性の権利がわずかに拡張しただけで男性はおびやかされていると表現した。「フェミニストの雨がほんのわずかに降ってきても，男らしさの花びらは押しつぶされてしまうようだ。数滴の雨が土砂降りとして認識される」[120]。男らしさがおびやかされているという表現は，変化によって破壊された安定性の望ましさを意味する。コロンビア大学の教授だったキャロライン・ハイルブラン*7は，「同一賃金を求める少数の女性が大学を転覆させようとしていると，真顔で言う男性がいた」と語っている[121]。

男性の中年の危機は，このような状況下で繁栄した。ヴァイラント，レビンソン，グールドをしばしば参照しながら，このテーマについて執筆してきた心理学や精神科学の専門家に，いまや臨床医も加わった。サモアの首都パゴパゴで軍医として働いていたドナルド・ドナヒューは，アメリカ内科学会の支援を受けて出版した『中年期』(1981年)のなかで，男性は中年期に人生を「見直す」ように助言した[122]。ほかの医師のなかには男性のグループを対象に講演や説明を行い，ヨガや運動を増やし，食事に気をつけ，転職するようにアドバイスする者もいた。「それはあなたの気力を試すだけでなく，内なる炎を再燃させてくれるはずだ」[123]。

物書きとなった医師たちのなかで傑出していたのが，医師としてのインターン時代と研修医時代，医師になってからのミネソタ州リッチフィールドでの診療の日々，そして自分自身の心臓手術について，いくつかの女性誌に寄稿するとともに，出版して成功を収めた外科医のウィリアム・ノーレンだった[124]。レビンソンの『ライフサイクルの心理学』をきっかけに，ノーレンは，1978～79年にかけて陥った中年の危機について自伝的に語り，かなりの注目を集めた。

ノーレンの文章は最初，マッコールズ誌に記事として掲載され(「なぜ男性は40代でおかしくなるのか」，1980年)，その後リーダーズ・ダイジェスト誌に転載された[125]。二つの記事をめぐって大量の手紙が届いた。ノーレンは次のように説明した。「女性たちは言うんだ。『ああ，うちの夫もそうなりました。私には何ができるでしょうか』と。僕がしたかったのは，この手紙の内容をゲイル・シーヒーの『パッセージ』とダニエル・レビンソンの『ライフサイクルの心理学』と照らし合わせることだった。そこで，自分で調べることにしたんだ」[126]。

1984年に出版されたノーレンの『危機の時！　愛，結婚，中年期の男性』は，辛らつな書評家には「医療問題と更衣室の観察記録のブレンド」と

＊7　副業をもつことは大学の終身在職権を得る障害になると考え，アマンダ・クロスというペンネームを使って匿名で活躍したミステリー作家でもあった。

評されたが，男性にとって身近な領域を扱っていた[127]。中年の危機はすべての男性に関係することだが，とりわけ成功者といわれる男性たち（ノーレン自身も成功者だった）に衝撃を与えた。「あなたには相当な義務があり，コミュニティでの地位もある。だが，あなたには人生を変える必要がある。仕事にうんざりしている。性的能力にも問題がある。人生に新しい女性が必要だと思う。ステーションワゴンに乗るのをやめてスポーツカーに乗りたい。流行の最先端の髪型にも変えたい」[128]。

ノーレンは，たとえば，中年期の心理モデルを50歳前後の男性にまで拡大するなど，小さな修正を加えた。ノーレンはまた，中年の危機には心理的な発達段階以上のものがあり，「男性の身体と心に起こりつつある化学的または有機的な変化」だと考えていた。「中年の危機の真っ最中の男性から採血して検査をしたら，その人のエンドルフィン・レベルがめちゃくちゃになっていたとしても，まったく驚かないだろう」[129]。

何よりもノーレンは，中年の危機とは男性特有の現象で，妻がそばにいようと，妻のもとから逃げ出していようと起きるものだと認識していた。レビンソンとヴァイラントが説明していたパターンを繰り返しながら，ノーレンは，彼らとの違いをより明確に理解していた。『ライフサイクルの心理学』や『人生への適応』は男性中心主義の本として読むことができるが，ノーレンの『危機の時』はそのような読み方はほとんど不可能だった。

シカゴ・トリビューン紙の記者コニー・ラウアーマンから，中年の危機が女性ではなく男性に打撃を与える理由を尋ねられたノーレンは，「性差別主義者のように聞こえると困るが，女性は一般に男性よりも変化にうまく対応できるのだと思う」と答えた。ノーレンは，「中年の危機の最中の夫に浮気をされた女性たちが，目にあまる行為であっても，夫が戻ってくるなら喜んで許すということに驚いた」という。「性的なことに関しては，平均的な男性よりも女性のものの見方のほうが優れているのだと思う。たぶんこれも性差別的な物言いかもしれないが，女性は男性よりも大きな関わり方をする」とつけ加えた（だから，女性は男性とは異なり，愛とセックスを切り離せないことをノーレンは理解していた）。ノーレンはこの「不倫への誘い」ともなり得る女性に関する知識を武器に，自身の中年の危機を迎えた。しかし，危機の最中に，ノーレンは妻（二人の間には六人の子どもがいた）が夫のもとを去る可能性を「考えもしなかった」ことに気づき，「とてもみじめな気持ちになった」という[130]。

中年の危機を男性の問題として描き，それを女性にはっきりと示すという，男女間の厳格な区別は，1980年代の中年の危機の描き方の一貫した特徴である。カリフォルニアのノースリッジ病院で中年の危機の男性専用外来を開いている精神科医ノエル・ラスティグは，「男性は女性よりも中年期に適応するのが難しい」と考えていた[131]。

同時に，中年期の女性は依然として中年の危機の男性の重要な受けとめ手でもあり，彼女たちへのアドバイスも広まっている。ノーレンは読者である妻たちに，2年を目安として夫を待ったあと，状況を検討することを提案している。「妻は，夫とほかの女性との関係を絶対に許せないだろうか。それとも，『男だからしかたがない』と水に流せるだろうか」[132]。妻たちが自分で問題を解決できなければ，専門家の助けを求めるべきだ。カリフォルニアの精神科医ジム・スタンリーは，中年の危機を経験中の男性たちとその妻たちの診療を定期的に行っている。スタンリーは地元誌のインタビューで，妻たちに辛抱強く理解するようにアドバイスした。妻は「夫を助ける」べきだ。「妻は，夫が感じている重圧を理解し，コミュニケーションを取り，共感するように努めるべきだ。また，辛抱強く問題に取り組み，性急に行動せず，トラブルの兆しがあれば関わるのをあきらめる必要がある」。スタンリーは，妻たちが夫に「非現実的な」期待を抱いていることをとがめ，夫の中年期特有の行動を「もっと受け入れる」ように指導した。彼はさらに，女性は「自分が夫に期待しすぎていることに気づくこともある」と述べた。これは子どもたちが自立して巣立っていったあとによく起こる現象で，子どもの独立は女性の生活に「とほうもない空白」をもたらすと考えられている。「そのとき，妻は子どもたちが母親に向けていた注目と心の支えを夫に求めるかもしれない。だが，そのような行動は常に適切であるとは限らない」とも主張した[133]。

要するに，1980年代を通して男性の中年の危機の定義はほとんど変わらなかったのである。1989年，レビンソンはその理論の継続的な成功に乗じて，『ライフサイクルの心理学』のドキュメンタリー映像を制作した。デイビッド・ケラーとデイビッド・サザーランドが共同で制作し，PBS（公共放送サービス）で放送された『人生のハーフタイム：5人のイェール大学卒業生のミッドライフ』は，200名の応募者のなかからレビンソン自身が選んだ5人の白人男性の中年の危機の記録である。1963年にイェール大学で同級生だった5人は，カメラの前で（個人あるいはグループセッション形式で）詳細なインタビューを受けた。番組の初めに登場したハリウッドの映画会社の重役スティーヴ・ソーマーは，太い葉巻をふかし，ロールスロイスやロレックスを披露したが，つい最近会社を解雇されたことを告白，自ら経験した複数の結婚，恋愛，仕事について語り出した。ソーマーにつられるようにして，別の参加者，弁護士のマイク・レッドマンは，妻から離婚を請求されていることを告げ，それに対する怒りをぶちまけた。

6 大衆化の裏にあるもの

男性の中年の危機は，シーヒーの定義をほぼくつがえしてしまった。その後数十年にわたって，ジャーナリズムと学問から見た中年の危機の歴史は，レビンソン，グールド，ヴァイラントが定めた路線をたどり続けてきている。彼らは，学術的な知識と「ポップな」知識の境界線を利用して，シーヒーのフェミニズム的な批判を沈黙させ，自分たちの科学界での権威を確立させた。このような歴史の裏話は，中年の危機に関する記事や本のまえがきとして語られることがあり，その参考文献欄を見ると三人の精神分析家による本のうち少なくとも2冊が含まれている。

道徳哲学者のキーラン・セティヤによると，中年の危機はエリオット・ジャックスの造語として「生まれ」，ダニエル・レビンソンとロジャー・グールドの研究で育ち，シーヒーが「記憶に残るフレーズのコツ」を使い，この言葉を普及させる意欲をもって精神分析家たちの名とともに社会に広めたときに成熟したということになる[134]。シーヒーとフェミニスト的な価値観を共有する人々でさえ，レビンソンの著作を「ゲイル・シーヒーの人気作『パッセージ』の出発点」と語ったり，ヴァイラント，レビンソン，グールドをシーヒーの「先人たち」として引用したりしてきたのである[135]。

こうした説明はただ単に間違っているだけではない。政治的に重要な役割を果たしてきた物語に栄養を与え，現在も養い続けている。出版年表を逆さまにすると，精神分析家たちの揺り戻しは，シーヒーが元にしたフェミニスト的な概念と中年の危機の歴史に対する彼女の影響力と同じくらい，大きかったことがわかる。これを受けて補足すると，レビンソン，ヴァイラント，グールドは，シーヒーが彼らに依存してきたというよりも，彼らのほうがシーヒーに依存してきたといえる。『ライフサイクルの心理学』『変容：成人期の成長と変化』『人生への適応』は『パッセージ』よりも優れた著作として宣伝され，中年の危機について彼らが言わずにはいられなかったことを読ませることができた。この問題に対する彼らの専門家としての権威は，シーヒーという一人のジャーナリストとの比較によって生まれたのである。

現在，一般的に知られている中年の危機の話からは，ヴァイラント，レビンソン，グールドらによる揺り戻しのあと，シーヒーが提唱したフェミニスト的な概念としての中年の危機がもはや主流ではなくなったことがわかる。『パッセージ』はその後も読み続けられ，1984年には31刷に達しているが，「中年の危機」という言葉は，今では主に男性に関連づけられ，伝統的なジェンダー階層を崩すというよりは，強めている[136]。

それでも，精神分析家たちには最終的な決定権はない。ライフコースにおけるフェミニスト的な概念は存在し続け，男性の中年の危機は，キャロル・ギリガン，ロザリンド・バーネットや，ほかの心理学者や社会学者によって異議を唱えられるようになった。彼女たちはしばしばシーヒーと同じ論法を使って，男性の中年の危機を男性優位論者の決まり文句に変えたのである。

第6章
フェミニスト，反撃を開始する

男性たちによる揺り戻し(バックラッシュ)にあっても，女性たちは後退しなかった。1980年代のフェミニストの学者たちによる中年期の研究は，出産や子育てを終えたあとの女性の人生にスポットライトをあてることにも貢献した。精神科医マーナ・ワイスマンはアメリカ精神医学会の『精神疾患の診断・統計マニュアル第3版』[1]から，「更年期のうつ症状」を示す「退行期メランコリー」という診断名を削除する運動を行い，それに成功した。つまり，更年期の抑うつ状態は病的なうつとは異なることが示されたのである。また，初潮に関する研究で知られるジュディス・ブラウンが率いる人類学者のグループは，異文化間研究の観点から，中年期は多くの社会で女性が人生で最大の力を発揮し，自律性を享受し，若い頃よりも男性と肩を並べて活躍できる時期であることを確認した[2]。社会学者ジェシー・バーナードはその著作『女性の世界』(1981年)で，ゲイル・シーヒーの『パッセージ』も参考にして，中年期は「女性のもとにある世界」*1だとして光を当て，その人生の最盛期を18歳から20代半ばだとする認識に異議を唱えた。そして，「女性の視点から見れば」真の最盛期は30代半ばから始まると述べている[3]。アメリカ政治社会科学アカデミーは，フェミニストの学者たちによるこう

---

*1　女性がしがらみから解き放たれて，自由に力を発揮し，自分でつくり出すことができる世界といった意味。

した一連の研究が「中年期というものを根底から再構築した」としている[4]。

ニューヨーク・タイムズ紙はこうした動きを見て，「ゲイル・シーヒーの『パッセージ』は出版から10年を経て，つたで覆われた学術の殿堂に運ばれた」と評した[5]。こうして中年期の女性の幸福が『パッセージ』に描かれたものと似ていることは学術的に認められたが，学者たちはシーヒーが提唱したフェミニズム的な意味の「中年の危機」を復権させようとはしなかった。「今日，女性の『中年の危機』という言葉はあまり聞かれなくなったが，『閉経後の歓喜』という言葉をよく目にするようになった」と，ウィメンズ・レビュー・オブ・ブックス誌は述べている[6]。フェミニストの社会科学者の大部分は，「中年の危機」を「人生半ばの転換期」とするシーヒーの考え方を受けつけず，レビンソン，ヴァイラント，グールドが提唱した男性を中心に置いた概念と関連づけた。フェミニストの学者たちもまた，シーヒーの貢献に気づかぬまま，中年期を新たに異なる角度からとらえようとしていたのである。

心理学者たちはとりわけ，中年の危機に異議を唱えることにエネルギーを注いだ。道徳心理学者で発達心理学者のキャロル・ギリガンは，中年の危機の批判で知られているわけではないが，これと対抗した著名人の一人である。ギリガンの『もうひとつの声 ―― 男女の道徳観のちがいと女性のアイデンティティ』(1982年，邦訳：1986年，川島書店)は，「中絶を選ぶ女性の権利」，すなわち後悔や過ち，無力感などの否定的感情をともなう体験として「誤って記憶されてしまっている遺産」である「中絶」を選ぶ女性の権利を擁護することから始まる。従来の道徳心理学の理論に異議を唱え，男性的な倫理観である「権利と正義の倫理」以外に女性的な倫理観である「責任の倫理」が存在すると論じたことで知られている[7]。そして，責任を認識することがその人の成熟度を示すという見解に基づき，ギリガンは男性の中年の危機は利己主義，怠慢，退行の兆候であると断じた。

ギリガンが「道徳性の発達段階における男女の違い」を主張したことは，フェミニストたちの間で物議をかもした。しかし，性差を強調することに異議を唱えるフェミニストたちでさえ，違う理由で男性の中年の危機を否定している。ジャーナリストのキャリル・リヴァーズとウェルズリー大学の心理学者で教育，動機づけ，キャリアを専門とするグレース・バルークとロザリンド・バーネットの三人は，共同執筆した『ライフプリント(人生の足跡)』(1983年)で300人の女性について調査を行った。その結果，中年期に近づきつつあるキャリア女性の生活には，おおむね危機的な兆候は見られなかった。彼女たちは，エリクソンの発達段階理論を批判しながらも，エリクソンの心理社会的な視点を男性にも女性にもあてはめ，中年期の感情的な動揺は男女の伝統的な役割が限界に達するために起きるものととらえた。したがって，中年の危機も，男性と女性とでは異なる領域にあるとした。

レビンソン，ヴァイラント，グールドは自分たちの診断の妥当性を主張したが，男性の中年の危機に対するフェミニストたちの批判のほうが，人々の共感を呼んだ。レビンソンは著書を通して，「女性にも中年の危機が存在する。女性の場合，仕事がそのアイデンティティの発達を妨げている」と反論したが，これが最後の抵抗だった[8]。「女性の中年期は幸福である」とするフェミニストの概念は，ゲイル・シーヒーが更年期について取材したベストセラー『沈黙の季節 —— 更年期をどう生きるか』(1992年，邦訳：1993年，飛鳥新社)とともに，1980～90年代にかけて広まり続けた[9]。2000年には，MIDUS (Midlife in the United States：アメリカにおける中年期調査)と呼ばれる長期にわたる大規模な調査プロジェクトの結果が発表された。この調査で「中年の危機」という言葉の普遍性について数量的観点から確認したところ，調査対象者の多くがこれを利己的な行動の「愚かな言い訳」ととらえていたのである[10]。

1 妊娠中絶の選択と道徳的ジレンマ

すでに伝説となっているが，キャロル･ギリガンは1970年代初頭に『もうひとつの声』の基礎となる研究を開始したときには，ジェンダーについて「まったく無知」だったという。「当時の教科書やモデルから女性がどれほど取り残されているのか，私は気づいてもいなかった」[11]。ギリガンはその代表作となる『もうひとつの声』が1982年に出版されたとき，ハーバード大学大学院教育学研究科の心理学の准教授だった。

1936年，キャロル・フリードマンとしてニューヨークで生まれたギリガンは，シーヒーよりも1歳年長である。ペンシルバニアのスワースモア大学で英文学の学士号を取得後，1961年にラドクリフ大学で臨床心理学の修士号を取得したときに，研修医だったジェームズ・ギリガンと結婚した[12]。その後，ハーバード大学で社会心理学の博士号を取得している。心理学者ウォルター・ミシェルのもとで学んだギリガンは，指導教授に協力して，有名な「マシュマロ実験」*2の前身となる「誘惑と欲求の制御」に関する研究を行った[13]。シカゴ大学で2年間，現代社会科学入門を教えると，1967年にハーバード大学に戻り，エリク・エリクソンのヒューマン・ライフサイクル・コースの教員補助と，心理学者で道徳性発達理論の提唱者であるローレンス・コールバーグの研究助手および教員補助として働き，論文作成に協力した[14]。1971年にハーバード大学大学院教育学研究科の准教授になると，その後10年間かけて行った「道徳観と自身について語ってもらう」一連の調査研究がもととなり，『もうひとつの声』が生まれた[15]。

ギリガンは，反戦運動と有権者登録の実施をめぐる市民権運動にも熱心だった。その研究はカウンターカルチャーの精神に富み，科学理論と実体験の間の不協和音を探究する心理学的分野に挑戦していた。『もうひとつの声』は，ベトナム反戦運動のさなかに学生たちと始めた「紛争と選択の実地体験」(1972～78年)という研究から始まっている。ギリガンは，「自己概念と人生の選択についての倫理的および政治的選択」という講義を受講した学生のなかから25人(男性20人，女性5人)に面接を行い，翌年には徴兵を目前に控えた4年生の男子学生を対象に追跡調査を行った[16]。

ギリガンは当時，ジェンダーについて無知だったというが，むしろジェンダーフリーだったといえる。ギリガンの倫理の講義から途中で脱落した学生は20人いたが，そのうち16人は女性だった。ギリガンは，講義の参加者だけでなく，脱落した女子学生たちにも面接を行うことによって，全学生の平均脱落率を上回る女子の脱落率の原因を調べ，エリート大学が女子の学部生を受け入れ始めたこの時期の，高等教育におけるジェンダー差に基づく思想や行動の相違を理解しようとした[17]。調査開始直後の1973年1月下旬，アメリカの最高裁判所は，ロー対ウェイド事件の画期的な判決によって人工妊娠中絶を合法化する。その直後に，ニクソン大統領は徴兵を停止した。このため，ギリガンは徴兵という男性だけが直面した道徳的問題の研究から，女性の「性と生殖に関する権利」を研究するプロジェクトに変更することになった[18]。

最高裁判決の翌年，楽観的で解放的な空気をともないながら，合法的に中絶を行う医療サービスがスタートした。この時点で「妊娠中絶の決定に関する研究」(正式名称は「中絶決定の自然主義的研究」，1974～78年)がギリガンの『もうひとつの声』の要となった。ギリガンは最初の学期に，教え子の大学院生メアリー・ベレンキーとともに，「中絶問題に直面する女

＊2　子ども時代の自制心と、将来の社会的成果の関連性を調査した著名な心理学実験。スタンフォード大学の心理学者・ウォルター・ミシェルが1960年代後半から70年代前半にかけて実施した。マシュマロ実験という名前ではあるが、報酬にはマシュマロの代わりにクッキーやプレッツェルが使われることも多くあった。

性が妊娠を継続するか中絶するかを決定するプロセス」を明らかにする目的で，診療所，全米家族計画連盟，ハーバード大学保健管理センターなどの妊娠と中絶に関する相談機関から紹介された29人の女性に面接を行った。女性たちの年齢は15～33歳で，独身者も既婚者も，未就学児の母親も，すでに中絶経験のある者もいた。数人が労働者階級の出身で，16歳の女性は自堕落な行動の果てに少年院に入所した経験があったが，大多数は高学歴で，一部はすでに専門職に就いていた[19]。

女性たちは二度にわたって面接を受けた。一度目は中絶するかどうか迷っていた時期に，二度目は翌年の終わりに行われた。面接の冒頭で，女性は自身が直面している意思決定について話すことになっていた。「妊娠している状況をどうしようと考えているのか」「中絶以外の方法も考えているのか」「それぞれの方法に賛成する理由，反対する理由は何か」「中絶することによって，家族を含めた自分以外のどんな人がこの問題に巻き込まれるのか。また，それにともなってどんな葛藤が生じるか」などである。29人の女性のうち，21人は中絶を選択し，4人は産む決心をし，2人は流産し，2人はその後連絡がとれなくなった。中絶を選択した女性を対象に実施された追跡調査では，その決定について過去にさかのぼって話し合い，「ハインツのジレンマ（貧しいハインツ氏は，妻の命を救うために高価な薬を盗むべきか）」をはじめとする「道徳的判断の発達を測る三つの架空の道徳的ジレンマ」にも答えてもらった。ギリガンとベレンキーによる分析は，下された決定そのものよりも決定が正当化されるまでの表現の方法，つまりその人の道徳を示す言葉づかいに着目した。これは，道徳理論における典型的な分析方法で，「～すべきである」「～したほうがいい」「よりよい」「正しい」「よい」「悪い」といった言葉の選び方に，それぞれの思考の変化や転換が表れる。また，自身の考えを振り返り，判断を下す材料にもなる[20]。

中絶論争をめぐるギリガンの出発点は，「中絶するかしないか」という人生における選択，そして意思決定後，それをどう考えるかという再評価，さらにその後の人生への影響という代価にあった。これは，ギリガンの視点がシーヒーやフリーダンとは異なることを意味している。この議論では，社会的に期待されない行動をとったことへの後悔は避けられない。それは保守的な価値観を維持する方策にもなった。ロー対ウェイド事件のあと，1980年に保守主義のロナルド・レーガンが大統領に選ばれると，妊娠中絶反対運動が全米規模に広がり,「後悔」は中絶を検討している女性たちにとって強力な脅威となった。

それまでは，決定論的な議論として，女性の生殖能力は女性に母親になることを義務づけているため，ほかの選択肢はなく，母親になることは成人女性がライフコースに沿って進む唯一の道とされていた。ところが，中絶合法化によって女性が選択する法的権利をもつようになると，中絶反対運動家は，中絶するとやがてその決定を嘆き，痛みをともなう後悔，すなわち「中絶後遺症候群」を経験すると言い出した。この造語は心理療法家で「プロライフ（妊娠中絶反対）」の擁護者ヴィンセント・ルーが，1981年に議会で証言した際に使ったものである[21]。中絶反対運動のパンフレット「中絶を乗り切る方法：あなたの人生を再構築するためのガイド」は女性たちに次のように警告していた。「中絶のショックや苦悩，抑うつを些細なこととして否定し，正当化しようとするかもしれませんが，社会は中絶した女性に悲しむ権利はないとしています。結局のところ，決定を下したのはあなたであり，それは完全に合法的な『選択』です。でも，あなたの悲しみは正常です。……喪失感，空虚感，悲しみを経験できないほうが異常なのです」[22]。

ここでは，母になる幸せと中絶の悲しみを対比して中絶を悲劇とする概念が，女性を恥じさせ，非難し，沈黙させるために使われている。喪失感と後悔というこの懲罰的な概念は，自己実現や自由といった「中年の危機」

の中心にある見解とは明らかに対照的である。それまで選択されてきた道を疑問視することは，人々に課され，内面化された社会規範への挑戦を意味する。1980年代，妊娠を終わらせる女性たちの自由を肯定することは，人々に疑いや悲しみ，中絶という取り返しのつかないことを許したくないという矛盾した感情をもたらした。このパンフレットは，女性たちに自己実現への道を提供したり，新たな人生の始まりを示したりするどころか，妊娠中絶への後悔は，「優位者側の監視役となり，私たち一人一人を社会から恵みを与えてもらう存在に戻す，つまり正常化のための作用である」としていたのである[23]。この観点からすれば，女性が自己を貫くことは統合性の証しである。ギリガンはそれまでのフェミニストのアプローチとは対照的に，不和や決裂ではなく，自己継続性という考え方に基づいたアイデンティティと発達の概念を考案した。

ギリガンは妊娠中絶を道徳的なジレンマととらえることによって中絶とは人間の権利と義務を公然と非難する利己的な行為だとする「プロライフ」の立場を否定した。ロー対ウェイド事件による法律の変更がもたらした，中絶を非犯罪化（合法化）する大規模で継続的な運動の一環として，ギリガンは女性の選択の道徳的正当化を提唱し，倫理を女性の人生に適した，有用なものにしようとした[24]。

ギリガンは，「子どもを産むという決定も不道徳となり得る」と主張した。シングルマザーに関する社会学的説明はいずれも，配偶者のいない「無計画な親」を記述することによって中絶に賛成するか，中絶を擁護していた。この社会学的説明とは，特に1971～76年にかけて行われたプルーデンス・レインズとフランク・ファステンバーグによる未婚の母たちの「モラル・キャリア（倫理観・道徳意識の経歴）」に関するよく知られたエスノグラフィー的研究*3を指す。彼女たちがシングルマザーとなったのは，「自然な」避けられない道ではなく，婚前交渉をするという決定，避妊薬や避妊具を使わないという決定，中絶しないという決定という一連の「選択」または行動の結果だった。中絶は，例外的な選択ではなく，計画と意思決定の大きなプロセスの一部だというのである[25]。

ギリガンも同様の議論の進め方をした。『もうひとつの声』で取り上げた中絶の決定に至った15人の女性との面接のうち，半数以上が青年期にあり，一部は未成年で，成人女性のほとんどは独身だった。29歳の既婚女性で就学前の子どもの母親ルースにとって，二度目の妊娠のタイミングは彼女の大学院の学位の取得と重なっていた。同じ29歳で両親と同居するカトリックの看護師サンドラは，選択肢は中絶か養子縁組かのどちらかしかないと考えていた。かつて養子縁組をして子どもを手放したことのある独身のサンドラは，「心理的にも，今度もまた里子に出す気持ちにはなれません。前のときには心の整理がつくまでに4年半かかりました。また同じことを繰り返す気にはなれません」と答えている[26]。女性の幸福が妊娠と母性におびやかされるこうした事例は，本来，単純なはずの運命と自由な選択の区別を複雑にした。女性たちは，中絶は責任ある道徳的決定になり得るとするギリガンの主張をこう言い表した。「未来，つまり幸せな未来の見通しが立たない場合，子どもをもつことは不道徳です」[27]。

歴史家や理論家は，「妊娠中絶についての議論を変える」ことを目指したギリガンの出発点と『もうひとつの声』の関連性を無視して，この本を母性に関する本として見る傾向にある[28]。しかし，ギリガンにとって母性の概念への依存は，妊娠中絶を正当化するためのものだった。つまり，母性に賛成するか反対するかの決断は等しく有効で，対極にあるわけではなく，同じ道徳的原則の延長線上にある[29]。19世紀の母性主義フェミニストたち

＊3　集団の行動様式を実際にその内側に入って人々が行うことをともに体験し，その行動の意味を理解し，記述する研究手法。

は母性のイメージを利用することによって，女性の生来の慈悲心と道徳的優位性を主張していた[30]。1970～80年代に同様の議論をしたフェミニストの学者，作家，活動家たちは多くの場合，精神分析に依存しており，精神分析における性差の考え方を自分の目的のために利用した。

ギリガンは精神分析家のジーン・ベーカー・ミラーに「深い親近感」を抱いていた。ミラーはその著作『yes（イエス），But（バット）…――フェミニズム心理学をめざして』（1976年，邦訳：1989年，新宿書房）で，かつては精神分析で病的なものとして説明されていた，「親和性や関係性を築き，維持することを中心に築かれた」女性の自意識を表す，新しい言葉を求めていた[31]。ミラーは，女性の「他者との関係性における自己」というもののなかに，「社会で生き，機能するための男性とはまったく異なる（そして，もっと進んだ）手法」を見出し，「他者との関係性や親和性を築くことは，自分自身を強化することと同じくらい価値があるか，それ以上の価値がある」とした[32]。ミラーは精神の健康と成熟について，男性の心理よりも，女性の心理に基づく見解を支持した。これまで低く評価されてきた共感と思いやりという「女性的な」特徴は，心理的幸福の真の尺度だったのである。

ほかのフェミニストたちも同じように，優れた女性性の概念を提唱した。ギリガンにとってもう一人の重要なインスピレーションの源である社会学者のナンシー・チョドロウは，『母親業の再生産――性差別の心理・社会的基盤』（1978年，邦訳：1981年，新曜社）で，（男性が外で働き，女性が家を守るという従来の）産業資本主義社会の典型としての男性の自律性を批判し，救済の源となる女性の調整能力を称賛した[33]。哲学者サラ・ラディックは，母親としての実践が軍国主義と戦争に抵抗する女性をつくり，平和のための力強い交渉者にすることを示唆した[34]。科学史と哲学において，エヴリン・フォックス・ケラー，ダナ・ハラウェイ，サンドラ・ハーディングは，科学的探究の基礎としての客観性の原則に挑戦した。そして，想像力，融合，共感に基づいて理解するという「女性的な」やり方は，代替となり得る，有効な，さらに優れた認識論を構成すると主張した[35]。ギリガンは，道徳のよりよい，「女性的な」理解を提案することによって，女性と善良さが根底でつながっていることを示した。これが『もうひとつの声』の要点になった。つまり，女性の善を規準にした見方，男性の正義を規準にした見方というように，人間にとって基本的なものは厳密に性別化されていたのである。

2 「もうひとつの声」とは誰の声？

そのとき，私はキッチンのテーブルを前にして座っていた ── ギリガンは振り返る。中絶決定に至った女性たちの面接の録画を通して見ていたときに，何かがひらめいた。そのとき，友人で同僚のハーバード大学の心理学者ドラ・ユリアンが入ってきた。「私は言った。『ドラ，この女性たちがつくり上げている自己や道徳的な問題は（今までの理論とは）違う』。だから，彼女たちは，私が教えていたフロイトやエリクソンの自己や対象との関係といった考察全体に，適合しなかったんだわ。コールバーグの発達段階モデルが女性にあてはまらないのも，そういう理由からだったのよ」。ギリガンは調査結果について書き始めたときに，「私は驚くべきことに気づいた。それまで，エリクソンのアイデンティティに関する研究がすべて男性の対象者（退役軍人）で行われていたことに私は気づいていなかったのだ。フロイトの研究には徹頭徹尾，男性の声，男性の視点が存在した。対象関係論の論考全体が，女性を一つの対象としてみていた。ピアジェの『児童の道徳的判断』の児童はすべて少年だった。多額の資金提供を受けたコールバーグの20年にわたる縦断的研究も，すべて男性を対象に行われていたのである」[36]。

これまでの研究の対象に女性が含まれていなかったことを意識しておらず，自身の研究を通じて初めて気づくという，ギリガンの忘却と驚きの物語は，研究者の中立性と客観性をはっきりと示しながら，物議をかもす研究を正当化するために繰り返し使用される修辞である。ギリガンと彼女の支持者たちは，既存のフェミニストの意識をほとんどもたずにその洞察に到達したと主張することによって，自分たちの見方や考え方がフェミニズム寄りだと受け取られる偏見のリスクを排除した。科学的発見の物語を，フェミニストの自叙伝で重要な意識向上の物語と結びつけ，ギリガンの「まだフェミニストではない」旅との一体感を助けたのである[37]。

ジャーナリストで思想史家のニコラス・ブロメルの言葉を借りれば，ギリガンは「事実上，二つの発見を同時に行った。一つは，女性は心理的発達のほとんどのモデルから除外されていること。もう一つは，女性の経験が実際に，従来のモデルの正当性に疑問を投げかけるということである」[38]。道徳的，心理学的な理論は，男性の生活の観察に基づいて構築されており，女性が男性のような発達段階を踏まなかったときには，研究者たちは女性に何か問題があると結論づけていた。さらに，ギリガンがそのような発見を書いたのは，感情的に不安定で理屈に合わない妊婦を研究対象としていたからだと主張する教授もいた（なかには，「中絶させた男性を研究するべきである」と提案する者さえいた）[39]。代わりに，ギリガンはこれまでの理論のほうが間違っていたのだと結論づけた。

最初に論文として書かれた「もうひとつの声 ―― 女性の自己と道徳観」（1977年）で，ギリガンは心理学者ノーマ・ハーン，コンスタンス・ホルスタイン，エリザベス・シンプソンらが声を挙げた，コールバーグの「道徳的成熟度の測定に関する段階理論」における性差別への批判に加わった[40]。コールバーグの道徳性の6つの発達段階（20年以上にわたってその発達を追った84人の少年たちの実証的な研究に基づいている）では，女性は他人を助け，対人関係を維持するために道徳的な決定をするステージ3で立ち往生してしまう。人間関係が規則や法律に従属するステージ4，道徳が自己の利益や社会規範を超越する究極の正義の原則から生じるステージ5や6に上がることはめったにないのである[41]。これではコールバーグが示唆するように，女性は家事や育児のタスクにおいては「機能的」だが，専門分野やビジネス，社会でなんらかの役割を担うには不十分とされてしまうという[42]。

ギリガンは，コールバーグが道徳性の発達段階として示した違いは，複数の旋律を独立性を保ちつつ重ね合わせていく，音楽の「対位法の旋律」のようなものだと評した[43]。コールバーグは，責任と慈悲という美徳を犠牲にして，正義という抽象的な原則を強調し，女性の声を黙らせ，公平性とケア（配慮・気配り）の間にある複雑な対話をゆがめたというのである。現実の道徳では，誰の権利が優先されるかではなく，いかに注意深く，慎重で，責任ある行動をとるかが求められる。「女性的」だという理由で，倫理的な行動の特徴から外されているものがあることを認識したギリガンの訴えは，彼女の研究の最もよく知られた結果となった。

ギリガンは，コールバーグの道徳性発達の段階理論を補足するかたちで，道徳的理解の拡大という彼の概念に基づいて，「ケアの倫理」の発達段階を示した。道徳的理解の拡大とは，個人的な見解から社会的見解，普遍的な見解へと発展していくもので，コールバーグは「前慣習的レベル」「慣習的レベル」「後慣習的レベル」の道徳観と名づけていた。コールバーグのスキームでは，「慣習的レベル」の道徳観，つまり既存の社会的な規範や価値観と正義や善のバランスを取ることが出発点となった。「前慣習的レベル」の道徳的判断は，共有できる視点または社会的な視点を構築できないことを示し，「後慣習的レベル」の道徳的判断はこうした視点を超越したものを指した。「前慣習的な道徳判断は自己中心的で，もっぱら個人の要求から道徳の構成概念を引き出す。慣習的な判断は，人間関係やグループ，コミュニティ，社会を支えている共有の規範と価値に基づいて行われる。後慣習的な判断は，社会的価値観に基づいて慎重な見通しを立て，普遍的に適用できる道徳的原則をつくり上げる」[44]。

ギリガンの「ケアの倫理」の発達段階では，生存を確保するために自己への配慮を示すことに焦点をあてた「前慣習的レベル」の利己性に続き，自己犠牲に近いところまでケアを優先し，他人に依存して生きている者や不平等な扱いを受けている者に配慮を示す「慣習的レベル」がくる。その次の第三段階では，他人と自己の結びつきに新しい理解が生まれ，利己性と自己犠牲の間の緊張がほぐれてくる。ケアは，搾取と苦痛を非難するという普遍的で「後慣習的レベル」の判断を行う自己選択の原則となった[45]。ギリガンの「ケアの倫理」は，中年の危機に対する彼女の批判の基礎になっている。

『もうひとつの声』では，ギリガンとコールバーグの間に男女共通の道徳の発達段階モデルという「妄想の共有（フォリアドゥ）」は存在しなかった[46]。『もうひとつの声』はより広い権利を主張した。心理学理論の基本的なモデルと仮説に女性を含めることは挑戦であり，モデルも仮説も変えることにつながった。トーマス・クーンが提唱したパラダイムシフト*4の概念を思い起こしたギリガンは，次のように語っている。「これがかの科学的パラダイムの拡張だということに，私は気づき始めた」[47]。クーンの『科学革命の構造』（1962年，邦訳：1971年，みすず書房）の出版から20年経ち，この本はさまざまな批判の声にとっての主要な参考書へと進化した。科学の構築性と歴史性を示すために頻繁に利用され，科学的取り組みを安定させるためにも使用され，研究者によってはその分野や領域を正当化するために引き合いに出されることもよくあった。それは，クーン自身の意図に近い読まれ方だった[48]。特にジャン・ピアジェによる発達の心理学的理論は，クーンの初期のひらめきの源であり，彼の科学的変化の連続理論はこの分野と共鳴していた。

1970～80年代にかけて，心理学者たちは『科学革命の構造』を習慣的に引用し，方法論，社会的関連性，理論的方向性に関する古い議論に新たなひねりを加えた[49]。歴史的分析のツールであると同時に，科学的発見のマ

＊4　ある時代や集団を支配する考え方が非連続的，劇的に変化すること。

ニュアルでもあるクーンの科学的進歩のモデルによって，科学者たちはこれまでの科学的発見から見ると代替的で矛盾する解釈を改ざんすることなく，新しい理論の優位性について議論することができるようになった[50]。ギリガンも性別の違いを強調することで，研究から除外されたグループから異なるデータを見つけ，このデータを説明できないモデルと理論を再定義するという古典的なアプローチをとることができたのである[51]。

道徳は，ギリガンの大きな研究テーマ「心理学理論と女性の発達」のいくつかの項目のうちの最初のテーマであり，『もうひとつの声』は成人期を含めた広範な発達理論に関するものだった。ギリガン自身の言葉を借りれば，「私は本を書いた。……発達理論の研究の理論構築段階で，少女と女性を除外する慣行によって見落とされたものがあったかどうかについて。ピアジェとコールバーグの道徳性の発達の説明，エリクソンのアイデンティティの発達の説明，ダニエル・オファーの思春期の発達に関する説明，成人の発達に関するレビンソンとヴァイラントの説明，さらには人間のパーソナリティと動機に関するより一般的な説明にも，一貫した概念的，観察的バイアスが含まれていたのである」[52]。「心理学理論と女性の発達」のなかの最後の「ライフサイクル」研究（「自己と道徳の発達」，1977～80年）は，ギリガンが行った３回の調査のなかで最大のもので，6歳から60歳までの144人の教育を受けた白人中産階級の老若男女に面接し，その発達の概念を調査して精緻化した。研究対象者たちは，自己と道徳の概念，精神的葛藤と選択の経験，架空のジレンマに対する判断について質問された[53]。

3 行き詰まる個人主義

ライフコース全体を通して，心理学理論は発達を分離のプロセスとして説明し，成熟を「個体化」または自己と他者の区別と考える。「発達理論をなす経路は，自己と他者の区別が増していくことを特徴とする道をたどりながら，幼児の依存から成人の自律へと導く」[54]。幼児期には，母と子の間の距離を測ることによってその成長がグラフ化された。次に，青年期研究の第一人者ピーター・ブロスは，ティーンエイジャーが父親から離れなければならない「第二の個体化過程」について語っている[55]。そして，レビンソン，ヴァイラント，グールドが記録した「第二の青年期」では，男性は妻との親密な関係を断ち切り，親密性と引き換えに功績を得るとしている。ゆりかごからキャリアまで，人間関係を終わらせていくことがアイデンティティとなったのだ。そうしないと，自己の発達が制限されるというのである。

ギリガンは，分離から個体化への軌跡がゆがんでいると主張した。アイデンティティと親密性は融合しており，相互に排他的ではない。発達には，自律性と同じくらい愛着が必要である。そう主張したのである。そして，継続的な関係の存在とその重要性を説明するために，女性たちに行った二度目の面接を使用した。女性たちは，自分自身について語ってほしいと求められると，母親としての将来像や，妻である現在の姿，養子としてもらわれた過去，過去の恋人といった立場と関連させて自身のアイデンティティを人間関係から描写した。医学生で大学の研究に参加していたクレア（大学卒業後は中絶クリニックでカウンセラーとして働いていた）は，「独りぼっちでは，物事にはほとんど意味はありません。片手で拍手するようなものです」。分離は虚構であり，「人間の道理に合いません。相互につながり合った現実のなかで，孤立している人間がいるというのは幻想です」

と話した[56]。女性は孤島ではない。

他人の欲求や意見に気をつかうことは，病的な状態ではなく，成熟した複雑な道徳観を表している。子どもから大人へと移行していくのにつれて，ケアをともなう活動は他人から認められたいという気持ちから解放される。他人を助けることと喜ばせることは区別され，責任の倫理は「個人の誠実さと強さを支える自ら選んだ錨（いかり）」となる[57]。利己主義を拒絶することは，道徳的，政治的な姿勢を示している。ギリガンはクレアの言葉を借りてこう説明した。「人にとって重要なのは集団なのです」[58]。人間関係に対する関心は（人の成長にとっての）欠点から人間的な強さに変わり，社会的なつながりは，（人間の発達の）障害物からアイデンティティのための際立った資源に変わるのである。

クレアの言葉は，補助的な報告や説明以上の効果があった。これまでの心理学理論は，「女性にとってだけでなく，人間の話としても間違っている」というのである[59]。クーンの用語を使うと，ギリガンの理論はそれ以前の発達理論の構造とは「通約不可能（または共約不可能）」，つまり共通の物差しで測れないものだった。「競合するパラダイムの提唱者は，異なる世界でトレードを行っている。……（彼らは）同じ方向に同じ一つの点を探しても，異なるものを見る」。有名なウサギとアヒルの錯覚のように，一枚の絵にウサギかアヒルのどちらかを見ることができるが，両方を同時に見ることはできない[60]。ケアと協力の倫理は，従来の心理学が重視してきた分離というものが不可能な理想もしくは「幻想的で危険な探求」であることを明らかにした。この倫理によって，個体化は「解離のプロセス」のように見えるようになり，孤立に近づき，「無関心や無頓着」や「つながることの難しさ」を示すようになった[61]。

この観点から見ると，「中年の危機」はある問題を示唆している。ギリガンにとって，レビンソンとヴァイラントが描いていたのは，他人から見ると問題のある個人的距離*5に生活していて，人間関係はその感情的な範囲に限られている男性たちだった。このような男性には友達がおらず，自分の妻について説明することすら困難だが，それでも自分の生活における妻の重要性は認識している(ギリガンも報告しているが，ヴァイラントは研究でこうした男性に，「自分が尋ねる最も難しい質問」として，「あなたの奥さんについて説明できますか」と尋ねている)[62]。このような男性は親しい関係を築く能力に欠け，ほかの人と交流したり，意味のあるつながりを形成して維持したりするのが難しい。この男性の危機は，「その適応の限界」，つまり新しいアイデアを取り入れる能力の限界か，あるいはおそらく「その精神的な損失」にある[63]。これは感情的,認知的欠陥の兆候であり,心理的な未熟さとある種の学習障害を示している。レビンソンとヴァイラントによる中年の危機の構築は，発達の過程ではなく停滞，さらには退化の過程を表していた。それだけではない。この過程は残酷で，悪質で，エゴイスティックだった。

ギリガンは,レビンソンとヴァイラントによる中年期の分離(別離)への賛美について取り上げた際に，同時代のフェミニストによる結婚と離婚に関する批判に加わった。ギリガンは，中絶に反対する議論を自分勝手で不道徳なものとして夫婦の領域に移し，長期的な関係を終わらせることは無責任であるとした。取り残される側の観点に立つと，男性の自己実現という英雄的な説明は，喪失，失望，「極端な心理的暴力」の物語に変わる[64]。男性は自分の人生を変えることによって，ほかの人々の人生を破壊するのだ。他者を犠牲にした彼らの自己実現は，作家バーバラ・エーレンライクの言葉として有名な「他者の主張からの孤立主義的分離」であり，「責任からの」利己的な「逃避」である[65]。

*5　人の心理的な距離を指す。密接な距離，個人的距離，社会的距離，公共的距離などに分けられる。

ギリガンにとって，男性の中年の危機は，道徳的判断の最も低い「前慣習的レベル」の主要な例だった。レビンソンとヴァイラントが取り上げる男性は，ほかの人間と視点を共有したり，社会的な視点を築いたりすることができず，個々の欲求から自己中心的に道徳の構成概念を導き出す。こうした男性は「～すべきだ」と「～したい」の違いもわからず，ほかの人々は彼の行動の結果に影響を与えるような力をもたないかぎり，その決定を左右できない。他人を傷つけたり，搾取したりするほど，生存が彼の最大の関心事になっているのである。中年の危機は，未熟さや道徳的後退の兆候だった。

女性は生活に関わる人間関係にはまり込みやすく，相互依存もしやすい。また，ケアの達成を優先しがちで，競争に勝って成功しようとすることとは相容れない。こうした傾向が，特に中年期の女性を個人的な危険にさらすというギリガンの観察は，アイデンティティと自己実現に対する女性の「視野の狭さ」を示していた。こうした観察は「女性の発達の問題というよりも，社会に対する論評だった」とギリガンは語っている[66]。ギリガンはシーヒーの『パッセージ』について触れなかったが，社会科学研究会議の研究グループの一員として，女性と中年期について検討した際には，成人の転換期という考え方を拒否した[67]。ギリガンの発達段階モデルには「第二の青年期」が入る余地はなかったのである[68]。

中年期の女性に起こるのは，それまで大事にしてきた親しい人々との決別ではない。レビンソンが取り上げた男性たちとは違い，女性たちは家族を捨てなかった。また，ケアを最優先することから功績を重視するほうへと切り替えることもなかった。ギリガンは，シーヒーが提唱する「セクシャル・ダイヤモンド」*6の根底にある両性具有的発想と，ジェンダー役割の逆転という見解を嫌い，「同時に男性と女性になる」のは不可能だとしている[69]。

ギリガンは，女性の人生は，中年期には以前から重視してきた特徴を深化させ，途切れることなく発展し続けながら，共感とケアの活動というテーマを繰り返すことに焦点をあてるとした。女性の経験は，継続的なつながりを通じて実現される成熟への道を描く。このような成熟の仕方については，かつてエリクソンが成人期の「ジェネラティヴィティ（世代継承性・次世代育成能力）」の概念として触れたが，説明しきれていなかった。エリクソンの理論は女性ではなく男性の生活史に基づいているからだとギリガンは言う[70]。エリクソンの発達段階理論と区別するために，ギリガンは古典的な表現を使い，「池に石を投げ込むと波紋が広がっていくように」女性を取り巻く社会的な輪と道徳観の広がりについて語った[71]。

真っ赤な表紙に白い文字でIN A DIFFERENT VOICE（『もうひとつの声』）と刻まれた小さな本が出版されたときには，学界ではギリガンを知らぬ者はいなかった。ギリガンにとって初めての著書だったが，それ以前に書いた同タイトルの論文はすでに古典のごとく引用され，追跡調査の論文「男性のライフサイクルにおける女性の位置」（1979年）もアメリカ女性心理学会から優秀出版賞を授与されていた[72]。1980年秋にギリガンがボストン・グローブ誌に，ハーバード大学出版局から発売されることになる本の内容について詳細を書いた時点では，原稿は完成したばかりだった[73]。『もうひとつの声』は，『現代心理学』『現代社会学』『サインズ』『季刊 女性心理学』などの著名な学術誌や，哲学，法律，政治理論，ソーシャルワーク，教育関係の雑誌の書評欄に広く取り上げられた。ギリガンの読者は，専門分野を超え，さらには学術界をも超えて広がった。『もうひとつの声』は，サイコロジー・トゥデイ誌（「なぜ女性は男性のようにならなければな

＊6　ホルモンの変化などで中年期に男女の行動様式が逆転し，女性はそれまでよりも積極的に，男性は優しく，傷つきやすくなる現象を指す。

By Amy Gross

Thinking like a woman

Why a woman can't be more like a man—and why that's just fine. An interview with Harvard psychologist Carol Gilligan, whose ideas about the differences between the sexes will change the way we hear—and understand—men, women, ourselves

Differences in the way men and women think, in their values, in their fears and strengths—right now, the dominating attitude about such differences is: ignore them and they'll go away. To be different is to be unequal. To be equal, women are out there in the real world, educating and reeducating themselves in the male style. Carol Gilligan is a voice for the other side. Female values move her, strike her s essential, particularly now. he flips old prejudices against men on their ears. She reframes alities regarded as women's knesses and shows them e human strengths.

Carol Gilligan started out with an entirely different purpose in mind, but she has returned from ten years of research with the discovery that men and women really are different. Different in the way they think, in their sense of morality, in the way they connect with other people. Different in their values, their fears, and their strengths. What is new about her discovery is her interpretation: to me, it has the charge of a revelation.

Right now, the dominating attitude about such sex differences is: ignore them and they'll go away. To be different is to be unequal. To be equal, women are out there in the real world educating and reeducating themselves in the masculine style. Carol Gilligan is a voice for the other side. Female values move her, strike her as essential, particularly now. She flips old prejudices against women on their ears. She reframes qualities regarded as women's weaknesses and shows them to be human strengths.

It is impossible to consider Carol Gilligan's ideas, I think, without having your estimation of women rise, without noticing a shift in the way you hear women and men, and judge what you hear.

Carol Gilligan is a psychologist at Harvard. She teaches adolescent and moral development in the Graduate School of Education; and, this month, Harvard University Press will publish her book *In a Different Voice*. She is forty-five, the mother of three sons ("They're old," she says, "fifteen, eighteen, and twenty-one"), and the wife of a psychiatrist. She finished her Ph.D. at Harvard between the births of her first and second sons, and spent years in what she calls women's "kitchen world"—an anthropological experience that primed her, perhaps, to hear the different voice she is now registering.

Essentially, what Gilligan is doing is including *women* in the study of *human* development. You would not think this a wildly radical thing to do, and yet it is. The image of the human—of the norm—in psychology and philosophy always has been drawn with the male as the model. Where women do not fit the pattern, we have been marked inadequate. This sounds irate—it is only accurate.

One of the assumptions in developmental theory, for example, is that maturing is a process of separation: a child is attached to its mother; an adult is independent and thinks for himself. The fact is, however, that women do not "separate." Their lives, even as adults, are embedded in relationships. Their identities are tied up with other people.

According to theory, this is a sign of women's immaturity. According to Gilligan, it is a sign of women's being in touch with reality—the reality that we are all connected and all interdependent.

Morally, the theory says, women don't reach the heights achieved by men. Freud said women have "less sense of justice"; and Lawrence Kohlberg, professor of psychology and education at Harvard, has been able to measure the extent of "less." His seminal idea is that moral development can be divided into six stages. The stages become, in effect, a scale by which individuals can be rated.

Begin with a child at stage one: his motive for being good is his fear of punishment. By stage three, the motive is a little loftier: one wants to help and please other people, to live up to their expectations, and to avoid their disapproval. At stage six—the goal of moral development—what other people want or think is subsumed to what is *right*. And how do you know what is right? You consult "universal ethical principles"—Kohlberg's phrase—like the golden rule.

Not everyone, of course, reaches stage six. Carol Gilligan, in fact, seemed to be stuck at stage three. Women as a group, in fact, tend to be stuck at stage three—answerable to people rather than to principles. This was, of course, worrisome for Gilligan and for her women students. When Gilligan finally began to describe the different voice—women's way of considering moral problems—she was answered, she says, by "an incredible response from the women students. They recognized in that description their own way of seeing. It was the part of themselves they'd hidden, because they thought they *should* be thinking the way Kohlberg described.

"You know"—Gilligan asks, and I do know—"how you can reshape your experience so you sound okay, knowing that if you said what you thought, you'd sound stupid?"

What Gilligan was describing was another moral system, with another logic. The highest moral value for women is not justice, as it is for men, but care. Kohlberg's six stages do trace the development of the concept of justice; *but*—there is more to morality than justice. There is mercy. There is care—what Erik Erikson, one of the giants in the field of developmental psychology, has called the great adult strength.

"Morality for a woman is being responsible to—being responsive to—oneself and others; as opposed to doing one's duty, fulfilling one's obligations," Gilligan said. Instead of the golden rule, the injunction for women is "to take care of people and to try to avoid hurting people," she says. And then she says, "I can hear my male colleagues laughing at that 'rule' as sentimental, naive, corny."

She is suggesting, of course, that the "rule" is respectable, honorable, valuable. She is suggesting that there is not one path to maturity but two—different but equally valuable. One path is oriented toward justice: morality is seen as a matter of rights and rules. The other path is oriented toward care: a moral dilemma is seen as a conflict of responsibilities, rather than a conflict of rights. Morality has to do with relationships—how you talk to people, how you respond to people: it's an everyday issue.

You can hear the difference between the two in the situation where Gilligan first heard it. She was listening, in 1975, to pregnant women considering abortion. None of the women made her decision on the basis of a general principle. In a later research project, Gilligan asked both men and women to consider one specific situation: was the woman right or wrong to have had an abortion? Men resolved the question with a broad ruling: for example, "Abortion is murder; therefore it's wrong," or, "The fetus doesn't acquire rights until birth; therefore, abortion is a woman's right."

Men, in other words, slotted the dilemma into a category, then applied a rule that would be true for all dilemmas in that category.

For women, on the contrary, the specifics of the situation rather than universals were important. A principle, in itself, was not *helpful* in making the decision.

"What women find helpful," Gilligan observed, "is to look into this situation—*this* pregnancy, with *this* woman, *this* child, and *this* man who may or may not be involved." The question for the woman was not so much "what is the *right* thing to do" as "what is the *responsible* thing to do."

"There is a real choice to be made," Gilligan said. "It's not a mathematical equation." There is a real child to be responsible for, and other lives, including the woman's own, to be responsive to.

"I don't have a huge sample," Gilligan says, "so I'm not making a great empirical statement—but, for the women I interviewed, the decision is never categorical. Whether you begin with George Eliot—who wrote that a moral decision requires a 'joining of the heart and the eye'—or by interviewing some women now, you'll hear that the moral way to a decision is to look at what's going on, to take into account as many aspects of the situation as you can."

She contrasts this "image of sight" with "the image of blind justice—standing separate and impartial."

• • •

I have been talking to Gilligan for several hours. I've read her book, her papers. It seems clear to me that she's describing a male morality and a female morality. And yet she refuses to use those terms. I ask her why she's hedging.

(Continued on page 333)

図6-1 1982年のヴォーグ誌5月号の記事で，ジャーナリストで作家のエイミー・グロスは，キャロル・ギリガンの『もうひとつの声』に対し，「女性の弱さとみなされがちな資質を再構成し，人間の強みであることを示した」と評した。©Duane Michals, Courtesy DC Moore Gallery, New York

らないのか」）に抜粋が掲載され，ニューヨーク・タイムズ・ブック・レビュー誌（「一貫して挑戦的で想像力豊か」という評）で議論され，ヴォーグ誌（見出しは「女性のように考える」）でも称賛された[74]。著名な批評家のエレン・グッドマンは，ギリガンの本を夏休みの推薦図書として1位に挙げている[75]。心理学者ヘレン・ヘイストは旅客機で大西洋横断中，ある旅行ツアーのグループが『もうひとつの声』について熱心に話し合っているのを耳にした[76]。

『もうひとつの声』は，性と生殖の権利に関する本として読まれることはほとんどなく，女性の公的な選択を理解するために広く読まれた。広告業界誌であるマディソン・アベニュー誌は，ギリガンに「女性がマーケティング担当者に求めるものは何か」と意見を求めた[77]。1984年のアメリカ合衆国大統領選挙の直前には，ワシントンDCで最も売れた書籍トップ10の1冊となり，レーガン大統領に対する女性の支持率が低い理由を説明するために引用された。女性たちは「面倒見がよい」強い政府に投票し，レーガンが主張する個人主義と自由市場には反対だというのである[78]。

ジュディス・バトラーの『ジェンダー・トラブル――フェミニズムとアイデンティティの攪乱』(1990年，邦訳：1999年，青土社)が出版されるまで，ギリガンの『もうひとつの声』はフェミニズム理論で最も多く引用された書籍だった[79]。全米ベストセラーとはならなかったが，1980年代末までに36万部，現在までに100万部近くが売れ，ハーバード大学出版局から発行された最も商業的に成功した本となった[80]。古典とも呼べる著作で，ほかの理論への回答としてではなく単独で読まれ，「ケア」と「女性がものを知る方法」に関するさらに独創的な著作が生まれた[81]。1983年に「ジェンダー・教育・人間発達研究センター基金」が設立されたことで，ギリガンは女性の心理と女児の発達に関する大規模なプロジェクトを継続することが可能になり，1993年の男女平等教育法の制定に影響を与えたといわれる[82]。ギリガンが大学教授としての終身在職権(テニュア)を得た1986年，レーガン・ブッシュ時代の保守主義の揺り戻しのなかで，アメリカ心理学会は，1970年代初頭に独自に採択した人工妊娠中絶の選択権をめぐる決議を再確認した[83]。

重要なのは，ギリガンの倫理学理論を評価するために，フェミニストの政治信条に同意する必要がなかったことである。ギリガンは個人主義よりも協力に重点を置いており，協力はその研究の中核をなす規準となる主張として読まれ，伝統的な発達心理学に対する彼女の「最も急進的な」挑戦と呼ばれている[84]。ローレンス・コールバーグは，彼の道徳的発達段階モデルは女性にはあてはまらないというギリガンの考えを無視する一方，ギリガンの道徳の再定義を道徳理論への彼女の「最も重要な」貢献とみなし，自らの道徳性発達の概念が「責任志向性」を含むように再定義した[85]。

発達心理学においては，ギリガンは協力と利他主義を重要な価値観とし，完全に社会的プロセスとしてアイデンティティ形成を定義し直すことに貢献した。乳児と子どもだけでなく，青年期もまた他者との関わりから学ぶという新しい概念は，この時期が分離の時期ではないことを示した[86]。心理学者たちはまた，1980年代に発達障害，科学研究の分野，健康政策の問題として知られるようになった「自閉症」の主な診断基準として，社会的共感性の欠如と人間関係の発達の失敗を用いた[87]。

アメリカの人々が疎外と社会の分断について長く不安を抱えてきたなかで，関係性の観点からアイデンティティを理解するというギリガンの見解は，自己と社会を調和させる現代的な試みとして世間の共感を呼んだ。「破裂（フラクチャー）の時代」*7には，レビンソン，ヴァイラント，グールドが「反抗的」で「内向き」の中年男性を描写する際に述べたように，社会に合わせることにわずらわされることが減る代わり，コミュニティの不在と人との関わり合いの欠如による不安が増す。こうした懸念を声高に表明したのが，社会学者のロバート・ベラーらによる，20世紀後半のアメリカ文化の中心的な解釈の一つである『心の習慣 —— アメリカ個人主義のゆくえ』（1985年，邦訳：1991年，みすず書房）である[88]。共著者の一人アン・スウィドラーは，親密さの研究で，愛とは「人生にたった一度のクライマックスではなく，継続的なプロセス」だと述べている。スウィドラーの観察によれば，仕事と結婚相手の選択を終えたあとも，落ち着く人はほとんどいない。むしろ，アイデンティティと愛の探求は人々の継続的な関心事となり，愛は「アイデンティティのるつぼ」となる，という[89]。

現代のセラピー本や自己啓発書もまた，対人関係の質に対する懸念の高まりを示している。妥協と適応は不可欠なものとみなされ，自信過剰は攻撃される。これは多くの場合，1970年代の「精神文化」への攻撃として示された。社会学者から世論調査アナリストに転向したダニエル・ヤンケロビッチは，自己の願望成就の探求について批判するなかで，「自己は完全に自律的で，孤独で，完結していて，『自分で創造』できる」と考えるのは「根本的な誤謬（ごびゅう）」だと非難した[90]。親密さこそがアイデンティティの発達の中心だった。自己は，心理学者ケネス・ガーゲンの言葉を借りると，「人間関係のなかで創造され，再構築される」ものである[91]。この観点からすると，中年の危機は精神的な健康の印とは見えない。

しかし，批判もあった。その後の調査研究におけるギリガンの「利己主義の問題への没頭ぶり」に憤慨している人間，客観的な基準，勤勉さ，「男性」としての完璧さの追求を軽蔑して「女性的な」ケアと深い思いやりを主張するギリガンを攻撃した人間は，『ナルシシズムの時代』でシーヒーを叱責したクリストファー・ラッシュだけではなかった[92]。『もうひとつの声』はとりわけ，フェミニストの間で物議をかもしたのである。フェミニストの学者の多くは，ギリガンが研究協力者との対話を分析する際の中心となっている性差の概念に賛成できなかった。彼女のケアの概念は，女性ではなく企業の再建に必要なものとしてならば理解できる，というのである[93]。それでも，心理学者マティナ・ホーナーが「成功への恐れ」*8と呼んだ心理や自己疑念を女性が克服するのを助けようとする人々に対抗して，ギリガンがケアを重視し，達成を批判していることは，「女らしさとキャリアは相反するものだ」と示唆するメッセージとして女性たちに受け取られたのである[94]。

---

*7　20世紀最後の四半世紀，レーガン・ブッシュ時代を扱った同名の歴史書の引用と思われる。
*8　女性は達成課題に対して不安感情や遂行の低下を示すという観察から，成功することへの恐怖をもっているという考え方。

サインズ誌が1986年に学際的なシンポジウムを開催したとき，著名な心理学者エレノア・マコビーは，多数のフェミニストの学者や作家たちの考えを代表して，ギリガンが伝統的なジェンダー役割を強化したと批判した。「女性たちは，ジェンダーのステレオタイプを真実として直感的に受け入れようとする人々の意欲によって，何世代にもわたって閉じ込められてきた」と警告した。心理学の定量的研究への傾向を代表して，マコビーは「男女で完全に異なる人間的な思考，行動，または感情の領域は存在しない」ことを示す統計的アプローチを示した[95]。

マコビーの批判を聞いた人々は，彼女に賛同した。法制史学者リンダ・カーバーは，以前にギリガンの主張を別の領域の教義として聞いたことがあるという感覚に「悩まされている」と感じた。カーバーは，ギリガンの研究には，「ロマンチックな過度の単純化」と修正主義，女性の神秘と「家庭の天使」の世界への回帰というリスクが内在していると指摘した。ヴィクトリア朝時代の作家ヴァージニア・ウルフは，「自分のなかにある自己犠牲的な女性像，つまり『家庭の天使』を殺さなければ，職業人としての作家にはなれなかった」と語っている[96]。人類学者のキャロル・スタックは，ギリガンが「普通の」家族として引用した家族構造を人種差別的であると批判し，『もうひとつの声』は社会的，文化的な違いを超越した普遍的なカテゴリーに属する単一的な女性像を想起させると述べた[97]。1980年代半ば以降，ギリガンの研究に対するフェミニストたちの評価で際立っていた本質主義*9は，『もうひとつの声』に対する主要な議論となったのである[98]。

その議論は，特に大学では継続的に直面する問題と関連して続けられていたが，批評は，ギリガンの本が古典になったという事実を証明した[99]。それらの批評はまた，1980年代に定義されたフェミニズムの，相違と本質主義についての激しい議論を反映していた[100]。1985年頃，女性の違いを称えることとは異なる「女性文化」についての議論が高まり，当時世界最大の小売業者であり，国内最大級の女性の雇用主だったシアーズ・ローバック社に対して，雇用機会均等委員会が6年前に提出した画期的な性差別事件において証言として悪用された。

1973年に雇用機会均等委員会が開始した調査により，シアーズの女性差別の主要なパターンが明らかになった。従業員の半数強を占める女性は，同社の管理職にかなり過小評価されており，販売店で歩合制ではない，つまり自分に権限のない低賃金の販売職についている人が77％を占め，権限のある歩合制の販売職に就いている人は23％にすぎなかった。不釣り合いなほど多くの女性がパートタイムで働き，昇進しても同一労働同一賃金を拒否された。シアーズは，自社の雇用と昇進の基準を擁護し，女性に非常に多くのパートタイムの仕事を提供することで，女性を制限するのではなく，受け入れていると主張した[101]。

1984～85年に訴訟が起こされたとき，バーナード大学の歴史家ロザリンド・ローゼンバーグが被告側の証人として，ホフストラ大学のアリス・ケスラー＝ハリスが原告側の証人として証言した。ローゼンバーグは，女性たちが家庭への配慮から非競争的で低賃金の仕事を選んだと主張し，シアーズの雇用と昇進の慣行を擁護した。ケスラー＝ハリスは，このような差別が制度的，社会的に根づいていると反論した。1986年にシアーズを無罪とした裁判官は，「女性は男性よりも職場での社会的，協力的側面に関心をもつ傾向がある。女性は自分たちの競争力が低いと考える傾向もある。女性たちが，自分に権限のある販売よりも権限のない販売のほうが魅力的だと考えているのは，この仕事のほうが就きやすく辞めやすいのと，ストレスが少ないからである」というローゼンバーグの意見を採用した[102]。

しかし，ローゼンバーグを非難することは，この孤独な歴史家の影響を

＊9　実存の重要性を認め，価値的本質を重視する立場。

誇張することになるだろう。カーター政権下で開始され，レーガン政権の間に裁判にかけられたシアーズ事件は，民主党政権から共和党政権への移行による連邦政策の再配置の影響を強く受けた。このような政策変更に照らして，ローゼンバーグの証言の重要性は，研究の扱い方について学界で引き起こされた議論にあった。1985年12月，アメリカ歴史学会，その女性史会議グループ，歴史専門家の女性調整評議会は，この事件に応じた決議案を可決した。フェミニスト・スタディーズ誌は1986年の夏に批判的な解説を発表し，サインズ誌はローゼンバーグとケスラー＝ハリスの法廷証言録取を記録文書として保管した[103]。

広く知られた著作である『もうひとつの声』は，フェミニスト認識論をめぐる議論のきっかけとなった。ギリガンが自分への幅広い支持を背景に男女の性差に焦点をあてているという批判は，アンチ・フェミニストの批評家がギリガンに「自律性は女性にとって不自然で不健康だ」と主張するなど，フェミニズムの考え方を取り入れることに対して世間の懸念が高まっていることを反映していた。専門家として成功するために，ギリガンは「精神的な代償」を払わなければならなかった[104]。

ギリガンは，「『もうひとつの声』は理論に関する本」だと反論した。サインズ誌のシンポジウムで，ギリガンはこの本を通じて男女の性差を再確認しようとしたのではなく，自己と道徳について再考しようとしたのだと説明した。「（批判されている性差に関する）本は，私が書いた本ではありません」とギリガンは言った。「批評家のなかには，この本の内容は多くの女性にとって『直感的に』正しいように見えるが，心理学研究の結果とは相容れないと言う人もいる。それこそまさに，私がつくり出した論点であり，私が突きとめようとした違い，つまり心理学理論と女性の実際の体験との不協和音なのです」[105]。『もうひとつの声』の仮説は，これまで女性を研究モデルから除外してきたことによって，社会科学は自己と道徳の概念を構成するもう一つの方法を見逃したことを示した。それが，研究の要となる言葉に込めた意味だった。「もし私が女性の声について書きたかったのなら，私はこの本を『もうひとつの声』ではなく，『女性の声』と名づけていただろう」と，ギリガンはほかの場でも主張した[106]。

ギリガンの作品を男女平等に対するアンチテーゼとして示し，彼女とほかの差異派フェミニストが「不運にも」「袋小路に陥っている」としてフェミニズムの歴史から除外することは，科学史学者ロンダ・シービンガーの言葉を借りれば,「女性と科学の両方にとって有害だった」。これは, 1980年代のフェミニズムが終焉を迎えたという認識を広める結果となった[107]。しかし，ギリガンのジェンダーの概念に同意しなかったフェミニストの心理学者でさえ，男性の中年の危機は否定していたのである。

4 スーパーウーマンにも生活がある

「中年期の研究を女性から始めていたら，中年の危機は私たちの語彙の一部にはならなかっただろう」。そう宣言したのは，心理学者のグレース・バルークとロザリンド・バーネット，ジャーナリスト兼科学記者のキャリル・リヴァーズである。彼女たちの共著『ライフプリント』(1983年)は，仕事をもつ女性の幸福に関する研究をまとめたものである[108]。この本によると，中年期に不満を抱き，人生を変えたいと望む女性はほとんどおらず，女性たちは代わりに安定性，達成感，満足感が増していくのを実感しているという。

『ライフプリント』は，レビンソンの『ライフサイクルの心理学』に最も直接的に反論した1冊として，表紙デザインもこの本に近づけている。同書は，女性の経済的な進出に反発する主な神話にも対応している。たとえば，女性は「すべてを手に入れ」ようとはせず，仕事と家庭生活を両立させようとする。女性は専門家，妻，母親といった複数の「相反する役割」を演じようとすると，「スーパーウーマン症候群(シンドローム)」になることがある。過大で非現実的な要求の予測可能な結果として，ストレスや倦怠感，罪悪感，失敗といった症状が生じるのである。女性はかつて仕事への願望と子どもを産み育てたいという願望のどちらかを選択することを強いられた。『ライフプリント』の著者たちも，ギリガンと同様，女性の経歴によくある「難しい選択」や葛藤を重ねてきた。「愛」と「仕事」は女性にとって相互に排他的なものではない。両者を損なわずにうまく組み合わせることで，幸福感も高まるのである[109]。

1980年代には，高所得で社会的地位の高い仕事に就いている男性に見られる，ストレスや心臓発作などの仕事に関連する病気が女性にも見られることが明らかになった。研究者やジャーナリストも，専門職の女性たちの間で燃え尽き症候群が増えていると報告している。1981年にスタンフォード大学が行った調査の結果，女性たちのほうが男性よりも苦しんでいることを示す典型的な回答が得られた[110]。すべてを手に入れたかのように見える「上品で有能で自信にあふれた」女性が，「頭痛，潰瘍（かいよう），胸痛，吐き気，そしてしつこい破滅感にとらわれている。その眠りは断続的で休まらず，頭のなかでその日の出来事をあれこれ思い描いてしまう。喫煙したり，飲酒をしたり，薬を飲んだりして，寝たり起きたりを繰り返す」。専門職の女性は「次世代の脱落者」になってしまうのだろうか[111]。

こうした新しい発見によって，職業上のリスクに関する研究の対象に女性を含めるという，一定の効果がもたらされた。しかし，「企業のなかの男性と女性」の研究の第一人者であるロザベス・モス・カンターが指摘するように，組織の研究助成金は常に「組織の男性」に焦点をあてており，生物医学研究は心血管疾患に関する主要な研究の対象から女性を除外していた[112]。1960～70年代，ストレスは男性では過労に関連づけられていたが，女性の場合は仕事量の少なさ，つまり月経周期に関連づけられていた。男性の場合は過労によるストレス，女性の場合は月経周期ゆえの仕事量の乏しさからくるストレスというように，仕事とそれに伴う病理が，確立されたジェンダーの概念に従っていたのである[113]。女性とストレスに関する研究の出現は，生殖とは無関係な女性の心身の苦痛が存在するという新しく重要な認識を示した。こうした認識は，それまでの生殖一辺倒からより一般的な女性の健康問題を対象にするように転換を推し進めた女性健康研究協会（SWHR）の創設者フローレンス・ハセルティンなどの女性の健康擁護者によって支持された[114]。

ストレスにまつわる物語は，女性を仕事に適さないものとして描写し，家庭外での責任を病理化し，女性に職業的・専門的な進歩が見られないのは組織のせいではなく女性自身のせいだと非難するためにも利用される。病気と欠勤のパターンに関する研究は，仕事と家族の責任の間の「役割葛藤」と「忠誠心の分裂」，そしておそらく「体質的な」情緒不安定のために，女性が特にストレスに陥りやすいことを特徴としていた[115]。このような背景で新しい発見について読んだフェミニストの学者や作家は，働く女性への攻撃に対して警告した。キャリル・リヴァーズは，ロサンゼルス・タイムズ紙で発表した解説記事で警告し，その記事はその後も繰り返し転載された。「完全な平等を求める女性の意欲に対して出現する，新たな種類の『揺り戻し』がある。その揺り戻しも，最近ではうなり声ではなく，ため息となった。その新しいメッセージは，『ああ，かわいそうに！　あなたはそんな問題を抱えている。私たちはあなたを助けたいだけだ』」。リヴァーズは，新しい「恐怖の物語」は女性を家に，あるいは低レベルの仕事につなぎとめることを目的としていると主張した。キャリア女性に対する同情は「ワニの涙（うその涙）」であり，「女性は会議室に入るな。それはあなたの健康に悪い」という古いメッセージを隠すために流布されたと述べた[116]。これとは対照的に，『ライフプリント』の調査では，仕事が女性の幸福を増進することが示されている。

ウェルズリー女性研究センターを拠点とするバルークとバーネットは，女子学生のキャリア達成に向けた計画の立て方と姿勢に関する専門家だった。バルークは発達心理学者であり，バーネットは個人開業の臨床心理士だった[117]。二人は以前，「女性のキャリアプランと成功への道筋と壁」という研究論文で協力したことがあった。共著として出版された『有能な女性 —— 発達の視点から』（1978年）は，このテーマに関する研究の概要と，差別が存在する領域，親，教育者，女子学生自身が使用できる前向きな社会的変化と戦略について説明している[118]。その後，一般書として出版された『砂糖とスパイスを超えて —— 女性はどのように成長し，学び，成功するか』

（1979年）はリヴァーズも加えた三人の共著で，女性の性的役割の社会化に関する研究を，女児の育児マニュアルに統合した[119]（この本では親に，女児のチームスポーツへの参加，組み立てや科学に関連したおもちゃの使用を奨励するようにアドバイスしている）。こうした共同研究は，ほかのフェミニストの社会科学者や作家によっても行われた。科学的権威とジャーナリズムのスキルを組み合わせてより幅広い聴衆に到達し，影響力を高めるための意識的な努力の結果だった。フェミニストの研究は，よく引用される現代のことわざを用いれば，「女性に関する研究ではなく，女性のための研究」であり，ジェンダー役割を変革するために使われたのである[120]。

『ライフプリント』は，女性のライフコースに沿って描かれた。40歳前後の女性に焦点をあてることで，20代から30代前半の教育を受けた女性たちに，人生設計の一連の「青写真」を提供し，情報に基づいた選択を行えるようにすることを目的としていた。バルーク，バーネット，リヴァーズは，専業主婦の妻と母親の生活パターンから逸脱することに対する女性たちの不安を払拭しようとしていた。実際の40歳前後の女性の生活を知ることによって，結婚しなくても孤独で哀れな「オールドミス」になることはないことがわかる。結婚して子どもがいないまま，出産適齢期を過ぎても後悔することはないこともわかる。精力的なキャリアが「燃え尽き症候群」につながることも，キャリア女性，妻，母親の組み合わせが初期の血栓症につながることがないこともわかる。しかし，35歳を過ぎた女性が一度失ったキャリアへの足がかりをつかむことが困難なのは紛れもない事実だった[121]。

この本は，バルークとバーネットの「中年期の女性」に関する研究に基づいている。これは，アメリカ国立科学財団が研究資金を提供した主要な調査研究で，35～55歳（平均年齢44歳）の約300人の女性から聞き取り調査をしている。二人の心理学者は，女性の人生の最盛期の始まりを祝う気持ちを反映して，中年期を職業上の達成の時期とみなしている。したがって，仕事と成功のパターンを理解するうえで，それ以前の形成段階よりも重要である。「この時期は，ほとんどの女性にとって，人生の主要な側面は安定したパターンに落ち着いている。私たちは成人女性の生活パターンを研究することが目的だったので，女性の人生全体のなかで最も典型的な時期を調べる必要があった。私たちは，若い成人期の危機を超えたその先へ進みたかったのだ。その若い成人期には，女性はキャリアの選択や，誰と結婚するか，子どもを産むかどうかなどの決定で頭がいっぱいなことがよくある」[122]。

『ライフプリント』の研究は，専門職の女性の人間関係や問題を研究するものではなく，その職業生活と幸福に関する調査だった。バルークとバーネットの研究モデルはボストン大都市圏の一部，ブルックラインに住む女性に限定され，子どもがいる場合といない場合の既婚女性，離婚した母親，未婚の女性（子どもがいないという前提）が含まれていた。子どもがいる既婚女性という対照群を除いて，全員が仕事に就いていた。参加者の経済状況はさまざまだったが，レベルの高い仕事をしている女性が研究モデルのかなりの部分を占めていた。平均的な教育レベルは14年（高校２年以上）であり，多くは高い学位を取得していた[123]。バルークとバーネットは研究モデルの多様性を強調しているが，大学教育を受けた専門職の女性が研究の中心であり，ほかのサブセット（小集団）は比較対照のために使われていた。

バルークとバーネットの調査は，雇用と家事に関する質問で構成されていた。既婚，離婚，独身，子どもの有無，報酬や喜びに関する質問と，困難や厄介な問題に関する質問とのバランスをとりながら，明るい調子で尋ねていた。質問には，「仕事ではどれくらい幸せか」「結婚生活で問題になっていることは何か」「子どもをもつことについて，どう思うか」「独身でいることのよいところは何か」などが並んでいた[124]。1970～80年代に，フェミニストの心理学者たちが幸福と健康に関する調査を行ったのは，核家族を構成しない女性たちについての否定的な固定観念を払拭するため，そして彼女たちへの政治力を高めるための戦略を考案する基礎とするためだった。心理学者でカウンセラーのジュディス・ウォレルが説明したように，これまで当然のこととして考えられてきた女性の精神的健康の前提から始めて，焦点を「女性の内面の病理から，恐怖とリソース（資質や方策）不足によって女性を監獄に押し込め続けるシステムの病理に」向け直そうとしたのである[125]。たとえば，シングルマザー家庭に関して，ウォレルは「壊れた家」が子ども（特に男の子）に与える影響から，家族の能力と強さの領域に焦点を移し，貧困，孤立，社会的支援の欠如を含むシングルマザーの生活と育児の機会に影響を与える変数を特定しようとしている。また，配偶者による虐待に関する研究は，「なぜ女性は配偶者から逃げ出さないのか」という質問から別の質問に再構成された。「なぜ一部の男性は妻を殴るのか」「女性が逃げることを妨げる障壁は何か」という具合である[126]。

バルークとバーネットは，女性の親密な人間関係に関するメンタルヘルス研究に焦点をあてることを批判し，代わりに女性が公的役割や専門的な役割をもつことのメリットに焦点をあて，結婚して子どもをもつことのメリットに関する「神話」を払拭しようとしている[127]。最終的に，彼女たちは女性たちに，自分の幸福に貢献したものは何か，社会の重要な一員としての自分に満足した理由は何か，自分に自尊心と人生の主導権をもたせたものは何か，などについて尋ねた。

バルークとバーネットは，女性の健康，満足，自尊心を向上させるのは，複数の役割の組み合わせであるとし，役割がエネルギーを消耗させるという考えに反論している。後者の考え方は，女性が担う役割が多ければ多いほど，その女性のエネルギーは少なくなり，女性はより多くの葛藤を経験し，その幸福に悪影響を与えるというものである。職場での男性の行動を説明するために1960年代に開発されたこの「欠乏仮説」は，女性は家庭における役割を担いたいと強く望んでいるという前提で，その生活にあてはめられたため，女性には職場で求められることに応えるための資源や方策が限られていたと説明する[128]。

対照的に，バルークとバーネットは，複数の役割をもつことのメリットを主張し，「波及効果」理論を確認し，改良している。これによると，複数の役割は身体を健康にし，人生に満足させ，落ち込むことを減らす可能性を高めてくれる。すでに複数の役割をもつ現職者の場合も，特権を獲得し，自尊心や社会的認知，名声，金銭的報酬が増加することは，さらに役割を追加するコストを相殺する以上のものがあるというのである[129]。1970年代には，役割の拡大が男性の幸福を改善することが示されていた。バルークとバーネットも，担う役割の数と女性の心理的幸福の間の正の関連性を裏づける取り組みに貢献し，複数の役割への関与は女性たちの精神的，生理学的健康を高めることを示した[130]。

幸福の前提条件として複数の役割に関与することについて，二人の心理学者は，女性の心理的健康と幸福のためには，役割の質的側面（特に仕事の世界における自律性，複雑さ，影響力）も重要だと強調している。確かに，この研究の結論の一つは，母性が主な苦悩の原因であり，仕事が幸福のカギであるということだった。バルークはニューヨーク・タイムズ紙のインタビューで次のように説明している。「最高の幸福感は，高レベルの仕事をもち，母親であり，結婚している女性のなかにある。これらの複数の役割を両立させることは，女性にストレスを与えない。仕事は，子育てにはない達成感を与えるので，母性のストレスに対する緩衝剤となるようだ」[131]。

「スーパーウーマンは生活しながら空を飛ぶ」と，ヴォーグ誌の科学記者であるスザンヌ・フィールズは，バルークとバーネットが研究結果を発表したときに宣言している[132]。『ライフプリント』の著者たちはもともと論争の的であるスーパーウーマン像に批判的だったが，逆に人間的にするかたちで利用した。女性たちに「家事にこだわりすぎない」ように助言し，家事を減らし，夫に手伝ってもらうことで，「スーパーママ」という考え方に挑戦した[133]。女性がどちらか一つを選択しなければならない場合，バルークとバーネットは「夫ではなく，レベルの高い仕事を選びなさい」とアドバイスした[134]。

『ライフプリント』研究の最も重要な発見は，キャリアウーマンたちが幸せだということだった。彼女たちに中年の危機はなかった。バルークとバーネットは，落ち込んでいる女性，自尊心が低い女性，生活がうまくいっていないと思っている女性とも出会ったが，そういう女性には専業主婦や低賃金労働者が多かった。だが，専門職の女性たちは満足していた。彼女たちの幸福は年齢によって損なわれることはなかった。男性の中年の危機を定義する動揺，抑うつ，不安を経験することはめったになく，停滞感を覚えたり，人生を変えたいと話したり，期待に反する成果を査定したりすることもなかった。実際，多くの女性たちは，中年期が「若い頃よりもはるかによくなっている」ことに気づいていた[135]。

振り返ってみると，働く母親たちは仕事と家庭生活を組み合わせる決心をしたことを後悔していなかった。バルーク，バーネット，リヴァーズの三人は，「中年期に至福の時がやって来る」という発見が，幼い子どもたちと仕事の重圧の板挟みに苦しみ，仕事を辞めたくなったり，キャリア目標を縮小したくなっている若い女性たちを励ますことができるように願った。なんとかがんばって仕事を続けてきた女性たちも，家庭と仕事の綱引きが激しかった若い頃のほうが多くのストレスを経験していたはずだ。それでも，仕事を続けてきたことによって，「成熟期にはるかに順調な航海をする」チャンスに恵まれた[136]。「スーパーウーマンは生活しながら空を飛び――中年になっていた」のである。

5 変わる女性，変われない男性

バルーク，バーネット，リヴァーズは，ストレス研究の観点から中年の危機の意味を見直している。彼女たちはギリガンと異なり，発達段階理論を再定義しようとはしなかった。三人は中年の危機の意味をフェミニスト的な解釈に戻したり再定義したりするのではなく，ライフコース理論そのものに異議を唱えたのである。彼女たちの主なターゲットはレビンソンだったが，批判の眼はシーヒーの『パッセージ』にも向けられた。三人は『パッセージ』を『ライフサイクルの心理学』の普及版だと誤解していたのである。「ゲイル・シーヒーの作品はレビンソンの『ライフサイクルの心理学』に基づいている。この二人の著者から生まれた最もよく知られている概念の一つは，40歳前後に否応なしに起こる『中年の危機』である。この危機を経験しなかった人は，自分が正常かどうか疑問に思うかもしれない。だが，（私たちの）個人的な経験からも，方法論的な関心からも，こうした『中年の危機』のモデルが女性にあてはまるかどうかは疑わしい」[137]。

バルーク，バーネット，リヴァーズは，データの解釈の仕方だけでなく，「人間に関する事柄に，自然という権威をもち込む*10」ことに根本的に疑念を抱いていた[138]。三人は，ジェンダーの反本質主義的な見方*11に傾倒しており，生物学的な年齢と社会の変化によって，女性の問題は自然に解決するというレビンソンの見解に懸念を感じた。そして，発達段階理論はフェミニストの理念にとって有害だとみなしたのである。バーネットとリヴァーズは，のちにギリガンの最も激しい論敵となり，『同じ違い（訳注：大して違わない，の意）』（2004年）という本では，男女の性差についての議論でフェミニストと保守主義者を区別することは不可能だと主張している[139]。

『ライフプリント』のなかでバルーク，バーネット，リヴァーズは，女性に中年の危機が存在しないのは女性運動の成果だとしている。1950年代と70年代の心の健康に関するデータを比較すると，社会が変化したことによって，女性が加齢にうまく対処できるようになってきていることがわかった。「女性運動は，女性に以前よりも制限なく自分自身について考えることができるようにしただけではない。それはまた，（女性にとっての）機会に真の変化をもたらした」[140]。女性の役割についての考え方が変わり，その自由度は増した。女性たちも労働力に加わり，そこにとどまるようになった。しかし，女性の幸福が社会情勢につながっている場合，女性たちが闘うことをやめて女性運動が獲得してきたものが失われると，自信や楽観的傾向，満足感のすべてが失われる可能性がある。

バルーク，バーネット，リヴァーズは，『ライフプリント』の調査で，「自分の生活に起こっていることを社会的，政治的な観点から考える女性はほとんどいなかった」と報告している。ほとんどの女性が，「女性運動は私個人にはあまり影響を与えていない」「あの騒ぎは何だったのかよくわからない」と答えていたからである。若い頃よりも現在のほうが幸福である理由についての最も多い説明は，実年齢と関連づけたものだった。「35歳になったから」「40歳になると，自分がどういう人間かがわかるようになる」「50歳になったことが違いを生んだ」というのである。当時女性に門戸が開かれたばかりの職業に就いている女性たちでさえ，自分たちの成功とフェミニズムを結びつけることはなく，個人の努力による成果だと主張していた。社会の変化を自分たちが新たに見つけた誇りと満足に結びつけることができず，年の功によるものだと思い込んでいるのである[141]。

---

*10 レビンソンの発達段階説は，人生を四季にたとえている。
*11 同一ジェンダーでも人種，階級，宗教，民族などによって体験や特徴は異なるという見方。

『ライフプリント』の著者たちは，人の幸福度は，発達段階理論が示すような，年齢から予測できるものではないとしている。代わりに，社会的，政治的な変化が幸福度に影響を与えたのだという。「専業主婦として20年過ごしたあとに再就職する40歳の女性と, 教員として働いている大学で終身在職権（テニュア）を求めて闘っている40歳の独身女性が取り組む生活上の問題はまったく異なる」。同様に,「会社が倒産して失業したばかりの50歳の男性と, 同じ境遇にある35歳の男性が直面している心理的問題は, 別の会社で副社長に任命されたばかりの50歳の男性よりも似通っている可能性がある。また，大恐慌の真っただ中にある35歳の失業者と，1960年代半ばの35歳の失業者を比較研究した場合にも心理的にかなり異なっているだろう」[142]。

確かに多くの人々が, レビンソン（およびシーヒー）が説明したような心理的問題に直面しているが, 年齢は関係ない。『ライフプリント』を研究した女性三人は, 中年期よりも20代前半のときのほうが精神的に安定せず不安を抱いているとして，若い成人期の高いストレスレベルに関する古典的な社会学的研究を確認した。若い成人は，幼い子どもたちの相手をし，自律の問題に取り組み，増えつづける物質的欲求と収入の格差が大きい人生の段階にあり，とりわけ経済面で脆弱である。また，ハーバード大学経営大学院の未発表の研究によると, 30代前半の男性でも中年期のものとされる問題に苦しむことはあり，「これまでの人生には価値はあったのか」「残りの人生をどうしようか」と自問している[143]。

さらに，結婚，出産，更年期，子どもの独立など，女性の人生において予測可能な「転機」は，『ライフプリント』に登場する女性たちの人生にはほとんど影響を与えていなかった。妊娠・出産など生殖に関わる出来事に関連するこれらの移行期は，女性は妻であり母親であることが幸福で，子どもがいるときが最も幸せで，子どもが巣立つと落ち込み，更年期が女性としてのアイデンティティをおびやかすという旧来の価値観を示している。しかし，実際に調査した結果，結婚を人生の転機ととらえていた既婚女性はわずか20％だった（しかも，その半数は否定的なものとしてとらえていた）。女性たちはこうした節目となるできごとを予測して，それらがいつ発生し，どのようなものになるかについて何らかの考えをもっている。そのため，変化に左右されることなく，対処する心の準備ができているのである。

しかし，「中年の危機」が加齢と関係していないとすれば，どのように説明できるだろうか。バルーク，バーネット，リヴァーズは，ギリガンと同様，安定性，継続性，生活手段の維持という観点から，中年の危機をとらえ直している。1980年代，ストレスは健康状態の悪化や不幸の表れであると同時に原因であるとみなされ，ストレス理論という新しい「社会理論」が登場した。ストレスは「社会秩序の性質についてさまざまな考えの複合体を生成し，組織化する方法」の一つとなった[144]。ストレスの存在を，幸福，健康，経済の安定の達成可能性への懸念を明確にし，検証する手段とするのである。これは，変化していく世界における個人の心のバランスや安定，回復力を重視することにもつながる。ストレスを社会の変化に結びつけ，文化を健康に結びつけることによって，バルーク，バーネット，リヴァーズは中年の危機を個人病理，社会病理に変えた。

『ライフプリント』で調査対象になった女性たちが人生の転機として最も多く挙げたのは，離婚，突然の転職，自動車事故，親の早世などの予期せぬ出来事だった。こうした「ライフイベント（人生の出来事）」はほとんど予測不可能なため，心の準備をしたり，しかるべき時期を念頭に置いたりすることができない。人生のプランニングに失敗し，期待が打ちくだかれると，危機が起こり，その後の人生に決定的な影響を与える可能性が高くなる[145]。

社会事業とコミュニティの研究に根ざしたライフイベントの概念は，社会的な状況が心の健康に及ぼす影響を重視している。ただし，ストレス研究が個人の性格と認識の役割を重視したのとは対照的に，ライフイベントの研究は精神的な健康を社会的困難に関連づけ，個人がストレスに対してどう評価し，反応するかということよりも，出来事や状況そのものに注目する。ライフイベントの研究は通常，ストレス研究のような対処法や個人的な適応を目的としたものではなく，政治改革や職業改革の計画を立てることを目的としている。1960年代，シアトルを拠点とする精神科医のトーマス・ホームズとリチャード・レイは，精神障害の発症が個人的および経済的状況の変化に関連していることを発見した。「心理社会的な生活の危機」を個人の健康，職業の変化，経済的困難に関連づけた，「ホームズとレイの社会的再適応評価尺度」(1967年)は，いまだに影響力をもっている[146]。1970年代には，ニューヨークの社会心理学者バーバラ・ドーレンウェンドと精神科医ブルース・ドーレンウェンドが，複数の都市コミュニティを調査した結果，社会不安の蔓延(まんえん)は個人の気質や性格ではなく，社会状況に起因するものであることを示している。ストレスは社会経済現象だったのである[147](訳注：ドーレンウェンドの心理社会的ストレスモデルと呼ばれている)。1980年代になると，ライフイベントの研究には，配偶者間の立場の違い，性的役割の葛藤，子どもや年老いた親の世話，仕事の過重負担と過少負荷など，仕事や婚姻関係にまつわる要求に特に焦点をあてた日常の出来事，言いかえれば「日々のわずらわしさ」が含まれるようになった[148]。

心理社会的視点を採用することにより，バルーク，バーネット，リヴァーズは，女性と男性それぞれの中年の危機の意味を再構成した。ライフイベントへの反応として，中年の危機は従来のジェンダー役割の継続がもたらす社会経済的な問題を示している。「古い性的役割は拘束衣として機能することが多く，男性と女性が最も『適応的な』方法，つまり目の前の状況に対処するために最も効果的な方法で行動することを妨げている」[149]。

バルーク，バーネット，リヴァーズは，専業主婦のライフパターンに付随する危険性と不安について警告することで，著書『ライフプリント』を締めくくっている。キャリア女性にとって人生のクライマックスである中年期は，専業主婦の女性にとって大きな不安の時期である。主婦という役割は簡単に罠になってしまう。離婚，配偶者の死，経済的必要性，または個人的，社会的条件の変化に対して，専業主婦の女性は持ちこたえられない可能性があるというのだ。

バルークとバーネットが以前の分析『有能な女性』で指摘したように，妻や母親として伝統的な生活を送ってきた女性は，中年期のさまざまな個人的および社会的変化に対処する準備が整っていないことがよくあった。子どもたちの独立心の高まりなどの予測可能な出来事に直面し，代わりとなる関心の対象やスキルを見つけることができた人もいた。「しかし，配偶者の失業や死，離婚など，予測不能な出来事に出し抜かれる人もいる」。女性はこれらの出来事により，それまでに確立された生き方を見直すことになり，金銭的・経済的自立への欲求や必要性が生まれた。しかし，専業主婦だった多くの女性はまず自信のなさに悩まされ，目標を達成する手段をもっていないことに無力感を抱き，「外で働くという新しいプロジェクトを成功させる能力だけでなく，家族から『利己的』と思われる可能性のある計画の正当性」にも疑問を抱いた。また，家庭内で培ってきたスキルは通常，仕事の世界に容易に転用できる資源とはならないため，女性は実際よりも自分の能力を低く感じることがよくあった[150]。『有能な女性』の5年後に出版された『ライフプリント』では，より徹底したアセスメントが行われている。経済の変化にともなって再就職の選択肢が急速になくなり，再就職できる仕事は通常，レベルの低い仕事であったため，キャリアどころか生活そのものが困難になった。「医師ならばパートタイムでも十分な収入があるから，日中に子どもの学校の発表会があっても，出かけられるように仕事をやりくりできるが，看護師はできない。大学教授は必要に応じて子どもを職場に連れていく許可を上司に求める必要はないが，秘書は求めざるを得ない」[151]。

ベティ・フリーダンはワクワクしていた。彼女は『ライフプリント』の研究を熱心に，繰り返し引用している。自身が20年前に行った，仕事と女性の幸福との関連性についての判断を確認しているようだった。フリーダンが『新しい女性の創造』20周年記念版の序文で書いたように，バルークとバーネットの調査は，子どもをもつ専門職の女性やビジネスウーマンはタイプA，つまり行動的だがせっかちで競争指向，怒りっぽく攻撃的な性格の人がかかりやすいといわれる心臓発作や潰瘍に屈していないことを示している。「スーパーウーマンはそう簡単に罠にはかからなかったのである」[152]。

しかし，懸念すべきことも時代とともに変化していた。1963年には女性にとって革命的な要求であった有給労働は，その20年後には必要不可欠なものになっていた。バルークとバーネットの調査では，以前の社会構造が繰り返されることはなく，アメリカの全世帯の43％が共働き夫婦，37％が伝統的な夫婦，14％が女性が世帯主の単親家庭，4％が男性が世帯主の単親家庭であるという新たな現状が示された。1985年には，子どもをもつアメリカ人女性の3/5が労働に従事しており，1歳未満の乳児をもつ母親の半数が外で働いている。結婚をあきらめない代わりに男性を稼ぎ手とする伝統的な家族モデルを放棄した多くのカップルは，夫と妻それぞれの仕事からの要求を幸せな家庭生活と調和させるのに苦労していた。

妻の収入は家計に組み入れられ，実質的にカウントされた。家計収入への妻たちの貢献は補助的ではなく不可欠なものとなった。中産階級の家庭でさえ，妻の収入があることによって，経済的にぎりぎりの生活から快適な生活に変わることが多かった。1985年の平均年収は，妻が働いていない夫婦で2万4556ドル，妻が働いている夫婦では3万6431ドルだった。家族を養い，家を購入し，中産階級のライフスタイルを維持するためには，共働きによる収入が必要だったのである。アメリカ全体が裕福だった1950～60年代には夫の収入だけですべてをまかなえたが，1980～90年代には夫婦の両方が働かなければ同じようなライフスタイルを維持するのは難しいと感じられるようになった。家族賃金*12はもはや家族を支えるには足りない。しかし，多くの男性（および女性）はそのことに気づいていなかった[153]。

バルークとバーネットにとって，男性の中年の危機は，こうした社会の変化に気づかずに，問題のある伝統的なジェンダー役割を守り続けることを示していた。これは，複数の幼い子どもをもつ中年の白人家族を対象とし，1980年に開始された関連研究プロジェクト「父親の家事育児への参加が示す相関関係」で説明されたアイデアである。二人の心理学者は，仕事をもつ父親の家庭における役割を調べ，子どもをもつ既婚女性の労働力への参加と女性運動の増加に照らして男性の役割がどのように見直されたかを調べた。バルークとバーネットは，家事・育児にしっかりと参加している男性は，自分が親として関与し，有能であると感じていることを示した[154]。

複数の役割を担う利点に関する初期の研究では，仕事と家庭での役割に同時に取り組むことが，男性の幸福と人生の満足度を高めることが示された[155]。バルークとバーネットは，男性の症状としての中年の危機は，男性のアイデンティティに対する狭くて「ひどく貧しい」考え方，家事や育児への関与の欠如，そして結果的に稼ぎ手の役割の衰退に対処できなかったことに起因すると考えた[156]。男性の中年の危機は，伝統的な社会の登場人物

＊12 家族賃金とは，家族を養うのに必要な賃金のこと。「成人男性労働者の賃金は，妻子あるいは家族を養うに足るものでなければならない」という考えを家族賃金思想と呼ぶ。

たちが「役割を変えられない」ことを指摘したデイヴィッド・リースマンの言葉,「伝統志向型」を示していた[157]。それは硬直のしるしであり,男性優位論者の抑うつ状態だった。

女性運動によるアセスメントを反映して,バルークとバーネットは中年の危機を病理的な概念としたが,それだけではシーヒーが『パッセージ』で意図したビジョンは半分しか実現したことにならなかった。シーヒーが目指していたのは,「男性と女性が同時進行的に平等に変化する」ことだったのである。

女性は変わったが,ほかはほとんど変わっていなかった。ほとんどの職場は労働者の家庭のニーズに柔軟に対応できないままであり,家庭でもほとんどの男性は女性の変化に適応しようとしていなかった。妻は依然として(子育てにおける)主要な親であり,家庭を維持する最終的な責任を負っていた。男性の仕事上の業績とは対照的に,女性の有給の仕事は依然として「片手間の仕事(パート)」とみなされていた。1986年の調査では,20代前半の女性の54%と男性の13%が,病気の子どものために職場での重要な会議を欠席するだろうと答えた。全国の6つの大学の学部生を対象にした別の調査では,女性の半数は夫の仕事を優先するが,男性の2/3は自分の仕事を優先するつもりだと答えた[158]。

女性が変わっても周囲はほとんど変わらない,この停滞の問題は,ほかの識者からも指摘された。政治学者のアン・メイシャンが1985年にカリフォルニア大学バークレー校の男子学部生に,働く女性と結婚したいかどうか尋ねたところ,ほとんどの学生が「彼女が望むなら働いてもよい」と答えた。それでは,家事や育児の半分を夫にもしてほしいという女性と結婚してもいいかと尋ねると,ある男子学生は「はい,いつでも誰かを雇うことができるから」と答え,別の男子学生は,「それは私がどれだけ彼女を好きで,彼女がどのように頼んできたかによります」と答えた。彼らの多くは喜んで「手伝う」が，妻が「手伝うことリスト」を作成し，雑用を割り当て，何をすべきかを伝え，夫の貢献を集計，測定，比較することに怖れを抱いていた[159]。

女性が社会進出をするなかで，女性だけが家事も育児も担うような従来の家族制度は崩壊しつつあるとカリフォルニア大学バークレー校の社会学者アーリー・ホックシールドは観察している。「しかし，職場でも家庭でも，男性と女性が平等の新しい関係はまだ実現していない」。バルークとバーネットの「男性の家庭への関与」に関する研究に基づいて，ホックシールドの画期的な研究である『セカンド・シフト　第二の勤務——アメリカ共働き革命のいま』(1989年，邦訳：1990年，朝日新聞社)は，仕事と家庭の葛藤が女性だけの問題であるという認識に異議を唱え，「男性側に変化してもらわずに」仕事と家庭を両立させること，「女性が自分の父親とあまり変わらない男性と結婚しながら，母親とは違う女性」になることは無理だと訴えた。このような「立ち往生した革命」の最もよく知られた分析の一つであるホックシールドの研究は，1980年代の性別，仕事，家庭についての議論における男性の役割への関心の高まりを示している。

ホックシールドは，「弁護士，医師，ビジネスピープル(訳注：性差別を回避するためにbusiness peopleという言葉を使っている)の半数が女性ではない理由の一つは，男性が子育てと家事を共有していないからではないか」と問いかけた[160]。1980～88年にかけてメイシャンと共同で行ったインタビューとエスノグラフィー的な調査によると，自宅で家事育児を分担した男性は，妻と同じように時間に追われ，キャリアと小さな子どもたちのおねだりの間で引き裂かれているようだった。しかし，大多数の男性は家事育児に参加せず，完全に，またはより受動的に参加を拒否し，働く妻が抱えている葛藤に対して，寄りかかれる肩を貸すか，話を聞く耳を傾ける程度だった。また，夫が仕事の時間を提供して自主的に家事をしようとしても，妻は家庭と子どもに対して自分のほうが責任があると感じてしまい，なかなか夫任せにはできない。医師の予約，遊びの約束，家族の誕生日プレゼントの用意をし，ベビーシッターと電話で作業の確認をしてしまう。さらに，男性と女性は家事においても異なる仕事をしている。女性は毎日の家事の2/3を行い，料理，育児，掃除などのきついスケジュールに縛られているが，男性は家電製品の修理といった家庭に貢献する時間を自分でコントロールできる家事を行っている[161]。ホックシールドにとって，男性がどれだけ家事育児に参加するかは，男女の力関係におけるより深い問題と関わっていた。つまり，家事に責任を負わないことが，性別の階層を維持する手段になっているのである。仕事から帰宅したあとに家庭で担わなければならない「第二の勤務（セカンド・シフト）」は，女性が賃金労働に完全に従事することを妨げ，家事労働の価値が貶（おとし）められている証拠となり，夫婦間に緊張をもたらした[162]。

さまざまな問題に対処し，いろいろな視点から検討した結果，バルーク，バーネット，リヴァーズは，ギリガンと非常によく似た結論に達している。『ライフプリント』と『もうひとつの声』はどちらも，中年の危機を一つの病理として再定義することにより，男らしさと男性の社会的役割についての伝統的な概念を批判している。1980年代のフェミニズムの特徴だった，さまざまな立場を乗り越えて広がった，中年の危機という概念に対する反発は，多くのフェミニストが伝統的な男らしさを批判していたことを示している。こうした批判が，中年の危機への理解を決定的に変えた。男性の中年の危機を不道徳で男性優位論者のものとしてとらえるという病理学的見解が，心理学会だけでなく一般社会でも主流となったのである。レビンソン，ヴァイラント，グールドは自分たちの考えを擁護しようとしたが，失敗に終わっている。

6 男性優位論者の抵抗と新たな中年期研究の始まり

ヴァイラント，レビンソン，グールドは，ギリガンや『ライフプリント』の三人の研究を自分たちの研究よりも「劣った科学」として非難することはなかったが，フェミニスト学者たちによるライフコースに対する新しい解釈には同意しなかった。ヴァイラントは相変わらず発達段階と「分離」の関連性を主張し，自分の研究対象であるハーバード大学の卒業生たちにはあてはまっていると言い続けた[163]。グールドは，従来の成人の発達の精神分析学的概念に基づいた治療を続け，それをコンピューター支援およびウェブベースの治療に導入した。グールドの「治療的学習プログラム」は，10回のセッションから成るコンピューターベースの治療で，「自然な心理的発達過程を阻害しているものを解除する」ように設計されていた[164]。

レビンソンは男性の中年の危機の解釈を女性にも拡大した。1980年から，35〜45歳の45人の女性（30人のビジネスウーマンと学者，15人の専業主婦）に個人史を尋ねる伝記的面接を行った結果，共働きをしながら家族の世話をする女性がキャリアを重ねるのは「絶対に実行不可能」だと主張している[165]。レビンソンのプロジェクトは，当初はニューヨークの財政女性協会と教員保険年金協会が後援していたが，研究資金の提供は1982年に打ち切られた。ギリガンの成功と『ライフプリント』の調査結果のあとに，男性中心の中年の危機の概念を女性の人生にあてはめようとするプロジェクトを支援し続けるのは難しかった。レビンソンは1980年代を通して研究を続けたが，女性たちの面接結果を分析し，新しい本の大部分を書いたのは，この研究に最初から取り組んできた妻のジュディだった。『ライフサイクルの心理学 女性版』は1994年のレビンソンの死から2年後に出版されたが，著者名はダニエル・レビンソンで，ジュディは共同編集者として名を連ねただけだった[166]。

『ライフサイクルの心理学 女性版』では女性の生活自体は対象としておらず，女性の生活がどのように進化したかという問いも「心理学をはじめとする人間科学ではめったに問われることはなかった」という主張で始まっている[167]。この主張には，レビンソンが自分に対する批判を一掃しようとするねらいがあった。この本はシーヒーも，バルーク，バーネット，リヴァーズも引用しておらず，ギリガンとも無関係だった。それでも，この本は，女性が男性とは異なる発達過程をたどることにも，女性は中年期に入ると安定するという考えにも反論していた。レビンソンは最近の文献からの知識を披露し，「残念ながら中年の危機は『完全に否定的で回避されるべき』『ストレスの多い出来事に対する不適切または不適応な反応』とみなされるようになった[168]。しかし，それは女性にもあてはまる発達上の危機で，女性も男性と同じ年齢で同じ段階をたどる」としたのである。

『ライフサイクルの心理学 女性版』が取り上げた専業主婦たちは，大部分が労働者階級の出身で，中年期に感情的な混乱を経験している。彼女たちは結婚生活の終焉に立ち向かうことを余儀なくされるか，またはレビンソンが言うように，（もはや機能しなくなった）「伝統的な結婚」への理解を強いられた[169]。多くの女性が新たに仕事に就き，何人かは学校にも行った。しかし，仕事も教育も女性たちを幸せにしなかった。レビンソンは，これは女性の人生の一般的なパターンを反映していると主張し，同じパターンをキャリアウーマンにもあてはめて，女性教育は「必ずしも役に立つとは限らない」とその弊害について古めかしい批判を展開した[170]。「キャリアウーマンもまた，深刻な葛藤を経験している。中年期にある専門職の女性は，『メディアの誇大宣伝と彼女自身の個人的な願望にもかかわらず，自分がスーパーウーマンではないことがわかっている』」と書いている[171]。レビンソンは，結婚と家族を，フルタイムの仕事と組み合わせることは満足をもたらさないと述べた。

専業主婦の再就職にまつわる問題と，女性のキャリアを阻む「ガラスの天井」*13の存在を指摘した心理学者のジョーン・ビーンと人類学者のマージェリー・フォックスに対して，レビンソンは「仕事は解決策にはつながらない。仕事そのものが問題なのだ」と示した[172]。女性も，中年期の発達上の危機を経験しなければならないというのである。レビンソンにとって幸せな中年女性とは，成人した子どもたちと新たな母子関係を築くことのできた女性だった。レビンソンは子どもが独立したあとの家庭を「空の巣」にたとえる考えを拒否し,「親と子の関係はずっと続く」と考えた。もし女性が「空の巣症候群」を経験したなら，「その女性はどこか悪いのだろう」と述べ，中年期の抑うつや怒りはその女性の母親または妻としての失敗を示しているとした[173]。

『ライフサイクルの心理学 女性版』は出版が遅れただけでなく，レビンソンの最後の抵抗となった。この本はほとんど注目を浴びず，男性の中年の危機を女性の人生上の経験にあてはめる試みは成功しなかった。1992年にシーヒーが出版した『沈黙の季節 —— 更年期をどう生きるか』の成功が示したように，中年期は女性が解放される時期とする見方のほうがはるかに広まった。おそらく『沈黙の季節』は1990年代半ばに最も広く論じられた本だろう[174]。シーヒーはその後の10年をコラソン・アキノ（元フィリピン大統領），マーガレット・サッチャー（元イギリス首相），ミハイル・ゴルバチョフ（元ソ連大統領）の評伝などの政治関連の執筆にあてた[175]。その後，ヴァニティ・フェア誌を拠点として，再びフェミニズムの世界に戻ってきたシーヒーは,「中年の危機」という言葉を女性のものとして取り戻

＊13 資質や実績があっても，女性やマイノリティであることなどを理由に組織内で一定の職位以上に昇進できないという，組織内の見えない障壁。

すことはなかったが，女性たちに対する彼女の観察はより確かなものとなっていた。

『沈黙の季節』は分厚い本ではなかったが，100人以上の女性と75人の医療専門家へのインタビューに基づき，15年前に『パッセージ』で示したさまざまなアイデアを繰り返して，その取材対象を中年期から60代にまで広げていた。シーヒーは，「閉経期」をさかのぼって「前閉経期」(卵細胞はまだ放出されているが，女性ホルモンのエストロゲンの分泌・産出が減少し始めた時期を指す）を含めることで，「閉経」の概念を30代から40代の女性にまで延長し，中年の危機に重ね合わせた[176]。シーヒーは，閉経後の女性は女性ホルモンが激減する分，男らしさやたくましさをもたらす男性ホルモンのテストステロンが比較的高レベルとなるが，男性は年齢とともにテストステロンのレベルが低下していく構図になることを「セクシャル・ダイヤモンド」と呼んだ。そして，テストステロンによってパワフルになった女性の「閉経後の歓喜」の例としてマーガレット・ミードの人生を紹介した。文化人類学者のミードは51歳のとき，ニューギニアの子育てを研究するためにフィールドワークを再開した[177]。『沈黙の季節』と『パッセージ』の最大の違いはおそらく，『沈黙の季節』では男性を，更年期の女性に対する同情的な傍観者として以外，ほとんど描いていないことだろう[178]。

ジェンダーと加齢に対する古臭い批評を利用して，シーヒーは『沈黙の季節』の「沈黙」のモチーフを社会的な「タブー」とした。そこには更年期について恥じたり，恐れたり，老化の烙印と考えてオープンに話せないだけでなく，誤った情報や無知がまかり通っているという意味も込められていた。このような「沈黙の陰謀」を打ち破ろうとする彼女の行動は過激だった。「誰も私たちがどれだけのパワーをもっているかを知りたがらない」[179]。シーヒーは更年期障害に関する調査や情報が「あきれるほど」少ないことに目を向け，女性の苦しみを無視し，その経験を低く評価する専門家や政策立案者たちを批判している。医療業界も男性中心主義の「暗黒時代」にあり，生殖を終えた女性の医療問題には関心がなく，その苦しみに対して無理解だった[180]。シーヒーにとって，「行動主義が私の唯一の答えだった。数人の女性議員に働きかけて，更年期障害とその治療が女性の健康に及ぼす影響について，政府主導の研究を進めるべきだと話した。固定観念は覆さなければならなかった」[181]。

フェミニストの作家ジャーメイン・グリアがその著書のタイトルにした『チェンジ（人生の転換期）』は，女性を老女に変える魔法の呪文ではない。それまで家族や周囲の人々に尽くしてきた女性たちを解放するための言葉だった[182]。シーヒーは，更年期を語るのに「合体」という言葉を使って説明した。閉経後の女性は，もはや思春期以来長い間包まれてきた「生殖に関わる自分」という殻を捨てて，女性を性的な対象や「ブリーダー（子孫を残す存在）」と見る文化的な定義には縛られなくなる。その結果，「自分のなかの女性性と男性性が合体して一つになり，ジェンダーの定義を超えてしまう」[183]。

中年期の女性は「反対する勇気」がある程度だったが，閉経後の女性は「思春期に入る10歳か11歳の頃にどこかに置いてきた，反抗心や冒険心にあふれる少年を自分のなかに再び取り戻した気分になる。それにこれまで積み上げてきた地位と自信を加えると，更年期の女性は自分の信念を表明し，公共の場で大きな影響を与えるのに最適な状態にある」[*14]。シーヒーは，中年期の「テーブルマウンテン」の先に，閉経から人生の終わりまでの達観の期間となる広い大地が開けているというかつての概念にならい，閉経期の通過儀礼として数日間，独りで山ごもりをしたという（訳注：第2

＊14 イギリスの元首相マーガレット・サッチャーやアメリカの女性判事や知事，議員の多くが閉経後の女性であることを指している。

章のエマ・ドレイクに関する記述を参照）[184]。

『沈黙の季節』は広く成功を収め，1992年を「更年期の年」に変えた[185]。シーヒーの出版代理人が出版社に対して，「人口統計から，現在4300万人のアメリカ人女性が更年期にある」と説明した[186]ように，シーヒーにとって，それは閉経後の歓喜だけではなかった。「その女性たちには，女性運動で蓄積してきた力がある」。更年期障害を公表することは，女性を象徴する「長期にわたる，遅々とした歩みだけれども，決してあきらめない，非暴力の闘い」にとって重要だった[187]。この更年期に関する著書の出版以来，シーヒーは再びライフコースについて書くことに戻った。『ニュー・パッセージ 新たなる航路 —— 人生は45歳からが面白い』（1996年，邦訳：1997年，徳間書店）ではライフコースの概念を更新し，そのあとにも一連の「パッセージ」シリーズが続いた[188]。1990年代を通じて，女性の中年期に関する肯定的な記述が，フェミニストの論文，学術出版物，「中年期の回想録」などのかたちで浸透していった。その多くは，シーヒー，ギリガン，『ライフプリント』の研究に基づくものである[189]。

フェミニストたちの反撃に続いて，中年期に関する新しい研究が始まった。1990年に，マッカーサー基金による中年期の開発研究ネットワーク「MIDMAC」が設立され，そのディレクターで社会心理学者のオーヴィル・ブリムがこの「人間開発における最後の未知の領域」を調査することになった[190]。加齢の肯定的なイメージを促進する新たな「ライフスパン」理論に基づき，心理学者たちは社会学者，人口統計学者，医学者と協力して研究を行った。彼らは，加齢を生涯にわたる発達過程の一部として位置づけることにより，中年期を成長と老化の間の停滞期とする概念を捨てた[191]。

MIDMACの主なプロジェクトは，アメリカにおける中年期の大規模な縦断的研究MIDUSで，1995年から始まった24～74歳の3000人を対象とした健康と幸福に関する全国調査だった。その後，アメリカ国立老化研究所の後援も受けるようになり，MIDUSの老化に関するデータセットは，現在もアメリカで最も頻繁に使用され，引用されている資料の一つとなっている[192]。この定量分析は，中年期の経験の事例研究とは異なり，中年の危機の状況を特異的なものだと認識している。

1999年に最初のMIDUSの調査結果が発表されたときにブリムが述べたように，大半の人々にとって，中年期は人生に満足を感じる時期だった。「彼らは現在，10年前よりもよい生活を送っていると感じており，10年後の生活も現在よりもよい状態になると予想している」「『標準的な』人々は，年齢に関係なく，人生は変化の連続であることを自覚している」「変化に対する健康的な反応は，変化に必要な調整を行うことである」ことがわかった。また，多くの人々が，中年期に発生する変化は人生のほかの時期に起きる変化や調整と変わらないことを認識していた[193]。

MIDUSの調査結果からわかるのは，中年の危機に見舞われる人々は，「中年期がもたらす変化に適応できない典型的な人々だということである。彼らはたとえば，自分たちの生活が急速に変化しているという認識に向き合い，それに応じて目標や願望，スケジュール，予想を調整することができない」[194]。要するに，中年の危機は病理であり，健康な発達段階ではなく神経症的な傾向の表れで，不適応の連続の人生に新たに加わった事件にすぎないというのだ。それが，現在は仕事の不満と夫婦間のトラブルに表れているというのである。

MIDUS調査は，学界の内外で有名になった。ニューヨーク・タイムズ紙，シカゴ・トリビューン紙，USAトゥデイ紙，およびラジオ局NPR（ナショナル・パブリック・ラジオ）で詳細に報告され（「新しい研究では中年が人生の最盛期だと判明」），続いてニューズウィーク誌とジェット誌，ワシントン・ポスト紙，ロサンゼルス・タイムズ紙，サンフランシスコ・エグザミナー紙，さらには地方の小さな都市の新聞でも記事になった[195]。2000年代，中年の危機の研究に最も引用されたのは，このMIDMACの調査結果だった[196]。それまで男性優位の中年の危機の概念を擁護してきた人々でさえ，この「最も挑戦的な調査結果」を認めざるを得なかった。それでも，「科学的正統性というものを根本的に変えた」と呼ばれるこのネットワークの説明は，中年期を「人間開発における最後の未知の領域」としたブリムの主張と同じくらい的外れなものだった[197]。なぜなら，「中年の危機」が診断カテゴリーから外れたのは，ギリガン，バルーク，バーネットたちのおかげだからである。

実際，MIDMACによると，調査が発表される以前も，多くの人が中年の危機を社会病理と考えていた。プロジェクトの一環として行われた1997～98年の研究で，コーネル大学の心理学者エレイン・ウェシントンは，集団の大多数が中年期に加齢にともなう混乱を経験したことを報告していなかったとしている。ウェシントンは2000年の論文「予見されるストレス：アメリカ人と『中年の危機』」で，参加者のなかでレビンソン，ヴァイラント，グールドによる定義に基づく中年の危機を経験したと答えた男性はわずか８％であり，同じ割合の女性が経験した可能性があると報告した。ウェシントンは，中年期よりもその前後の時期や，子どもの独立や自身の離婚，失業，仕事の不安，深刻な経済問題などの特定のライフイベントの結果として危機を報告した回答者（18％）を除外している。実際，中年の危機の概念を尋ねられたとき，ほとんどの回答者はこれをストレスの多いライフイベントへの反応として説明し，男性は仕事か結婚生活かのいずれかへの反応，女性は健康，家族の死，結婚生活への反応に結びつける傾向があった[198]。

ウェシントンの研究は，人々がストレスとライフイベントの観点から中年の危機の概念を構成していることを示しており，中年の危機を経験したと報告した回答者が比較的少ない理由の一つは，そのような呼ばれ方をされるのを受け入れなかったためかもしれないと推測している。ウェシントンが，「中年の危機について，（自分の経験としてではなく）どう考えているか」と尋ねたとき，ほとんどの回答者がその存在に批判的だった。参加者の90％が中年の危機の定義を述べることができ，その内容はヴァイラント，レビンソン，グールドによって定義された男性の中年の危機の概念と一致する傾向があった。しかし，三人の心理学者と同様に，これを「発達段階の体験」や解放と肯定的に見ているのは，ごく少数の回答者（男性の1％未満，女性の1.6％）だけだった。中年の危機についてほとんどの人々が否定的に見ていたのである[199]。

回答者たちは，「中年の危機」という考えや「中年の危機に陥っている」と主張する人々を批判するために，未熟さと無責任という概念を使っていた。男性の16.8％と女性の21.9％は，中年の危機は存在しないと考えていた。「何の意味もない言葉だ」「ただの言い訳だ」「それは愚かで不道徳だ」と言って，用語を定義することを拒否する者もいた。「年齢にかかわらず，危機に陥っている人はいつだっているものだ」と言う回答者もいた。わずかながら，中年の危機を精神的な健康の問題と定義した回答者もいたが，大部分は中年の危機に直面した人々を非難し，「他人の気持ちを考えずに」人生を大きく変えた人々のことだとして，批判している。ほかの人々もこの概念を悪い選択を正当化するものだとして，中年の危機に陥るような人は「現実をともなわない夢想の世界に住んでいる」「道徳的価値観を放棄している」「幼稚な行動だ」「家族を傷つける利己的な行動の正当化だ」と非難した。つまり，「中年の危機は大人がすることではなく」「無責任で」「家族が自分を最も必要としているときに逃げ出す」行為だとしたのである[200]。

中年の危機を逸脱と病理とするMIDMACの反論は目新しいものではな

かった。それは，中年の危機は男性優位論を強化する神話であるという，社会科学者の間や公共圏で共有されている既存のコンセンサスを表明し，確認し，拡大しただけだった。ネットワークのほかの調査もこれらの調査結果と適合した。MIDMACは，MIDUS調査に加えて，イギリス，ドイツ，および日本で行われた比較研究のほか，アメリカでさらに5000人を対象とした11の関連する集団研究を実施している。この調査では，性別，生い立ち，教育，収入，社会的立場の違いによるさまざまな成人の経験が明らかになった[201]。

ジェンダーについて見ると，MIDMACの研究者は，ラドクリフ大学のヘンリー・A・マレー研究センターとの一連の共同プロジェクトで，女性と中年期に関する以前の調査結果を確認し，更新している。この女性に関する社会科学および行動科学データの宝庫は，社会の変化が女性の人生に与える影響に関する学術研究を後援するために，1976年にラドクリフ大学データ・リソース&リサーチ・センター（1980年に現在の名称に変更）として設立された。心理学，社会学，教育についての研究に焦点をあて，さらに経済学と政治学からのデータが加わり，詳細なインタビュー記録，行動観察，二次分析のための投影法テストへの応答などのオリジナルの記録とともに，コード化された機械可読データが保存されている。資料を新しい視点から，さまざまな採点方法で調査するためである。

センターは毎年新しい研究を取得している。バルークとバーネットは1983年に『ライフプリント』の資料（インタビュー記録とコード化データ）を寄贈し，ギリガンは2002年に中絶決定研究の参加者のインタビュー記録と人口統計学的背景に関する情報を寄贈した[202]。1991年にMIDMACとのコラボレーションを行った際，センターは主要なコレクションである長期にわたる研究を進展させている。216あるデータセットのうち73は縦断的な研究であり，人々の記憶に頼らずに過去にさかのぼった研究結果を提供している[203]。

MIDMACの研究者は，こうしたアーカイブ資料を使用して，家族の価値観と労働倫理の変化が年齢と連鎖しているという説に異議を唱えた。さまざまな年齢の回答者が1970年代に価値観を変えたことを発見し，これを女性運動と景気後退と関連づけた[204]。1920年代初頭にスタンフォード大学で始まった教育心理学者ルイス・M・ターマンの才能のある子どもに関する研究（ラドクリフ・センターにコピーがあった）をもとにした，女性のライフコースに関して新たに評定されたデータは，ライフサイクルの発達段階モデルに挑戦してきた女性たちの経歴が多様であることを裏づけた。その結果，「明確に描かれた発達の階段は，女性たちが進むであろう多様な道を否定するものだ」と述べている[205]。

最後に，バルークとバーネットの『ライフプリント』データの再分析は，結婚と人間関係が女性の健康に与える影響が比較的弱いことに新たな光をあて，このことが，女性自身が親密な関係性のなかで負う代価が低いことを示しているのかどうかを検討した。そしてこの研究は，（女性の結婚と人間関係という）社会にはめ込まれた関係性が健康と幸福に対する有益な影響を低下させていたことを示した。夫や子どもとの関係は女性に報酬を与える一方で，苦痛をともなう心配をも引き起こしていた。こうしたことを回避したり，軽減したりすることはできるのだろうか。女性は「自分よりも他人を大切にしたい」という思いから，人間関係の互恵性を主張してこなかったのだろうか。報告書は，「長い間続いてきた家父長制に由来する価値観（自己犠牲など）を調査する」ように勧告している[206]。

中年期に関するそれまでの研究とは対照的に，MIDMACは白人の中産階級だけでなく，アメリカ国外でも調査を行おうとしたが，人類学者たちは北米やヨーロッパの文化圏以外では中年期という構成概念を見つけることができず，これを「文化的フィクション」と呼んだ[207]。日本では，カナダの医療人類学者マーガレット・ロックが記した，『更年期 ── 日本女性が語るローカル・バイオロジー』(1993年，邦訳：2005年，みすず書房)が，ジェンダーと中年期に関する継続的な研究に重要な貢献をした。日本では，女性の老化を欧米のような生物学的観点，衰えといった観点からとらえるのではなく，社会階層（嫁や母親としての立場や親の介護といった日本独特の女性の役割）を通じて責任が増し，進歩していくプロセスとしてとらえている。西ケニアのキシイ族は，40代の男女でも「継続的な出産に深い関心をもって」おり，中年期にも中年の危機にも関心がなかったという[208]。

中年期は，アメリカ国内ですら平均的な経験ではなかった。ニューヨークのハーレムに住む貧しい黒人女性と黒人男性は，中年期を人生の新たな段階ととらえて話し合うことはほとんどなかった。彼らは，二つの世界大戦の間に南部の田舎から移住してきたことと公民権運動について話しながら，その人生の節目を年代順ではなく，歴史，場所，人種に結びつけていた。同様に，都市に住む中年のラテン系アメリカ人にとって，「中年期」は意味をもたなかった。ラテン系アメリカ人（プエルトリコ人，メキシコ人，ドミニカ人）のコミュニティには「中年期」に相当するスペイン語が存在しないため，成人期の一部のカテゴリーとして設けた「中年のライフステージ」についての自由形式の質問に対しては，「人生の特徴的な一段階」とするどころか，一つも回答がなかった[209]。

中年期に顕著になる差異の一つは幸福の社会的勾配で，その差は「貧困に関連しているだけではない。健康は，社会経済的分布全体を通して，ステータスが上がるにつれて次第によくなっていく」[210]。これは，貧しい人々が中産階級の同時代人よりも早く老化することを意味する。貧しい人々は中年期になると，二流あるいは乏しい教育，失業，シングルマザー，健康状態の悪化，不十分な世話などの累積的な影響によって打撃を受ける[211]。

教育は，特に健康障害の一番の予測因子として不動の地位にあり，次に世帯収入と居住地域が続く。教育のレベルは，回答者自身の幸福や行為の主体性の概念に影響を与える。大学教育を受けた回答者の60％が，幸福の主要なカテゴリーとして「ゆったりと楽しむこと」を挙げたが，高卒者ではわずか38％だった。その代わりに高卒者は，幸福とは家族関係，経済的安定，仕事の安定であると述べている[212]。

MIDMACの研究者たちは，中年期の危機だけでなく，中年期の普遍性そのものにも挑戦し，中年の人々が人生を振り返るときに体験する（これまでの人生に対する）後悔と（それでもまだ）自分をコントロールできるという感覚を止揚して獲得する自己認識が，教育を受けた中産階級の価値観と能力に基づいていることを示した。大卒者は，行為主体性の立場について話し合う際に，「選択できる」こと，「目的をもっている」こと，「目標を達成する」ことを強調する。彼らは，自信と忍耐力，正しいことをすること，そしてあきらめないことについて話す。自分の「人生がなぜうまくいったのか」と尋ねられたある大卒の女性は，次のように答えた。「人生で起きたよいことはすべて，自分がつくったと思っています。つまり，そうなる状況をつくり出したのです。この能力は誰もがもっていると思います」。

対照的に，高卒者は次のように説明した。「私は自分の仕事が報われると思っていません。人生には誰でも果たさなければならないことがあると思います。その一つは，自分自身の世話をし，他人の世話をし，人の役に立ち，親切で寛大にふるまうということです」。別の高卒女性は，次のように述べた。「うちの子どもたちはティーンエージャーだったときも悪さをしたことがなく，親として対応しなければならないこともありませんでした。私の子育ては本当にうまくいったとつくづく感じています。ほかの人たちの子育て経験を聞くにつけ，そう思うんです」[213]。

自分のスキルや能力の観点から，ライフコースを考えようとしていた高卒者はほとんどいなかった。彼らは，他人に影響を与えるよりも自ら適応しようとし，期待と責任を結びつける傾向があり，未来よりも現在に焦点をあてている。これは，彼らが自分で未来を築いたり予測したりすることはできないと感じていることを示している。何か不測の事態が起きると，「自分の興味や楽しみに集中する機会が妨げられ，他人の欲求や要求が日常生活をつくり上げてしまっているように見えてしまう」[214]という。

MIDMACは，中年の危機にとどめの一撃を加えた。研究者たちは，ジェンダーとライフコースに関する以前の調査結果を統合して拡張し，中年の危機も視野に含めた。MIDMACは，平均的な人間として白人の中年のアメリカ人男性に焦点をあてるのをやめ，ジェンダーだけでなく人種，階級，文化の影響を示し，中年の危機が男性優位主義に起因していることを特定したのである。

7 フェミニズムが遺したもの

フェミニストの研究が「中年の危機」という概念を発明し，フェミニズムはまたそれを無効なものとした。フェミニストの研究方法は，シーヒーの「中年の危機」の概念を復活させることはなかった。ギリガンとバルーク，バーネット，リヴァーズは，エリクソンのアイデンティティの概念に対する批判をシーヒーと共有していたが，彼女たちはシーヒーの仕事には関与しなかった。彼女たちは，中年の危機を主にレビンソン，ヴァイラント，グールドによって定義された概念として理解しただけでなく，シーヒーの『パッセージ』を男性中心の発達概念の普及版として認識した。ライフコースの解釈においても，彼女たちはシーヒーとは異なっていた。両者の最も重要な違いは，シーヒーが女性の中年期や更年期の変化の正常性を主張していたのに対し，ほかの四人の研究は，成人の精神的な健康の概念を安定して連続したものであるとした。フェミニストによる中年期の概念は複数存在したのである。

1980～90年代，女性の中年期の概念は，ライフコースに関するフェミニスト的な概念の長年の遺産を示しており，それはアンチ・フェミニストによる揺り戻しがあったときでさえ，公的および学術的な議論に浸透していた。フェミニストの研究者たちは女性の家庭内での役割以外の否定的なイメージを払拭するために，女性の人生から探り出した中年期の安定したイメージを利用して，レビンソンら男性優位論者の専門家たちが提唱した人間発達の概念をひっくり返した。キャロル・ギリガンの観点からすると，男性の中年の危機は無責任な行動そのものだったし，『ライフプリント』の研究結果は，男性優位論者の専門家たちが，伝統的なジェンダー役割には限界があるのにも構わず，それに固執していたことを示した。この研究によって，中年の危機はフェミニストの批評で広く使われるツールへと変わった。

その結果，中年の危機の典型と思われるような行動をする人々は防戦にまわり，そのような呼ばれ方を拒否するようになった。「中年の危機はもはやジョークだよ」と，心理療法家で結婚カウンセラーのアンドリュー・マーシャルは不平をもらす。マーシャルによると，この言葉は通常，パートナーの側が男性を「だしにして」責めるために使われているという。「『助けてください。私はいま中年の危機にあるんです』と言って私のオフィスに駆け込んでくる人は誰もいないが，『私のパートナーが中年の危機の真っ最中なんです』と訴えてくる人はたくさんいる」。「中年の危機」という診断を下すのを放棄したマーシャルは，ユングとジャックスを利用して，人生が「情事や傷ついた子どもや臨床的な抑うつ」で混乱に陥った人々に対峙し，アイデンティティと中年期の人生の意味という大きな問題に取り組もうとする彼らの勇気を称えている[215]。

しかし，フェミニズムは中年の危機を完全に排除したわけではない。「中年の危機」という言葉が使い古された陳腐な決まり文句になってしまったために，人々がこの用語を使うのを避けるようになっただけで，男性の場合も女性の場合も，中年期の動揺というものは存在し続けているのである。

第 7 章
「中年の危機」とは何か

「中年の危機」というものは存在するのか。この本は，フェミニズムに由来する「中年の危機」の起源とその遺産，そしてそれに対する揺り戻しを明らかにすることによって，この問いを再構築し，私たちならば「中年の危機」をどう定義づけるか問おうとしたものである。それはライフコースの概念におけるジェンダーの重要性を明らかにすることにつながった。また，人の一生の意味，人生の創り方，人間という存在やその社会的な関係について公の場で交わされてきた議論について考えたり，寄与したりすることによって，フェミニズムが本来もっていた豊かさや影響力を確認する作業でもあった。そして最後に，心理分析家たちが行った，一般大衆の感覚とはかけ離れた分析に異を唱えた。彼ら科学者たちの分析は，議論を反映したものではなく，自分たちに批判的な声を封じ，シーヒーたちが提唱した「中年の危機」という概念のメッセージを少しでも共有した人々さえも退ける有効な手段を提供した。

中年の危機をめぐる論争は今日も続いている。2010年代に，中年の危機はいわゆる「幸福の経済学」を研究する学者たちによって再発見されることになった。幸福度は40代で一時的に下降し，その後再び上昇するというライフコースの経済学者たちによる「幸福のU字曲線」説は，広く世間の注目を集めた。「ストレス度は22歳から上昇し，50歳を過ぎると下降する」とする神経学者たちの研究結果もこれを裏づけた。悲しみと不安は中年期にピークに達し，それを過ぎると前向きな気持ちが高まっていくというのである。当初はアメリカ人男性を対象とした生活調査の分析データがもとになっていたが，アメリカ人女性を対象とした調査データでも同様のパターンが見られた。研究者たちはさらに，70カ国以上で調査を実施し，このU字曲線は普遍的な現象として見られると発表した。類人猿さえもこのパターンを踏襲しているという。「そこには統計的規則性があり，人間の条件のようなものとなっている」と，ワシントンDCの政策シンクタンク，ブルッキングス研究所のエコノミストであるキャロル・グラハムは述べている[1]。

この本は，通常とは異なる見方を提示してきた。人生の中年期における変化を，時代を超えた普遍的な出来事として見る代わりに，「中年の危機」という言葉と概念が，1970年代のアメリカでどのように普及していったのかを示そうとしたのである。この時代は，男性を一家で唯一の稼ぎ手とする家族の理想像やライフスタイルが衰退し，教育を受けた白人中産階級の夫婦による共働きモデルが出現した結果，年齢に応じた責任と義務によって自分の生き方を見直す感覚に変化が訪れた。ゲイル・シーヒーの『パッセージ』は，「中年の危機」を男女で異なるジェンダー役割の終焉と定義した。人生について再検討しようとしたシーヒーの主張は，一般社会だけでなく学界でも支持された。

しかし，1970年代後半，精神分析を専門とするダニエル・レビンソン，ジョージ・ヴァイラント，ロジャー・グールドは，中年の危機を男性のみを対象とする概念に変え，男性の「家族に対する義務」の終了を示す通過儀礼であると説明し，シーヒーに反論した。この「男らしさの危機」は，男性のほうが女性よりも階層が上だとするジェンダー・ヒエラルキーを認め，擁護するものだった。レビンソン，ヴァイラント，グールドは，自己の発達の概念から女性を除外することで，女性が自分の人生について再考しようとするのを妨げたのである。その後の研究で，キャロル・ギリガン，グレース・バルーク，ロザリンド・バーネットをはじめとするフェミニストの学者たちは，男性の中年の危機を利己主義，未熟さ，男性優位主義の象徴として拒絶し，非難し，社会病理とした。

歴史的な分析が中年の危機の正体を明らかにすることはなかったが，中年の危機が人間のライフサイクルの必然的な部分でも普遍的な部分でもないことを示し，なぜ中年期について再考するこの「本質的に論争の的になりがちな」概念が現れたのかを示した[2]。支持する者も敵対する者も，社会と政治の大きな転換期という文脈で男女のジェンダー役割について折り合いをつけるために，中年の危機という概念を引き合いに出し，却下したり，取り戻したりしてきた。中年の危機は，長い目で見れば見るほど心理的な概念であると同時に社会的，政治的，倫理的な概念であることに気づく。人間性の時間的な次元，すなわち過去・現在・未来にわたる時間的なつながり，選択肢と制約，成功と失敗，選択結果，後悔や責任について問いかけることは，自己秩序と社会秩序が交わる部分を精査することでもある。人生とは何か，そしてそれをどのように生きるべきか，あるいは生きることができるかという問いに明解な答えはない。議論は再開されたばかりであり，今後も続いていくことだろう。

*

男性のみが対象ではない，フェミニストを起源とする「中年の危機」の概念はいまも存在してはいるが，実際に用いられることはほとんどなくなった。「人生の転換期」とする考え方は，フェミニズムの研究者で作家のサラ・アーメドの代表作の題名でもある「フェミニストとして人生を送る」という概念の中心となっている。アーメドは自身について語っている。「人生の真っただ中で，私はある種の人生を捨て，新しい人生を受け入れた」。ある人生を拒絶し，別の人生を選ぶという行為は，フェミニストによる伝統的なライフスタイルへの批判を象徴しており，それはアーメドにとって唯一の正しい選択だった。その意味で，アーメドは「人生は常に危機に瀕する可能性があると考えて，どうやって生きていくのかを問い続けるのはよいことだ」と主張している[3]。

中年期とライフコースの問題もまた，ジェンダー，有給労働，家庭生活といった，いまだ解決されていない問題を含む進行中の議論のなかで際立っている。精神的な負担，感情労働（訳注：感情の抑制や緊張，忍耐などが絶対的に必要とされる労働），女性の活躍を阻むガラスの天井はいまなお，多くの女性の生活と時間に多大な影響を与えている。

フェイスブックの幹部シェリル・サンドバーグは，子どもをもつ女性たちに，キャリアのためには「一歩踏み出して（リーン・イン）」できるだけ長く仕事を続けるように助言したことで知られている。サンドバーグは，ロザリンド・バーネットとキャリル・リヴァーズによるライフプリント研究の追跡調査を引用して，女性がキャリアを重ねることは家族関係によい影響をもたらし，女性自身も母性から独立した人生の目的を確保できると述べている。サンドバーグは，家族に対して責任がある従業員がリーダーにつながる道を歩み続けやすくなるように，職場構造の変革を求めている。

これに対し，政治学者で元米国務省政策企画本部長のアン・マリー・スローターは，女性が一時的に仕事から離れたり，仕事を減らしたりしても，永遠に戦力から外されてしまわないような決定を求めている。ギリガンを引用し，ミュルダールとクラインの提言に賛同するスローターは，シーケンシング（優先順位づけ）の概念を使用して，「やるかやめるか」という直線的なキャリアトラックに反対し，女性も男性もパートタイムで働く自由や一時的に仕事から離れても人生の「第三段階」になって戻ってくる自由を提唱した。サンドバーグとスローターはどちらも，夫婦が等しく家事に参加し，「フェミニスト的な子育て」を行う重要性を訴えている[4]。

中年の危機は現在もなくなってはいない。単に変化しただけである。CNNの記者ライア・マッコとケリー・ルービンによると，私たちは新種の中年の危機に取り組もうとしているという。新たな中年の危機に悩んでいるのは，専業主婦の母親ではない。仕事で成功して「軌道に乗っている」が，私生活ではひとりで不幸や不安を感じている若いキャリア女性たちである[5]。このことが示唆するように，女らしさの新しい規範は専門的な業績と結びついている一方で，「いつか母親になる」という生殖の理想も保ち続けている。

子どもがいないことと母性の選択について問われた作家のシーラ・ヘティは，「女性であるがために，『子どもはほしくない』と断言できない人がいる」と答えている。「そういう人は子どもをもたない代わりに何をするつもりか，大きな計画やアイデアをもっている必要がある。それは素晴らしいものであればあるほどよい」。女性の人生の意味が結婚と出産に結びつけられていることは，「女性は自身で完結しているのではなく，男性にとっての手段である」と暗に示されているようなものだ。それゆえ，時を経て老化していくことは女性に安堵と独立性をもたらしてくれる。ヘティは言う。「私も年をとった。……これからは人生について思い悩むこともなければ，将来の生活の青写真を描く必要もない。いまや人生は私だけのものだ。老いも悪くない —— もう何も決断しなくていいのだ。今後起きることは，決断を下す緊張や自分に嘘をつくストレスとは無縁のものになる。原点に戻ってやり直せるのだ。今度は自分だけで」[6]。

人生の意味についての女性とフェミニストの言説は，学術的な記録や一般の記憶からはすっぽり抜け落ちている。歴史家でさえ，歴史における女性の貢献や批判を忘れたり，誤って記憶していたりする。中年の危機の心理学的な説明の普及版として『パッセージ』が存在するという歴史の要約の仕方は，シーヒーに対するヴァイラント，レビンソン，グールドによる揺り戻しを永続させることになる。三人の専門家は，大衆化の概念を武器にしてシーヒーの本をすみに追いやり，彼女の批判の声を沈黙させた。「普及版」扱いは，こうした「バウンダリー・ワーク（境界線を引く作業）」によくあるように，シーヒーの権威を失墜させただけではない。ポップカルチャーの概念に対する専門家の能力の優位性を示したのである。シーヒーの本を自分たちの研究の骨抜き版と位置づけることで，専門家たちは中年の危機を巧みに吸収し，自分たちの定義に染めた。彼らの科学的線引き作業は，ギリガン，バルーク，バーネットのほか，シーヒーと視点の多くを共有していたフェミニストの学者たちの目からさえ，シーヒーのフェミニスト的な意図を隠してしまった。多くの人々は今日に至るまで，男性の「中年の危機」という概念を定着させたアンチ・フェミニストたちの姿勢に気づいていない。

＊

私たちはいま，中年の危機の歴史におけるジェンダーと社会科学の二つの中心的テーマ，つまり老化のダブルスタンダードと科学の大衆化の概念を再評価する立場にある。科学史学者や社会科学者は，長い間，アイデアや理論のやりとりが「大衆化」によって理解された内容よりも多様であることを認めてきた。本書はこの見方を発展させて，中年の危機という概念が，心理学者たちがそれを学術的な概念に変える前に大衆化していたことを紹介した。それは，一人の作家がどのようにして自分の科学的先駆者を創り出したかを示している。シーヒーは，精神分析家のエリオット・ジャックスの「中年の危機」という用語を別の目的に使い，自身の主張を裏づけた。これは，ジャーナリズムが科学的発見を解釈し，説明し，周知するという前提に反している。シーヒーは，ジェンダーとアイデンティティの精神分析的な概念を理解して肯定するのではなく，しばしば異議を唱えた。シーヒーの，男性と女性にとって互いにプラスとなる中年の危機という定義は，社会科学と人間科学におけるジェンダー・バイアスに挑戦していた。

中年の危機のフェミニスト的な起源を明らかにすることは，加齢の解釈，ひいてはジェンダーと社会科学，ジェンダーと人間科学の関係に新たな光をあてることになる。中年期の医学的および病理学的定義を中心に，初期のフェミニストの研究は，生殖活動と生殖能力の終焉という概念が女性の権利を妨げたと説明した。次に行われた修正主義的な調査研究は，支配的な医師と無力な女性患者という二項対立を複雑なものにした。この研究は，医療の限界と女性患者が専門家に求める期待の限界を示したが，人々の年齢とジェンダーに対する理解を変えることはほとんどなかった。

中年期について誰がどのように議論してきたかについて理解を深めようと，私は心理療法から心理学，社会学，経済学，社会政策，法律，政治的行動，さらにはジャーナリズム，ベストセラー書籍とその読者などを見てきた。そして，抑圧的な老化のダブルスタンダードは強力ではあるが，生殖を終えた女性のアイデンティティの唯一の概念ではないことを示した。フェミニストの専門家，作家，運動家は，伝統的なジェンダー役割とヒエラルキーを拒絶し，再定義するために，中年期の概念を頻繁に利用していた。ジェンダーとライフコースに関する批判的でエンパワメントとなる概念は，女性の中年期を「人生の終わり」ではなく，「新たな社会生活と職業生活（仕事復帰）の始まり」ととらえようとした。つまり，成熟した中年期に再スタートできるという概念は，若い女性を家庭につなぎとめる餌として機能しただけでなく，女性の人生を家庭から切り離したのである。たとえば1970年代の若い女性は「中年の危機」を，キャリアを優先して結婚と母親になることを延期せよという警告および動機づけととらえていた。こうして多くの女性にとって，中年期は伝統的なジェンダー役割からの解放を象徴するようになった。

中年期に関する著作の研究は，これまでほとんど行われてこなかったが，本書ではそれが，アイデンティティやライフコースについての議論の重要な部分を形づくることになった。シーヒーは20世紀の最後の30年間に，フェミニストの視点から中年期とジェンダーを概念化するといういささか古くなった伝統に参加した。この伝統的な考え方は，第一波フェミニズム運動にまでさかのぼり，「中年期の社会復帰」というミュルダールとクラインの影響力のある提言が示すように，戦後まで続いていた。ヴァイラント，レビンソン，グールドによる揺り戻しは，女性たちの加齢への賛美に対する反発として，老化のダブルスタンダードがしばしば推進されたことを表している。1980年代のギリガン，バルークとバーネットによる研究は，中年期についての語りのなかに，フェミニストの研究者たちの視点の変化とともに，伝統的な考え方が持続していることも実証した。その研究のさまざまな専門的背景と多様性，幅広い理解，そしてそれが引き出した反発は，代わりとなる力強い中年期の概念とともに，ジェンダーによるダブルスタンダードへの不動で影響力のある批判も示したのである。

中年の危機，ジェンダー，社会科学の歴史は，アイデンティティ，ライフコース，社会秩序に関する議論においてフェミニストの視点がいかに重要だったかを示している。差別的なダブルスタンダードは，影響力はあっても普遍的には受け入れられていない。こうしたダブルスタンダードはフェミニストの批判やさまざまな概念と競い合った。これらは，ジェンダーの歴史と社会科学と人間科学の重要な部分を形づくっている。本書は，人生の意味について従来の概念を批判し，その代わりとなる概念を明らかにした。そうすることによって，ジェンダーの不平等に対してさらなる説明を加え，もうひとつの歴史をあぶり出したのである。

*

今日，中年の危機のフェミニスト的な起源を再考することは，必ずしもシーヒーの概念を取り上げるという意味にはならない。伝統的なジェンダー役割の終焉は部分的にしか実現していないが，とにもかくにもあまりにも多くの変化があったことは確かである。しかし，（フェミニストの研究者たちが述べたように）中年の危機が特定の時期と場所で発生したことを指摘し，実社会についての議論における機能と影響を描き出すことは，すべての男性が中年の危機を抱えるという固定観念を，筋の通った議論に変えていくことになる。それはまた，中年期に新しいことを始めることが何を意味するのかについて，私たちの理解を広げ，女性と男性それぞれの選択と経験に対する時間の影響や不平等の歴史について議論を始めるきっかけとなる。

振り返ってみると，ジェンダー，有給労働，個人的な責任についての議論はずいぶん長く続いていることがわかる。今日提唱されている概念のなかには，40年，60年，または100年以上前に提唱された概念のように思えるものもある。最近の，子どもをもつ女性が仕事を離れ，その後再就職するという「（これまでの慣習の）継承の原則」に対する要求は，ミュルダールとクラインの提言を復活させた[7]。過去の提言の再浮上は，停滞の兆候や不平等の継続を示し，ほとんど何も変わっておらず，達成されていないことを示している。一部の人々はそれを社会の怠慢だといい，別の人々は行き詰まった時代の評論家や活動家のせいにしている。フェミニズムを古いものとする考え方やそれに賛同する意見もある。

歴史的な視点を入れることによって，フェミニストたちの思想と実践の遺産が明らかになった。女性の自律性の表れは，波のように繰り返し押し寄せたり，流行したりするだけではない。第二次世界大戦直後や1980年代のアンチ・フェミニストによる揺り戻しの時期にジェンダー役割が硬直化しかけたときでさえ，批判的な声が上がった。フェミニズムは，異常な反応や防御的な反応だけではなく，専門家の議論と一般の議論に不可欠な部分を生み出している。フェミニストの存在を意識するには，誰がどのように彼女たちを抑圧しようとしたかをよく理解することが重要になる。アンチ・フェミニストの精神分析家たちは自分たちに有利なように境界線を引くことによって，女性たちの主張に基づきながら，自分たちの権威を高め，さらには公正さを主張することができた。これまでの社会の変化にもかかわらず，フェミニズムが続いてきたことの意義を評価することで，フェミニズムに関心をもち，参加しようとする人と議論することがらの幅の広さと多様性についての理解が広がり，さまざまなフォーラム（討論の場），関心，戦略が明らかになる。フェミニズムが一枚岩のイデオロギーだったことは一度もない。フェミニズムは，分析的な洞察である。それは，社会へ向けて女性たちのさまざまな目標を定義し整理する規準を確立しようとするうちに，失われがちな心の内面に対する洞察である。

最後に，フェミニストの輪の内外でつながりを育むことは大事なことで，フェミニズムの過去との関わりを促進してくれる。初期のフェミニストたちの意見は当時も注目されたが，今もなおその視点は色あせてはいない。それらは，克服したり過去のものにしたりすべき失敗した試みでも，限定的であまり洗練されていないものでもない。逆に，現代のフェミニストのビジョンとアプローチに，基盤とリソースを提供してくれるものである。さらに，フェミニストの専門知識と行動力は，私たちの社会の過去，現在，未来にわたって影響力のある重要な部分を形づくっているのである。

謝辞

本書の出版にご尽力くださった多くの方々に感謝します。

まず，ニック・ホップウッドの助言，励まし，時間と労力，ピーター・マンドラーの本プロジェクトへの信頼，アンケ・テ・ヒーセンの指導と助言に。いずれも私にとって非常に貴重なものでした。故ジョン・フォレスターは，このプロジェクトに知的な広がりと好奇心，機知，ぬくもりをもたらしました。カレン・メリカンガス・ダーリンはスザンナ・エングストロームとトリスタン・ベイツとともに，早期から本書の出版を見据えて動いてくれました。

ケンブリッジ大学の科学史・科学哲学科の方々は，多くの点で私を支えてくれました。特にヘレン・カリー，ジム・シコード，ニック・ジャーディン，メアリー・オーガスタ・ブレゼルトン，ハソク・チャン，パトリシア・ファラの深い関心と批評に感謝しています。また，タマラ・ハグの協力，歴史学部のルーシー・デラップが費やしてくれた時間とフィードバックは得難いものでした。

本書の大部分はハーバード大学科学史学科に，ほかはベルリンのマックス・プランク科学史研究所に客員研究員として在籍中に執筆したものです。ハーバード大学では，レベッカ・レモフの洞察と思いやりに満ちた提案に，アラン・ブラントの本プロジェクトに対する惜しみない関心に助けられました。さらに，私を温かく迎え入れてフィードバックしてくれたアン・ハリントン，アレックス・シサール，とりわけリズ・ランベックに感謝します。マックス・プランク科学史研究所では，クリスティーネ・フォン・エルツェン，ジェイミー・コーエン＝コール，エリカ・ミラム，ダン・ブーク，ユリア・フォス，オハド・パルネス，ハンスヤーコプ・ツィーマーとジャーナリズム実践作業グループにお世話になりました。ベルリン自由大学では，セバスチャン・コンラッドと世界史センターが原稿を完成させるうえで理想的な環境を提供してくれました。ごく初期の段階でサポートしてくれたビルギット・アッシュマンにも謝意を表したいと思います。

以下の研究機関の方々からいただいたご厚意とフィードバックには感謝の念に堪えません。ハーバード大学，プリンストン大学，マックス・プランク科学史研究所，シャリテ（ベルリン医科大学），フンボルト大学，ベルリン自由大学，チューリッヒ工科大学，ドイツ歴史研究所（ワシントンDC），エクセター大学，リューベック大学，レーゲンスブルク大学，エアフルト大学附属ゴータ研究センター，ケンブリッジ大学。同様に，以下の学会の年次総会に出席された方々にもお礼を申し上げます。アメリカ科学史学会，ドイツ科学・医学・技術史学会，最新社会科学史学会，公共科学研究ネットワーク，独立社会研究財団。

公文書館職員や図書館員の方々にもいろいろとご協力いただきました。何よりもまず，女性史に関する貴重なコレクションで知られるハーバード大学ラドクリフ研究所附属シュレシンジャー図書館のエレン・シェイ，アマンダ・シュトラウス，ゾーイ・ヒルをはじめとする方々。ロックフェラー・アーカイブ・センターのモニカ・ブランク。アメリカ議会図書館のブルース・カービーとライアン・レフト。デューク大学ルーベンスタイン稀覯書・文書図書館のエリザベス・ダン。テキサス大学オースティン校ハリー・ランサム・センターのチド・ムチェムワとエリザベス・ガーバー。スミス・カレッジ所蔵ソフィア・スミス女性史コレクションのアレックス・アサル。ミズーリ州立歴史協会のアン・コックス，ペンシルバニア州立大学（ペンステート）特別コレクション図書館のハイディ・ストーバー。ベルリンのマックス・プランク協会アーカイブのベルント・ホフマン。また，ジェラルド・ローゼンは，アメリカ心理学会セルフヘルプ療法タスクフォースの資料の共有を快諾してくれました。

以下の図書館では数えきれないほどの本を借り，時間を過ごしてきました。ケンブリッジ大学のホイップル博物館，社会政治科学図書館，大学図書館。ハーバード大学のワイドナー記念図書館，カウントウェイ医学図書館，ベイカー図書館。マックス・プランク科学史研究所とマックス・プランク人間発達研究所の図書館。ニューヨーク歴史協会のパトリシア・D・クリンゲンシュタイン図書館。ベルリン州立図書館。

本書はまた，ドイツ国立学術財団，芸術人文科学研究評議会，ケンブリッジ歴史科学哲学信託基金，ロックフェラー・アーカイブ・センター，カート・ハーン・トラスト，ケンブリッジ大学とラングレン基金，ケンブリッジ大学クレア・カレッジの支援なしには成立しませんでした。

クレア・サベル，キラ・ユリエンス，モリッツ・ノイファー，リンダ・コンツェ，ジュリア・ペルタ・フェルドマン，ジェニー・バンガム，ボリス・ジャーディン，ヨハネス・シュライヤーの意見に感謝します。さらに，ハネス・バヨール，エティナ・ブレイゾン，ルーシー・ボーリントン，ロバート・ブレナン，シュタイン・コニックス，ティル・グロースマン，ニルス・グトラー，ニナ・トゥダル・イエッセン，リザ・マリッヒ，エッダ・マン，アンドリュー・マッケンジー＝マックハーグ，ジェームズ・モリス，フィリップ・ムラー，フィリップ・ニールセン，ジェシー・オルシェンコ＝グリン，オルガ・オーザッチー，トム・パイ，シャーロット・ライコウ，ハーディ・シルゲン，ブリット・シュルンツ，アルラン・シュミトケ，ザンドラ・シュネーデルバッハ，キャスリン・シェーファート，カスパー・シュウィタリン，アンティエ・シュタール，アリス＝マリー・ウウィマナにもお礼を申し上げます。

最後に，フェリックス・リュトゲに心からの感謝を。このプロジェクトにとどまらず，家族の愛と支えはつねにかけがえのないものでした。

出典

第1章

1 Sheehy 1976f, 3-4.

2 Sheehy 1972a.

3 Sheehy 1976f, 12.

4 Sheehy 1976f, 3-12. 全米女性政治連盟（NWPC）については，以下も参考にした：Greer 1972; Steinem 2015, 150-154.

5 Sheehy 2014, 217から引用した。

6 Hanisch 1970; 以下も参考にした：Morgan 1970b. 戦争と男性性については：Mosse 1996; Dudnik, Hagemann, and Tosh 2004.

7 Sheehy 1976f, 307-308; Jaques 1965.

8 Sheehy 1976f, 390-400. ニューヨーク誌時代の同僚，グレイザーについて後年（2014年）シーヒーが描いた人物像は，『パッセージ』（1976年）に仮名で登場する人物によく似ている。以下を参考にした：Sheehy 2014, 81-82.

9 Friedan 1963a; Riesman, Glazer, and Denney 1950.

10 Sabine and Sabine 1983, 38; Fein 1991.

11 Combaz 1978, 74.

12 Whitbourne 2012; 以下も参考にした：Whitbourne 2010, 160-169.

13 以下を参考にした：Cohen 2012, 12, 115-116; Mintz 2015, 300; Hagerty 2016, 17-19; Setiya 2017, 6, 10-12. Rauch (2018) はシーヒーについてはまったく言及していない。

14 Levinson 1978c; Vaillant 1977a; Gould 1978.

15 科学の普及については：Shinn and Whitley 1985; Cooter and Pumfrey 1994; Secord 2004; Topham 2009; Hopwood et al. 2015;「大衆化」と，科学と非科学の間に境界線を引く作業については，以下を参考にした：Gieryn 1983; Hilgartner 1990.

16 Friedan 1963a, 68-72; Erikson 1950a; Erikson 1958.

17 Erikson 1964.

18 Gilligan 1982c; Baruch, Barnett, and Rivers 1983.

19 Rodgers 2011, 163.

20 Wethington 2000; Lachman 2001; Brim 2004.「MIDUS（アメリカにおける中年期調査）」のサイトも参考にした：MIDUS.wisc.edu（2018年11月19日に確認）。

21 Friedman 2008.

22 Blanchflower and Oswald 2008; Weiss et al. 2012; Steptoe, Deaton, and Stone 2014; Graham and Pozuelo 2017.

23 Setiya 2017, 25-27, 54-76, 127-154; 15, 143 から引用。

24 Gergen 1997, 475.

25 Williams and Nagel 1976; Williams 1981 の esp. 26-27, 37; フリードマンによる批判も参考にした: Friedman 1993, 163-170; Card 1996.

26 Setiya 2017, 2, 55-57, 136-138, 142-143; 以下も参考にした: Cusk 2014, 90-131.

27 Coontz 1992; Coontz 2005, esp. 247-262; Creighton 1999; Lewis 2001; Self 2012.

28 Ariès 1962. アリエスはその歴史解釈において多くの歴史学者たちの反論の標的となった。主に以下を参考にした: Orme 2001; Ozment 2001; 論争の概要に関しては: Hutton 2004, 92-112.

29 Joerißen and Will 1983; Cole 1992; Ehmer 1996; Hartog 2012; Willer, Weigel, and Jussen 2013. 老年期全般については: Thane 2005; 老年学の歴史については, 以下も参考にした: Achenbaum 1995; Katz 1996; Park 2016. より一般的な発達段階については: Hopwood, Schaffer, and Secord 2010.

30 Bouk 2018; 以下も参考にした: Parnes, Vedder, and Willer 2008; Onion 2015. 青年期については: Gillis 1974; Kett 1978; DeLuzio 2007; Marland 2013; 隠喩としての「若者」については: Frank 1997.

31 Gilligan 1982c, 18.

32 Sontag 1972, 29.

33 Balzac 1901.

34 医療の対象としての更年期については, Smith-Rosenberg 1985; Bell 1987; Lock 1990; 以下も参考にした: Banner 1992; Berger 1999; 最近の文献では: Wiel 2014b; 更年期障害について多角的なアプローチで編集されているのは: Formanek 1990; and Komesaroff, Rothfield, and Daly 1997; より一般向けには: Foxcraft 2009. ジャーナリズムにおける中年期の包括的な歴史については: Cohen 2012; 以下も参考にした: Gullette 1997; Mintz 2015; イギリスにおける中年期の研究は: Benson 1997; Heath 2009.

35 医学, 精神医学, 学術分野における男性中心主義についての記述は, 以下の文献の内容を含んでいる: Ehrenreich and English 1978; Showalter 1985; Poovey 1988; Jordanova 1989; Russett 1989.

36 Houck 2006; Watkins 2007a; フックの本に対する批評は, 以下を参考にした: Bell and Reverby 2006.

37 Rose 1990; Rose 1998; Herman 1996; Frank 1997; Mirowski 2002; Illouz 2008; Moskowitz 2008.

38 「オープンマインド」については: Cohen-Cole 2014; 政治的主体としての消費者については: Cohen 2003; Trentmann 2008; Mead: Mandler 2013; 反体制文化の科学については: Moore 2008; Kaiser and McCray 2016. 以下も参考にした: Jewett 2014; Lunbeck 2014; Plant 2015; Herzog 2017 は: Aubry and Travis 2015; イギリスの場合: Savage 2010; Evans 2017; 大英帝国の場合: Tilley 2011; Linstrum 2016.

39 Foucault 2007; Foucault 2001. 以下も参考にした: Sarasin 2007; アメリカにおけるフランスの理論の受容と政治については: Cusset 2008.

40 フェミニストの科学, テクノロジー, 医学の歴史概論については: Schiebinger 1999; 以下も参考にした: Creager, Lunbeck, and Schiebinger 2001; フェミニズムと社会科学については: Rosenberg 1982; Tarrant 2009; 心理学, 精神医学, 精神分析学については: Lunbeck 1994; Morawski 1994; Pandora 1997; Buhle 1998. さらに, フェミニスト心理学者の百科事典的なデジタルアーカイブとして: Psychology's Feminist Voices, directed by Alexandra Rutherford, FeministVoices.com; 1960年代, 70年代の女性による健康活動については: Davis 2007; Kline 2010; Murphy 2012; それ以前の女性の健康に関しては: Morantz-Sanchez 1985; Bittel 2009; Leng 2013. 学問や学会を超えた女性の研究と調査については, 以下を参考にした: Gates 1998; Lightman 2007のesp.95- 165; Oertzen, Rentetzi, and Watkins 2013. フェミニストの思考と実践における自我と個性の重要性については, 以下を参考にした: Fraisse 1988; Scott 1996; Delap 2007.

41 運動年表に載らないフェミニズムとそれを自分と一体のものにする複雑で不安定な駆け引きついては: Meyerowitz 1994; Misciagno 1997; Hewitt 2010; Hewitt 2012; Laughlin et al. 2010; Laughlin and Castledine 2012; Bereni 2012;「フェミニズム」という用語については: Offen 1987; Cott 1989, 3-6.

42 第二波フェミニズム運動とメディアの概要については: Barker-Plummer 2010; 以下も参考にした: Farrell 1998; Bradley 2003; Dow 2014. 1980年代のアンチ・フェミニストによるバックラッシュ(反動, 揺り戻し)については: Faludi 1991.

43 Myrdal and Klein 1956.

44 Mosher, c. 1916, 以下にも引用されている: Houck 2006, 36; Spencer 1913, esp. 232.

45 Rosin 2012, 227.

46 Sandberg 2013; Slaughter 2015; Macko and Rubin 2004; 卵子凍結については: Wiel 2014a; Wiel 2015.

第2章

1 Sontag 1972, 31.

2 文献は広範囲にわたる。代表的な研究には以下の文献が含まれる: Smith-Rosenberg 1985; Bell 1987; Lock 1990; 比較的最近の研究として: Houck 2006; Watkins 2007a. ソンタグの病気に関する研究については: Brandt, esp. 203-204; Clow 2001.

3 Zola 1972; Conrad and Schneider 1980. 病的な状態にある男性に関する臨床的な用語については, 以下も参考にした: Tiefer 1986; Benninghaus 2012.

4 男性の更年期と「厄年」については: Stolberg 2007a; Stolberg 2007b; 以下も参考にした: Palm 2011; Verheyen 2014. ヒポクラテスの「分利(crisis)」の概念については: Langholf 1990, 73-117.

5 Bras 2000, 257-343.

6 Stolberg 2007a, 107-108. 厄年に関する記述から女性が省かれていることについては: Schäfer 2015, 162-172.

7 Halford 1813, 323. ハルフォードの論文は転換期に関する著述の出発点となることが多かった。たとえば, 以下の文献などに見られる: Good 1835 2: 23-26; 精神医学については: Skae 1865. ハルフォードについては, 以下も参考にした: Munk 1895; この論文の受けとめられ方とその後も継続する影響については: Stolberg 2007b, 113.

8 Dewees 1826, 149. 同様の指摘をドイツの内科医も行っている。たとえば: Adelmann 1840. 以下も参考にした: Lock 1990, 307-317.

9 「閉経」は月刊の最新医学文献索引集『インデックス・メディカス』が1927年にアメリカ医師会による文献索引である*Quarterly Cumulative Index to Current Literature*（四半期更新の医学文献累積索引）と合併した際に,「月経」とは別の項目になった。米国医師会の文献索引は1916年の発刊以来, 両者を別項目としていた。1928年の*Index-Catalogue of the Library of the Surgeon-General's Office*（アメリカ軍医総監局図書館の蔵書索引集）によると, 医学雑誌に掲載された「痛みをともなう月経」の記事が50以上あったのに比べて,「閉経」に関する記事は20に満たなかった: Houck 2006, 246n7.

10 Freidenfels 2009, 74-119; DeLuzio 2007, 50-89; Delaney, Lupton, and Toth 1988, 55-66. 西ヨーロッパ3カ国の国際比較: Rowold 2010, esp. 月経に関する箇所は: 32, 41-43, 59-60, and 123.

11 West 1858, 34-78, esp.49-51.

12 Martin 1989, 51; 以下も参考にした: Banner 1992, 277.

13 Erikson 1964, 596.

14 Millett 1970, 218.

15 閉経に対する関心の欠如を肯定的に解釈しているのは: Lock 1990, esp.307-317. 女性の健康への関心の欠如を嘆く女性医師たちの不満については: Houck 2006, 16-17.

16 Wilbush 1980. フランスの論文については, 以下を参考にした: Stearns 1980.

17 Tilt 1851b; Tilt 1857; 以下も参考にした: Tilt 1851d; Tilt 1851c; Tilt 1851a.

18 Gardanne 1816. ガルダンヌはこの著作の第2版（1821）で「*ménopause*（更年期）」という言葉を取り入れた。以下も参考にした: Théré 2015.

19 Tilt 1857, 66, 3, 11, 15, 35, 237-246.

20 Wilbush 1980, 263.

21 Wilbush 1981, 7n9.

22 Currier 1897. シカゴの産婦人科医アリス・ストッカムは自身が書き, 広く流通していた女性向けガイドブック『助産学（*Tokology*）』の改訂版（1883）を出版する際に, 新たに「更年期」の章を書き加えた。以下も参考にした: Stockham 1887, 276-285.

23 Bell 1987; Hirshbein 2009.

24 Currier 1897, vii-viii.

25 Currier 1897, 153.

26 カリアーは同様に，売春婦を例に「過度の」性行為の問題を説明した。以下を参考にした : Currier 1897, 153. 階級とホルモンの周期については: Fuchs 2005, 51; Houck 2006, 4.

27 Currier 1897, 151および以下も参考にした: 35-39, 270-272; Smith-Rosenberg 1985, esp.: 192-193; Lock 1990, 319, 321; Banner 1992, 284-287.

28 Taylor 1871, 92-93. 安静療法はフェミニストの批判の的となった。以下を参考にした: Lee 1997, 182-186; Berman 1992; Allen 2009, 20-25; Bittel 2009, 126-135, 142-144.

29 Reed 1901, 742.

30 Bell 1987; 以下も参考にした: Oudshoorn 1994; Sengoopta 2000; Sengoopta 2006.

31 Weisman 1951, 55.

32 Watkins 2007a; Houck 2006.

33 Wilson and Wilson 1963; Wilson 1966.

34 この最後の側面については，以下を参考にした: Houck 2006, 102-103.

35 Lock 1990, 329, also 330-341; Banner 1992, 297-305; Houck 2006, 40-57.

36 Freud 1965, 167.

37 Deutsch 1945, 459-460, 474-475. フェミニン・マゾヒズムが女性の精神生活に及ぼす影響については: Deutsch 1930. On the influence of psychoanalysis on postwar American culture: Burnham 2012.

38 Wylie 1942, 186-187. ワイリーの反母性主義については: Plant 2010, 19-54; 以下も参考にした: Buhle 1998, 125-164; May 1988, 73-74.

39 Reuben 1969, 365-366.

40 Martin 1989, esp. 42-46, 51-52.

41 Palmatier 1995; "Empty Nest" 2013.「空の巣」という言葉の1950年代，60年代における使われ方については: Komarovsky 1953, 244; Lawrence 1956; Deykin et al. 1966; Kinney 1968. 私の知るかぎり，歴史学者が分析の区分として通常用いている，この動物にたとえた隠喩自体が分析されたことはない。以下がその例である: Houck 2006, 99-101. しかし，リザ・マリッヒによる妊娠と「巣作り本能」に関する分析は，母親らしい感情の「自然な」表れとしての女性の家庭的な役割を示し，生活水準の向上と子ども部屋を両親の寝室とは別に設けることにつながる: Malich 2017, 329-342.

42 Stolberg 2007a, 117-119. 20世紀の男性更年期に関する議論については: Sengoopta 2006, 177-186; Hofer 2007; Watkins 2007b; Watkins 2008.

43 Scott 1898, 70-71.

44 Reed 1904, 741-742.

45 Wilson and Wilson 1963, 347.

46 Pitkin 1932, 26; Pitkin 1930; Pitkin 1937.

47 Perkin 1996; 以下も参考にした: Bledstein 1976; Chandler 1977; Zunz 1990.

48 Pitkin 1932, 19.

49 Pitkin 1932, 73-74, 75.

50 Neugarten 1968a, 96. ライフコースを通じての専門職の男性の収入の増加と減少については，以下も参考にした：Ghez and Becker 1975.

51 Sontag 1972, 31; Neugarten 1968a, 96. 階級に焦点をあてた願望と満足に関する有用な分析については：Komarovsky 1967, 202-204, 330-347;「ステータスのパニック」については：Mills 1951; アメリカのビジネスにおける長い失敗の歴史については：Sandage 2005.

52 Hall 1922, 11. 青年期の歴史の概要については：Kett 2003. 青年期と男らしさについては：代表的な文献が Kett 1978; Gillis 1974; Macleod 1983. 女の子と女性については，以下も参考にした：Smith-Rosenberg 1985; Hunter 2002; DeLuzio 2007; Marland 2013.

53 Bergler 1954; あるいは Bergler 1946; Bergler 1948; Bergler 1949. バーグラーの懲罰的なアプローチについては：Herzog 2017, 63; そのアンチ・フェミニズム的な姿勢については：Gerhard 2001, esp. 41.

54 Bergler 1954, 3, 9.

55 Bergler 1954, 311-312.

56 Sontag 1972, 38.

57 Sommers 1974, 5. 人種と幼児化については：Nandy 1987; McClintock 1995; Stoler 1995, 150-164.

58 Newman 1998, 282-283.

59 Engels 1892, 159-160, 242, 160; 労働者階級の「早期老化」は大西洋の対岸のアメリカにも当てはまった：Shergold 1982, esp. 73-74.

60 Chase 1929, 340; Chase 1932.

61 Williams 1920, 39.

62 Edwards 1979, 169-170; Ransom and Sutch 1986, 27-29.

63 人種とリンド夫妻については：Igo 2007, 54-60; 人種と医学については：Epstein 2007, 203-231. 比較可能なヨーロッパの失業研究に関しては，マリエンサル調査が参考になる：Jahoda, Lazarsfeld, and Zeisel 1933.

64 Lynd and Lynd 1929, 30, 35;「義務教育」に関する法律と学校教育のパターンについては：181-187.

65 Lynd and Lynd 1929, 33, 34.

66 Burnett 1994, 217-218.

67 Segrave 2001, 99-102; 1860年から1920年にかけての職種による年齢制限については：Hushbeck 1989.

68 Connell 1987, 183; 以下も参考にした：Connell and Messerschmidt 2005.

69 Sontag 1972, 32.

70 Lynd and Lynd 1929, 27n4.

71 Lynd and Lynd 1929, 28. リンド夫妻の面接のほとんどは日中行われたため，対象者には自宅から出勤するかたちで継続的に働いている女性はほとんどいなかった：同書29.

72 Newman 1998.

73 Spencer 1913, 230-231, 233, 234. チェイスが1932年のニューディール政策を考案するよりも前に，スペンサーが「ニューディール」の比喩を使ったことは，この言葉が社会改革の文脈に根差していることを示している。ジェンダーと法律の主観性については：Scott 1996.

74 Spencer 1913, 232.

75 ダブルスタンダードを確認する，中年期の肯定的な定義については：Banner 1992, 7. ジュディス・フックは，中年期の解放を祝うことによって，女性の家庭内での役割が強化されたと主張している：Houck 2006, esp. 30, 89-91, 94, 102-103, 105, 111-112.

76 Degler 1974; Smith-Rosenberg 1985, 194-195.

77 Drake 1902, 43-44. ドレイクの著作は1930年代まで何度も重版され，ドイツ語とフランス語にも訳された：Drake 1910; Drake 1942.「パノラマ」のたとえのその後の使われ方については：Edsall 1949, 121; Davis 1951, 149.

78 以下を参考にした：Drake 1902, 44-45; Lowry 1919, 144-145.

79 スティーホルムとフィッシャーは『40歳を超えた女性』(1934)をサラ・トレントというペンネームで出版した：Trent 1934, 173.

80 Mosher 1916; also Mosher 1901; 同様の議論については：Jacobi 1877; Hollingworth 1914. On Mosher: Degler 1974; Tunc 2010.

81 Mosher 1916, 32-34.

82 Mosher 1916, 33, 34-35.

83 更年期と「地域のハウスキーパー」については：Houck 2006, 30-32. 医学における母性主義政治については：Morantz-Sanchez 1985; より一般的な母性主義については：Offen 1988; Gordon 1990; Koven and Michel 1990; Koven and Michel 1993; Bock and Thane 1991; Ladd-Taylor 1994, esp. 104-132; Delap 2007, 139-179; Klein et al. 2012. アメリカの政治分野でのジェンダー構造については，以下も参考にした：Baker 1984; Fraser 1992.

84 "Is Forty the Limit?" 1922; これに続く数十年の変遷については，以下も参考にした：Albert 1930; Miller 1939; "I Like Being Forty!" 1941; Sherwood 1949.

85 Coyle 1928, esp. 92-101.

86 Lowry 1919, 156-165.

87 Spencer 1913, 236, 238.

88 Palmer and Greenberg 1936, 103, also 102-104, 107-108. 以下も参考にした：Hansl 1927; Knopf 1932, 238-241.

89 Lock 1990, 330-360; Banner 1992, 297-310.

90 May 1988; Coontz 1992; Meyerowitz 1994; Weiss 2000; Laughlin 2000;「インターウェーブ」心理学について：Rutherford 2017; Johnson and Johnston 2010; Johnston and

Johnson 2017; 母親たちへのアドバイスについては: Plant 2010, esp.88, 115-116. 35歳を過ぎた働く女性たちについて: United States Department of Labor 1956, 19-21; United States Department of Labor 1960, 27-31; United States Census Bureau 1957.

91 レヴィンについては, 以下を参考にした: "Lena Levine Dies" 1965; Chesler 1992, 289, 307n, 415-416; Gordon 1976, 265-275. ドハーティについては, 以下を参考にした: Doherty 1949; Kamen 1985, esp. 257, 273, 325n20; Nissley 2017.

92 Levine 1938. パンフレットのタイトルは1950年に『医師が新郎新婦に話す』に改められ, 1964年頃まで増刷されていた。以下も参考にした: Stone and Levine 1956.

93 "Women Needn't Worry" 1953, 170; 以下も同様に参考にした: Shepherd 1952.

94 Levine and Doherty 1952, 25.

95 Levine and Doherty 1952, 57, 116-117. 家事とテクノロジーについては: Cowan 1983; Bernard 1981, 393-412; 医学論文における産業的な比喩については: Martin 1989.

96 "Student and Teacher of Human Ways" 1959, 147 (閉経後の歓喜*postmenopausal zest*は著者がイタリック体にした); 以下も参考にした: Mead 1946, xxiv-xxv, 339-341.

97 Lutkehaus 2008, 73.

98 共同研究の起源については: Myrdal and Klein 1956, ix; 中産階級の優位性については: 2, 8-10; クラインの以前の研究については: Klein 1946. ミュルダールとクラインの著作は, 専門職の女性と雇用が注目されるきっかけとなった: Lewis 1990; Laughlin 2000; Allen 2005, 223-225; Lyon 2007; Oertzen 2007; Tarrant 2009, esp. 154-161; Johnson and Johnston 2010; McCarthy 2016. 専門職の女性への重圧については: Solomon 1985, esp. 186-206; Rossiter 1995.

99 Myrdal and Klein 1956, 32-39, 159-161, 163-164.

100 以下からの引用: McCarthy 2016, 299; 以下も参考にした: University Grants Committee 1964, esp. 109- 110, 136-140. ノルウェーとスウェーデンについては: Sejersted 2011, 248-249; 西ドイツ(当時)については, 以下を参考にした: Oertzen 2007　esp.49-52.

101 1955年のアメリカ教育協会の女性教育委員会, 1960年の同委員会については: Eisenmann 2006, esp. 17-27, 87-111; Rutherford 2017.

102 Jahoda and Grant 1955; 以下も参考にした: Jahoda 1958.

103 Maccoby 1958; 以下も参考にした: National Manpower Council 1957; National Manpower Council 1958.

104 女性の地位に関する大統領委員会1963, 76, (大統領令10980より引用): Eisenmann 2006, 141-178; Cobble 2010.

105 Friedan 1963a, 8; 以下も参考にした: 390n3, 401n34, 406n15.

106 Sontag 1972, 38.

107 Hacking 2002, 37; 以下も参考にした: Ong 1982, 12.

108 「老化のダブルスタンダード」についてはソンタグよりも少し前の社会学者ベルの1970年のエッセイ, さらにボーヴォワールの1972年のエッセイでも触れられていることを指摘しておきたい: Bell 1970; Beauvoir 1972.

109 Sontag 1972, 38.

第3章

1 Koselleck 2006, 358-359. 診断の概念も規準となり得る。カンギレムが観察するように,「健康は状態であると同時に秩序である」: Canguilhem 2008, 476; 以下も参考にした: Canguilhem 1978.

2 Mintz 2015, 300. 以下も参考にした。心理学については: Elkind 1994, 192-193; Wethington 2000, 91-92; Whitbourne 2010, 160-169; ジャーナリズムについては: Cohen 2012, 12, 115-116; Hagerty 2016, 17-19.

3 Shinn and Whitley 1985; Secord 1994; Cooter and Pumfrey 1994; Lewenstein 1995; Secord 2004; Topham 2009.「大衆化」の概念は科学的な権威を強化する。以下も参考にした: Hilgartner 1990; Nelkin 1987; Lewenstein 1992.

4 検証としての「ポピュラー・サイエンス」Fleck 1979, 112-117; 以下も参考にした: Nelkin 1987.

5 「フェミニスト寄り」と見られたエリクソンについては: Friedman 1999, esp.423-426, and Herman 1996, esp.293, 391n78.

6 シーヒーの経歴とキャリアは, 以下の文献をもとに再構成した: Gail Sheehy, "Cultural History," February 17, 1970, and "Alicia Patterson Fellowship Application," October 23, 1972, Margaret Mead Papers, Library of Congress, Washington, DC, box D51, folder 2; Gail Sheehy, "Biography," 1975, Penney- Missouri Journalism Awards Records, State Historical Society of Missouri, Columbia, MO, folder 603; Sheehy 2014, esp. 5- 49.

7 Sheehy 2014, 6. 以下も参考にした: ゲイル・シーヒーからヘレン・ガーリー・ブラウン編集長への書簡(March 29, 1968, Helen Gurley Brown Papers, Smith College Archives, Northampton, MA, box 9, folder 9.) シェパード編集長とヘラルド・トリビューン紙のファッションページについては, 以下を参考にした: Bender 1967, 76-85; Kluger 1986, 622-625, 672, 691-692.

8 Mills 1988; Bradley 2005; Voss and Speere 2007; Whitt 2008; 以下も参考にした。詳細な文献概要は: Barker-Plummer 2010.

9 "Gail Sheehy" [1976], Clay Felker Papers, Rubenstein Library, Duke University, Durham, NC, box 2; Sheehy 2014, 7-10. 1960年代と70年代のニューヨーク市の乳児死亡率については: Wallace and Wallace 1990.

10 ニューヨーク・ヘラルド・トリビューン紙からニューヨーク誌に仕事の場を移すまでは: Kluger 1986, 703-741; ニューヨーク誌創刊からの10年間については: Weingarten 2005; ニューヨーク誌の編集方針については: Greenberg 2008, 71-96.

11 Wolfe 1970.

12 Thom 1997, 200.

13 マードックによるニューヨーク誌買収に対するシーヒーのコメント: Sheehy 1977b.

14 Weingarten 2005, 207.

15 Sheehy 1976f, 77.「セックス」と「ジェンダー」に関する1970年代のフェミニストの学術的論争については: Oakley 1972; Rubin 1975.「セックス」の肉体的および社会的質については: Tarrant 2009.

16 代表的な文献は Hull, Bell-Scott, and Smith 1982; also Hewitt 2010; Laughlin et al. 2010. 1970年代のメディアでのフェミニズムの取り上げられ方については: Farrell 1998; Bradley 2003; Dow 2014.

17 Sheehy 1968c; Sheehy 1968b. アーバスの写真の視点はニュー・ジャーナリズムがもつ非エリート層や「奇妙な人間性」に対する関心と重なるところがあった: Johnson 1979, 35-36.

18 Sheehy 1971a; Sheehy 1971c; Sheehy 1968a; Sheehy 1969a; Sheehy 1969b.

19 Sheehy 1971e.

20 Sheehy 1970a; Sheehy 1972b; Sheehy 1970b; Sheehy 1970d; Sheehy 1971d, esp. 36-41.

21 Cleveland 1970, 16.

22 Sheehy 1971d.

23 Sheehy 1972b. シーヒーの都市政治への影響については: Waggoner 1973; Smith 1973; その作りこまれた人物像の使い方については: Lehmann-Haupt 1973; Pinkerton 1971; ニュー・ジャーナリズムに関するより一般的な論争については: Weber 1974; Schudson 1978, 160-194.

24 Kilday 1975; Sheehy 1973a.

25 Sheehy 1974a, 33; Sheehy 2014, 210. Alicia Patterson Foundation, press release, December 18, 1972, and Alicia Patterson Foundation to Margaret Mead, December 1973, Mead Papers, box C106, folder 2. Alicia Patterson Foundation to Clay Felker, November 1974, Felker Papers, box 2. 出版社E.P.ダットンについては以下を参考にした: Tebbel 1981, 156-157.

26 Côté 2000, 2.

27 中年期を表すmidlife vs. middle ageについては: Sheehy 1976f, 304-305.

28 Sternbergh 2006; Rosen 1989.

29 Wolfe 1970; Wolfe 1976; Blum 1987.

30 ボストン・フェニックス紙のエンタテインメント欄「ボストン・アフター・ダーク」で，執筆者のケン・エマーソンは「ゲイル・シーヒーの『パッセージ』: 人は一生かけて成長する」と引用した。Felker Papers, box 2; 以下の文献も参考にした: Sherman 1995. さまざまな新しい表現や造語については: Sheehy 1976f, 99-105, 163-177, 345-346 and 358-376.

31 Sheehy 1976f, 435.

32 Canguilhem 2005, 199-200. 19世紀から20世紀初頭にかけて，女性のポピュラライザー（普及者）は自身の権威を維持するために公然たる論争を避けた：Gates 1998, 36-38; Lightman 2007, 155-163. 以下も参考にした。懲戒履歴については：Brannigan 1979; Graham, Lepenies, and Weingart 1983; Skopek 2011.

33 あるインタビューで，ジャックスはイギリス精神分析学会の学会員になるためのプロセスの一環として論文を提出したが，「中年の危機」の概念化を始めたのは1952年だと述べている。以下を参考にした：Kirsner 2004, 200-201.

34 G. S. 2005; Pugh and Hickson 2016.「裁量の時間幅」については以下を参考にした：esp. Jaques 1956. 戦時下における心理学的な専門知識の開発の重要性については：Herman 1996, 82-123.

35 Beard 1881, 243.

36 Beard 1881, 198-199, 235-243. ベアードについては，以下を参考にした：Rosenberg 1962; Lutz 1991; Rabinbach 1992, 153-162. 定量的な伝記研究は心理学では珍しいことではない。以下の例を参考にした：Bühler 1933; Frenkel-Brunswik 1936; Maslow 1943.

37 Jaques 1965. ダンテと中年期文学については：Hirdt 1992.

38 Jaques 1965, 502, 505.

39 Jaques 1965, 512, 506.

40 On menopause, see Jaques 1965, 502.

41 Lavietes 2003; 以下も参考にした：the *Oxford English Dictionary*の“Mid-life.”の項

42 Google Scholarとthe Psychoanalytic Electronic Publishing (PEP-Web) Archiveによる

43 Kirsner 2004, 201.

44 例外として，ウィルヘルム・フリースとジークムント・フロイトの間で交わされた「男性の更年期」に関する書簡がある。Freud to Fliess, March 1, 1896, Freud 1954, 159.

45 King and Steiner 1990.

46 Kirsner 2004, 198, 197; 以下も参考にした：Jaques 1998; Twemlow 2005.

47 たとえば，以下に引用されている：Wind 1968; Rapoport 1970, 136, 219.

48 Gould 1972; Lowenthal and Chiriboga 1972.

49 *Work in America* 1973, 41.

50 Jaques 1970; Brook 1971, 314.

51 Soddy 1967.

52 Neugarten 1968b. 同様に，精神分析家のジャッド・マーマーも，著書『移行期の精神医学』（1974）で「中年の危機」という章を設けているが，ジャックスについては言及していない：Marmor 1974.

53 Daniel Levinson, “A Psychosocial Study of the Male Midlife Decade” (1972), Jessie Bernard Papers, Penn State Special Collections Library, University Park, PA, box 10, folder 21; Wolfe 1972.

54 ジャックスについては，エリオット・G・ミシュラーとオーヴィル・ブリムという二人の心理学者同士の書簡で内輪の情報として触れられることはあった：Elliot G. Mishler to Orville Brim, February 28, 1974, Social Science Research Council Records, Rockefeller Archives, Sleepy Hollow, NY, Record Group 2/2, Series 1/106, box 648, folder 7928.

55 Skopek 2011, 211.

56 Google Scholar and PEP-Webによる。ジャックスの論文集についての書評も書かれた：de Grazia 1976.

57 Levinson 1978c, 26. バーニス・ニューガーテンと ナンシー・データンは，1974年の共著『中年』ではジャックスについて言及しなかったが，数年後に同書が増刷されたときにジャックスの論文から引用した。Neugarten and Datan 1974とNeugarten and Datan 1996を比較してみてほしい。同様に，ハーバード大学の精神科医ジョージ・ヴァイラントは，1972年の論文ではジャックスについて言及していなかったが，その5年後にはジャックスについて論じている：Vaillant and McArthur 1972; Vaillant 1977a, 221-223.

58 Sheehy 2014, 211; Sheehy 1974a, 44.

59 Sheehy 1976f, 19-21. シーヒーは調査対象者の地理的分布は多様であると強調していたが，『パッセージ』に提示された事例のなかでは，ニューヨークがとりわけ頻繁に言及されている。

60 Tavris 1995.

61 Sheehy 1976f, 268-276; Sheehy 1973b; 以下も参考にした：Mead 1972, 271. ミードの戦争との関わり，原爆投下のニュースを聞いたときの初期反応が前向きだったことについては：Mandler 2013, esp. 45-176, 189-190.

62 Sheehy 1976f, 178. 以下も参考にした：Plate 2007, 126-128.

63 Sheehy 1974a.

64 Sheehy 1976f, 143.

65 Sheehy 1976f, 108.

66 Sheehy 1976f, 241-242, 209-311. 同様に，フリーダンについては：Coontz 2011, 130-132.

67 Sheehy 1976f, 54, 63, 52-65, アーサー・ミッチェルについては：235. ウォトリントンによるシーヒーのインタビューについての回想は：Watlington 2006, 150-151, 170-171, 175-176.

68 Sheehy 1976f, 20.

69 Lemov 2015, 193.

70 Hapgood 1903; Hapgood 1909; 以下も参考にした：Lindner 1996, 145, 150; Lemov 2015, 188-189. ライフ・ヒストリーと社会科学的なインタビューについては，以下も参考にした：Bulmer 1986, 89-108; Forrester 1999; Forrester 2016; Heesen 2014.

71 女性の意識向上に関して最も影響力のある二つの発言は：Sarachild 1970 and Allen 1970. 以下も参考にした：Long 1999, 75-80, 98-100; また，それらに対する批判は，Echols

1989, e.g., 83-98, 140-153; Herman 1996, 297-302.

72 このスローガンは，20世紀初頭の労働ソングライターであるジョー･ヒルの「嘆くな！ 組織せよ！」に基づいている。以下を参考にした：Huckle 1991, 185, 195; Rosen 2000, 276.

73 女性のライフ･ヒストリーについては：Ruddick and Daniels 1977; Sidel 1978. 1977年から，女性研究誌『フロンティア』は，女性のオーラル･ヒストリー（口述された自分史）に関する一連の特別号を発行した。それらをまとめたものが：Armitage, Hart, and Weathermon 2002. 女性のライフ･ヒストリーとフェミニストの伝記の導入と概要については：Long 1999, esp. 73-116.

74 Keller 1981; Keller 1983; 以下も参考にした：Comfort 2001, 5.

75 Sheehy 2014, 133; 以下も参考にした：Morgan 1970b.

76 Toffler 1970; Slater 1974.

77 科学論文の特徴である称賛の語調については：Nelkin 1987; Lewenstein 1992; Mellor 2003, 511-512.

78 Sheehy 1976f, 277.

79 Richard Baker, "Proposal for a Program [in Race Relations and the Mass Media]," November 27, 1967, Rockefeller Foundation Records, Rockefeller Archives, Sleepy Hollow, NY, A76/200, box 54, folder 400. コロンビア大学ジャーナリズム大学院の科学的著述プログラムについては：Boylan 2007, 139-142.

80 "Report of the 1969-1970 Interracial Reporting Program of the Columbia Univer- sity Graduate School of Journalism" [ca. 1970], Rockefeller Foundation Records, A76/200, box 54, folder 401. 以下も参考にした：ゲイル・シーヒーからマーガレット・ミードへの書簡（Gail Sheehy to Margaret Mead, April 26, 1971, Mead Papers, box C94, folder 1.）

81 Wolfe 2008, 84; 以下の文献に引用されている：Robinson 1974, 71. ジャーナリズムと社会科学については，以下も参考にした：Lindner 1996; Heesen 2014.

82 Sheehy 1976f, 16, 17. この批判に似た発言がフロイトのものとされている。「私よりも前の詩人と哲学者は無意識を発見した。私が発見したのは，無意識を研究できる科学的方法だった」。しかし，ジェフリー・バーマンが指摘するように，1940年代と50年代に流布したこの発言はフロイトの著作には見られない：Berman 1987, 304n40.

83 Weisstein 1970, 206. この論文は最初にフェミニストの会議で読まれ，次に1968年のアメリカ研究学会（ASA）の会議で読まれた：Kitzinger 1993, 189. アメリカ研究学会での拍手喝采については：Weisstein 1989, 9. 論文は当初，小冊子のかたちで出版された：Weisstein 1968. See also1993b; Herman 1996, 280-284; Rutherford,Vaughn-Blount, and Ball 2010; Cohen-Cole 2014, 228-230.「3K」スローガンの歴史については：Paletschek 2001.

84 Boxer 2002; Boxer 1998. プリンストン大学の例が示されている：Malkiel 2016, 296-299.

85 Horner 1968; Horner 1970; Horner 1972; Hennig 1970; Hennig and Jardim 1977;

Mitchell 1974; Bernard 1972; Sherfey 1972.

86 Sheehy 1976f, 18.

87 Erikson 1950a, 219-234; 発達段階理論の初期の発表については: Erikson 1950b. 1963年版では，エリクソンは「8段階(stages)」ではなく，「8期(ages)」としている。ライフサイクル・モデルの1950年版と1963年版の比較については: Friedman 1999, 336-337.

88 Erikson 1950b, 142; Erikson 1950a, 231.

89 Tiedeman and O'Hara 1963, 54.

90 Hodgson, Levinson, and Zaleznik 1965, 229, 31-37; Osipow 1973, 105-122.

91 Erikson 1950b, 143, 144.

92 Senn 1950, 38.

93 Senn 1950, 46-47. エリクソンの心理歴史論は，その後もマルティン・ルター，マハトマ・ガンジー，アルバート・アインシュタインなど，男性のみを研究対象とした: Erikson 1958; Erikson 1969; Erikson 1982.

94 Erikson 1961, 151; Friedman 1999, 222, 225.

95 Senn 1950, 38-39.

96 See, for example, Senn 1950, 62, 69-70.

97 Senn 1950, 72-73. 母性と育児に関する1950年代の新フロイト派の見方については: Michel 1999; Stoltzfus 2003; Plant 2010; 特にVicedo 2013.

98 Senn 1950, 74, 78. 歴史学者は, スポック博士の寛容な子育てイデオロギーが, 母親に「オンデマンド(子どもの要求に応じた)」なケアを要求することにより, 母親の義務をどのように強化したかを示した: Weiss 1977; Grant 1998, esp. 201-244; Apple 2006, 107-134; 役割の差別化については: Graebner 1980b, 620-622.

99 Senn 1950, 293-294.

100 Friedan 1963a, 71-72. フリーダンはまた，エリクソンを使用して女性のキャリアを主張した: 322. エリクソンの教え子としてのフリーダンについては: Horowitz 1998, 95-96.

101 Friedan 1963a, 322.

102 フリーダンの『新しい女性の創造』に関する文献を参照してほしい。: Rossi 1964, 613n; Degler 1964, 668-669; Bailyn 1964, 709n2.

103 Rossi 1964, 608.

104 Erikson 1964, 583. エリクソンの引用は, フリーダンの「女性のアイデンティティの危機」に関する章の最後の文から来ている。「女性はこのアイデンティティの危機に苦しむ必要があると思う。……完全な人間になるために」(Friedan 1963a, 72). エリクソンの回想は: Erikson 1974a, 322.

105 Erikson 1964, 586.

106 Friedman 1999, 423; 423-426.

107 Herman 1996, 391n78; 293. 有名な批判については: Gilligan 1977 and 1982c, 11-15,

98, 103-105, 107, 155.

108 Kant 1923, 54; 55-57.

109 以下を参考にした: esp. Dinnerstein 1976; Miller 1976; Chodorow 1978; Benjamin 1988.

110 Bassin 1982, 200; Bassin 1988, 347-348; 以下も参考にした: Buhle 1988, esp. 278-279.

111 Skinner 1969, 49; 以下も参考にした: Latour 2005, esp. 21-156.

112 Erikson 1964, 588, 589. 実験の説明については: Erikson 1950a, 97-108; エリクソンがバークレーのガイダンス研究で研究員として任務についた短い期間については: Friedman 1999, 150-155. 1

113 Erikson 1964, 590, 591, 600.

114 Wolff 1979, 356.

115 Erikson 1968.

116 Weisstein 1968, 206; 以下も参考にした: Bettelheim 1962.

117 Cited in Herman 1996, 289.

118 Greer 1970, 88. 以下も参考にした: Hole and Levine 1971, 177-178; Chesler 1972, 76-77; Chodorow 1971, 167; as well as the later Caplan 1979; Wolff 1979; Hopkins 1980.

119 Millett 1970, 212; 210-220. この両面性がシンシア・グリフィン・ウルフのエリクソン批判の出発点になった: Wolff 1979, esp. 355-358.

120 Janeway 1971, esp. 8, 28, 34-36, 93-96.

121 Erikson 1974a, 320. このテキストは再発行されて, Erikson 1975, 225-247. にも収録されている。「女性性と内的空間」もジーン・ストラウスが編集した巻に収録されている: Erikson 1974b.

122 Erikson 1968, 285; Erikson 1974a, 323.

123 Erikson 1974a, 327.

124 Friedan 1963a, 11.

125 Sheehy 1976f, 287, 306-319, 253-254, 348-350, 412-413.

126 Friedan 1963a, 332.

127 Sheehy 1976f, 309, 243.

128 Sheehy 1974a, 30, 33; Sheehy 1976f, 71-72, 83-84.

129 Sheehy 1974a, 35. 以下も参考にした: Sheehy 1976f, 17.

130 Sheehy 1976f, 217; Vaillant and McArthur 1972, 421.

131 Sheehy 1976f, 234; Bernard 1972, esp. 15-53.

132 Sheehy 1976f, 345.

133 Sheehy 1976f, 327.

134 Sheehy 1976f, 19.

135 Sheehy 1976f, 36-37, 320-321.

136 Riesman, Glazer, and Denney 1950; Adorno et al. 1950; Mills 1951; Mills 1956; Whyte 1956. 以下も参考にした: Wilson 1955. リースマンの成功については: Gans 1998.

137 Mills 1951, 186-187.

138 Sheehy 1976f, 321.

139 Sheehy 1976f, 414-416.

140 Sheehy 1976f, 390-400; Millett 1970, 269-280.

141 Sheehy 1976f, 334.

142 Sheehy 1976f, 236.

143 Steinem 1970; のちに1975年に発行されたミズ誌の「男性特集」と以下の文献も参考にした: Dow 2014, 133-139; and Hogeland 1994.

144 Dow 2014, 134-135.

145 Friedan 1981, 159-160.

146 Sheehy 1976f, 361.

147 以下に引用されている: Gerhard 2013, 81, 81-83, 137-142, 217-219.

148 Barber 1968. ピラミッド型社会に対する古い批判については: Mills 1956.

149 スコットはこの議論をその著作を通じて行っている: Scott 1983, esp. 145; Scott 1989, esp. 8-9; Scott 1996.

150 オリジナルの回答は，ハーバード・ビジネススクールの教授ロザベス・モス・カンターによるもの: Steward 2011; 以下も参考にした: Sandberg 2013, 104-121.

第4章

1 Broyard 1976; Hassenger 1976, 30; O'Brien 1976.

2 1970年代には約3500万人のアメリカ人が友人，親戚，あるいは公共図書館から借りた本を定期的に読んでいた。『パッセージ』は1978年5月までに390万部印刷されているため，その多くが一人または二人以上のアメリカ人に読まれたことになる。『パッセージ』の売上について: "PW Paperback Bestsellers" 1978; *Bowker Annual of Library & Book Trade Information* 1978, 434; 読書に関する統計と習慣については: Gallup Organization 1978, 12; Yankelovich 1978, 17-18; Damon-Moore and Kaestle 1991.

3 これは，科学史学者のジェームズ・シコードが文学的なセンセーションを定義する方法である: Secord 2000, 11-37, 39.

4 Markoutsas 1978, 1.

5 Echols 1989; Douglas 1994; Farrell 1998; Hogeland 1998; Bradley 2003; Dow 2014. 「主流フェミニズム」に対する現在の批判については: Zeisler 2016. バーナデット・バーカー＝プラマーは，フェミニズムとメディアに対してより対話的なアプローチをするよう提案している: esp. Barker-Plummer 2010.

6 esp. Meyerowitz 1993.

7 Weiss 2000.も参考にした。第二波フェミニズム運動の再考については: esp. Laughlin et al. 2010; Hewitt 2010.

8 疑似科学に関する最近の歴史的研究については，以下の著作が挙げられる: Gordin 2012; Rupnow et al. 2008; Wessely 2014.「バウンダリー・ワーク（境界線を引く作業）」については: Gieryn 1983.

9 Leo 1976. 匿名記事の執筆者がジョン・レオであることは，以下の書簡に示されていた: the letter by *Time* editor in chief Henry Grunwald to Gail Sheehy, May 18, 1976, Henry Grunwald Papers, Library of Congress, Washington, DC, box 6. レオはその後もシェア・ハイトの『男性の性に関するハイト・レポート』（1981年）を非難し，映画『テルマ&ルイーズ』（1991年）を攻撃したことで知られる: Leo 1981; Leo 1991; also Leo 1994, 235-264; Leo 2001, 101-121.

10 以下の書簡を参考にした: Robert E. Hinerfeld to Clay S. Felker, November 15, 1974, Felker Papers, box 2.

11 アイデアと言語表現を区分けする歴史的議論については: Biagioli 2011. 著作権法については: Kirsch 1995, 7-12; Vaidhyanathan 2003, 23, 33-34.

12 Sheehy 1974b, esp. 32.

13 Sheehy 1974a, 38; Gould 1972.

14 Sheehy 1974a, 38.

15 Gould 1972, 41.

16 Sheehy 1974a, 38.

17 Rossiter 1993; Gage 1870. 男女の同僚科学者による共同研究については: Pycior, Slack and Abir-Am 1996; Lykknes, Opitz, Van Tiggelen 2012.

18 Sheehy 1974a, 33.

19 Gould 1975, 74. 戦後の寛容な子育てイデオロギーがどのようにして母親の責任を高めたかについては: Weiss 1977.

20 Gould 1978.

21 Hinerfeld to Felker, 1974.

22 Ellis 2010, 485-490; Courlander 1979.

23 Leaffer 2009.

24 “*Passages* II” 1978.

25 Randall 2001, 29, esp. 99-125.

26 Leo 1976, 66, 69.

27 いずれの引用も: Leo 1976, 69.

28 以下からの引用: Leo 1976, 69と“Book Ends” 1976.

29 Sheehy 1976e; Henry Grunwald to Gail Sheehy, May 18, 1976, Grunwald Papers, box 6; 以下も参考にした: Sheehy 2014, 222.

30 Howard 2000, 475; Irigaray 1985.

31 Howard 2000. 男性による盗作については，以下も参考にした: Randall 2001, 272n4.

32 マリア・スクウォドフスカ＝キュリーについては: Hemmungs Wirtén 2015, esp. 16-19, 32-37.「個人」と市民としての女性については: Scott 1996; さらに Naffine 2004; Davies 2007; Hamilton 2009. ジェンダーと特許については: Merritt 1991; Khan 1996; 版権については: Homestead 2005. On gender, celebrity culture, and the public sphere: ジェンダー, セレブリティ文化, 公共性については: Berlanstein 2004, 2007; Brock 2006; Berenson and Gioli 2010.

33 Anderson 1998, 13; 文化史，思想史におけるスキャンダルについては: Surkis 2014.

34 Rosen 1980, 13.

35 Illig 1976. イリグは出版業界について調査し，*Publishers Weekly*, the Literary Guild Newsletter, the Book-of-the-Month Club Newsなどに書いている: “Joyce Illig Bohn, Columnist” 1976; “Joyce Illig” 1976. 本のセクション比較については: Pool 2009, esp. 16.

36 “Book Ends” 1976.

37 MacLeish 1976.

38 Sanborn 1976.

39 Davis 1984, 7; 以下も参考にした: Weiss 1977, 540-541; Levey 2000, esp. 283-284. スポックの著作の売り上げについては: Weiss 1977, 520n3; Swinth 2018, 65.

40 以下からの引用: Helen Witmer, director of the Fact Finding Committee of the Midcentury White House Conference on Children and Youth: Witmer 1950, 13.

41 Spock 1946.

42 以下からの引用: Davis 1984, 7.

43 Hulbert 1996.

44 Faegre 1946.

45 以下からの引用: Maier 1998, 155.

46 Aldrich 1946; Aldrich and Aldrich 1938. 以下の批評も参考にした: Mackenzie 1946; Wegman 1946. 戦前の子育てのアドバイスについては: Jensen 2014, 31.

47 Broyard 1976.

48 O’Brien 1976, 112; Sanborn 1976. 同様の比較は以下の文献にも見られる: Colander 1976; Abraham 1978. For Gesell’s stage theory, see his parenting guides: ゲセルの発達段階理論と育児書については: Gesell 1943; Gesell 1946.

49 Beck 1976; Beck 1967. ベックについては: Breslin 1998.

50 以下からの引用: Maier 1998, 353; フェミニストによる批判の概要については: 352-362.

51 O’Brien 1976, 112.

52 Cady 1976, 1; Henkel 1976; Ryback 1976. 書評の力学については: Pool 2009, esp. 15-32.

53 ドイツの批評家ハンス・マグヌス・エンツェンスベルガーにとって書籍は，反体制の抑圧さえもうながすものだった: Enzensberger 1982, esp. 70-72.

54 Priscilla Coit Murphy's analysis of Rachel Carson's *Silent Spring* (1962) documents the relation between a book and other formats, プリシラ・コイト・マーフィーによるレイチェル・カーソンの『沈黙の春』(1962年)の分析は，書籍とほかのメディア形式との関係を立証している：Murphy 2005, esp. 48-52, 155-156; 以下も参考にした：Radway 1984, esp. 19-45; フランスの文学理論家ジェラール・ジュネットの「パブリック・エピテクスト論」については：Genette 1997, esp. 344-346.

55 Tarde 1969, 304.

56 "PW Hardcover Bestsellers" 1976a; "Best Seller List" 1976; "PW Hardcover Bestsellers" 1976b.

57 Lague 1977; 1960年代と70年代のベストセラーのマーケティングについては：Miller 2000.『パッセージ』は以下のブッククラブからメイン・セレクションに選ばれた：the Literary Guild, Macmillan, Psychology Today, and Contempo book clubs.

58 Lee Wohlfert,「キャッチ30とスイッチ40は大人の成長の二つの段階に過ぎない，とゲイル・シーヒーは言う」: *People*, Felker Papers, box 2; Sheehy 2014, 226; C. Smith 1976.

59 Hassenger 1976, 30.

60 Sheehy 1972c; Maysles and Maysles 1975.

61 Maksian 1977.

62 Hassenger 1976, 30.

63 Steinem 1970.

64 Barker-Plummer 1995; Barker-Plummer 2002; Huddy 1997;概要は：Bradley 2003.

65 Dow 2014, 2, 52-94, 120-143.

66 "Gloria Steinem" 1972.

67 「意識向上」系の小説については：esp. Hogeland 1998; さらにPayant 1993; Whelehan 2005; Onosaka 2006.

68 Millett 1970; Firestone 1970; Greer 1970.

69 Davis 1984, 323. ミレットの『性の政治学』については，以下も参考にした：Poirot 2004.

70 Boston Women's Health Book Collective 1976a; Davis 2007, 24.

71 Morgan 1970a.

72 Gornick and Moran 1971.

73 Davis 1984, 304-305.

74 以下からの引用：Pace 1972.

75 Howard 1973; "Review of *A Different Woman*" 1973. シャーラットについては：Howard 1974; Stern 1974.

76 Sheehy 2014, 210.

77 フェミニズム運動の「波」の歴史的評価については：Laughlin et al. 2010; Hewitt 2010.

78 Echols 1989.

79 Willis 1975, 108; also 1975; ミズ誌に対する急進派フェミニストによる糾弾については：

Echols 1989, 265- 269; Farrell 1998, 81-83; Bradley 2003, 184-187.

80 グロリア・スタイネムからシーヒーへの書簡: [日付不明1980], Gloria Steinem Papers, Smith College Archives, Northampton, MA, box 90, folder 1; Sheehy 1980.

81 Farrell 1998; Hogeland 1998; Dow 2014; 以下も参考にした: McCracken 1993.

82 フェミニストのメディア活動の例については：NOWのメディア戦略に関するBarker-Plummer (1995, 2000) を参考にした。

83 Howard 1973, 409-410.

84 Creighton 1999; Lewis 2001; Waite and Nielsen 2001; Coontz 1992; Coontz 2005, 247-262; Self 2012. 女性の教育については: Eisenmann 2006; Malkiel 2016; the "life-cycle squeeze": Oppenheimer 1974; Oppenheimer 1976; Oppenheimer 1977; 退職については: Costa 1998, 6-31, 160-187; Graebner 1980a, 242-262; Atchley 1982.

85 Kohli 1986; Brückner and Mayer 2005.

86 Erikson 1950a; Friedman 1999, 240-241, 303, 351; Herman 1996, 293.「ペーパーバック革命」については: Mercer 2011.

87 Coles 1970.

88 Fromm 1970, 21; T. Smith 1976, 5. エリクソン離れについては: Friedman 1999, 420-423. 戦後はほかの社会思想家についてもこうした現象が見られた。デイヴィッド・リースマンについては: Geary 2013; アブラハム・マズローについては: Weidman 2016. ベンジャミン・スポックの精神分析的アプローチについては: Maier 1998, 352-361, 408-412.

89 Lunbeck 2014, esp. 224-251.

90 Demos 1993, 439; 以下も参考にした: Manuel 1971; Weinstein and Platt 1975.

91 Friedman 1999, 434.

92 Quoted in Friedman 1999, 420, 426-436; Erikson 1975.

93 Berman 1975, 1. バーマンの書評とその影響については: riedman 1999, 426-436.

94 Roazen 1976, 109-110.

95 Roazen 1976, 115-116, 192.

96 Clare 1977, 557; Broyard 1976.

97 Lague 1977, 8; 以下も参考にした: Marty 1978, K2.

98 "Class of 1961," 1976, 40; McCain 1977, 1; Lague 1977, 8.

99 フリーダンの著作の反響については: Coontz 2011. 1970年代の専門職の女性に関する文献に見られる人種の省略については: King 2003; 労働におけるフェミニストの課題については: Cobble 2004. 影響力のある一大読者層としての白人中産階級の女性については: Rubin 1992; Radway 1997; Bradley 2003, 5-7; Gallup Organization 1978, 14; Yankelovich 1978, 26-28, 50-52; Damon-Moore and Kaestle 1991.

100 Cady 1976, 10; 以下も参考にした: Hassenger 1976.

101 Miller 1976; Dinnerstein 1976; Friday 1977, 424. シェア・ハイトの物議をかもした『女

性の性に関するハイト・レポート』とベティ・フリーダンの女性運動回顧録『女の新世紀へ――アメリカ女性運動の記録』もこの年に出版された：Friedan 1976; Hite 1976.

102 Sheehy 1976g; Sheehy 1976b; Sheehy 1976c; Sheehy 1976d. マッコールズ誌に抜粋・掲載された『パッセージ』については：Faulstich and Strobel 1986, 56-57.

103 Sheehy 1976h; Sheehy 1976a. プレイボーイ誌における書籍に抜粋・掲載については：Faulstich and Strobel 1986, 40, 57-58.

104 Showalter 1998.

105 Sheehy 1976b; Sheehy 1977a. リーダーズ・ダイジェスト誌については：Shaw 1990.

106 McCabe 1977.

107 書籍の選択と購入については：Yankelovich 1978, 176-177; 雑誌掲載の重要性については：Faulstich and Strobel 1986, 56; Murphy 2005; Polsgrove 2009; 書籍の流通については：Radway 1984; Genette 1997.

108 Miller 1979, 56-60; Aronson 2010, esp. 40-44.

109 グラマー誌については：White 1970, 248; McCracken 1993, 151-153; Endres 1995b; ブライズ誌については：Endres 1995a; Howard 2006, 87-89, 97.

110 Meyerowitz 1993. 当時の女性誌については：Aronson 2002; Scanlon 1995; Zuckerman 1998. 同時期のカナダの女性誌チャタレインについては：Korinek 2000; ドイツの女性誌ブリギッテについては：Müller 2010.

111 Friedan 1956. コスモポリタン誌については：Scanlon 2009; Landers 2010.

112 James 1958.

113 Moskowitz 1996.

114 Hobson 1983, 152-153. ホブソンはまた，グッド・ハウスキーピング誌の文学コラム「サミング・スルー」やサタデー・レビュー・オブ・リテラチャー誌の「トレード・ウィンズ」も執筆していた。「マン・トーク／バック・トーク」については，以下も参考にした：Walker 2000, 165-166; Blix 1992, 63, 67-68.

115 Friedan 1976, 233-322. に掲載されている。レディーズ・ホーム・ジャーナル誌，マッコールズ誌，マドモアゼル誌はフリーダンの『新しい女性の創造』の抜粋・掲載をしたこともあった：Friedan 1962; Friedan 1963c; Friedan 1963b.

116 Sheehy 1970c; Faulstich and Strobel 1986, 57; Morgan 1972b; Morgan 1972a; 以下も参考にした：Milam 2013.

117 ポグレビンの連載コラムの一部は以下に掲載されている：Pogrebin 1975.

118 Boston Women's Health Book Collective 1976b; レッドブック誌については：Kline 2010, 166n27.

119 Moran 1972, 25.

120 Anderson 1976; ファミリー・サークル誌の保守的傾向については：Sammon 1969.

121 Butler and Paisley 1978; Farley 1978.

122 Macdonald 1995. 以下も参考にした。カトリーン・フリーデリケ・ムラーによる鋭い分析は: Müller 2010, 330, 336, 356-357.

123 Aronson 2010; 特にマッコールズ誌やレディーズ・ホーム・ジャーナル誌については: White 1970, 250-51. より一般的な，公共圏における女性の声については: Fraser 1992.

124 Carter 1970. レディーズ・ホーム・ジャーナル誌の編集部占拠については: Jay 1970; Brownmiller 1999, 83- 92; Dow 2014, 95-119. 読者の議論の場としたいという編集者のあいさつ文については: Hynds 1991; Wahl-Jorgensen 2001; Wahl-Jorgensen 2007, esp. 66-67; 読み方，読まれ方に関する指示は: Bourdieu and Chartier 1985, 221-223.

125 "Women's Lib and Me" 1970, 69.

126 Gail Sheehy, "'Vox Pop' on a Theory in Labor (IV)," November 6, 1974, Felker Papers, box 2; "Letters" 1974; "Letters from Readers" 1976, 16.

127 "Letters to the Editor" 1976b, 1976a.

128 Gail Sheehy, "'Vox Pop' on a Theory in Labor (III)," October 30, 1974, Felker Papers, box 2.

129 "Letters to the Editor" 1976b.

130 以下からの引用: Reger 2012, 55; 以下も参考にした: O'Reilly 1971; on CR and emotions: Sarachild 1970; Allen 1970.

131 Ahmed 2013; 以下も参考にした: Ahmed 2017, 21-31.

132 King 1976.

133 Weiss 2000, esp. 62-81, 188-222; 以下も参考にした: Rupp 2001.

134 Sheehy 1976f; Mitgang 1977.

135 Bernard 1974, 127-129.

136 1959年に人口統計学者ノーマン・ライダーが初めて発表した「社会変化の研究における概念としてのコーホート」という影響力のある研究を参考にした: Ryder 1965. 世代別の思考に対する歴史的批判については: Parnes, Vedder, and Willer 2008, esp. 275-276; also Bouk 2018. 1970年代の母親の影響については: Weiss 2000, 206-207.

137 "Women's Lib and Me" 1970, 69.

138 McCain 1977.

139 Levey 1976, 52.

140 Levy 1976, 52からの引用。以下も参考にした: King 1976, Gail Sheehy, "'Vox Pop' on a Theory in Labor (III)," October 30, 1974, Felker Papers, box 2.

141 この議論の強力な現代版については: Donath 2017.

142 Sheehy 1976g.

143 Sheehy 1976d, 88.

144 Stoll 1973b; Stoll 1973a.

145 Dietz 1973. シーヒーの論説「政治力としての離婚した母親たち」(1971年)は，『家族の未来』というアンソロジーに含まれている: Sheehy 1972b.

146 さらに，新聞や雑誌の書評のいくつかも，心理学や精神医学の専門家によって書かれていた: Ryback 1976; Clare 1977.

147 Bernard 1981, 168; バーナードは以前自身が行った再婚に関する研究にも言及している: Bernard 1956, esp. 277-278. フェミニストの学術誌や女性学の研究誌の歴史観については: McDermott 1994.

148 Campbell 1976; 以下も参考にした: Campbell 1973; キャンベルの研究については: Eisenmann 2006, 210-227.

149 Wachowiak 1977, 376.

150 Guild and Neiman 1976.

151 Fleck 1979, 112. 以下も参考にした: Shinn and Whitley 1985; Cooter and Pumfrey 1994.「大衆化」と専門家間のコミュニケーションについては: Bunders and Whitley 1985.

152 ジャーナリズムと社会科学については: Lindner 1996;「日常の心理学」については: Ash and Sturm 2007, 9-11.

153 Danto 2009, 26-37.

154 Fava 1973, 122. この用語の別の使用法については: Basalla 1976.

155 Kasinsky 1977, 239.

156 MacLeish 1976.

157 Kimmel 1977, 492, 493.

158 Levine 1977, 285.

159 Chapman 1977, 75, 76.

160 Guild and Neiman 1976, 34-35.

161 疑似科学の研究については特に以下を参考にした: Gordin 2012; Rupnow et al. 2008; Wessely 2014; also Gieryn 1983.

162 特に以下を参照した: Vaillant 1977a; Levinson 1978c; Gould 1979.

163 Milliot 2014.

164 Combaz 1978.

165 Lasch 1978, 48, 214, 45-50, 209-214; ラッシュによる『パッセージ』の書評は: Lasch 1976; 家族の生活スタイルを変えることについての本1冊分の長い批評は: Lasch 1977.

166 Narr 1980, 71.

167 Sheehy 1984. 男女の政治闘争に関するラッシュのさらなる批判については: Breines, Cerullo, and Stacey 1978; Engel 1980; Hochschild 1983, 195-196; Gornick 1980; Barrett and McIntosh 1985.

168 Heilbrun 1979, 178.

169 Wolfe 1976. 特にナルシシズムについては: Lunbeck 2014, esp. 74-77. 以下も参考にした: Buhle 1998, 280-317; Zaretsky 2007, 183-221; Aubry and Travis 2015, 1-23, esp. 8-14; Cooper 2017, 8-12. フェミニズムを「キッチンの心理学」だとする主張はまた, 本物の科学が社会秩序を維持していることを暗示していた: Schmidt 2018.

170 Taylor 1989, 507-508, 81n48. 以下も参考にした: Marty 1978; Hochschild 1983, 56, 75.

第5章

1 Sheehy 1978; Pecile 1978.

2 以下の記述を参考にした: Whitbourne 2010, 160-169; Cohen 2012, 12, 115-116; Mintz 2015, 300;Hagerty 2016, 19; Setiya 2017, 11-12.

3 バウンダリー・ワーク(境界線を引く作業)については: Gieryn 1983. 特に科学とその大衆化については: Hilgartner 1990; Cooter and Pumfrey 1994; Secord 2004; Topham 2009.

4 Beal 1977.

5 Prescott 2007, 30-46; グラント研究については: 19-27.

6 Heath 1945, esp. 59-60および図I-IV.

7 Vaillant 1977a, 366; Klemesrud 1977; Shenk 2009; Saur 2013, 38.

8 グラント研究の歴史については，以下の文献に詳細に記されている: Eva Milofsky, "The Grant Study: A Panoramic View after Half a Century" (1985),Harvard Grant Study, William T. Grant Foundation Records, Rockefeller Archives, Sleepy Hollow, NY, box 6a, folder 44. 以下も参考にした: Vaillant 1977a, 30-52; Vaillant 2012, 54-107. 2003年，ロバート・ウォルディンガーはヴァイラントを引き継ぎ，現在マサチューセッツ総合病院が管理するグラント研究のディレクターに就任した。

9 以下を参考にした: Woods, Brouha, and Seltzer 1943. ヴァイラントの『人生への適応』よりも前に出版されたグラント研究に関する主な著作は: Heath 1945; Hooton 1945; Monks 1957.

10 Milofsky, "The Grant Study," 29; Grant Study Questionnaire, May 1964, Grant Study Records, box 6a, folder 51.

11 Lemov 2015, here 248.

12 チャールズ・マッカーサーによる提案: 1968, Grant Study Records, box 6a, folder 51.

13 グラント研究は，1971年11月にオーヴィル・ブリム，ジョン・クラウセン，アーネスト・ハガード，ジェローム・ケーガンによって評価された。以下を参考にした: Philip Sapir to Orville Brim, John A. Clausen, Ernest Haggard and Jerome Kagan, November 1, 1971, John Clausen to Philip Sapir, November 22, 1971, and Orville Brim to Philip Sapir, November 30, 1971; Grant Study Records, box 6a, folder 48.

14 Philip Sapir to George E. Vaillant, June 24, 1971, Grant Study Records, box 6a, folder 48.

15 Freud 1937. ヴァイラントの受賞歴のある論文「成人の自我防衛機制の理論的階層」については: "Progress Report," 1969, Grant Study Records, box 6a, folder 49. ヴァイラントは自我の防衛機制をテーマとした書籍の出版を続けた: Vaillant 1986; Vaillant 1992.

16 Vaillant 1977a, 195-236.

17 Charles Elliott, "Daniel Levinson" [1974], Alfred A. Knopf, Inc. Records, Harry Ransom Center, University of Texas at Austin, box 795, folder 7.「男性の中年期10年の心理社

会的研究」は1969~73年までアメリカ国立精神衛生研究所から資金提供を受けた: National Institute of Mental Health 1969-72(1969, 15; 1970, 14; 1971, 14; 1972, 16); Levinson 1978c, xi. シーヒーは1973年春, レビンソンのプロジェクトについて知った: Sheehy 1974a, 35.

18 Friedan 1993, 110; Adorno et al. 1950.

19 『権威主義的パーソナリティ』の遺産については: Cohen-Cole 2014, esp. 35-62; 非同調と管理理論については: Frank 1997.

20 1970年代の組織心理学の概要についてはサミュエル・オシポウの著作にあたった: Osipow 1973.

21 Hodgson, Levinson, and Zaleznik 1965; Klerman and Levinson 1969. この分野での同様の研究については: For similar work in the field, see Rapoport 1970.

22 Levinson 1978c, 12.

23 対象企業については: "Executives, Workers, Biologists, Novelists," n.d., Knopf Records, box 795, folder 7.

24 書簡Jack Shepherd to Charles Elliott, May 2, 1976, Knopf Records, box 795, folder 7.

25 Levinson 1978c, 16.

26 Levinson 1978c, 65-66, 112-125, 166-170, 305-313.

27 Levinson 1978c, 322, 13.

28 Gould 1978.

29 Vaillant 1977a, 220. 戦後の社会科学における「同調」への批判については: Cohen- Cole 2014.

30 Wilson 1955; 以下も参考にした: Martschukat 2011.

31 プレイボーイ誌と若々しさについては: Osgerby, 139-141;「若者」とより一般的な意味での消費主義については: Frank 1997, esp. 24-25, 120-121, 171-175.

32 Vaillant 1977a, 221, 223, 100. プレイボーイ誌と建築については: Preciado 2014; 探検がもつ男らしさと帝国の幻想については: Pratt 1992; Kroll 2008, esp. 9-36. カリブ海の新興オフショア金融センターに関する現代的なアドバイスについては, 以下も参考にした: Grundy 1974; Langer 1975.

33 Levinson 1978c, 294.

34 Gould 1978, 267.

35 プレイボーイ誌の1970年代の人気下降については: Fraterrigo 2009, 167-204; その後のプレイボーイ誌: Preciado 2014, 215-223.

36 Martschukat 2011, 22. プレイボーイ誌の典型的な読者像については: Pitzulo 2011, 72, 82; Fraterrigo 2009, 50. ライフスタイルと願望について: Wilson 1985, esp. 246; Craik 1993, 50-51.

37 Levinson et al. 1974, 255; Gould 1978, 221.

38 Vaillant 1977a, 220-221, 216-217.

39 Vaillant 1977a, 220, 222

40 Hall 1904. 以下も参考にした: Kett 1978, esp. 173-198; DeLuzio 2007, 95-113.

41 Vaillant 1977a, 205, 387.

42 Levinson et al. 1974.

43 Levinson 1978c, 256.

44 中年期の男性が仕事上のよき相談相手(メンター)と離別する様子もレビンソンは描いている: Levinson 1978c, 96-101, 147-149.

45 Levinson 1978c, 109, 110. このような「夢」については: Levinson 1978c, 91-97.

46 Levinson 1978c, 110, 232.

47 Levinson 1978c, 248.

48 Levinson 1978c, 92-93; see Winnicott 1988; Winnicott 1965; Winnicott 1971, esp. 10-11.

49 Levinson 1978c, 109.

50 Levinson et al. 1974, 255.

51 Levinson 1978c, 237, 256.

52 「ごく普通の献身的な母親」については: esp. Winnicott 1988; 本能的な母性の格下げについては: Vicedo 2013.

53 「隣の女の子」については: aterrigo 2009, 105-133; Preciado 2014, 51-65. 以下も参考にした: Ouellette 1999.

54 Levinson 1978c, 164; Gould 1978, 269.

55 Levinson 1978c, 256.

56 Connell 1994, esp. 22.

57 Levinson 1978c, 258.

58 Levinson 1978c, 124, 118; Vaillant 1977a, 66, 155.

59 Levinson 1978c, 118.

60 Levinson 1978c, 58, 256n21.

61 Vaillant 1977a, 320-326, 223.

62 English 1967. 同様に: Bach and Wyden 1968, 263-274; Neubeck 1969.

63 O'Neill and O'Neill 1972; 不倫を罪とみなすことにともなう問題の分析については: Rhode 2016.

64 ハーバード大学のワイドナー記念図書館にあるレビンソンの『ライフサイクルの心理学』に手書きで書き込まれたコメント: Widener Library, Harvard University, call number WID LC BF 724.6 .S 42 1978.

65 Vaillant 1977a, 66-67.

66 Sheehy 1976f, 129.

67 Levin 1983, 52; Wright 1979, vii-ix.

68 Sheehy 1976f, 328.

69 Sheehy 1976f, 436n7. 以下も参考にした: Marmor 1974, 75; Vaillant 1977a, 80-81, 83, 383.

70 Sheehy 1976f, 170.

71 以下からの引用: "Three Sticky Subjects" 1978.

72 Scarf 1976b, 281 (Scarf 1972の再版にあたる); 心臓病の研究で男性に焦点をあてることには同様の効果がある。妻たちに夫の冠状動脈疾患が彼女たちを未亡人にする可能性があるというメッセージを伝えるからだ: Epstein 2007, 59-60.

73 Brown 1987.

74 Levinson 1978c, 157, 199.

75 Gould 1978, 269, 274, 275.

76 Gilligan 1982c, esp. 151-152.

77 Levinson 1978c, 8-9, 24; Scarf 1976a, 226. 同様にVaillant 1977a, 220, 224.

78 Gergen 1997, 475.

79 Levinson and Levinson 1996. 以下も参考にした: Brown 1987.

80 Vaillant 1977a, 13, 202; 以下も参考にした: Muson 1977, 48-49; Prescott 2002, 25.

81 Gould 1978, esp. 229-262.

82 Mead 1957. この部分はミードの『努力しないで女性とうまくいく方法』(1957年)からの抜粋で, プレイボーイ誌1963年9月号に掲載された。おそらく, この年に出版されたフリーダンの『新しい女性の創造』に反応したものと思われる。

83 以下からの引用: Fraterrigo 2009, 125.

84 Wylie 1963; see Fraterrigo 2009, 124-127.「モミズム(母親中心主義)」とキャリアについては: Plant 2010.

85 Levinson 1978c, 257.「男性の新たな性的不能」については: Nobile 1972; McLaren 2007, 227-234.

86 Gould 1978, 332-333.「フェミニストを飼いならす療法」については: Faludi 1991, 348-352.

87 Gould 1978, 333-334.

88 Vaillant 1977a, 222-223. 境界線を引く作業(科学的知識と一般的な知識を区別すること)の手段として使われた「メディアの扇情主義」: Green 1985.

89 Rossi 1980, 10, and also 6.

90 Sheehy 1974a, 35; Sheehy 1976f, xi.

91 書簡AMS to Charles Elliott, May 21, 1974, Knopf Records, box 795, folder 7. 以下も参考にした: Fried 1967; LeShan 1973.

92 書簡 Charles Elliott to Robert Gottlieb, October 27, 1975, Knopf Records, box 795, folder 7.

93 "Knopf Editorial Fact Sheet," September 1977, Knopf Records, box 795, folder 8.

94 Gould 1978, 14-15; Gould 1972.

95 Smith 1983.

96 Smith 1983, C6.

97 "Report of the Task Force on Self-Help Therapies（自助療法に関するタスクフォース）," submitted to the American Psychological Association, October 1978, Gerald Rosen, personal collection, 1–2. 以下も参考にした：Rosen 1978; Rosen 2004.

98 「境界線を引く作業」と「大衆化」については：Gieryn 1983; Hilgartner 1990; ジェンダーと「ポップ科学」については：Gates and Shteir 1997; Gates 1998; Maitzen 1998; Lightman 2007, esp. 95–165; 科学については：Rossiter 1982; Kohlstedt 1995; Laslett et al. 1996; テクノロジーについては：Oldenziel 1999; Ensmenger 2010; and medicine: Morantz-Sanchez 1985; Reverby 1987.

99 Rosenblum 1979.

100 レビンソンの『ライフサイクルの心理学』はプレイボーイ誌，サイコロジー・トゥデー誌，マクミラン・ブッククラブで推薦書として配布された：Anne McCormick to Charles Elliott, November 7, 1977, and Debbie to Charles, November 15 and December 5, 1977, Knopf Records, box 795, folder 8. エスクァイア誌にも抜粋・掲載された：Levinson 1978a. サイコロジー・トゥデー誌にも抜粋・掲載された：Gould 1975; Vaillant 1977b; Levinson 1978b.

101 そのようなかたちでリストアップされることはなかったが，レビンソンの『ライフサイクルの心理学』は「全米ベストセラー」と呼ばれることが多かった。以下をはじめとする文献を参考にした：Raymond 1980.

102 Cain 1979, 548.

103 Cain 1979, 548; Lingeman 1978, 544. リンゲマンの記事は特定のタイトルには言及していなかったが，『ライフサイクルの心理学』の書評のすぐ隣に掲載された。

104 Maas 1979, 190; Maas and Kuypers 1974.

105 Bunke 1978, 6. 以下も参考にした：Allen 1978, 545.

106 Jay 1977.

107 Comfort 1978. 以下も参考にした：イェール大学のレビンソンの同僚の反応：Newton 1978.

108 Kanigel 1978.

109 Rhodes 1978; 以下も参考にした：Kinsey, Pomeroy, and Martin 1948.

110 Gartner 1978.

111 Kanigel 1978.

112 科学的な著述の基準とポピュラー・サイエンスについては：Nelkin 1987, esp. 14–32; Hilgartner 1990; Lewenstein 1992; Kiernan 2006.

113 Rose 1980.

114 Gartner 1978.

115 Krier 1978.

116 Cryer 1978.

117 Pecile 1978; 以下も参考にした: Scarf 1978.

118 Richardson 1979, 915. 以下も参考にした: Richardson 1977; Richardson 1991; フェミニズムの学者が，人気のあるフェミニストの作品に対して批判を行うことについては: Milam 2013, 229-230, 233.

119 Faludi 1991, esp. 89-124, 345-371.

120 Faludi 1991, 76, see 73-79; also: Connell 1995, 84; Traister 2000.

121 Quoted in Faludi 1991, 79.

122 Donohugh 1981. 以下も参考にした: Osherson 1980; Barnett 1981; Pesmen 1984; Nichols 1986; Sharp 1988.

123 McLellan 1982.

124 Nolen 1968; Nolen 1972; Nolen 1976.

125 Nolen 1980; Nolen 1981.

126 Lauerman 1984.

127 Lewis 1984; Nolen 1984.

128 Christy 1984.

129 Lauerman 1984.

130 Lauerman 1984. ラウアーマンの取材では主に妻について話していたノーレンだったが，子どもたちに関するコメントは以下の文献で見ることができる: Christy 1984; Nolen 1968.

131 "Hospital Offers Treatment for Mid-life Crisis" 1987.

132 Sifford 1985. 以下も参考にした: Nolen 1984.

133 以下からの引用: Bawden 1988, 202-203.

134 Setiya 2017, 11-12.

135 Elkind 1994, 193; Giele 1980, 153. 懲戒履歴の使い方と機能については: esp. Graham, Lepenies, and Weingart 1983.

136 Sheehy 1976f.

第6章

1 Weissman 1979; American Psychiatric Association 1980; 以下も参考にした: Bookspan and Kline 1999, 1238-1313; Hirshbein 2009. アンチ・フェミニストによる1980年代の揺り戻しについては：Faludi 1991.

2 Brown 1981; Brown et al. 1982; Agassi et al. 1982; Brown and Kerns 1985; 以下も参考にした: Brown 1963.

3 Bernard 1981, 169, 以下も参考にした: 141-147, 168-175.

4 O'Rand and Henretta 1982, 58.

5 Neustadtl 1986. アンチ・フェミニストによる1980年代の揺り戻しについては: Faludi 1991.

6 Hess 1985, 7.

7 Gilligan 1982c.

8 Levinson and Levinson 1996.

9 Sheehy 1992.

10 Wethington 2000; 以下も参考にした: Wethington, Kessler, and Pixley 2004.

11 Gilligan 1994, 409; 以下からの引用: Bromell 1985, 14.

12 ギリガンの経歴については: Gilligan 2009a; Gilligan 2009b; Gilligan 2011.

13 Mischel and Gilligan 1964; Gilligan 1964; 以下も参考にした: Mischel 2014, 73-75.

14 Gilligan et al. 1971; Kohlberg and Gilligan 1971; Kohlberg and Gilligan 1977. エリクソンの教員補助については: On teach- ing for Erikson: Friedman 1999, 426.

15 Gilligan 1982c, 1.

16 Gilligan 1982c, 2-3, 158.

17 Gilligan 1982c, 2-3; Gilligan 1982b, 21-23. 高等教育から脱落する女子学生をめぐる議論については: Patterson and Sells 1973; Eisenmann 2006, 62, 99-100; Rossiter 2012, 99-100; 大学の共学化については: Malkiel 2016.

18 Gilligan 2009b.

19 Gilligan 1982c, 3, 71-72, 109; Gilligan 1982b, 27; 以下も参考にした: Belenky 1978; ロー対ウェイド事件判決後の楽観的空気については: Schoen 2015, 23-154.

20 Gilligan 1982c, 3, 72, 108, 74-75. ハインツのジレンマについては: Kohlberg 1981.

21 *Constitutional Amendments Relating to Abortion: Hearings on S.J. Res. 18, S.J. Res. 19, and S.J. Res. 110 before the Subcomm. on the Constitution of the S. Comm. on the Judiciary*, 97th Cong. 329-378 (1981)(当時カリフォルニア大学ロサンゼルス校の准教授で家族問題を専門としていたヴィンセント・ルーによる証言)。以下も参考にした: Siegel 2008, 1657-1658.

22 McKinney [1981?]. 以下も参考にした: Haugeberg 2017, 40-45; Schoen 2015, esp. 146-150, 204-205. 中絶がもたらす恥の意識や沈黙については: Kumar, Hessini and Mitchell 2009とBeynon Jones 2017と, 以下も参考にした: Millar 2017.

23 Donath 2017, 57; 3, 15, 52-58.

24 プロチョイス(中絶権利擁護派)と「プロライフ(中絶反対派)」, 2つの運動の比較については: Luker 1984, esp. 92-191.

25 Rains 1971; Furstenberg 1976; 以下も参考にした: Luker 1975.

26 Gilligan 1982c, 85; 以下も参考にした: 75-98, 109-124.

27 Gilligan 1982b, 22.

28 以下がその例となる記述である: Buhle 2000, 262-269; Dow 1996, 164-202. 同様に, 中絶の歴史を語る際にギリガンについての言及や議論がなされることはない: Luker 1984;

Reagan 1997; Schoen 2015.

29 同様の議論については: Donath 2017, esp. xxv, 1-28.

30 母性主義フェミニズムについては: see above, 44-45; 方角におけるジェンダーと道徳については: Schnädelbach 2017, 197-208.

31 Gilligan 1982c, xii, 48-49, 168-170; Miller 1976, 83; 以下も参考にした: Miller 1973; Buhle 1998, esp. 267-269.

32 Miller 1976, 83.

33 Chodorow 1978, 37, 180-190; see Gilligan 1982c, 7-11; also: Buhle 1998, 242-244, 249-265.

34 Ruddick 1980; Ruddick 1989.

35 Keller 1983; Keller 1985; Haraway 1988; Haraway 1989; Harding 1986.

36 Gilligan 1994, 409.

37 意識向上の物語については: Herman 1996, 297-303; フェミニストの「告白」については: Felski 1989, 86-121. 以下も参考にした: "The Feminist Memoir Project": DuPlessis and Snitow 1998.

38 Bromell 1985, 15.

39 Quoted in Robb 1980, 70. 妊娠における心身の相関については: Malich 2017.

40 Gilligan 1977; Haan 1975; Haan 1977; Holstein 1976; Simpson 1974; 文化的な偏見については: Edwards 1975.

41 コールバーグの道徳性の発達段階ついては: Kohlberg 1969b; Kohlberg 1969a; Kohlberg 1976; Kohlberg 1981; 道徳的成熟度のスコアリング・マニュアルについては: Colby and Kohlberg 1987-88.

42 Kohlberg and Kramer 1969, 108.

43 Gilligan 1982c, 1.

44 Gilligan 1982c, 73; Kohlberg 1976.

45 Gilligan 1982c, 73-100.

46 Broughton 1983, 635.

47 以下からの引用: Bromell 1985, 15.

48 Kuhn 1962; Isaac 2012.

49 クーンの心理学的解釈については: Isaac 2012, 216-217; Kaiser 2016. 心理学におけるクーンの使われ方については: Faye 2012; 精神分析学における使われ方については: Lunbeck 2014, 53.

50 改ざんについては: Popper 1963.

51 クーンのフェミニズム的な使われ方については: Giele 1982a, 199; Harding 1986; Longino 2003; also Friedan 1997.

52 Kerber et al. 1986, 325. 青年期については: Offer 1969; Offer and Offer 1975.

53 Gilligan 1982c, 3.

54 Gilligan 1977, 481.
55 Blos 1967; Blos 1979.
56 Gilligan 1982c, 160.
57 Gilligan 1982c, 171.
58 Gilligan 1982c, 160.
59 Gilligan, cited in Bromell 1985, 44.
60 Kuhn 1962, 150, 126-127.
61 Gilligan 1982c, 48, xiii, 22, 43.
62 Gilligan 1982c, 154; Vaillant 1977a, 400.
63 Gilligan 1982c, 154. ギリガンの「適応」の使い方はピアジェの学習理論によるものであるe.g., Piaget 1980.
64 Gilligan 1982b, 23.
65 Ehrenreich 1983, 169. 結婚と責任の現代的な見方については, 以下も参考にした: Pearce 1978; Swidler 1980; Swidler 2001; Quinn 1982.
66 Gilligan 1982c, 16, 171.
67 Gilligan 1982a; 以下も参考にした: Giele 1982b.
68 Gilligan 1982c, 170; also Notman 1982, 142.
69 Gilligan 1982b, 25. 達成の動機への批判については: Gilligan 1982c, 14-15; 以下も参考にした: Simmons 2016, 120-121.
70 Gilligan 1982c, 98, 153.
71 以下に言及されている: Vaillant 2012, 149.
72 古典的な引用先としての「もうひとつの声(In a Different Voice)」については: Gilligan 2009a. 追跡調査の論文「男性のライフサイクルにおける女性の位置(Woman's Place in Man's Life Cycle)」については: Gilligan 1979, アメリカ女性心理学会の「過去の優秀出版賞受賞作(Past Distinguished Publication Awards)」については: https://www.awpsych.org/distinguished_publication.php(2017年12月19日に確認)。
73 Robb 1980.
74 Gilligan 1982d; Tavris 1982; Gross 1982.
75 Goodman 1982a.
76 Haste 1994, 339.
77 Milbauer 1983.
78 "Washington Best Sellers" 1984; Goodman 1982b; 以下も参考にした: Mann 1983; Auerbach et al. 1985. 歴史的観点から見たレーガン政権時の「ジェンダー・ギャップ(男女格差)」については: Chappell 2012.
79 Rodgers 2011, 163; Butler 1990.
80 Faludi 1991, 365; Rosen 2013.
81 Noddings 1984; Belenky et al. 1986; Ruddick 1989.

82 女性の心理と女児の発達に関するプロジェクトの主要な研究については: Gilligan, Ward, and Taylor 1988; Gilligan, Lyons, and Hanmer 1989; Gilligan, Rogers, and Tolman 1991; Brown and Gilligan 1992; Taylor, Gilligan, and Sullivan 1996; Brown 1998; Lamb 2001; Brown 2003. 男女平等教育法については以下の報告書を参考にした: American Association of Women 1992, esp. 20-21, 114, 144.

83 人工妊娠中絶とアメリカ心理学会については: Buhle 1998, 274.

84 England 1999, esp. 266-267; Prose 1990, 45.

85 Kohlberg 1982, 513. ジェンダーについては: Walker 1984.

86 子どもの発達については: Astington, Harris, and Olson 1988; Tomasello 2009; 青年期については: Offer and Sabshin 1984; Apter 1990.

87 Wing 1974; Wing and Gould 1979; Newson and Newson 1975; Tager-Flusberg, Baron-Cohen, and Cohen 1993; 歴史的な観点から: Evans 2017, 285-316; Silverman 2012; Göhlsdorf 2014.

88 Bellah et al. 1985. 1980年代の自己と社会については: Thomson 2000, esp. 107-120, and Thomson 2005; Rodgers 2011.

89 Swidler 1980, 127, 130; 以下も参考にした: Swidler 2001.

90 Yankelovic 1981, 237.

91 Gergen 1991, 146.

92 Lasch 1992, 36.

93 Sassen 1980; see Gilligan 1982c, 14-15.

94 Horner 1970; Horner 1972; 以下も参考にした: Symonds 1974; Moulton 1977; Moulton 1986; as well as Buhle 1998, 271-274; Simmons 2016.

95 Kerber et al. 1986, 315-316. 以下も参考にした: Maccoby 1968; Maccoby and Jacklin 1974.

96 Kerber et al. 1986, 306, 309.

97 Kerber et al. 1986, 321-324; see Gilligan 1982, 168-169; Stack 1974.

98 以下も参考にした: Auerbach et al. 1985.

99 社会科学における論争，あいまいさ，成功については: Davis 1971, 1986; ギリガンについては: Davis 1992, 221-222.

100 Weed and Schoor 1994; Young 1998; Stone 2004.

101 シアーズ・ローバック社の性差別事件の概要については: 1973-79, see Milius 1979.

102 *EEOC v. Sears, Roebuck, & Co.*, 628 F. Supp. 1264 (N. D. Ill. 1986), 1308.

103 McDermott 1994, 142-157; 以下も参考にした: Faludi 1991, 411-422.

104 Salholz 1986, 59; 以下も参考にした: Faludi 1991, 342.

105 Kerber et al. 1986, 326, 325.

106 Gilligan 2009b.

107 Schiebinger 1999, 3, 5; 以下も参考にした: Faludi 1991, 329-342; ケラーが書いた遺伝

学者バーバラ・マクリントック伝『動く遺伝子―トウモロコシとノーベル賞』の評判については: Comfort 2001, 6-7.

108 Baruch, Barnett, and Rivers 1983, 241.

109 Shaevitz 1984. スーパーウーマンとアンチ・フェミニストによる揺り戻しについては: Faludi 1991, 57-60;「難しい選択」については: Gerson 1985.

110 Morris 1981a.

111 Mellin 1984; Morris 1981b.

112 Kanter 1977, 16-17. 心血管疾患については: Schiebinger 1999, 113; Epstein 2007, 47-48, 60.

113 家事の負担については: Kury 2012, 136-142;「月経のストレス」については: Jackson 2013, 81, 203-204. ジェンダーと極度の疲労の初期の構造について: Myerson 1920; Wylie 1942; 歴史的観点から: Barke, Fribush, and Stearns 2000, 570-571; Plant 2010.

114 Haseltine 1997; Schiebinger 1999, 116-117.

115 Jackson 2013, 201-203.

116 Rivers 1983.

117 Barnett 1967; Barnett 1971; Baruch 1973a; Baruch 1973b.

118 Barnett and Baruch 1978a.

119 Rivers, Barnett, and Baruch 1979.

120 Cook and Fonow 1986, 13; 以下も参考にした: Baruch and Kaufman 1987; Richardson 1991, 284.

121 Baruch, Barnett, and Rivers 1983, 3; 以下も参考にした: Barnett and Baruch 1978b.

122 Baruch, Barnett, and Rivers 1983, 17-18.

123 Baruch, Barnett, and Rivers 1983, 4-9.

124 Baruch, Barnett, and Rivers 1983, 265.

125 Worell 2000, 189. 初期のフェミニストによる精神の健康のとらえ方については: Jahoda and Grant 1955; Jahoda 1958.

126 Worell 2000, 189; Worell 1978; Worell 1988. 幸福をもたらす政治については: Davies 2015; Alexandrova 2017.

127 Baruch, Barnett, and Rivers 1983, 4-5, 12-22, 58-59, 80-82.

128 Goode 1960; Slater 1963; Coser 1974.

129 Sieber 1974; Marks 1977.

130 Verbrugge 1982; Thoits 1983; Crosby 1984; Gove and Zeiss 1987.

131 以下からの引用: Goleman 1984, C2. 以下も参考にした: Barnett and Baruch 1985; Baruch and Barnett 1986b; Baruch, Biener, and Barnett 1987.

132 Fields 1981.

133 『ライフプリント』の共著者リヴァーズは以下から引用している: Longcope 1984; 以下も参考にした: Baruch, Barnett, and Rivers 1983, 59-64, 144-145; 家事に関する同様の議論については: Cowan 1983. 20世紀後半のフェミニストによる「スーパーウーマン」像の逆利用については: Schiebinger 1999, 94- 95; Lepore 2014, 283-296; and before: Delap 2007, 249-291.

134 以下からの引用: Fields 1981.

135 Baruch, Barnett, and Rivers 1983, 24.

136 Baruch, Barnett, and Rivers 1983, 146, 148-149.

137 Baruch and Kaufman 1987, 56.

138 Daston and Vidal 2004, 10.

139 Barnett and Rivers 2004; 以下も参考にした: Barnett and Rivers 2011.

140 Baruch, Barnett, and Rivers 1983, 237.

141 Baruch, Barnett, and Rivers 1983, 237-238.

142 Baruch, Barnett, and Rivers 1983, 241.

143 Baruch, Barnett, and Rivers 1983, 239, 241; Pearlin and Johnson 1977; 以下も参考にした: Whitbourne 1986, 7-12.

144 Pollock 1988, 383. 1980年代のストレスのとらえ方については, 以下も参考にした: Jackson 2013, esp. 4-10, 181-264.

145 Baruch, Barnett, and Rivers 1983, 234-235.

146 Rahe et al. 1964; Holmes and Rahe 1967.「ライフイベント」の歴史については: ooper and Dewe 2004, 41-51; Jackson 2013, 188-198; Hayward 2014; ポップ・カルチャーについては: Brown 2005.

147 Dohrenwend and Dohrenwend 1969; Dohrenwend and Dohrenwend 1974; Dohrenwend and Dohrenwend 1981; 以下も参考にした: Srole et al. 1962; Duhl 1963; Rabkin and Struening 1976; Theorell 1976. 都市化が人間の健康に与える影響については: Ramsden 2014.

148 Kanner et al. 1981; Kanner et al. 1987.

149 Baruch, Barnett, and Rivers 1983, 245.

150 Baruch and Barnett 1978a, 16.

151 Baruch, Barnett, and Rivers 1983, 248; 以下も参考にした: Baruch and Barnett 1986b and 1988; 1980年代と90年代の女性の再就職については: Wheeler 1997, 116-117.

152 Friedan 1983, xxiii-xxiv; 以下も参考にした: Tyrer et al. 1983, 190; Friedan 1993, 139-140; Crosby 1991.

153 United States Census Bureau 1986, 6; Gerson 1985; Machung 1989, 43.

154 Baruch and Barnett 1983.

155 Gove and Tudor 1973.

156 Barnett and Baruch 1987, 125; 以下も参考にした: Baruch and Barnett 1981; Baruch and Barnett 1986a; Barnett and Rivers 1998, esp. 55-85; Rosenfield 1980.

157 Riesman, Glazer, and Denney 1950, 246.

158 Catalyst 1987; Hochschild 1989, 278-279.
159 Machung 1989, esp. 46-47.
160 Hochschild 1989, 277, 30, xiii; on Baruch and Barnett, see 3, 286.
161 Hochschild 1989, xiii, 7-9.
162 Hochschild 1989, esp. 231-235.
163 Vaillant 1985; Vaillant 1992; Vaillant 1993; Vaillant 2002; Vaillant 2012.
164 Maheu et al. 2005, 179. 以下も参考にした: Gould 1986; Colby, Gould, and Aronson 1989; Gould 1990a; Gould 1990b; Gould 1992.
165 以下からの引用: Newton 1994, 147.
166 Levinson and Levinson 1996, xi-xiii.
167 Levinson and Levinson 1996, 3.
168 Levinson and Levinson 1996, 3, 35.
169 以下からの引用: See 1996.
170 以下からの引用: Forman 1988.
171 Levinson and Levinson 1996, 372.
172 Bean and Fox 1988.
173 Quoted in Forman 1988.
174 Sheehy 1992; 以下も参考にした: Sheehy 1991; Watkins 2007a, 235-238.
175 Sheehy 1986; Sheehy 1988; Sheehy 1989; Sheehy 1990.
176 Sheehy 1992, 8-14, 66-94.
177 Sheehy 1992, 145-147.
178 Sheehy 1992, 46-47.
179 Sheehy 1992, 7.
180 Sheehy 1992, 21-23, 35-37.
181 Sheehy 2014, 365.
182 Greer 1991.
183 Sheehy 1992, 135, and see 40-41, 135-150.
184 Sheehy 1992, 138, 151-153.
185 Watkins 2007a, 222.
186 Sheehy 2014, 370.
187 Sheehy 2014, 372.
188 Sheehy 1996; Sheehy 1998; Sheehy 2006; Sheehy 2010.
189 以下をはじめとする文献を参考にした: Fodor and Franks 1990; Friedan 1993; Apter 1995. 回想録については: Brown 1993; Jong 1994.
190 Brim 1992, 171. MIDMACの主要メンバーは心理学者のポール・バルテス，マージー・ラックマン，ヘイゼル・マーカス，キャロル・リフ，社会学者のデイヴィッド・フェザーマン，アリス・ロッシ，医学者のウィリアム・ハザード，マイケル・マーモット，医療社会学者のポール・クリアリー，ロナルド・ケスラー，人口統計学者のラリー・バンパス，人類学者のリチャード・スウィーダー。以下も参考にした："Changing Family and Work Life During Middle Age" (1994), *Midmac Bulletin* 2, Paul Baltes Papers, Archives of the Max Planck Society, Berlin.

191 See esp. Baltes 1987. より一般的な発達過程の一部としての老年学のビジョンについては：Park 2016; 以下も参考にした：Achenbaum 1995; Katz 1996.

192 MIDUSは，社会科学的研究のための大学間コンソーシアム（Inter-university Consortium for Social Science Research: ICPSR）のデータアーカイブ内にある，老化に関するコンピュータ・データ保管事業団（National Archive of Computerized Data on Aging: NACDA）から最もダウンロードされたデータセットである。MIDUSデータを使用した出版物の完全な参考文献については，以下の研究サイトを参照：MIDUS.Wisc.edu, or the repository, ICPSR.UMich.edu（2017年12月19日に確認）。以下も参考にした：Brim 2004; Radler 2014; MIDMACの主要な出版物については：Rossi 1994; Lachman and James 1997; Shweder 1998; Rossi 2001.

193 "Release of the Midmac MIDUS Findings," February 1999, Paul Baltes Papers.

194 "Release of the Midmac MIDUS Findings."

195 "Media Summary: MacArthur Research Network on Successful Midlife Develop- ment," February 16–March 31, 1999, Paul Baltes Papers.

196 Lachman's comprehensive *Handbook of Midlife Development* (2001).

197 Setiya 2017, 14; 同様に，以下も参考にした：Cohen 2012, 129–130.

198 Wethington 2000, esp. 90, 95, 97–98.

199 Wethington 2000, 91–92.

200 Wethington 2000, 92–93.

201 "MacArthur Foundation Research Network on Successful Midlife Development" [n.d., ca. 1999], Paul Baltes Papers.

202 Grace Baruch and Rosalind Barnett, "Women in the Middle Years, 1979–80" and "Correlates of Father Participation in Family Work, 1979–81"; Carol Gilligan, "Abortion Decision Study, 1975–76," Henry Murray Research Center, Institute for Quantitative Social Science. Harvard University, Cambridge, MA.

203 Colby 1997, xi; 以下も参考にした：Colby 1985.

204 Parker and Aldwin 1997; 以下も参考にした：James and Lewkowicz 1997; MacDermid, Heilbrun, and deHaan 1997.

205 Vandewater and Stewart 1997, 368.

206 Thomas 1997, 284.

207 Shweder 1998.

208 Lock 1998; Levine and Levine 1998.

209 Newman 1998, 292n15.

210 "Changing Family and Work Life During Middle Age," 1994, Paul Baltes Papers.
211 Marmot and Fuhrer 2004.
212 Markus et al. 2004; 以下も参考にした: Rossi 2001.
213 Markus et al. 2004, 307-308, 314.
214 Markus et al. 2004, 313.
215 Marshall 2017, 10.

第7章

1 以下からの引用: Rauch 2014; see Nikolova and Graham 2015; Graham and Pozuelo 2017; Weiss et al. 2012; Stone et al. 2010; Blanchflower and Oswald 2008; also Schwandt 2015; Cheng, Powdthavee, and Oswald 2017; 進化論的な観点からの中年の危機の擁護については: Bainbridge 2012; 哲学的な観点からの擁護については: Setiya 2017.
2 Gallie 1956.
3 Ahmed 2017, 48, 196.
4 Sandberg 2013; Slaughter 2015; 以下も参考にした: Barnett and Rivers 1998; Moravscik 2015; Rhode 2017.
5 Macko and Rubin 2004.
6 Heti 2017, 51, 158, 266-267.
7 Corino 2018.

引用文献・参考文献

公文書・参考資料

Alfred A. Knopf, Inc. Records. Harry Ransom Center, University of Texas at Austin.

Baltes, Paul. Papers. Archives of the Max Planck Society, Berlin.

Bernard, Jessie. Papers. Penn State Special Collections Library, University Park, PA.

Brown, Helen Gurley. Papers. Smith College Archives, Northampton, MA.

Felker, Clay. Papers. Rubenstein Library, Duke University, Durham, NC.

Grunwald, Henry. Papers. Library of Congress, Washington, DC.

Harvard Grant Study. William T. Grant Foundation Records. Rockefeller Archives, Sleepy Hollow, NY.

Henry A. Murray Research Archive. Institute for Quantitative Social Science. Harvard University, Cambridge, MA.

Mead, Margaret. Papers. Library of Congress, Washington, DC.

Penney-Missouri Journalism Awards Records. State Historical Society of Missouri, Columbia, MO.

Rockefeller Foundation Records. Rockefeller Archives, Sleepy Hollow, NY.

Social Science Research Council Records. Rockefeller Archives, Sleepy Hollow, NY.

Steinem, Gloria. Papers. Smith College Archives, Northampton, MA.

"Report of the Task Force on Self-Help Therapies," submitted to the American Psychological Association, October 1978. Gerald Rosen, personal collection.

文献

Abraham, Amrita. 1978. "A Manual for the Middle-Aged." *India Times*, August 13, 10.

Achenbaum, W. Andrew. 1995. *Crossing Frontiers: Gerontology Emerges as a Science*. Cambridge: Cambridge University Press.

Adelmann, Georg. 1840. "Etwas über das Wort 'Climacterisch.'" *Medicinisches Correspondenz-Blatt bayerischer Aerzte* 1:12-14, 20-21.

Adorno, Theodor W., Else Frenkel-Brunswik, Daniel J. Levinson, and R. Nevitt Sanford. 1950. *The Authoritarian Personality*. New York: Harper.

Agassi, Judith Buber, Haim Hazan, Judith Posner, and Judith K. Brown. 1982. "On Middle-Aged Women." *Current Anthropology* 23 (3):352-353.

Ahmed, Sara. 2013. "Feminism Is Sensational." October 3. https://feministkilljoys.com

/2013/10/03/feminism-is-sensational/.

——. 2017. *Living a Feminist Life*. Durham, NC: Duke University Press.

Albert, Dora. 1930. "The Fatal Forties and Beyond." *Independent Woman*, May, 197-198, 221.

Aldrich, Charles Anderson. 1946. Review of *Common Sense Book of Baby and Child Care*, by Benjamin Spock. *Parents Magazine*, February, 140.

Aldrich, Charles Anderson, and Mary M. Aldrich. 1938. *Babies Are Human Beings: An Interpretation of Growth*. New York: Macmillan.

Alexandrova, Anna. 2017. *A Philosophy for the Science of Well-being*. Oxford: Oxford University Press.

Allen, Ann Taylor. 2005. *Feminism and Motherhood in Western Europe, 1890-1970: The Maternal Dilemma*. New York: Palgrave Macmillan.

Allen, James Sloan. 1978. "I Want to Be as Much of Me as I Can Be." Review of *The Seasons of a Man's Life*, by Daniel J. Levinson. *Nation*, May 6, 545-546.

Allen, Judith A. 2009. *The Feminism of Charlotte Perkins Gilman: Sexualities, Histories, Progressivism*. Chicago: University of Chicago Press.

Allen, Pamela. 1970. *Free Space: A Perspective on the Small Group in Women's Liberation*. New York: Times Change.

American Association of Academic Women. 1992. *How Schools Shortchange Girls—The AAUW Report: A Study of Major Findings on Girls and Education*. New York: Marlowe. Reprint, 1995.

American Psychiatric Association. 1980. *Diagnostic and Statistical Manual of Mental Disorders*. 3rd ed. Washington, DC: American Psychiatric Association.

Anderson, Judy. 1998. Introduction to *Plagiarism, Copyright Violation and Other Thefts of Intellectual Property: An Annotated Bibliography*, 1-36. Jefferson, NC: McFarland.

Anderson, Peggy. 1976. "Women's Organizations: It's a Whole New Scene." *Family Circle*, April, 19-22.

Apple, Rima D. 2006. *Perfect Motherhood: Science and Childrearing in America*. New Brunswick, NJ: Rutgers University Press.

Apter, Terri E. 1990. *Altered Loves: Mothers and Daughters during Adolescence*. New York: St. Martin's.

——. 1995. *Secret Paths: Women in the New Midlife*. New York: Norton.

Ariès, Philippe. 1962. *Centuries of Childhood: A Social History of Family Life*. London: Jonathan Cape.

Armitage, Susan H., Patricia Hart, and Karen Weathermon, eds. 2002. *Women's Oral History: The "Frontiers" Reader*. Lincoln: University of Nebraska Press.

Aronson, Amy Beth. 2002. *Taking Liberties: Early American Women's Magazines and Their Readers*. Westport, CT: Praeger.

——. 2010. "Still Reading Women's Magazines: Reconsidering the Tradition a Half Century after *The Feminine Mystique*." *American Journalism* 27 (2):31-61.

Ash, Mitchell G., and Thomas Sturm, eds. 2007. *Psychology's Territories: Historical and Contemporary Perspectives from Different Disciplines*. Mahwah, NJ: Erlbaum.

Astington, Janet W., Paul L. Harris, and David R. Olson, eds. 1988. *Developing Theories of Mind*. Cambridge: Cambridge University Press.

Atchley, Robert C. 1982. "Retirement as a Social Institution." *Annual Review of Sociology* 8:263-287.

Aubry, Timothy, and Trysh Travis, eds. 2015. *Rethinking Therapeutic Culture*. Chicago: University of Chicago Press.

Auerbach, Judy, Linda Blum, Vicki Smith, and Christine Williams Source. 1985. "On Gilligan's *In a Different Voice*." *Feminist Studies* 11 (1):149-161.

Bach, George R., and Peter Wyden. 1968. *The Intimate Enemy: How to Fight Fair in Love and Marriage*. New York: Morrow.

Bailyn, Lotte. 1964. "Notes on the Role of Choice in the Psychology of Professional Women." *Daedalus* 93 (2):700-710.

Bainbridge, David. 2012. *Middle Age: A Natural History*. London: Portobello.

Baker, Paula. 1984. "The Domestication of Politics: Women and American Political Society, 1780-1920." *American Historical Review* 89:620-649.

Baltes, Paul B. 1987. "Theoretical Propositions of Life-span Developmental Psychology: On The Dynamics between Growth and Decline." *Developmental Psychology* 23 (5):611-626.

Balzac, Honoré de. 1901. *A Woman of Thirty*. New York: Macmillan.

Banner, Lois W. 1992. *In Full Flower: Aging Women, Power, and Sexuality*. New York: Knopf.

Barber, Bernard. 1968. "Social Stratification Structure and Trends of Social Mobility in Western Society." In *American Sociology: Perspectives, Problems, Methods*, edited by Talcott Parsons, 184-195. New York: Basic Books.

Barke, Megan, Rebecca Fribush, and Peter N. Stearns. 2000. "Nervous Breakdown in 20th-Century American Culture." *Journal of Social History* 33 (3):565-584.

Barker-Plummer, Bernadette. 1995. "News as a Political Resource: Media Strategies and Political Identity in the U.S. Women's Movement, 1966-1975." *Critical Studies in Mass Communication* 12:306-324.

——. 2000. "News as a Feminist Resource? A Case Study of the Media Strategies and Media Representation of the National Organization of Women, 1966-1980." In *Gender, Politics, and Communications*, edited by Annabelle Sreberny and Liesbet van Zoonen, 121-159. Cresshill, NJ: Hampton Press.

——. 2002. "Producing Public Voice: Resource Mobilization and Media Access in the National Organization for Women." *Journalism and Mass Communication Quarterly* 79

(1):188-204.
——. 2010. "News and Feminism: A Historic Dialog." *Journalism and Mass Communication Monographs* 12:145-203.
Barnett, Joe R. 1981. *Mid-life Crisis*. Aylmer, ON: Pathway.
Barnett, Rosalind C. 1967. "Vocational Planning of College Women: A Psycho-social Study." *Proceedings of the Annual Convention of the American Psychological Association* 2:345-346.
——. 1971. "Personality Correlates of Vocational Planning." *Genetic Psychology Monographs* 83 (2):309-356.
Barnett, Rosalind C., and Grace K. Baruch. 1978a. *The Competent Woman: Perspectives on Development*. New York: Halsted.
——. 1978b. "Women in the Middle Years: A Critique of Research and Theory." *Psychology of Women Quarterly* 3 (2):187-197.
——. 1985. "Women's Involvement in Multiple Roles and Psychological Distress." *Journal of Personality and Social Psychology* 49:135-145.
——. 1987. "Social Roles, Gender, and Psychological Distress." In *Gender and Stress*, edited by Rosalind C. Barnett, Lois Biener, and Grace K. Baruch, 122-143. New York: Free Press.
Barnett, Rosalind C., and Janet Shibley Hyde. 2001. "Women, Men, Work, and Family: An Expansionist Theory." *American Psychologist* 56:781-796.
Barnett, Rosalind C., and Caryl Rivers. 1998. *She Works/He Works: How Two-Income Families Are Happier, Healthier, and Better Off*. Cambridge, MA: Harvard University Press.
——. 2004. *Same Difference: How Gender Myths Are Hurting Our Relationships, Our Children, and Our Jobs*. New York: Basic Books.
——. 2011. *The Truth about Girls and Boys: Challenging Toxic Stereotypes about Our Children*. New York: Columbia University Press.
Barrett, Michèle, and Mary McIntosh. 1985. "Narcissism and the Family: A Critique of Lasch." *New Left Review* 135:35-48.
Baruch, Grace K. 1973a. "Feminine Self-esteem, Self-ratings of Competence, and Maternal Career Commitment." *Journal of Counseling Psychology* 20 (5):487-488.
——. 1973b. "Maternal Influences upon College Women's Attitudes toward Women and Work." *Developmental Psychology* 6 (1):32-37.
Baruch, Grace K., and Rosalind C. Barnett. 1981. "Fathers' Participation in the Care of Their Preschool Children." *Sex Roles* 7 (10):1043-1055.
——. 1983. "Correlates of Fathers' Participation in Family Work: A Technical Report." Working paper no. 106. Wellesley, MA: Wellesley College, Center for Research on Women.
——. 1986a. "Consequences of Fathers' Participation in Family Work: Parents' Role-Strain and Well-being." *Journal of Personality and Social Psychology* 51 (3):983-992.

——. 1986b. "Role Quality, Multiple Role Involvement, and Psychological Well-being in Midlife Women." *Journal of Personality and Social Psychology* 5:578-585.

——. 1988. "Women: Dependence and Independence." In *Prevention, Powerlessness, and Politics: Readings on Social Change*, edited by George W. Albee, Justin M. Joffe, and Linda A. Dusenbury, 171-179. Newbury Park, CA: Sage.

Baruch, Grace K., Rosalind C. Barnett, and Caryl Rivers. 1983. *Lifeprints: New Patterns of Love and Work for Today's Women*. New York: McGraw-Hill.

Baruch, Grace K., Lois Biener, and Rosalind C. Barnett. 1987. "Women and Gender in Research on Work and Family Stress." *American Psychologist* 42 (2):130-136.

Baruch, Grace K., and Debra Renee Kaufman. 1987. "Interpreting the Data: Women, Developmental Research and the Media." *Journal of Thought* 22 (1):53-57.

Basalla, George. 1976. "Pop Science: The Depiction of Science in Popular Culture." In *Science and Its Public: The Changing Relationship*, edited by Gerald Holton and William A. Blanpied, 261-278. Dordrecht: Reidel.

Bassin, Donna. 1982. "Woman's Images of Inner Space: Data towards Expanded Interpretive Categories." *International Review of Psychoanalysis* 9(2): 191-203.

——. 1988. Interview with Donna Bassin. In *Women Analyze Women: In France, England, and the United States*, edited by Elaine Hoffman Baruch and Lucienne J. Serrano, 337-354. New York: New York University Press.

Bate, Barbara. 1983. Review of *In a Different Voice*, by Carol Gilligan. *Women's Studies in Communication* 6 (2): 105-106.

Bawden, Julie. 1988. "Coping with a Midlife Crisis: An Interview with Jim Stanley, M.D." *Orange Coast*, June, 200-203.

Beal, Suzanne. 1977. "The Heroine Is Too Close for Comfort." Review of *Endangered Species*, by Sandra Hochman. *Baltimore Sun*, October 30, D4.

Bean, Joan P., and Margery Fox. 1988. "Women's Goals: Plus Ça Change." *New York Times*, January 10, 24.

Beard, George Miller. 1881. *American Nervousness: Its Causes and Consequences*. New York: Putnam.

Beauvoir, Simone de. 1972. *The Coming of Age*. New York: Putnam.

Beck, Joan. 1967. *How to Raise a Brighter Child*. New York: Simon & Schuster.

——. 1976. "How to Rear the Child Who Is between 20 and 50." *Chicago Tribune*, May 24, A2.

Belenky, Mary. 1978. "Conflict and Development: A Longitudinal Study of the Impact of Abortion Decisions on Moral Judgments of Adolescent and Adult Women." PhD diss., Harvard University.

Belenky, Mary, Blythe McVicker Clinchy, Nancy Rule Goldberger, and Jill Mattuck Tarule.

1986. *Women's Ways of Knowing: The Development of Self, Voice, and Mind*. New York: Basic Books. Reprint, 1997.

Bell, Inge Powell. 1970. "The Double Standard." *Trans-action* 8 (1-2):75-80.

Bell, Susan E. 1987. "Changing Ideas: The Medicalization of Menopause." *Social Science and Medicine* 24:535-542.

Bell, Susan E., and Susan M. Reverby. 2006. "Sweating It Out." Review of *Hot and Bothered*, by Judith Houck. *Women's Review of Books* 23 (6):9-10.

Bellah, Robert N., Richard Madsen, William M. Sullivan, Ann Swidler, and Steven M. Tipton. 1985. *Habits of the Heart: Individualism and Commitment in American Life*. Berkeley: University of California Press.

Bender, Marilyn. 1967. *The Beautiful People*. New York: Coward-McCann.

Benhabib, Seyla. 1987. "The Generalized and the Concrete Other: The Kohlberg-Gilligan Controversy and Feminist Theory." In *Feminism as Critique: On the Politics of Gender*, edited by Seyla Benhabib and Drucilla Cornell, 77-95. Minneapolis, MN: University of Minnesota Press.

Benjamin, Jessica. 1983. Review of *In a Different Voice*, by Carol Gilligan. *Signs* 9 (2):297-298.

——. 1988. *The Bonds of Love: Psychoanalysis, Feminism, and the Problem of Domination*. New York: Pantheon.

Benninghaus, Christina. 2012. "Beyond Constructivism? Gender, Medicine and the Early History of Sperm Analysis, Germany, 1870-1900." *Gender & History* 24 (3):647-676.

Benson, John. 1997. *Prime Time: A History of the Middle Aged in Twentieth-Century Britain*. New York: Routledge.

Bereni, Laure. 2012. "Penser la transversalité des mobilisations féministes: l'espace de la cause des femmes." In *Les féministes de la deuxième vague*, edited by Christine Bard, 27-41. Rennes: Presses Universitaires de Rennes.

Berenson, Edward, and Eva Gioli, eds. 2010. *Constructing Charisma: Celebrity, Fame, and Power in Nineteenth-Century Europe*. New York: Berghahn.

Berger, Gabriella E. 1999. *Menopause and Culture*. London: Pluto.

Bergler, Edmund. 1946. *Unhappy Marriage and Divorce: A Study of Neurotic Choice of Marriage Partners*. New York: International Universities Press.

——. 1948. *Divorce Won't Help*. Madison, CT: International Universities Press.

——. 1949. *Conflict in Marriage: The Unhappy Divorced*. New York: Harper.

——. 1954. *The Revolt of the Middle-Aged Man*. Madison, CT: International Universities Press.

Berlanstein, Lenard. 2004. "Historicizing and Gendering Celebrity Culture: Famous Women in Nineteenth-Century France." *Journal of Women's History* 16 (4):65-91.

——. 2007. "Selling Modern Femininity: *Femina*, a Forgotten Feminist Publishing Success in Belle Époque France." *French Historical Studies* 30 (4): 623-649.

Berman, Jeffrey. 1987. *The Talking Cure: Literary Representations of Psychoanalysis*. New York: New York University Press.

——. 1992. "The Unrestful Cure: Charlotte Perkins Gilman and 'The Yellow Wallpaper.'" In *The Captive Imagination: A Casebook on "The Yellow Wallpaper,"* edited by Catherine Colden, 211-241. New York: Feminist Press.

Berman, Marshall. 1975. "Erik Erikson, the Man Who Invented Himself." Review of *Life History and the Historical Moment*, by Erik Erikson. *New York Times*, March 30, BR1-2, 22.

Bernard, Jessie. 1956. *Remarriage: A Study of Marriage*. New York: Russell & Russell. Reprint, 1971.

——. 1972. *The Future of Marriage*. New Haven, CT: Yale University Press.

——. 1974. "Age, Sex and Feminism." *Annals of the American Academy of Political and Social Science* 415:120-137.

——. 1981. *The Female World*. New York: Free Press.

"Best Seller List." 1976. *New York Times*, August 28, 224.

Bettelheim, Bruno. 1962. *Dialogues with Mothers*. New York: Free Press.

Beynon-Jones, Siân M. "Untroubling Abortion: A Discourse Analysis of Women's Accounts." *Feminism & Psychology* 27 (2):225-242.

Biagioli, Mario. 2011. "Genius against Copyright: Revisiting Fichte's Proof of the Illegality of Reprinting." *Notre Dame Law Review* 86 (5):1847-1868.

Bittel, Carla. 2009. *Mary Putnam Jacobi and The Politics of Medicine in Nineteenth-Century America*. Chapel Hill: University of North Carolina Press.

Blanchflower, David G., and Andrew J. Oswald. 2008. "Is Well-being U-Shaped over the Life Course?" *Social Science and Medicine* 66:1733-1749.

Bledstein, Burton J. 1976. *The Culture of Professionalism: The Middle Class and the Development of Higher Education in America*. New York: Norton.

Blix, Jacqueline. 1992. "A Place to Resist: Reevaluating Women's Magazines." *The Journal of Communication Inquiry* 16 (1):56-71.

Blos, Peter. 1967. "The Second Individuation Process of Adolescence." *Psychoanalytic Study of the Child* 22:162-186.

——. 1979. *The Adolescent Passage: Developmental Issues*. New York: International Universities Press.

Blum, David. 1987. "Couch Potatoes: The New Nightlife." *New York*, July 20, 24-30.

Bock, Gisela, and Pat Thane. 1991. *Maternity and Gender Politics: Women and the Rise of European Welfare States, 1880s-1950s*. London: Routledge.

"Book Ends." 1976. *New York Times*, May 30, 161.

Bookspan, Phyllis T., and Maxine Kline. 1999. "On Mirrors and Gavels: A Chronicle of How Menopause Was Used as a Legal Defense against Women." *Indiana Law Review* 32:1267-1318.

Boston Women's Health Book Collective. 1976a. *Our Bodies, Ourselves*. New York: Simon & Schuster.

——. 1976b. "Your Bodies, Yourselves: Feeling at Home with Your Sexuality." *Bride's*, June, 150-151, 212-213.

Bouk, Dan. 2018. "The Generation That Causes Crisis: How Population Research Defined the Baby Boomers." *Modern American History* 1 (3):321-342.

Bourdieu, Pierre, and Roger Chartier. 1985. "La lecture, une pratique culturelle." In *Pratiques de la lecture*, edited by Roger Chartier, 217-239. Paris and Marseille: Editions Rivages.

Bowker Annual of Library and Book Trade Information. 1978. New York: Bowker.

Boxer, Marilyn J. 1998. *When Women Ask the Questions: Creating Women's Studies in America*. Baltimore: Johns Hopkins University Press.

——. 2002. "Women's Studies as Women's History." *Women's Studies Quarterly* 30 (3/4):43-51.

Boylan, James. 2007. *Pulitzer's School: Columbia University's School of Journalism, 1903-2003*. New York: Columbia University Press.

Bradley, Patricia. 2003. *Mass Media and the Shaping of American Feminism, 1963-1975*. Jackson: University Press of Mississippi.

——. 2005. *Women and the Press: The Struggle for Equality*. Boston: Northwestern University Press.

Brandt, Allan. 1991. "Emerging Themes in the History of Medicine." *Milbank Quarterly* 69 (2):199-214.

Brannigan, Augustine. 1979. "The Reification of Mendel." *Social Studies of Science* 9 (4):423-454.

Bras, Hervé Le. 2000. *Naissance de la mortalité: l'origine politique de la statistique et de la démographie*. Paris: Gallimard/Le Seuil.

Breines, Wini, Margaret Cerullo, and Judith Stacey. 1978. "Social Biology, Family Studies, and Antifeminist Backlash." *Feminist Studies* 4:43-67.

Breslin, Meg McSherry. 1998. "Joan Beck, 75, Pioneering Journalist." *Chicago Tribune*, December 12, 14.

Brim, Orville G. 1992. *Ambition: How We Manage Success and Failure throughout Our Lives*. New York: Basic Books.

——, ed. 2004. *How Healthy Are We? A National Study of Well-being at Midlife*. Chicago: University of Chicago Press.

Brock, Claire. 2006. *The Feminization of Fame, 1750-1830*. London: Palgrave Macmillan.

Bromell, Nicholas. 1985. "Feminist Perspectives: Five Local Theorists Talk about Challenging

Society's Fundamental Beliefs." *Boston Review*, January 13, 12-15, 44-45, 53-58.

Brook, A. 1971. Review of *Work, Creativity, and Social Justice*, by Elliott Jaques. *British Journal of Industrial Medicine* 28 (3):313-314.

Broughton, John M. 1983. "Women's Rationality and Men's Virtues: A Critique of Gender Dualism in Gilligan's Theory of Moral Development." *Social Research* 50 (3):597-642.

Brown, Helen Gurley. 1993. *The Late Show: A Semiwild but Practical Survival Plan for Women over 50*. New York: Morrow.

Brown, Judith K. 1963. "A Cross-Cultural Study of Female Initiation Rites." *American Anthropologist* 65:837-853.

——. 1981. "Cross-Cultural Perspectives on the Female Life-Cycle." In *Handbook of Cross-Cultural Human Development*, edited by Ruth H. Munroe, 581-610. New York: Garland STPM Press.

Brown, Judith K., Jeanine Anderson, Dorothy Ayers Counts, Nancy Datan, Molly C. Dougherty, Valerie Fennell, Ruth S. Freed, David L. Gutmann, Sue-Ellen Jacobs, Douglas Raybeck, and Sylvia Vatuk. 1982. "Cross-cultural Perspectives on Middle-Aged Women (and Comments and Replies)." *Current Anthropology* 23 (2):143-156.

Brown, Judith K., and Virginia Kerns, eds. 1985. *In Her Prime: New Views of Middle-Aged Women*. South Hadley, MA: Bergin & Garvey.

Brown, Lyn Mikel. 1998. *Raising Their Voices: The Politics of Girls' Anger*. Cambridge, MA: Harvard University Press.

——. 2003. *Girlfighting: Betrayal and Rejection among Girls*. New York: New York University Press.

Brown, Lyn Mikel, and Carol Gilligan. 1992. *Meeting at the Crossroads: Women's Psychology and Girls' Development*. Cambridge, MA: Harvard University Press.

Brown, Patricia Leigh. 1987. "Studying Seasons of a Woman's Life." *New York Times*, September 14, B17.

Brown, Steven D. 2005. "The Worst Things in the World: Life Events Checklists in Popular Stress Management Texts." In *Ordinary Lifestyles: Popular Media, Consumption and Taste*, edited by David Bell and Joanne Hollows, 231-242. Buckingham: Open University Press.

Brownmiller, Susan. 1999. *In Our Time: Memoir of a Revolution*. New York: Dial Press.

Broyard, Anatole. 1976. "Clearing Our Passages." Review of *Passages*, by Gail Sheehy. *New York Times*, August 16, 60.

Brückner, Hannah, and Karl Ulrich Mayer. 2005. "De-Standardization of the Life Course: What It Might Mean? And if It Means Anything, Whether It Actually Took Place?" In *The Structure of the Life Course: Standardized? Individualized? Differentiated?*, edited by Ross Macmillan, 27-54. Amsterdam: JAI Press.

Buhle, Mari Jo. 1998. *Feminism and Its Discontents: A Century of Struggle with Psychoanalysis.*

Cambridge, MA: Harvard University Press.

Bühler, Charlotte M. 1933. *Der menschliche Lebenslauf als psychologisches Problem*. Leipzig: Hirzel.

Bulmer, Martin. 1986. *The Chicago School of Sociology: Institutionalization, Diversity, and the Rise of Sociological Research*. Chicago: University of Chicago Press.

Bunders, Joske, and Richard Whitley. 1985. "Popularisation within the Sciences: The Purposes and Consequences of Inter-Specialist Communication." In *Expository Science: Forms and Functions of Popularisation*, edited by Terry Shinn and Richard Whitley, 61-77. Dordrecht: Reidel.

Bunke, Harvey C. 1978. "The Editor's Chair." *Business Horizons*, August, 4-8.

Burnett, John. 1994. *Idle Hands: The Experience of Unemployment, 1790-1990*. New York: Routledge.

Burnham, John C., ed. 2012. *After Freud Left: A Century of Psychoanalysis in America*. Chicago: University of Chicago Press.

Butler, Judith. 1990. *Gender Trouble: Feminism and the Subversion of Identity*. New York: Routledge.

Butler, Matilda, and William Paisley. 1978. "Magazine Coverage of Women's Rights." *Journal of Communication* 28 (1):183-186.

Cady, Barbara. 1976. "Crises of Midlife: The Search for Personal Identity." *Los Angeles Times Book Review*, June 20, 1, 10.

Cain, Leonard D. 1979. "Adding Spice to Middle Age." Review of *The Seasons of a Man's Life*, by Daniel J. Levinson. *Contemporary Sociology* 8 (4):547-550.

Campbell, Jean W. 1973. "Women Drop Back In: Educational Innovation in the Sixties." In *Academic Women on the Move*, edited by Alice S. Rossi and Ann Calderwood. New York: Russell Sage Foundation.

——. 1976. Review of *Passages*, by Gail Sheehy. *Group & Organization Studies* 1 (4):514.

Canguilhem, Georges. 1978. *On the Normal and the Pathological*. Boston: Reidel. Original edition, 1966.

——. 2005. "The Object of the History of Sciences." In *Continental Philosophy of Science*, edited by Gary Gutting, 198-207. Malden, MA: Blackwell. Original edition, 1983.

——. 2008. "Health: Crude Concept and Philosophical Question." *Public Culture* 20 (3):467-477.

Caplan, Paula J. 1979. "Erikson's Concept of Inner Space: A Data-Based Reevaluation." *American Journal of Orthopsychiatry* 49 (1):100-108.

Card, Claudia. 1996. *The Unnatural Lottery: Character and Moral Luck*. Philadelphia: Temple University Press.

Carter, John Mack. 1970. "Why You Find the Next Eight Pages in the *Ladies' Home Journal*."

Ladies' Home Journal, August 1970, 63.

Catalyst. 1987. *New Roles for Men and Women: A Report on an Educational Intervention with College Students*. New York: Catalyst.

Chandler, Alfred D., Jr. 1977. *The Visible Hand: The Managerial Revolution in American Business*. Cambridge, MA: Harvard University Press.

Chapman, Stephen. 1977. Review of *Passages*, by Gail Sheehy. *Adult Education Quarterly* 28 (1):74-76.

Chappell, Marisa. 2012. "Reagan's 'Gender Gap' Strategy and the Limitations of Free- Market Feminism." *Journal of Policy History* 24 (1):115-134.

Chase, Stuart. 1929. "Laid Off at Forty." *Harper's Monthly*, August, 340-347.

——. 1932. *A New Deal*. New York: Macmillan.

Cheng, Terence C., Nattavudh Powdthavee, and Andrew J. Oswald. 2017. "Longitudinal Evidence for a Midlife Nadir in Human Well-being: Results from Four Data Sets." *Economic Journal* 127 (599):126-147.

Chesler, Ellen. 1992. *Woman of Valor: Margaret Sanger and the Birth Control Movement in America*. New York: Simon & Schuster.

Chesler, Phyllis. 1972. *Women and Madness*. Garden City, NY: Doubleday.

Chodorow, Nancy. 1971. "Being and Doing." In *Woman in Sexist Society: Studies in Power and Powerlessness*, edited by Vivian Gornick and Barbara K. Moran, 259-291. New York: Basic Books.

——. 1978. *The Reproduction of Mothering: Psychoanalysis and the Sociology of Gender*. Berkeley, CA: University of California Press.

Christy, Marian. 1984. "Overcoming a Mid-life Crisis: How a Noted Surgeon-Author Kicked the Booze and Pills." *Boston Globe*, November 25, A9, A14.

Clare, Anthony. 1977. "Taking Off." Review of *Passages*, by Gail Sheehy. *New Society* 41 (780):557-558.

"Class of 1961." 1976. *Randolph-Macon Woman's College Alumnae Bulletin* 70, 40.

Cleveland, Amory. 1970. "Trade Winds." *Saturday Review*, November 21, 16-18.

Clow, Barbara. 2001. "Who's Afraid of Susan Sontag?" *Social History of Medicine* 14 (2):293-312.

Cobble, Dorothy Sue. 2004. *The Other Women's Movement: Workplace Justice and Social Rights in Modern America*. Princeton, NJ: Princeton University Press.

——. 2010. "Labor Feminists and President Kennedy's Commission on Women." In *No Permanent Waves: Recasting Histories of U.S. Feminism*, edited by Nancy A. Hewitt, 144-167. New Brunswick, NJ: Rutgers University Press.

Cohen, Lizabeth. 2003. *A Consumers' Republic: The Politics of Mass Consumption in Postwar America*. New York: Knopf.

Cohen, Patricia. 2012. *In Our Prime: The Invention of Middle Age*. New York: Scribner.

Cohen-Cole, Jamie. 2014. *The Open Mind: Cold War Politics and the Sciences of Human Nature*. Chicago: University of Chicago Press.

Colander, Pat. 1976. "Books to Beat the Doldrums." *Chicago Tribune*, August 8, D5.

Colby, Anne. 1985. *A Guide to the Data Resources of the Henry A. Murray Research Center of Radcliffe College*. Cambridge, MA: Henry A. Murray Research Center.

——. Foreword to *Multiple Paths of Midlife Development*, edited by Margie Lachman and Jacquelyn Boone James, ix-xii. Chicago: University of Chicago Press.

Colby, Anne, and Lawrence Kohlberg. 1987-88. *The Measurement of Moral Judgment*. 2 vols. Cambridge: Cambridge University Press.

Colby, Kenneth Mark, Roger L. Gould, and Gerald Aronson. 1989. "Some Pros and Cons of Computer-Assisted Psychotherapy." *Journal of Nervous & Mental Disease* 177 (2):105- 108.

Cole, Thomas R. 1992. *The Journey of Life: A Cultural History of Aging in America*. Cambridge: University of Cambridge Press.

Coles, Robert. 1970. *Erik H. Erikson: The Growth of His Work*. Boston: Little, Brown.

Combaz, Christian. 1978. "Petites misères de la quarantaine." *Jeune Afrique*, April 19, 74-75.

Comfort, Alex. 1978. "The Male Animal." Review of *Beyond the Male Myth*, by Anthony Pietropinto and Jacqueline Simenauer; *Male Sexuality*, by Bernie Zilbergeld; *The Seasons of a Man's Life*, by Daniel J. Levinson. *New York Times*, March 12, BR4.

Comfort, Nathaniel C. 2001. *The Tangled Field: Barbara McClintock's Search for the Patterns of Genetic Control*. Cambridge, MA: Harvard University Press.

Commission on the Education of Women of the American Council on Education. 1955. *How Fare American Women?* Washington, DC: American Council on Education.

——. 1960. *The Span of a Woman's Life and Learning*. Washington, DC: American Council on Education.

Connell, R. W. 1987. *Gender and Power*. Sydney: Allen & Unwin.

——. 1994. "Psychoanalysis on Masculinity." In *Theorizing Masculinities*, edited by Harry Brod and Michael Kaufman, 11-38. Thousand Oaks, CA: Sage.

——. 1995. *Masculinities*. Berkeley: University of California Press.

Connell, R. W., and James W. Messerschmidt. 2005. "Hegemonic Masculinity: Rethinking the Concept." *Gender & Society* 19 (6):829-859.

Conrad, Peter, and Joseph W. Schneider. 1980. *Deviance and Medicalization: From Badness to Sickness*. St. Louis: Mosby.

Cook, Judith A., and Mary M. Fonow. 1986. "Knowledge and Women's Interests: Issues of Epistemology and Methodology in Feminist Sociological Research." *Sociological Inquiry* 56 (1):2-29.

Coontz, Stephanie. 1992. *The Way We Never Were: American Families and the Nostalgia Trap.*

New York: Basic Books.
——. 2005. *Marriage, a History: How Love Conquered Marriage*. New York: Viking.
——. 2011. *A Strange Stirring:* The Feminine Mystique *and American Women at the Dawn of the 1960s*. Philadelphia: Basic Books.
Cooper, Cary L., and Philip Dewe. 2004. *Stress: A Brief History*. Malden, MA: Blackwell.
Cooper, Melinda. 2017. *Family Values: Between Neoliberalism and the New Social Conservatism*. New York: Zone.
Cooter, Roger, and Stephen Pumfrey. 1994. "Separate Spheres and Public Places: Reflections on the History of Science Popularization and Science in Popular Culture." *History of Science* 32 (3):237-267.
Corino, Eva. 2018. *Das Nacheinander-Prinzip: Vom gelasseneren Umgang mit Familie und Beruf*. Berlin: Suhrkamp.
Coser, Lewis A. 1974. *Greedy Institutions*. New York: Free Press.
Costa, Dora L. 1998. *The Evolution of Retirement: An American Economic History, 1880–1990*. Chicago: University of Chicago Press.
Côté, James E. 2000. *Arrested Adulthood: The Changing Nature of Maturity and Identity*. New York: New York University Press.
Cott, Nancy F. 1989. *The Grounding of Modern Feminism*. New Haven, CT: Yale University Press.
Courlander, Harold. 1979. "*Roots*, *The African*, and the Whiskey Jug Case." *Village Voice*, April 9, 33–35.
Cowan, Ruth Schwartz. 1983. *More Work for Mother: The Ironies of Household Technology from the Open Hearth to the Microwave*. New York: Basic Books.
Coyle, Grace L. 1928. *Jobs and Marriage? Outlines for the Discussion of the Married Woman in Business*. New York: Womans [*sic*] Press.
Craik, Jennifer. 1993. *The Face of Fashion: Cultural Studies in Fashion*. London: Routledge.
Creager, Angela N. H., Elizabeth Lunbeck, and Londa Schiebinger, eds. 2001. *Feminism in Twentieth-Century Science, Technology, and Medicine*. Chicago: University of Chicago Press.
Creighton, Colin. 1999. "The Rise and Decline of the 'Male Breadwinner Family' in Britain." *Cambridge Journal of Economics* 23:519–541.
Crosby, Faye J. 1984. "Job Satisfaction and Domestic Life." In *Management of Work and Personal Life*, edited by Mary Dean Lee and Rabindra N. Kanungo, 41–60. New York: Praeger.
——. 1991. *Juggling: The Unexpected Advantages of Balancing Career and Home for Women and Their Families*. New York: Free Press.
Cryer, Dan. 1978. "Pre-empted by *Passages*." Review of *The Seasons of a Man's Life*, by Daniel J. Levinson. *Newsday*, April 9, B21.

Currier, Andrew F. 1897. *The Menopause*. New York: Appleton.

Cusk, Rachel. 2014. *Outline*. London: Faber.

Cusset, François. 2008. *French Theory: How Foucault, Derrida, Deleuze, & Co. Transformed the Intellectual Life of the United States*. Minneapolis, MN: University of Minnesota Press.

Damon-Moore, Helen, and Carl F. Kaestle. 1991. "Gender, Advertising, and Mass- Circulation Magazines." In *Literacy in the United States: Readers and Reading since 1880*, edited by Carl F. Kaestle, Helen Damon-Moore, Lawrence C. Stedman, Katherine Tins- ley, and William Vance Trollinger Jr., 245-271. New Haven, CT: Yale University Press.

Danto, Arthur C. 2009. *Andy Warhol*. New Haven, CT: Yale University Press.

Daston, Lorraine, and Fernando Vidal. 2004. "Doing What Comes Naturally." In *The Moral Authority of Nature*, edited by Lorraine Daston and Fernando Vidal, 1-20. Chicago: Chicago University Press.

Davies, William. 2015. *The Happiness Industry: How the Government and Big Business Sold Us Well-being*. London: Verso.

Davies, Margaret. 2007. *Property: Meanings, Histories, Theories*. Oxford: Routledge.

Davis, Kathy. 1992. "Toward a Feminist Rhetoric: The Gilligan Debate Revisited." *Women's Studies International Forum* 15 (2):219-231.

——. 2007. *The Making of "Our Bodies, Ourselves": How Feminism Travels across Borders*. Durham, NC: Duke University Press.

Davis, Kenneth C. 1984. *Two-Bit Culture: The Paperbacking of America*. Boston: Houghton Mifflin.

Davis, Maxine. 1951. *Facts about the Menopause*. New York: McGraw-Hill. Original edition, 1948.

Davis, Murray. 1971. "That's Interesting! Towards a Phenomenology of Sociology and a Sociology of Phenomenology." *Philosophy of the Social Sciences* 1:309-344.

——. 1986. "That's Classic! The Phenomenology and Rhetoric of Successful Social Theories." *Philosophy of the Social Sciences* 16:261-301.

Degler, Carl N. 1964. "Revolution without Ideology: The Changing Place of Women in America." *Daedalus* 93 (2):653-670.

——. 1974. "What Ought to Be and What Was: Women's Sexuality in the Nineteenth Century." *American Historical Review* 79 (5):1467-1490.

de Grazia, Sebastian. 1976. Review of *Work, Creativity, and Social Justice*, by Elliott Jaques; *The Harried Leisure Class*, by Staffan B. Linder; *Work in America: Report of a Special Task Force to the Secretary of Health, Education, and Welfare*; *Work, Society, and Culture*, by Yves Simon. *American Political Science Review* 70 (4):1273-1276.

Delaney, Janice, Mary Jane Lupton, and Emily Toth. 1988. *The Curse: A Cultural History of Menstruation*. Chicago: University of Illinois Press.

Delap, Lucy. 2007. *The Feminist Avant-Garde: Transatlantic Encounters of the Early Twentieth Century*. Cambridge: Cambridge University Press.

DeLuzio, Crista. 2007. *Female Adolescence in American Scientific Thought, 1830-1930*. Baltimore: Johns Hopkins University Press.

Demos, John. 1993. "Interview with John Demos, by Roger Adelson." *Historian* 55 (3):430-446.

Deutsch, Helene. 1930. "The Significance of Masochism in the Mental Life of Women." *International Journal of Psycho-analysis* 11:48-60.

——. 1945. *Psychology of Women: A Psychoanalytic Interpretation*, vol. 2, *Motherhood*. New York: Grune & Stratton.

Dewees, William. 1826. *A Treatise on the Diseases of Females*. Philadelphia: H. C. Carey and I. Lea.

Deykin, Eva Y., Shirley Jacobson, Maida Solomon, and Gerald Klerman. 1966. "The Empty Nest: Psychosocial Aspects of Conflict between Depressed Mothers and Their Grown Children." *American Journal of Psychiatry* 122 (12):1422-1425.

Dietz, Park Elliott. 1973. Review of *Hustling*, by Gail Sheehy. *Journal of the American Academy of Psychiatry and the Law* 1 (4):294-295.

Dinnerstein, Dorothy. 1976. *The Mermaid and the Minotaur: Sexual Arrangements and Human Malaise*. New York: Harper & Row.

Doherty, Beka. 1949. *Cancer*. New York: Random House.

Dohrenwend, Barbara Snell, and Bruce P. Dohrenwend, eds. 1974. *Stressful Life Events: Their Nature and Effects*. New York: Wiley.

——, eds. 1981. *Stressful Life Events and Their Contexts*. New Brunswick, NJ: Rutgers University Press.

Dohrenwend, Bruce P., and Barbara Snell Dohrenwend. 1969. *Social Status and Psychological Disorder: A Causal Inquiry*. New York: Wiley-Interscience.

Donath, Orna. 2017. *Regretting Motherhood: A Study*. Berkeley, CA: North Atlantic Books.

Donohugh, Donald. 1981. *The Middle Years: A Physician's Guide to Your Body, Emotions and Life Challenges*. New York: Saunders.

Douglas, Susan. 1994. *Where the Girls Are: Growing Up Female with the Mass Media*. New York: Random House.

Dow, Bonnie J. 1996. *Prime-Time Feminism: Television, Media Culture, and the Women's Movement since 1970*. Philadelphia: University of Pennsylvania Press.

——. 2014. *Watching Women's Liberation, 1970: Feminism's Pivotal Year on the Network News*. Urbana: University of Illinois Press.

Drake, Emma F. 1902. *What a Woman of Forty-Five Ought to Know*. Philadelphia: Vir.

——. 1910. *Was eine Frau von 45 wissen muß*. Konstanz: Hirsch.

——. 1942. *Ce que toute femme de 45 ans devrait savoir*. Paris: Fischbacher.

Dudink, Stefan, Karen Hagemann, and John Tosh, eds. 2004. *Masculinities in Politics and War: Gendering Modern History*. Manchester: Manchester University Press.

Duhl, Leonard. 1963. *The Urban Condition: People and Policy in the Metropolis*. New York: Basic Books.

DuPlessis, Rachel Blau, and Ann Snitow. 1998. *The Feminist Memoir Project: Voices from Women's Liberation*. New York: Three Rivers.

Echols, Alice. 1989. *Daring to Be Bad: Radical Feminism in America, 1967-1975*. 6th ed. Minneapolis: University of Minnesota Press. Reprint, 2003.

Edsall, Florence S. 1949. *Change of Life: A Modern Woman's Guide*. New York: Grosset & Dunlap.

Edwards, Carolyn P. 1975. "Societal Complexity and Moral Development: A Kenyan Study." *Ethos* 3:505-527.

Edwards, Richard. 1979. *Contested Terrain: The Transformation of the Workplace in the Twentieth Century*. New York: Basic Books.

Ehmer, Josef. 1996. "'The Life Stairs': Aging, Generational Relations, and Small Commodity Production in Central Europe." In *Aging and Generational Relations over the Life Course: A Historical and Cross-Cultural Perspective*, edited by Tamara K. Hareven, 53-74. Berlin and New York: W. de Gruyter.

Ehrenreich, Barbara. 1983. *The Hearts of Men: American Dreams and the Flight from Commitment*. Garden City, NY: Anchor Press/Doubleday.

Ehrenreich, Barbara, and Deirdre English. 1978. *For Her Own Good: 150 Years of the Experts' Advice to Women*. Garden City, NY: Anchor Press/Doubleday.

Eisenmann, Linda. 2006. *Higher Education for Women in Postwar America, 1945-1965*. Baltimore: Johns Hopkins University Press.

Elkind, David. 1994. *Ties That Stress: The New Family Imbalance*. Cambridge, MA: Harvard University Press.

Ellis, Albert. 2010. *All Out! An Autobiography*. Amherst, MA: Prometheus Books.

"Empty Nest." 2013. In *The American Heritage Dictionary of Idioms: American English Idiomatic Expressions and Phrases*, edited by Christine Ammer, 131. Boston: Houghton, Mifflin, Harcourt.

Endres, Kathleen L. 1995a. "*Bride's* & *Your New Home*." In *Women's Periodicals in the United States: Consumer Magazines*, edited by Kathleen L. Endres and Therese L. Lueck, 38-43. Westport, CT: Greenwood.

——. 1995b. "Glamour." In *Women's Periodicals in the United States: Consumer Magazines*, edited by Kathleen L. Endres and Therese L. Lueck, 107-113. Westport, CT: Greenwood.

Engel, Stephanie. 1980. "Femininity as Tragedy: Re-examining the New Narcissism." *Socialist*

Review 10 (5):77-103.

Engels, Friedrich. 1892. *The Condition of the Working-Class in England in 1844*. London: Allen & Unwin.

England, Paula. 1999. "The Impact of Feminist Thought on Sociology." *Contemporary Sociology* 28 (3):263-268.

English, O. Spurgeon. 1967. "Values in Psychotherapy: The Affair." *Voices* 3 (4):9-14.

Ensmenger, Nathan. 2010. *The Computer Boys Take Over: Computers, Programmers, and the Politics of Technological Expertise*. Cambridge, MA: MIT Press.

Enzensberger, Hans Magnus. 1982. "Constituents of a Theory of the Media [1970]." In *Hans Magnus Enzensberger: Critical Essays*, edited by Reinhold Grimm and Bruce Armstrong. New York: Continuum.

Epstein, Steven. 2007. *Inclusion: The Politics of Difference in Medical Research*. Chicago: University of Chicago Press.

Erikson, Erik H. 1950a. *Childhood and Society*. New York: Norton.

——. 1950b. "Growth and Crises of the 'Healthy Personality.'" In *Symposium on the Healthy Personality: Transactions of Special Meetings of Conference on Infancy and Childhood*, edited by Milton J. E. Senn, 91-146. New York: Josiah Macy Jr. Foundation.

——. 1958. *Young Man Luther: A Study in Psychoanalysis and History*. New York: Norton. Reprint, 1962.

——. 1961. "The Roots of Virtue." In *The Humanist Frame*, edited by Julian S. Huxley, 145-165. London: Allen & Unwin.

——. 1964. "Inner and Outer Space: Reflections on Womanhood." *Daedalus* 93 (2):582-606.

——. 1968. "Womanhood and the Inner Space." In *Identity: Youth and Crisis*, 261-294. New York: Norton.

——. 1969. *Gandhi's Truth: On the Origins of Militant Nonviolence*. New York: Norton.

——. 1974a. "Once More the Inner Space: Letter to a Former Student." In *Women and Analysis: Dialogues on Psychoanalytic Views of Femininity*, edited by Jean Strouse, 320-340. New York: Grossman.

——. 1974b. "Womanhood and the Inner Space [1968]." In *Women and Analysis: Dialogues on Psychoanalytic Views of Femininity*, edited by Jean Strouse, 291-319. New York: Grossman.

——. 1975. *Life History and the Historical Moment*. New York: Norton.

——. 1982. "Psychoanalytic Reflections on Einstein's Centenary." In *Albert Einstein: Historical and Cultural Perspectives*, edited by Gerald Holton and Yehuda Elkana, 151-173. Princeton, NJ: Princeton University Press.

Evans, Bonnie. 2017. *The Metamorphosis of Autism: A History of Child Development in Britain*.

Manchester: Manchester University Press.

Faegre, Marion L. 1946. Review of *Common Sense Book of Baby and Child Care*, by Benjamin Spock. *Child*, November, 94-95.

Faludi, Susan. 1991. *Backlash: The Undeclared War against American Women*. London: Vintage. Reprint, 2006.

Farley, Jennie. 1978. "Women's Magazines and the Equal Rights Amendment: Friend or Foe?" *Journal of Communication* 28 (1):187-192.

Farrell, Amy Erdman. 1998. *Yours in Sisterhood:* Ms. *Magazine and the Promise of Popular Feminism*. Chapel Hill: University of North Carolina Press.

Faulstich, Werner, and Ricarda Strobel. 1986. *Bestseller als Marktphänomen: Ein quantitativer Befund zur internationalen Literatur 1970 in allen Medien*. Wiesbaden: Harrassowitz.

Fava, Sylvia. 1973. "The Pop Sociology of Suburbs and New Towns." *American Studies* 14 (1):121-133.

Faye, Cathy. 2012. "American Social Psychology: Examining the Contours of the 1970s Crisis." *Studies in History and Philosophy of Biological and Biomedical Sciences* 43 (2):514-521.

Fein, Esther B. 1991. "The Book That Made the Most Difference in People's Lives." *New York Times*, November 20, C26.

Felski, Rita. 1989. *Beyond Feminist Aesthetics: Feminist Literature and Social Change*. Cambridge, MA: Harvard University Press.

Fields, Suzanne. 1981. "The Importance of Being Important." *Vogue*, December, 155.

Firestone, Shulamith. 1970. *The Dialectic of Sex: The Case for Feminist Revolution*. New York: Morrow.

Fleck, Ludwik. 1979. *Genesis and Development of a Scientific Fact*. Chicago: University of Chicago Press.

Fodor, Iris G., and Violet Franks. 1990. "Special Issue: Women in Midlife and Beyond." *Psychology of Women Quarterly* 14 (4):445-623.

Forman, Gail. 1988. "Rethinking the Empty Nest Syndrome." *Washington Post*, September 6, E5.

Formanek, Ruth, ed. 1990. *The Meanings of Menopause: Historical, Medical, and Cultural Perspectives*. Hillsdale, NJ: Analytic Press.

Forrester, John. 1999. "If *p*, then What? Thinking in Cases." *History of the Human Sciences* 9 (3):1-25.

——. 2016. *Thinking in Cases*. Cambridge: Polity.

Foucault, Michel. 2001. *The Hermeneutics of the Subject: Lectures at the Collège de France, 1981-82*. New York: Palgrave Macmillan.

——. 2007. "What Is Critique? [1978]." In *The Politics of Truth*, edited by Sylvère Lotringer, 41-81. Cambridge, MA: Semiotext(e).

Foxcraft, Louise. 2009. *Hot Flushes, Cold Science: A History of the Modern Menopause*. London: Granta.

Fraisse, Geneviève. 1988. "La constitution du sujet dans la pensée féministe: paradoxe et anachronisme." In *Penser le sujet aujourd'hui*, edited by Elisabeth Guibert-Sledziewksi and Jean-Louis Vieillard-Baron, 257-264. Paris: Méridiens Klincksieck.

Frank, Thomas. 1997. *The Conquest of Cool: Business Culture, Counterculture, and the Rise of Hip Consumerism*. Chicago: University of Chicago Press.

Fraser, Nancy. 1992. "Rethinking the Public Sphere: A Contribution to the Critique of Actually Existing Democracy." In *Habermas and the Public Sphere*, edited by Craig Calhoun, 109-194. Cambridge, MA: MIT Press.

Fraterrigo, Elizabeth. 2009. *Playboy and the Making of the Good Life in Modern America*. Oxford: Oxford University Press.

Freidenfels, Lara. 2009. *The Modern Period: Menstruation in Twentieth-Century America*. Baltimore: Johns Hopkins University Press.

Frenkel-Brunswik, Else. 1936. "Studies in Biographical Psychology." *Journal of Personality* 5 (1):1-34.

Freud, Anna. 1937. *The Ego and the Mechanisms of Defence*. London: Hogarth.

Freud, Sigmund. 1954. *The Origins of Psycho-analysis: Letters to Wilhelm Fliess, Drafts and Notes, 1887-1902*. Edited by Marie Bonaparte, Anna Freud and Ernst Kris. New York: Basic Books.

——. 1965. "Femininity [1933]." In *New Introductory Lectures on Psycho-analysis*, edited by James Strachey, 139-168. London: Strachey.

Friday, Nancy. 1977. *My Mother/My Self: The Daughter's Search for Identity*. New York: Delacorte.

Fried, Barbara. 1967. "The Middle-Age Crisis." *McCall's*, March 1967, 88-89, 169-175.

Friedan, Betty. 1956. "Millionaire's Wife." *Cosmopolitan*, September, 78-87.

——. 1962. "The Feminine Fulfillment: 'Is This All?'" *Mademoiselle*, May, 146-147, 205- 209.

——. 1963a. *The Feminine Mystique*. New York: Dell. Reprint, 1977.

——. 1963b. "The Fraud of Femininity." *McCall's*, March, 81, 130-132.

——. 1963c. "Have American Housewives Traded Brains for Brooms?" *Ladies' Home Journal*, January, 24-26.

——. 1976. *It Changed My Life: Writings on the Women's Movement*. Cambridge, MA: Harvard University Press. Reprint, 1998.

——. 1981. *The Second Stage*. New York: Summit Books.

——. 1983. "Twenty Years After." In *The Feminine Mystique*, ix-xxviii. New York: Norton.

——. 1993. *Fountain of Age*. New York: Simon & Schuster.

——. 1997. "Defining a Paradigm Shift." In *Beyond Gender: The New Politics of Work and*

Family, edited by Brigid O'Farrell, 1-16. Baltimore: Johns Hopkins University Press.

Friedman, Lawrence J. 1999. *Identity's Architect: A Biography of Erik H. Erikson*. Cambridge, MA: Harvard University Press.

Friedman, Marilyn. 1993. *What Are Friends For? Feminist Perspectives on Personal Relationships and Moral Theory*. Ithaca, NY: Cornell University Press.

Friedman, Richard A. 2008. "Crisis? Maybe He's a Narcissistic Jerk." *New York Times*, January 15, F5.

Fromm, Erich. 1970. *The Crisis of Psychoanalysis: Essays on Freud, Marx, and Social Psychology*. New York: Holt, Rinehart & Winston.

Fuchs, Rachel G. 2005. *Gender and Poverty in Nineteenth-Century Europe*. Cambridge: Cambridge University Press.

Furstenberg, Frank F. 1976. *Unplanned Parenthood: The Social Consequences of Teenage Childbearing*. New York: Free Press.

G. S. 2005. "Jaques, Elliott." In *Encyclopedia of History of American Management*, edited by Morgen Witzel, 267-270. Bristol: Thoemmes Continuum.

Gage, Matilda. 1870. *Woman as Inventor*. Fayetteville, NY: Darling.

Gallie, Walter B. 1956. "Essentially Contested Concepts." *Proceedings of the Aristotelian Society* 56: 167-198.

Gallup Organization. 1978. *Book Reading and Library Usage: A Study of Habits and Perceptions*. Princeton, NJ: Gallup Organization.

Gans, Herbert J. 1998. "Best-sellers by American Sociologists: An Exploratory Study." In *Required Reading: Sociology's Most Influential Books*, edited by Dan Clawson, 19-27. Amherst, MA: University of Massachusetts Press.

Gardanne, Charles-Pierre-Louis de. 1816. *Avis aux femmes qui entrent dans l'âge critique*. Paris: Gabon.

Gartner, Michael. 1978. "The Wonderful World of Mid-life Crisis." Review of *The Seasons of a Man's Life*, by Daniel J. Levinson. *Wall Street Journal*, May 5, 12.

Gates, Barbara T. 1998. *Kindred Nature: Victorian and Edwardian Women Embrace the Living World*. Chicago: University of Chicago Press.

Gates, Barbara T., and Ann B. Shteir, eds. 1997. *Natural Eloquence: Women Reinscribe Science*. Madison, WI: University of Wisconsin Press.

Geary, Daniel. 2013. "Children of *The Lonely Crowd*: David Riesman, the Young Radicals, and the Splitting of Liberalism in the 1960s." *Modern Intellectual History* 10 (3):603- 633.

Genette, Gérard. 1997. *Paratexts: Thresholds of Interpretation*. Cambridge: Cambridge University Press.

Gergen, Kenneth. 1991. *The Saturated Self: Dilemmas of Identity in Contemporary Life*. New York: Basic Books.

Gergen, Mary. 1997. "Finished at 40: Women's Development within the Patriarchy." *Psychology of Women Quarterly* 14 (4):471-493.

Gerhard, Jane F. 2001. *Desiring Revolution: Second-Wave Feminism and the Rewriting of American Sexual Thought, 1920-1982*. New York: Columbia University Press.

——. 2013. *The Dinner Party: Judy Chicago and the Power of Popular Feminism, 1970-2007*. Athens: University of Georgia Press.

Gerson, Kathleen. 1985. *Hard Choices: How Women Decide about Work, Career, and Motherhood*. Berkeley: University of California Press.

Gesell, Arnold. 1943. *Infant and Child in the Culture of Today: The Guidance of Development in Home and Nursery School*. Oxford: Harper.

——. 1946. *The Child from Five to Ten*. New York: Harper & Row.

Ghez, Gilbert, and Gary S. Becker. 1975. *The Allocation of Time and Goods over the Life Cycle*. New York: National Bureau of Economic Research.

Giele, Janet Z. 1980. "Adulthood as Transcendence of Age and Sex." In *Themes of Work and Love in Adulthood*, edited by Neil J. Smelser and Erik H. Erikson, 151-173. Cambridge, MA: Harvard University Press.

——. 1982a. "Women in Adulthood: Unanswered Questions." In *Women in the Middle Years: Current Knowledge and Directions for Research*, edited by Janet Z. Giele, 1-35. New York: Wiley.

——, ed. 1982b. *Women in the Middle Years: Current Knowledge and Directions for Research*. New York: Wiley.

Gieryn, Thomas F. 1983. "Boundary-Work and the Demarcation of Science from Non-Science: Strains and Interests in Professional Ideologies of Scientists." *American Sociological Review* 48 (6):781-795.

Gilligan, Carol. 1964. "Responses to Temptation: An Analysis of Motives." PhD diss., Harvard University.

——. 1977. "In a Different Voice: Women's Conceptions of Self and of Morality." *Harvard Educational Review* 47 (4):481-517.

——. 1979. "Woman's Place in Man's Life Cycle." *Harvard Educational Review* 49 (4):431-446.

——.1982a. "Adult Development and Women's Development: Arrangements for a Marriage." In *Women in the Middle Years: Current Knowledge and Directions for Research*, edited by Janet Z. Giele, 89-114. New York: Wiley.

——. 1982b. "Gibt es eine weibliche Moral? Das *Psychologie Heute*-Gespräch mit Carol Gilligan." *Psychologie Heute*, 20-27, 34.

——. 1982c. *In a Different Voice: Psychological Theory and Women's Development*. Cambridge, MA: Harvard University Press. Reprint, 1993.

——. 1982d. "Why Should a Woman Be More Like a Man?" *Psychology Today*, June, 68-77.

——. 1994. "Listening to a Different Voice: Interview with Carol Gilligan, by Celia Kitzinger." *Feminism & Psychology* 4 (3):408-419.

——. 2009a. "Curriculum Vitae." https://its.law.nyu.edu/facultyprofiles/index.cfm?fuseaction=profile.full_cv&personid=19946 (accessed December 19, 2017).

——. 2009b. "Interview with Carol Gilligan, by Leeat Granek." http://www.feministvoices.com/assets/Feminist-Presence/Gilligan/Carol-Gilligan-Oral-History.pdf (accessed December 19, 2017).

——. 2011. *Joining the Resistance*. Malden, MA: Polity.

Gilligan, Carol, Lawrence Kohlberg, Joan Lerner, and Mary Belenky. 1971. "Moral Reasoning about Sexual Dilemmas: The Development of an Interview and Scoring System." In *Technical Report of the U.S. Commission on Obscenity and Pornography* 1:141-147. Washington, DC: FRIEDMAN 1999 Government Printing Office.

Gilligan, Carol, Nona P. Lyons, and Trudy J. Hanmer, eds. 1989. *Making Connections*. Cambridge, MA: Harvard University Press.

Gilligan, Carol, Annie G. Rogers, and Deborah L. Tolman, eds. 1991. *Women, Girls and Psychotherapy: Reframing Resistance*. New York: Harrington Park.

Gilligan, Carol, Janie Victoria Ward, and Jill McLean Taylor, eds. 1988. *Mapping the Moral Domain: A Contribution of Women's Thinking to Psychological Theory and Education*. Cambridge, MA: Harvard University Press.

Gillis, John R. 1974. *Youth and History: Tradition and Change in European Age Relations, 1770-Present*. New York: Academic Press.

"Gloria Steinem, Woman of the Year." 1972. *McCall's*, January, 67-69.

Göhlsdorf, Novina. 2014. "Störung der Gemeinschaft, Grenzen der Erzählung: Die Figur des autistischen Kindes." *Jahrbuch der Psychoanalyse* 68:17-34.

Goleman, Daniel. 1984. "Psychology Is Revising Its View of Women." *New York Times*, March 20, C1-C2.

Good, John Mason. 1835. *The Study of Medicine*. 5 vols. Vol. 2. New York: Harper.

Goode, William J. 1960. "A Theory of Strain." *American Sociological Review* 25:483-496.

Goodman, Ellen. 1982a. "A Little Reading List for the Beach." *Boston Globe*, August 3, 17.

——. 1982b. "Political Gender Gap." *Boston Globe*, October 19, 19.

Gordin, Michael D. 2012. *The Pseudoscience Wars: Immanuel Velikovsky and the Birth of the Modern Fringe*. Chicago: University of Chicago Press.

Gordon, Linda. 1976. *The Moral Property of Women: A History of Birth Control Politics in America*. Chicago: University of Illinois Press. Reprint, 2002.

——. 1990. *Women, the State and Welfare*. Madison: University of Wisconsin Press.

Gornick, Vivan. 1980. "One Man's Narcissism . . . May Be a Woman's Self-Emergence."

Review of *The Culture of Narcissism*, by Christopher Lasch. *Savvy*, February, 76-78.

Gornick, Vivian, and Barbara K. Moran. 1971. *Woman in Sexist Society: Studies in Power and Powerlessness*. New York: Basic Books.

Gould, Roger L. 1972. "The Phases of Adult Life: A Study in Developmental Psychology." *American Journal of Psychiatry* 129 (5):521-531.

——. 1975. "Adult Life Stages: Growth toward Self-Tolerance." *Psychology Today* 8:74-78.

——. 1978. *Transformations: Growth and Change in Adult Life*. New York: Simon & Schuster.

——. 1979. "Transformations in Mid-life." *New York University Education Quarterly* 10 (2):2-9.

——. 1986. "The Therapeutic Learning Program (TLP): A Computer-Assisted Shortterm Treatment Program." *Computers in Psychiatry/Psychology*, September.

——. 1990a. "Clinical Lessons from Adult Development." In *New Dimensions in Adult Development*, edited by Robert A. Nemiroff and Calvin A. Colarusso, 345-370. New York: Basic Books.

——. 1990b. "The Therapeutic Learning Program." In *Fostering Critical Reflection in Adulthood: A Guide to Transformative and Emancipatory Learning*, edited by Jack Mezirow, 134-156. San Francisco: Jossey-Bass.

——. 1992. "Adult Development and Brief Computer-Assisted Therapy in Mental Health and Managed Care." In *Managed Mental Health Care: Administrative and Clinical Issues*, edited by Judith L. Feldman and Richard J. Fitzpatrick, 347-358. New York: American Psychiatric Press.

Gould, Stephen Jay. 1980. *The Mismeasure of Man*. New York: Norton.

Gove, Walter R., and Jeanette Tudor. 1973. "Adult Sex Roles and Mental Illness." *American Journal of Sociology* 78:812-835.

Gove, Walter R., and Carol Zeiss. 1987. "Multiple Roles and Happiness." In *Spouse, Parent, Worker: On Gender and Multiple Roles*, edited by Faye J. Crosby, 125-137. New Haven, CT: Yale University Press.

Graebner, William. 1980a. *A History of Retirement: The Meaning and Function of an American Institution, 1885-1978*. New Haven, CT: Yale University Press.

——. 1980b. "The Unstable World of Benjamin Spock: Social Engineering in a Democratic Culture, 1917-1950." *Journal of American History* 67:612-629.

Graham, Carol, and Julia Ruiz Pozuelo. 2017. "Happiness, Stress, and Age: How the U-curve Varies across People and Places." *Journal of Population Economics* 30 (1):225-264.

Graham, Loren, Wolf Lepenies, and Peter Weingart. 1983. *Functions and Uses of Disciplinary Histories*. Dordrecht: Reidel.

Grant, Julia. 1998. *Raising Baby by the Book: The Education of American Mothers*. New Haven, CT: Yale University Press.

Green, Jeremy. 1985. "Media Sensationalisation and Science: The Case of the Criminal Chromosome." In *Expository Science: Forms and Functions of Popularisation*, edited by Terry Shinn and Richard Whitley, 139-161. Dordrecht: Reidel.

Greenberg, Miriam. 2008. *Branding New York: How a City in Crisis Was Sold to the World*. New York: Routledge.

Greer, Germaine. 1970. *The Female Eunuch*. London: MacGibbon & Kee.

——. 1972. "McGovern, the Big Tease." *Harper's*, October 1972, 56-72.

——. 1991. *The Change: Women, Aging and the Menopause*. New York: Knopf.

Gross, Amy. 1982. "Thinking like a Woman." *Vogue*, May, 268-269, 333-335.

Grundy, Milton. 1974. *Tax Havens: A World Survey*. London: Sweet & Maxwell.

Guild, Laura, and Wayne Neiman. 1976. "A Journey into the Forgotten Realm of Adult Personality Development." Review of *Passages*, by Gail Sheehy. *Family Court Review* 14 (2):34-35.

Guilder, George. 1984. "Women in the Work Force: Gender Disparity in the Workplace Might Have Less to Do with Discrimination than with Women Making the Choice to Stay at Home." *Atlantic*, September, 20-24.

Gullette, Margaret Morganroth. 1997. *Declining to Decline: Cultural Combat and the Politics of the Midlife*. Charlottesville, VA: University of Virginia Press.

Haan, Norma. 1975. "Hypothetical and Actual Moral Reasoning in a Situation of Civil Disobedience." *Journal of Personality and Social Psychology* 32:255-270.

——. 1977. *Coping and Defending: Processes of Self-Environment Organization*. New York: Academic Press.

Hacking, Ian. 2002. *Historical Ontology*. Cambridge, MA: Harvard University Press.

Hagerty, Barbara Bradley. 2016. *Life Reimagined: The Science, Art, and Opportunity of Midlife*. New York: Riverhead.

Halford, Henry. 1813. "On the Climacteric Disease." *Medical Transactions of the Royal College of Physicians of London* 4:316-328.

Hall, G. Stanley. 1904. *Adolescence: Its Psychology and Its Relations to Physiology, Anthropology, Sociology, Sex, Crime, Religion and Education*. New York: Appleton.

——. 1922. *Senescence, the Last Half of Life*. New York: Appleton.

Hamilton, Sheryl N. 2009. *Impersonations: Troubling the Person in Law and Culture*. Toronto: University of Toronto Press.

Hanisch, Carol. 1970. "The Personal Is Political." *Notes from the Second Year*, 76-78.

Hansl, Eva von Baur. 1927. "What about the Children? The Question of Mothers and Careers." *Harper's*, January, 220-227.

Hapgood, Hutchins. 1903. *The Autobiography of a Thief*. New York: Johnson Reprint. Reprint, 1970.

——. 1909. *An Anarchist Woman*. New York: Duffield.

Haraway, Donna. 1988. "Situated Knowledges: The Science Question in Feminism and the Privilege of Partial Perspective." *Feminist Studies* 14 (3):575–599.

——. 1989. *Primate Visions: Gender, Race, and Nature in the World of Modern Science*. New York: Routledge.

Harding, Sandra. 1986. *The Science Question in Feminism*. Ithaca, NY: Cornell University Press.

Hartog, Hendrik. 2012. *Someday All This Will Be Yours: A History of Inheritance and Old Age*. Cambridge, MA: Harvard University Press.

Haseltine, Florence. 1997. Foreword to *Women's Health Research: A Medical and Policy Primer*, edited by Florence Haseltine and Beverly Jacobson, xiii–xviii. Washington, DC: Health Press.

Hassenger, Robert. 1976. Review of *Passages*, by Gail Sheehy. *New Republic*, September 18, 30–31.

Haste, Helen. 1994. "'You've Come a Long Way, Babe': A Catalyst of Feminist Conflicts." *Feminism & Psychology* 4 (3):399–403.

Haugeberg, Karissa. 2017. *Women against Abortion: Inside the Largest Moral Reform Movement of the Twentieth Century*. Urbana: University of Illinois Press.

Hayward, Rhodri. 2014. "Sadness in Camberwell: Imagining Stress and Constructing History in Postwar Britain." In *Stress, Shock, and Adaptation in the Twentieth Century*, edited by David Cantor and Edmund Ramsden, 320–342. Rochester, NY: University of Rochester Press.

Heath, Clark W. 1945. *What People Are: A Study of Normal Young Men*. Cambridge, MA: Harvard University Press.

Heath, Kay. 2009. *Aging by the Book: The Emergence of Midlife in Victorian Britain*. Albany: State University of New York Press.

Heesen, Anke te. 2014. "'Ganz Aug', ganz Ohr': Hermann Bahr und das Interview um 1900." In *Echt inszeniert: Interviews in Literatur und Literaturbetrieb*, edited by Thorsten Hoffmann and Gerhard Kaiser, 129–150. Wilhelm Fink: Paderborn.

Heilbrun, Carolyn G. 1979. *Reinventing Womanhood*. New York: Norton.

Hemmungs Wirtén, Eva. 2015. *Making Marie Curie: Intellectual Property and Celebrity Culture in an Age of Information*. Chicago: University of Chicago Press.

Henkel, Wayne J. 1976. "Going through Some Changes." Review of *Passages*, by Gail Sheehy. *Baltimore Sun*, July 25, 1976, D5.

Hennig, Margaret. 1970. "Career Development for Women Executives." PhD diss., Harvard Business School.

Hennig, Margaret, and Anne Jardim. 1977. *The Managerial Woman*. Garden City, NY: Anchor Press/Doubleday.

Herman, Ellen. 1996. *The Romance of American Psychology: Political Culture in the Age of Experts*. Berkeley: University of California Press.

Herzog, Dagmar. 2017. *Cold War Freud: Psychoanalysis in an Age of Catastrophes*. Cambridge: Cambridge University Press.

Hess, Beth B. 1985. "Prime Time." Review of *Lifeprints*, by Grace Baruch, Rosalind Barnett, and Caryl Rivers; *Women in Midlife*, by Grace Baruch and Jeanne Brooks-Gunn; and *In Her Prime*, by Judith Brown and Virginia Kerns. *Women's Review of Books*, June, 6-7.

Heti, Sheila. 2017. *Motherhood*. New York: Holt.

Hewitt, Nancy A., ed. 2010. *No Permanent Waves: Recasting Histories of U.S. Feminism*. New Brunswick, NJ: Rutgers University Press.

——. 2012. "Feminist Frequencies: Regenerating the Wave Metaphor." *Feminist Studies* 38 (3):658-680.

Hilgartner, Stephen. 1990. "The Dominant View of Popularization: Conceptual Problems, Political Uses." *Social Studies of Science* 20 (3):519-539.

Hirdt, Willi. 1992. "Lebensmitte: Zu archetypischen Vorstellungen im Zusammenhang mit 'Inferno I,1.'" *Deutsches Dante-Jahrbuch* 67 (1):7-32.

Hirshbein, Laura D. 2009. "Gender, Age, and Diagnosis: The Rise and Fall of Involutional Melancholia in American Psychiatry, 1900-1980." *Bulletin of the History of Medicine* 83 (4):710-745.

Hite, Shere. 1976. *The Hite Report: A Nationwide Study of Female Sexuality*. New York: Dell. Reprint, 1981.

Hobson, Laura Z. 1983. *Laura Z: A Life*. New York: Arbor House.

Hochschild, Arlie Russell. 1983. *The Managed Heart: Commercialization of Human Feeling*. Berkeley: University of California Press.

Hochschild, Arlie Russell, with Anne Machung. 1989. *The Second Shift: Working Parents and the Revolution at Home*. New York: Viking.

Hodgson, Richard C., Daniel J. Levinson, and Abraham Zaleznik. 1965. *The Executive Role Constellation: An Analysis of Personality and Role Relations in Management*. Boston: Harvard University Press.

Hofer, Hans-Georg. 2007. "Medizin, Altern, Männlichkeit: Zur Kulturgeschichte des männlichen Klimakteriums." *Medizinhistorisches Journal* 42 (2):210-246.

Hogeland, Lisa Maria. 1994. "'Men Can't Be That Bad': Realism and Feminist Fiction in the 1970s." *American Literary History* 6 (2):287-305.

——. 1998. *Feminism and Its Fictions: The Consciousness-Raising Novel and the Women's Liberation Movement*. Philadelphia: University of Pennsylvania Press.

Hole, Judith, and Ellen Levine. 1971. *Rebirth of Feminism*. New York: Quadrangle.

Hollingworth, Leta Stetter. 1914. *Functional Periodicity: An Experimental Study of the Mental and Motor Abilities of Women during Menstruation.* New York: Teachers College, Columbia University.

Holmes, Thomas H., and Richard H. Rahe. 1967. "The Social Readjustment Rating Scale." *Journal of Psychosomatic Research* 11 (2):213-218.

Holstein, Constance B. 1976. "Irreversible, Stepwise Sequence in the Development of Moral Judgment: A Longitudinal Study of Males and Females." *Child Development* 47 (1):51-61.

Homestead, Melissa J. 2005. *American Woman Authors and Literary Property, 1822-1869.* Cambridge: Cambridge University Press.

Hooton, Ernest. 1945. *Young Man, You Are Normal.* New York: Putnam.

Hopkins, Linda B. 1980. "Inner Space and Outer Space Identity in Contemporary Females." *Psychiatry* 43 (1):1-12.

Hopwood, Nick, Peter Murray Jones, Lauren Kassell, and Jim Secord. 2015. "Special Issue: Communicating Reproduction." *Bulletin of the History of Medicine* 89 (3).

Hopwood, Nick, Simon Schaffer, and Jim Secord. 2010. "Seriality and Scientific Objects in the Nineteenth Century." *History of Science* 48 (161):251-285.

Horner, Matina S. 1968. "Sex Differences in Achievement Motivation and Performance in Competitive and Non-Competitive Situations." PhD diss., University of Minnesota.

——. 1970. "Femininity and Successful Achievement: A Basic Inconsistency." In *Feminine Personality and Conflict*, edited by Judith M. Bardwick, Elizabeth M. Douvan, Matina S. Horner, and David Gutmann, 97-122. Belmont, CA: Brooks-Cole.

——. 1972. "Toward an Understanding of Achievement-related Conflicts in Women." *Journal of Social Issues* 28 (2):157-175.

Horowitz, Daniel. 1998. *Betty Friedan and the Making of* The Feminine Mystique*: The American Left, the Cold War, and Modern Feminism.* Amherst: University of Massachusetts Press. Reprint, 2000.

"Hospital Offers Treatment for Mid-life Crisis." 1987. *Los Angeles Times*, July 27, V8.

Houck, Judith A. 2006. *Hot and Bothered: Women, Medicine, and Menopause in Modern America.* Cambridge, MA: Harvard University Press.

Howard, Jane. 1973. *A Different Woman.* New York: Dutton.

——. 1974. "Hal Scharlatt, 1935-1974." *Village Voice*, March 14, 26.

Howard, Vicki. 2006. *Brides, Inc.: American Weddings and the Business of Tradition.* Philadelphia: University of Pennsylvania Press.

Huckle, Patricia. 1991. *Tish Sommers, Activist, and the Founding of the Older Women's League.* Knoxville: University of Tennessee Press.

Huddy, Leonie. 1997. "Feminists and Feminism in the News." In *Women, Media, and Politics*, edited by Pippa Norris, 183-204. New York: Oxford University Press.

Hulbert, Ann. 1996. "Dr. Spock's Baby." *New Yorker*, May 20, 82.

Hull, Gloria T., Patricia Bell-Scott, and Barbara Smith. 1982. *All the Women Are White, All the Blacks Are Men, but Some of Us Are Brave*. New York: Feminist Press.

Hunter, Jane. 2002. *How Young Ladies Became Girls: The Victorian Origins of American Girlhood*. New Haven, CT: Yale University Press.

Hushbeck, Judith. 1989. *Old and Obsolete: Age Discrimination and the American Worker, 1860-1920*. New York: Garland.

Hutton, Patrick H. 2004. *Philippe Ariès and the Politics of French Cultural History*. Amherst: University of Massachusetts Press.

Hynds, Ernest C. 1991. "Editorial Page Editors Discuss Use of Letters." *Newspaper Research Journal* 13 (1):124-136.

"I Like Being Forty!" 1941. *Independent Woman*, February, 47.

Igo, Sarah E. 2007. *The Averaged American: Surveys, Citizens, and the Making of a Mass Public*. Cambridge, MA: Harvard University Press.

Illig, Joyce. 1976. "Book Business." *Washington Post*, May 23, L10.

Illouz, Eva. 2008. *Saving the Modern Soul: Therapy, Emotions and the Culture of Self-Help*. Berkeley, CA: University of California Press.

Irigaray, Luce. 1985. *This Sex Which Is Not One*. Ithaca, NY: Cornell University Press.

"Is Forty the Limit?" 1922. *Independent Woman*, November, 21.

Isaac, Joel. 2012. *Working Knowledge: Making the Human Sciences from Parsons to Kuhn*. Cambridge, MA: Harvard University Press.

Jackson, Mark. 2013. *The Age of Stress: Science and the Search for Stability*. Oxford: Oxford University Press.

Jacobi, Mary Putnam. 1877. *The Question of Rest for Women during Menstruation*. New York: Putnam.

Jahoda, Marie. 1958. *Current Concepts of Positive Mental Health*. New York: Basic Books.

Jahoda, Marie, and Joan (Havel) Grant. 1955. "Psychological Problems of Women in Different Social Roles: A Case History of Problem Formulation in Research." *Educational Record* 36 (4):325-333.

Jahoda, Marie, Paul F. Lazarsfeld, and Hans Zeisel. 1933. *Die Arbeitslosen von Marienthal: Ein soziographischer Versuch*. Frankfurt am Main: Suhrkamp. Reprint, 2015.

James, T. F. 1958. "The American Wife." *Cosmopolitan*, January, 20-37.

James, Jacquelyn Boone, and Corinne J. Lewkowicz. 1997. "Themes of Power and Affiliation across Time," in *Multiple Paths of Midlife Development*, edited by Margie E. Lachman and Jacquelyn Boone James, 109-144. Chicago: University of Chicago Press.

Janeway, Elizabeth. 1971. *Man's World, Woman's Place: A Study in Social Mythology*. New York: Dell.

Jaques, Elliott. 1956. *Measurement of Responsibility: A Study of Work, Payment and Individual*

Capacity. London: Tavistock.

——. 1965. "Death and the Mid-life Crisis." *International Journal of Psychoanalysis* 46:502-514.

——. 1970. *Work, Creativity, and Social Justice*. New York: International Universities Press.

——. 1998. "On Leaving the Tavistock Institute." *Human Relations* 51 (3):251-257.

Jay, Karla. 1970. "The Man's Media—*Ladies' Home Journal*." *Rat*, April 4, 4, 22.

Jay, Peter A. 1977. "Tales of Some Travelers." Review of *Adaptation to Life*, by George Vaillant. *Baltimore Sun*, December 28, A14.

Jensen, Uffa. 2014. "Mrs. Gaskell's Anxiety." In *Learning How to Feel: Children's Literature and Emotional Socialization, 1870-1970*, edited by Ute Frevert et al., 21-39. Oxford: Oxford University Press.

Jewett, Andrew. 2014. *Science, Democracy, and the American University: From the Civil War to the Cold War*. Cambridge: Cambridge University Press.

Joerißen, Peter, and Cornelia Will. 1983. *Die Lebenstreppe: Bilder der menschlichen Lebensalter*. Köln: Rheinland-Verlag.

Johnson, Ann, and Elizabeth Johnston. 2010. "Unfamiliar Feminisms: Revisiting the National Council of Women Psychologists." *Psychology of Women Quarterly* 34 (3):311-327.

Johnson, John W. 1979. "The 'New Journalism' and the 'New' American Studies: Some Relationships and Points of Comparison." *Indian Journal of American Studies* 9 (1):32-43.

Johnston, Elizabeth, and Ann Johnson. 2017. "Balancing Life and Work by Unbending Gender: Early American Women Psychologists' Struggles and Contributions." *Journal of the History of the Behavioral Sciences* 53 (3):246-264.

Jong, Erica. 1994. *Fear of Fifty: A Midlife Memoir*. New York: HarperCollins.

Jordanova, Ludmilla. 1989. *Sexual Visions: Images of Gender in Science and Medicine between the Eighteenth and Twentieth Centuries*. Madison: University of Wisconsin Press.

"Joyce Illig Bohn, Columnist, Wrote 'Book Business.'" 1976. *Washington Post*, August 24.

"Joyce Illig Dies; Weekly Columnist." 1976. *New York Times*, August 24, 32.

Kaiser, David. 2016. "Thomas Kuhn and the Psychology of Scientific Revolutions." In *Kuhn's "Structure of Scientific Revolutions" at Fifty: Reflections on a Science Classic*, edited by Robert J. Richards and Lorraine Daston, 71-95. Chicago: University of Chicago Press.

Kaiser, David, and W. Patrick McCray, eds. 2016. *Groovy Science: Knowledge, Innovation, and American Counterculture*. Chicago: University of Chicago Press.

Kamen, Martin David. 1985. *Radiant Science, Dark Politics: A Memoir of the Nuclear Age*. Berkeley: University of California Press.

Kanigel, Robert. 1978. "The Passing of the Seasons." Review of *The Seasons of a Man's Life*, by Daniel J. Levinson. *Baltimore Sun*, April 23, D5.

Kanner, Allen D., James C. Coyne, Catherine Schaefer, and Richard S. Lazarus. 1981.

"Comparison of Two Modes of Stress Measurement: Daily Hassles and Uplifts versus Major Life Events." *Journal of Behavioral Medicine* 4 (1):1-39.

Kanner, Allen D., S. Shirley Feldman, Daniel A. Weinberger, and Martin E. Ford. 1987. "Uplifts, Hassles, and Adaptational Outcomes in Early Adolescents." *Journal of Early Adolescence* 7 (4):371-394.

Kant, Immanuel. 1923. *Gesammelte Schriften*, edited by Preussische Akademie der Wissenschaften. 24 vols. Vol. 9, *Logik*. Berlin: de Gruyter.

Kanter, Rosabeth Moss. 1977. *Men and Women of the Corporation*. New York: Basic Books.

Kasinsky, Renée Goldsmith. 1977. Review of *Passages*, by Gail Sheehy. *Western Sociological Review* 8 (2):239-241.

Katz, Stephen. 1996. *Disciplining Old Age: The Formation of Gerontological Knowledge*. Charlottesville, VA: University of Virginia Press.

Keller, Evelyn Fox. 1981. "McClintock's Maize." *Science '81*, October, 54-59.

——. 1983. *A Feeling for the Organism: The Life and Work of Barbara McClintock*. San Francisco: Freeman.

——. 1985. *Reflections on Gender and Science*. New Haven, CT: Yale University Press.

Kerber, Linda K., Catherine G. Greeno, Eleanor E. Maccoby, Zelia Luria, Carol B. Stack, and Carol Gilligan. 1986. "On *In a Different Voice*: An Interdisciplinary Forum." *Signs* 11 (2):304-333.

Kett, Joseph F. 1978. *Rites of Passage: Adolescence in America, 1790 to the Present*. New York: Basic Books.

——. 2003. "Reflections on the History of Adolescence in America." *History of the Family* 8 (3):355-373.

Khan, B. Zorina. 1996. "Married Women's Property Laws and Female Commercial Activity: Evidence from the United States Patent Records, 1790-1895." *Journal of Economic History* 56 (2):356-388.

Kiernan, Vincent. 2006. *Embargoed Science*. Urbana: University of Illinois Press.

Kilday, Gregg. 1975. "Rule in Plea for 'Good Taste.'" *Los Angeles Times*, April 3, J15.

Kimmel, Michael. 1977. Review of *Passages*, by Gail Sheehy. *Contemporary Sociology* 6 (4):490-493.

King, Pearl, and Riccardo Steiner. 1990. *The Freud-Klein Controversies, 1941-45*. London: Routledge.

King, Peter H. 1976. "Gail Sheehy's Book Probes Changing Passages of Life." *Atlanta Constitution*, September 4, 1976, 5B.

King, Toni C. 2003. "'Who's That Lady?' *Ebony* Magazine and Black Professional Women." In *Disco Divas: Women and Popular Culture in the 1970s*, edited by Sherrie A. Inness, 87-102. Philadelphia: University of Pennsylvania Press.

Kinney, Jean Brown. 1968. *Start with an Empty Nest*. New York: Harcourt, Brace & World.

Kinsey, Alfred Charles, Wardell Baxter Pomeroy, and Clyde Eugene Martin. 1948. *Sexual Behavior in the Human Male*. Bloomington: Indiana University Press.

Kirsch, Jonathan. 1995. *Kirsch's Handbook of Publishing Law for Authors, Editors, and Agents*. Los Angeles: Acrobat.

Kirsner, Douglas. 2004. "The Intellectual Odyssey of Elliott Jaques: From Alchemy to Science." *Free Associations* 11 (2):179-204.

Kitzinger, Celia. 1993. "'Psychology Constructs the Female': A Reappraisal." *Feminism & Psychology* 3 (2):189-193.

Klein, Marian van der, Rebecca Jo Plant, Nichole Sanders, and Lori R. Weintrob, eds. 2012. *Maternalism Reconsidered: Motherhood, Welfare, and Social Policies in the Twentieth Century*. New York: Berghahn.

Klein, Viola. 1946. *The Feminine Character: History of an Ideology*. London: Routledge. Reprint, 1971.

Klemesrud, Judy. 1977. "Keys to Success: A Study of 95 Men." *New York Times*, September 28, C1, C14.

Klerman, Gerald L., and Daniel J. Levinson. 1969. "Becoming the Director: Promotion as a Phase in Personal-Professional Development." *Psychiatry: Interpersonal and Biological Processes* 32 (4):411-427.

Kline, Wendy. 2010. *Bodies of Knowledge: Sexuality, Reproduction, and Women's Health in the Second Wave*. Chicago: University of Chicago Press.

Kluger, Richard. 1986. *The Paper: The Life and Death of the New York Herald Tribune*. New York: Knopf.

Knopf, Olga. 1932. *The Art of Being a Woman*. Boston: Little, Brown.

Kohlberg, Lawrence. 1969a. "Stage and Sequence: The Cognitive-Development Approach to Socialization." In *Handbook of Socialization Theory and Research*, edited by David A. Goslin, 347-480. Chicago: Rand McNally.

——. 1969b. *Stages in the Development of Moral Thought and Action*. New York: Holt, Rinehart & Winston.

——. 1976. "Moral Stages and Moralization: The Cognitive-Development Approach." In *Moral Development and Behavior: Theory, Research, and Social Issues*, edited by Thomas Lickona, 31-53. New York: Holt, Rinehart & Winston.

——. 1981. *The Meaning and Measurement of Moral Development*. Worcester, MA: Clark University Press.

——. 1982. "A Reply to Owen Flanagan and Some Comments on the Puka-Goodpaster Exchange." *Ethics* 92 (3):513-528.

Kohlberg, Lawrence, and Carol Gilligan. 1971. "The Adolescent as a Philosopher: The

Discovery of the Self in a Postconventional World." *Daedalus* 100 (4):1054-1087.

——. 1977. "From Adolescence to Adulthood: The Rediscovery of Reality in a Postconventional World." In *Topics in Cognitive Development: Language and Operational Thought*, edited by Barbara Presseisen, David Goldstein, and Marilyn H. Appel, 125-136. New York: Plenum.

Kohlberg, Lawrence, and Richard Kramer. 1969. "Continuities and Discontinuities in Child and Adult Moral Development." *Human Development* 12 (2):93-120.

Kohli, Martin. 1986. "Gesellschaftszeit und Lebenszeit: Der Lebenslauf im Strukturwandel der Moderne." In *Die Moderne: Kontinuität und Zäsuren*, edited by Johannes Berger, 183-208. Göttingen: Schwartz.

Kohlstedt, Sally Gregory. 1995. "Women in the History of Science: An Ambiguous Place." *Osiris* 10:39-58.

Komarovsky, Mirra. 1953. *Women in the Modern World: Their Education and Their Dilemmas*. Boston: Little, Brown.

——. 1967. *Blue-Collar Marriage*. New York: Vintage.

Komesaroff, Paul A., Philipa Rothfield, and Jeanne Daly, eds. 1997. *Reinterpreting Menopause: Cultural and Philosophical Issues*. New York: Routledge.

Korinek, Valerie. 2000. *Roughing It in the Suburbs: Reading "Chatelaine" Magazine in the Fifties and Sixties*. Toronto: University of Toronto Press.

Koselleck, Reinhart. 2006. "Crisis." *Journal of the History of Ideas* 67 (2):357-400.

Koven, Seth, and Sonya Michel. 1990. "Womanly Duties: Maternalist Politics and the Origins of Welfare States in France, Germany, Great Britain, and the United States, 1880- 1920." *American Historical Review* 95 (4):1076-1108.

——, eds. 1993. *Mothers of a New World: Maternalist Politics and the Origins of Welfare States*. New York: Routledge.

Kumar, Anuradha, Leila Hessini, and Ellen M. H. Mitchell. 2009. "Conceptualising Abortion Stigma." *Culture, Health & Society* 11 (6): 625-639.

Krier, Beth Ann. 1978. "Help for Adult Growing Pains: Psychiatrist's Advice: Relax." *Los Angeles Times*, July 5, I1.

Kroll, Gary. 2008. *America's Ocean Wilderness: A Cultural History of Twentieth-Century Exploration*. Lawrence: University Press of Kansas.

Kuhn, Thomas S. 1962. *The Structure of Scientific Revolutions*. London: University of Chicago Press. Reprint, 2012.

Kury, Patrick. 2012. *Der überforderte Mensch: Eine Wissensgeschichte vom Stress zum Burnout*. Frankfurt am Main: Campus.

Lachman, Margie E. 2001. *Handbook of Midlife Development*. New York: Wiley.

Lachman, Margie E., and Jacquelyn Boone James, eds. 1997. *Multiple Paths of Midlife*

Development. Chicago: University of Chicago Press.

Ladd-Taylor, Molly. 1994. *Mother-Work: Women, Child Welfare, and the State, 1890-1930*. Urbana: University of Illinois Press.

Lague, Louise. 1977. "Written Advice Gets New Respectability." *Chicago Tribune*, August 30, A1, 8.

Lamb, Sharon. 2001. *The Secret Lives of Girls: What Good Girls Really Do—Sex Play, Aggression, and Their Guilt*. New York: Free Press.

Landers, James. 2010. *The Improbable First Century of "Cosmopolitan" Magazine*. Columbia and London: University of Missouri Press.

Langer, Marshall J. 1975. *How to Use Foreign Tax Havens*. New York: Practicing Law Institute.

Langholf, Volker. 1990. *Medical Theories in Hippocrates: Early Texts and the "Epidemics."* Berlin: De Gruyter.

Lasch, Christopher. 1976. "Planned Obsolescence." Review of *Passages*, by Gail Sheehy. *New York Review of Books*, October 28, 7, 10.

——. 1977. *Haven in a Heartless World: The Family Besieged*. New York: Basic Books.

——. 1979. *The Culture of Narcissism: American Life in an Age of Diminishing Expectations*. New York: Norton.

——. 1992. "Gilligan's Island." Review of *Meeting at the Crossroads*, by Lyn Mikel Brown and Carol Gilligan. *New Republic*, December 7, 34-39.

Laslett, Barbara, Sally Gregory Kohlstedt, Helen Longino, and Evelynn Hammonds, eds. 1996. *Gender and Scientific Authority*. Chicago: University of Chicago Press.

Latour, Bruno. 2005. *Reassembling the Social: An Introduction to Actor-Network-Theory*. Oxford: Oxford University Press.

Lauerman, Connie. 1984. "Doctor's Own Trauma Reveals Male Crisis." *Chicago Tribune*, September 14, E1.

Laughlin, Kathleen A. 2000. *Women's Work and Public Policy: A History of the Women's Bureau, U.S. Department of Labor, 1945-1970*. Boston: Northeastern University Press.

Laughlin, Kathleen A., and Jacqueline Castledine. 2012. *Breaking the Wave: Women, Their Organizations, and Feminism, 1945-1985*. New York: Routledge.

Laughlin, Kathleen A., Julie Gallagher, Dorothy Sue Cobble, Eileen Boris, Premilla Nadasen, Stephanie Gilmore, and Leandra Zarnow. 2010. "Is It Time to Jump Ship? Historians Rethink the Waves Metaphor." *Feminist Formations* 22 (1):76-135.

Lavietes, Stuart. 2003. "Elliott Jaques, 86, Scientist Who Coined 'Midlife Crisis,' Is Dead." *New York Times*, March 17, B7.

Lawrence, Josephine. 1956. *The Empty Nest*. New York: Harcourt, Brace.

Leaffer, Marshall. 2009. "American Copyright Law since 1945." In *A History of the Book in America*, vol. 5, *The Enduring Book: Print Culture in Postwar America*, edited by David

Paul Nord, Joan S. Rubin, and Michael Schudson, 151-166. Chapel Hill: University of North Carolina Press.

Lee, Hermione. 1997. *Virginia Woolf*. London: Vintage.

Lehmann-Haupt, Christopher. 1973. "A Report on Prostitution." Review of *Hustling*, by Gail Sheehy. *New York Times*, August 10, 29.

Lemov, Rebecca. 2015. *Database of Dreams: The Lost Quest to Catalog Humanity*. New Haven, CT: Yale University Press.

"Lena Levine Dies; Psychiatrist, 61; Marriage Adviser Was Active in Planned Parenthood." 1965. *New York Times*, January 11, 45.

Leng, Kirsten. 2013. "An 'Elusive' Phenomenon: Feminism, Sexual Science, and the Female Sex Drive, 1880-1914." *Centaurus* 55 (2):131-152.

Leo, John. 1976. "The Gripes of Academe." *Time*, May 10, 66, 69.

——. 1981. "All About Men: Shere's Sequel." Review of *The Hite Report on Male Sexuality*, by Shere Hite. *Time*, June 15, 83-84.

——. 1991. "Toxic Feminism on the Big Screen." *U.S. News & World Report*, June 10, 20.

——. 1994. *Two Steps Ahead of the Thought Police*. New York: Simon & Schuster.

——. 2001. *Incorrect Thoughts: Notes on Our Wayward Culture*. New Brunswick, NJ: Transaction.

Lepore, Jill. 2014. *The Secret History of Wonder Woman*. New York: Knopf.

LeShan, Eda J. 1973. *The Wonderful Crisis of Middle Age: Some Personal Reflections*. New York: McKay.

"Letters." 1974. *New York*, March 11, 5.

"Letters from Readers." 1976. *Glamour*, June, 13, 16.

"Letters to the Editor." 1976a. *McCall's*, July, 10.

"Letters to the Editor." 1976b. *McCall's*, August, 12.

Levey, Jane F. 2000. "Spock, I Love Him." *Colby Quarterly* 36 (4): 273-294.

Levey, Robert. 1976. "Bumps on the Road of Life." *Boston Globe*, June 3, 45, 52.

Levin, Hillel. 1983. *Grand Delusions: The Cosmic Career of John De Lorean*. New York: Viking.

Levine, Adeline. 1977. Review of *Passages*, by Gail Sheehy. *Contemporary Psychology* 22 (4):284-285.

Levine, Lena. 1938. *The Doctor Talks with the Bride*. New York: Planned Parenthood Federation of America. Reprint, 1948.

Levine, Lena, and Beka Doherty. 1952. *The Menopause*. New York: Random House.

LeVine, Robert A., and Sarah LeVine. 1998. "Fertility and Maturity in Africa: Gusii Parents in Middle Adulthood." In *Welcome to Middle Age! (And Other Cultural Fictions)*, edited by Richard Shweder, 189-201. Chicago: University of Chicago Press.

Levinson, Daniel J. 1978a. "Becoming Your Own Man." *Esquire*, April 11, 85-88, 91, 93.

——. 1978b. "Growing Up with the Dream." *Psychology Today*, January, 20-31, 89.

——. 1978c. *The Seasons of a Man's Life*. New York: Knopf.

Levinson, Daniel J., Charlotte M. Darrow, Edward B. Klein, Maria H. Levinson, and Braxton McKee. 1974. "The Psychosocial Development of Men in Early Adulthood and the Mid-life Transition." In *Life History Research in Psychopathology*, vol. 3, edited by David F. Ricks, Alexander Thomas, and Merrill Roff, 243-258. Minneapolis: University of Minnesota Press.

Levinson, Daniel J., and Judy D. Levinson. 1996. *The Seasons of a Woman's Life*. New York: Knopf.

Lewenstein, Bruce V. 1992. "The Meaning of 'Public Understanding of Science' in the United States after World War II." *Public Understanding of Science* 1 (1):45-68.

——. 1995. "From Fax to Facts: Communication in the Cold Fusion Saga." *Social Studies of Science* 25:403-436.

Lewis, Jane. 1990. "Myrdal, Klein, Women's Two Roles and Postwar Feminism." In *British Feminism in the Twentieth Century*, edited by Harold L. Smith, 167-188. Aldershot: Elgar.

——. 2001. "The Decline of the Male Breadwinner Model: Implications for Work and Care." *Social Politics* 8 (2):152-169.

Lewis, Roselle M. 1984. "Guidance for Male 'Menopause' Crisis." *Los Angeles Times*, November 22, H19.

Lightman, Bernard. 2007. *Victorian Popularizers of Science: Designing Nature for New Audiences*. Chicago: University of Chicago Press.

Lindner, Rolf. 1996. *The Reportage of Urban Culture: Robert Park and the Chicago School*. Cambridge: Cambridge University Press.

Lingeman, Richard R. 1978. "Literary Cloning Scandal." *Nation*, May 6, 544-545.

Linstrum, Erik. 2016. *Ruling Minds: Psychology in the British Empire*. Cambridge, MA: Harvard University Press.

Lock, Margaret. 1990. *Encounters with Aging: Mythologies of Menopause in Japan and North America*. Berkeley: University of California Press.

——. 1998. "Deconstructing the Change: Female Maturation in Japan and North America." In *Welcome to Middle Age! (And Other Cultural Fictions)*, edited by Richard Shweder, 45-74. Chicago: University of Chicago Press.

Long, Judy. 1999. *Telling Women's Lives: Subject, Narrator, Reader, Text*. New York: New York University Press.

Longcope, Kay. 1984. "Caryl Rivers: Everyday Optimist." *Boston Globe*, August 22, 61, 64.

Longino, Helen E. 2003. "Does *The Structure of Scientific Revolutions* Permit a Feminist Revolution in Science?" In *Thomas Kuhn*, edited by Thomas Nickles, 261-281. Cambridge: Cambridge University Press.

Lowenthal, Marjorie Fiske, and David A. Chiriboga. 1972. "Transition to the Empty Nest: Crisis, Challenge or Relief?" *Archives of General Psychiatry* 26:8-14.

Lowry, Edith B. 1919. *The Woman of Forty*. Chicago: Forbes.

Luker, Kristin. 1975. *Taking Chances: Abortion and the Decision Not to Contracept*. Berkeley: University of California Press.

——. 1984. *Abortion and the Politics of Motherhood*. Berkeley: University of California Press.

Lunbeck, Elizabeth. 1994. *The Psychiatric Persuasion: Knowledge, Gender, and Power in Modern America*. Princeton, NJ: Princeton University Press.

——. 2014. *The Americanization of Narcissism*. Cambridge, MA: Harvard University Press.

Lutkehaus, Nancy C. 2008. *Margaret Mead: The Making of an American Icon*. Princeton, NJ: Princeton University Press.

Lutz, Tom. 1991. *American Nervousness, 1903: An Anecdotal History*. Ithaca, NY: Cornell University Press.

Lykknes, Annette, Donald L. Opitz, and Brigitte Van Tiggelen, eds. 2012. *For Better or Worse? Collaborative Couples in the Sciences*. Basel: Springer.

Lynd, Robert S., and Helen Merrell Lynd. 1929. *Middletown: A Study in Modern American Culture*. New York: Harcourt Brace Jovanovich.

Lyon, E. Stina. 2007. "Viola Klein: Forgotten Émigré Intellectual, Public Sociologist and Advocate of Women." *Sociology* 41 (5):829-842.

Maas, Henry S. 1979. Review of *The Seasons of a Man's Life*, by Daniel J. Levinson. *Psychiatry* 42 (2):188-191.

Maas, Henry S., and Joseph A. Kuypers. 1974. *From Thirty to Seventy*. San Francisco: Jossey-Bass.

Maccoby, Eleanor. 1968. "The Development of Moral Values and Behavior in Childhood." In *Socialization and Society*, edited by John A. Clausen, 227-269. Boston: Little, Brown.

Maccoby, Eleanor E. 1958. "Effects upon Children of Their Mothers' Outside Employment." In *Work in the Lives of Married Women: Proceedings of a Conference on Womanpower*, edited by National Manpower Council, 150-172. New York: Columbia University Press.

Maccoby, Eleanor E., and Carol Nagy Jacklin. 1974. *The Psychology of Sex Differences*. Stanford, CA: Stanford University Press.

MacDermid, Shelley M., Gabriela Heilbrun, and Laura Gillespie DeHaan. 1997. "The Generativity of Employed Mothers in Multiple Roles: 1979 and 1991." In *Multiple Paths of Midlife Development*, edited by Margie E. Lachman and Jacquelyn Boone James, 207-240. Chicago: University of Chicago Press.

Macdonald, Myra. 1995. *Representing Women: Myths of Femininity in the Popular Media*. London: Edward Arnold.

Machung, Anne. 1989. "Talking Career, Thinking Job: Gender Differences in Career and

Family Expectations of Berkeley Seniors." *Feminist Studies* 15 (1):35-58.

Mackenzie, Catherine. 1946. "First-Aid to Parents." Review of *Common Sense Book of Baby and Child Care*, by Benjamin Spock. *New York Times*, July 14, BR14.

Macko, Lia, and Kerry Rubin. 2004. *Midlife Crisis at 30: How the Stakes Have Changed for a New Generation*. New York: St. Martin's.

MacLeish, Roderick. 1976. "A Time to Every Purpose." Review of *Passages*, by Gail Sheehy. *Washington Post*, May 23, 1976, L7.

Macleod, David. 1983. *Building Character in the American Boy: The Boy Scouts, YMCA, and Their Forerunners, 1870-1920*. Madison, WI: University of Wisconsin Press.

Maheu, Marlene M., Myron L. Pulier, Frank H. Wilhelm, Joseph P. McMenamin, and Nancy E. Brown-Connolly. 2005. *The Mental Health Professional and the New Technologies: A Handbook for Practice Today*. Mahwah, NJ: Erlbaum.

Maier, Thomas. 1998. *Dr. Spock: An American Life*. New York: Harcourt Brace.

Mainardi, Patricia, and Kathie Sarachild. 1975. "*Ms*. Politics and Editing: An Interview." In *Feminist Revolution*, edited by Redstockings, 171-172. New Paltz, NY: Redstockings.

Maitzen, Rohan Amanda. 1998. *Gender, Genre, and Victorian Historical Writing*. New York: Garland.

Maksian, George. 1977. "ABC Trains Its Sights on Ike, Gail Sheehy." *Chicago Tribune*, March 10, A10.

Malich, Lisa. 2017. *Die Gefühle der Schwangeren: Eine Geschichte somatischer Emotionalität (1780-2010)*. Bielefeld: Transcript.

Malkiel, Nancy Weiss. 2016. *"Keep the Damned Women Out": The Struggle for Coeducation*. Princeton, NJ: Princeton University Press.

Mandler, Peter. 2013. *Return from the Natives: How Margaret Mead Won the Second World War and Lost the Cold War*. New Haven, CT: Yale University Press.

Mann, Judy. 1983. "Woman's Way." *Washington Post*, December 21, B1.

Manuel, Frank E. 1971. "The Use and Abuse of Psychology in History." *Daedalus* 1 (4):187-213.

Markoutsas, Elaine. 1978. "Ann-Margret's Midlife Journey." *Chicago Tribune*, February 5, D1, D4.

Marks, Stephen R. 1977. "Multiple Roles and Role Strain: Some Notes on Human Energy, Time and Commitment." *American Sociological Review* 41:921-936.

Markus, Hazel Rose, Carol D. Ryff, Katherine B. Curhan, and Karen A. Palmersheim. 2004. "In Their Own Words: Well-being at Midlife among High School-Educated and College-Educated Adults." In *How Healthy Are We? A National Study of Well-being at Midlife*, edited by Orville G. Brim, 64-89. Chicago: University of Chicago Press.

Marland, Hilary. 2013. *Health and Girlhood in Britain, 1874-1920*. Basingstoke: Palgrave.

Marmor, Judd. 1974. *Psychiatry in Transition*. New York: Brunner/Mazel.

Marmot, Michael G., and Rebecca Fuhrer. 2004. "Socioeconomic Position and Health across Midlife." In *How Healthy Are We? A National Study of Well-being at Midlife*, edited by Orville G. Brim, 64-89. Chicago: University of Chicago Press.

Marshall, Andrew G. 2017. *It's Not a Midlife Crisis, It's an Opportunity*. London: Marshall Method.

Martin, Emily. 1989. *The Woman in the Body: A Cultural Analysis of Reproduction*. Milton Keynes: Open University Press.

Martschukat, Jürgen. 2011. "Men in Gray Flannel Suits: Troubling Masculinities in 1950s America." *Gender Forum* 32:8-27.

Marty, Martin E. 1978. "A People in Search of the Self." *Baltimore Sun*, April 16, K1.

Maslow, Abraham H. 1943. "A Theory of Human Motivation." *Psychological Review* 50 (4):370-396.

May, Elaine Tyler. 1988. *Homeward Bound: American Families in the Cold War Era*. New York: Basic Books. Reprint, 2008.

McCabe, Bruce. 1977. "Lit'ry Life." *Boston Globe*, March 5, 6.

McCain, Nina. 1977. "Fun Reading, College Style." *Boston Globe*, April 2, 1, 12.

McCarthy, Helen. 2016. "Social Science and Married Women's Employment in Post-War Britain." *Past & Present* 233 (1):269-305.

McClintock, Anne. 1995. *Imperial Leather: Race, Gender, and Sexuality in the Colonial Contest*. New York: Routledge.

McCracken, Ellen. 1993. *Decoding Women's Magazines: From "Mademoiselle" to "Ms."* New York: St. Martin's.

McDermott, Patrice. 1994. *Politics and Scholarship: Feminist Academic Journals and the Production of Knowledge*. Urbana: University of Illinois Press.

McKinney, Patty. [1981?]. "How to Survive Your Abortion: A Guide to Rebuilding Your Life" (pamphlet). Snowflake, AZ: Precious Feet People.

McLaren, Angus. 2007. *Impotence: A Cultural History*. Chicago: University of Chicago Press.

McLellan, Dennis. 1982. "Turning a Mid-life Crisis to Advantage." *Los Angeles Times*, February 4, C1.

Mead, Margaret. 1946. *Male and Female: A Study of the Sexes in a Changing World*. New York: Morrow. Reprint, 1975.

——. 1972. *Blackberry Winter: My Earlier Years*. New York: Morrow.

Mead, Shepherd. 1957. "How to Handle Women in Business." *Playboy*, January, 53-54.

Mellin, Maribeth. 1984. "Help in Fighting 'Superwoman Syndrome.'" *Los Angeles Times*, October 15, C1-C2.

Mellor, Felicity. 2003. "Between Fact and Fiction: Demarcating Science from Non-Science in

Popular Physics Books." *Social Studies of Science* 33 (4):509-538.

Mercer, Ben. 2011. "The Paperback Revolution: Mass-Circulation Books and the Cultural Origins of 1968 in Western Europe." *Journal of the History of Ideas* 72:613-636.

Merritt, Deborah J. 1991. "Hypatia in the Patent Office: Women Inventors and the Law, 1865-1900." *American Journal of Legal History* 35 (3): 235-306.

Meyerowitz, Joanne. 1993. "Beyond the Feminine Mystique: A Reassessment of Postwar Mass Culture, 1946-1958." *Journal of American History* 79 (4):1455-1482.

——, ed. 1994. *Not June Cleaver: Women and Gender in Postwar America, 1945-1960.* Philadelphia: Temple University Press.

Michel, Sonya. 1999. *Children's Interests/Mother's Rights: The Shaping of America's Child Care Policy*. New Haven, CT: Yale University Press.

Milam, Erika L. 2013. "Dunking the Tarzanists: Elaine Morgan and the Aquatic Ape Theory." In *Outsider Scientists*, edited by Oren Harman and Michael R. Dietrich, 223-237. Chicago: University of Chicago Press.

Milbauer, Barbara. 1983. "What Does Woman Want from the Marketer?" *Madison Avenue*, May, 34, 38.

Milius, Peter. 1979. "EEOC: Job Bias at 'All Levels' of Sears." *Washington Post*, February 25, A1, A6.

Millar, Erica. 2017. *Happy Abortions: Our Bodies in the Era of Choice*. London: Zed.

Miller, Alice E. 1979. "A Descriptive Analysis of Health-Related Articles in the Six Leading Women's Magazines: Content Coverage and Readership Profile." PhD diss., Southern Illinois University at Carbondale.

Miller, Jean Baker, ed. 1973. *Psychoanalysis and Women*. Baltimore: Penguin.

——. 1976. *Toward a New Psychology of Women*. Boston: Beacon Press.

Miller, Laura. 2000. "The Best-Seller List as Marketing Tool and Historical Fiction." *Book History* 3:286-304.

Miller, Lois Mattox. 1939. "Changing Life Sensibly." *Independent Woman*, September, 297, 311.

Millett, Kate. 1970. *Sexual Politics: A Surprising Examination of Society's Most Arbitrary Folly*. New York: Doubleday.

Milliot, Jim. 2014. "Dutton Marks 150 Years of Publishing: The Penguin Random House Imprint Has a Storied History." *Publishers Weekly*, January 27, 2-3.

Mills, C. Wright. 1951. *White Collar: The American Middle Classes*. New York: Oxford University Press.

——. 1956. *The Power Elite*. New York: Oxford University Press.

Mills, Kay. 1988. *A Place in the News: From the Women's Pages to the Front Page*. New York: Columbia University Press. Reprint, 1990.

Mintz, Steven. 2015. *The Prime of Life: A History of Modern Adulthood*. Cambridge, MA: Harvard University Press.

Mirowski, Philip. 2002. *Machine Dreams: Economics Becomes a Cyborg Science*. New York: Cambridge University Press.

Mischel, Walter. 2014. *The Marshmallow Test*. Boston: Little, Brown.

Mischel, Walter, and Carol Gilligan. 1964. "Delay of Gratification, Motivation for the Prohibited Gratification, and Responses to Temptation." *Journal of Abnormal and Social Psychology* 69 (4):411-417.

Misciagno, Patricia S. 1997. *Rethinking Feminist Identification: The Case for De Facto Feminism*. New York: Praeger.

Mitchell, Juliet. 1974. *Psychoanalysis and Feminism: Freud, Reich, Laing and Women*. New York: Pantheon.

Mitgang, Herbert. 1977. "Publishing 'Fourth of July' in 1977." *New York Times*, July 8, 58.

Monks, John P. 1957. *College Men at War*. Boston: American Academy of Arts and Sciences.

Moore, Kelly. 2008. *Disrupting Science: Social Movements, American Scientists, and the Politics of the Military, 1945-1975*. Princeton, NJ: Princeton University Press.

Moran, Barbara. 1972. "Women's Rights Address Book." *Woman's Day*, October, 25, 32, 210-214.

Morantz-Sanchez, Regina Markell. 1985. *Sympathy and Science: Women Physicians in American Medicine*. Chapel Hill, NC: University of North Carolina Press. Reprint, 2000.

Moravcsik, Andrew. 2015. "Why I Put My Wife's Career First." *Atlantic*, October, 15-17.

Morawski, Jill G. 1994. *Practicing Feminisms, Reconstructing Psychology: Notes on a Liminal Science*. Ann Arbor: University of Michigan Press.

Morgan, Elaine. 1972a. "The Descent of Woman." *McCall's*, June, 103-110.

——. 1972b. *The Descent of Woman*. New York: Stein & Day.

Morgan, Robin, ed. 1970a. *Sisterhood Is Powerful: An Anthology of Writings from the Women's Movement*. New York: Random House.

——. 1970b. "The Women's Revolution." In *Sisterhood Is Powerful: An Anthology of Writings from the Women's Movement*, xiii-xl. New York: Random House.

Morris, Bailey. 1981a. "Cure Sought for Superwoman's Disease." *Boston Globe*, January 25, B6.

——. 1981b. "Working: A Plan Gone Awry?" *Boston Globe*, May 31, A5.

Mosher, Clelia Duel. 1901. "Normal Menstruation and Some of the Factors Modifying to It." *Johns Hopkins Hospital Bulletin* (May-June):127-173.

——. 1916. *Health and the Woman Movement*. New York: Young Women's Christian Associations National Board.

Moskowitz, Eva S. 1996. "'It's Good to Blow Your Top': Women's Magazines and a Discourse of Discontent, 1945-1965." *Journal of Women's History* 8 (3):66-98.

——. 2008. *In Therapy We Trust: America's Obsession with Self-Fulfillment*. Baltimore: Johns Hopkins University Press.

Mosse, George L. 1996. *The Image of Man: The Creation of Modern Masculinity*. New York, Oxford: Oxford University Press.

Moulton, Ruth. 1977. "The Fear of Female Power: A Cause of Sexual Dysfunction." *Journal of the American Academy of Psychoanalysis* 5 (4):499–519.

——. 1986. "Professional Success: A Conflict for Women." In *Psychoanalysis and Women: Contemporary Reappraisals*, edited by Judith L. Alpert, 161–181. Hillsdale, NJ: Analytic Press.

Müller, Kathrin Friederike. 2010. *Frauenzeitschriften aus der Sicht ihrer Leserinnen: Die Rezeption von Brigitte im Kontext von Biografie, Alltag und Doing Gender*. Bielefeld: Transcript.

Munk, William. 1895. *The Life of Sir Henry Halford*. London: Longmans, Green.

Murphy, Michelle. 2012. *Seizing the Means of Reproduction: Entanglements of Feminism, Health, and Technoscience*. Durham, NC: Duke University Press.

Murphy, Priscilla Coit. 2005. *What a Book Can Do: The Publication and Reception of "Silent Spring."* Amherst: University of Massachusetts Press.

Muson, Howard. 1977. "The Lessons of the Grant Study." *Psychology Today*, September, 42–49.

Myerson, Abraham. 1920. *The Nervous Housewife*. Boston: Little, Brown.

Myrdal, Alva, and Viola Klein. 1956. *Women's Two Roles: Home and Work*. London: Routledge & Kegan Paul.

Naffine, Ngaire. 2004. "Our Legal Lives as Men, Women and Persons." *Legal Studies* 24 (4): 621–642.

Nandy, Ashis. 1987. "Reconstructing Childhood: A Critique of the Ideology of Adulthood." In Nandy, *Traditions, Tyranny and Utopias: Essays in the Politics of Awareness*, 56–76. New Delhi: Oxford University Press.

Narr, Wolf-Dieter. 1980. "The Selling of Narcissism." *Dialectical Anthropology* 5 (1):63–73.

National Institute of Mental Health. 1969–72. *Mental Health Research Grant Awards*. Washington, DC: US Government Printing Office.

National Manpower Council. 1957. *Womanpower: A Statement*. New York: Columbia University Press.

——. 1958. *Work in the Lives of Married Women: Proceedings of a Conference on Womanpower*. New York: Columbia University Press.

Nelkin, Dorothy. 1987. *Selling Science: How the Press Covers Science and Technology*. New York: Freeman.

Neubeck, Gerhard, ed. 1969. *Extramarital Relations*. Englewood Cliffs, NJ: Prentice-Hall.

Neugarten, Bernice L. 1968a. "The Awareness of Middle Age." In *Middle Age and Aging: A*

Reader in Social Psychology, edited by Bernice L. Neugarten, 93-98. Chicago: University of Chicago Press.

——, ed. 1968b. *Middle Age and Aging: A Reader in Social Psychology*. Chicago: University of Chicago Press.

Neugarten, Bernice L., and Nancy Datan. 1974. "The Middle Years." In *American Handbook of Psychiatry*, edited by Silvano Arieti, 592-608. New York: Basic Books.

——. 1996. "The Middle Years." In *The Meanings of Age: Selected Papers*, edited by Dail A. Neugarten, 135-159. Chicago: University of Chicago Press.

Neustadtl, Sara. 1986. "They Hear Different Voices." Review of *Women's Ways of Knowing*, by Mary Field Belenky, Blythe McVicker Clinchy, Nancy Rule Goldberger, and Jill Mattuck Tarule. *New York Times*, October 5, BR38.

Newman, Katherine. 1998. "Place and Race: Midlife Experience in Harlem." In *Welcome to Middle Age! (And Other Cultural Fictions)*, edited by Richard A. Shweder, 259-293. Chicago: University of Chicago Press.

Newson, John, and Elizabeth Newson. 1975. "Intersubjectivity and the Transmission of Culture: On the Social Origins of Symbolic Functioning." *Bulletin of the British Psychological Society* 28:437-446.

Newton, Peter M. 1978. Review of *The Seasons of a Man's Life*, by Daniel J. Levinson. *American Scientist*, September-October, 630.

——. 1994. "Daniel Levinson and His Theory of Adult Development: A Reminiscence and Some Clarifications." *Journal of Adult Development* 1 (3):135-147.

Nichols, Michael P. 1986. *Turning Forty in the '80s: Personal Crisis, Time for Change*. New York: Norton.

Nikolova, Milena, and Carol Graham. 2015. "Bentham or Aristotle in the Development Process? An Empirical Investigation of Capabilities and Subjective Well-being." *World Development* 68:163-179.

Nissley, Erin L. 2017. "Ahead of Her Time: Science-Minded Scranton Native Encountered Sexism, Success." http://thetimes-tribune.com/news/local-history-science-minded-scranton-native-finds-success-as-author-1.2169669 (accessed December 19, 2017).

Nobile, Philip. 1972. "What Is The New Impotence, and Who's Got It?" *Esquire*, October, 95-98, 218.

Noddings, Nel. 1984. *Caring: A Feminine Approach to Ethics and Moral Education*. Berkeley, CA: University of California Press.

Nolen, William A. 1968. *The Making of a Surgeon*. Nashville, TN: Mid-List.

——. 1972. *A Surgeon's World*. New York: Random House.

——. 1976. *Surgeon under the Knife*. New York: Coward, McCann & Geoghegan.

——. 1980. "What You Should Know about 'Male Menopause.'" *McCall's*, June, 84-88.

——. 1981. "Male Menopause: Myth or Mid-life Reality?" *Reader's Digest*, June, 181-183.

——. 1984. *Crisis Time! Love, Marriage, and the Male at Mid-life*. New York: Dodd, Mead.

Notman, Malkah T. 1982. "Midlife Concerns of Women: Implications of the Menopause." In *The Woman Patient: Concepts of Femininity and the Life Cycle*, edited by Carol C. Nadelson and Malkah T. Notman, 135-144. New York: Plenum.

Oakley, Ann. 1972. *Sex, Gender, and Society*. San Francisco: Harper & Row.

O'Brien, Patricia. 1976. "Dr. Spock for Adults." Review of *Passages*, by Gail Sheehy. *Ms.*, August, 112-113.

O'Neill, Nena, and George O'Neill. 1972. *Open Marriage: A New Life Style for Couples*. New York: M. Evans.

O'Rand, Angela M., and John C. Henretta. 1982. "Women at Middle Age: Developmental Transitions." *Annals of the American Academy of Political and Social Science* 464:58-64.

O'Reilly, Jane. 1971. "The Housewife's Moment of Truth." *Ms.*, December 20, 54-55, 57-59.

Oertzen, Christine von. 2007. *The Pleasure of a Surplus Income: Part-time Work, Gender Politics, and Social Change in West Germany, 1955-1969*. New York: Berghahn.

Oertzen, Christine von, Maria Rentetzi, and Elizabeth S. Watkins. 2013. "Special Issue: Beyond the Academy: Histories of Gender and Knowledge." *Centaurus* 55 (2).

Offen, Karen. 1987. "Sur l'origine des mots 'féminisme' et 'féministe.'" *Révue d'histoire moderne et contemporaine* 3:492-496.

——. 1988. "Defining Feminism: A Comparative Historical Approach." *Signs* 14 (1):119-157.

Offer, Daniel. 1969. *The Psychological World of the Teenager: A Study of Normal Adolescent Boys*. New York: Basic Books.

Offer, Daniel, and Judith Baskin Offer. 1975. *From Teenage to Young Manhood: A Psychological Study*. New York: Basic Books.

Offer, Daniel, and Melvin Sabshin. 1984. "Adolescence: Empirical Perspectives." In *Normality and the Life Cycle: Critical Integration*, edited by Daniel Offer and Melvin Sabshin. New York: Basic Books.

Oldenziel, Ruth. 1999. *Making Technology Masculine: Men, Women and Modern Machines in America, 1870-1945*. Amsterdam: Amsterdam University Press.

Ong, Walter. 1982. *Orality and Literacy: The Technologizing of the Word*. New York: Routledge. Reprint, 2012.

Onion, Rebecca. 2015. "Against Generations." http://aeon.co/magazine/psychology/we-need-to-ditch-generational-labels/ (accessed December 19, 2017).

Onosaka, Junko R. 2006. *Feminist Revolution in Literacy: Women's Bookstores in the United States*. New York: Routledge.

Oppenheimer, Valerie K. 1974. "The Life-Cycle Squeeze: The Interaction of Men's

Occupational and Family Life Cycles." *Demography* 11:227-245.

——. 1976. "The Easterlin Hypothesis: Another Aspect of the Echo to Consider." *Population and Development Review* 2:433-457.

——. 1977. "The Sociology of Women's Economic Role in the Family." *American Sociological Review* 42:387-406.

Orme, Nicholas. 2001. *Medieval Children*. New Haven, CT: Yale University Press.

Osgerby, Bill. 2001. *Playboys in Paradise: Masculinity, Youth and Leisure-Style in Modern America*. Oxford: Berg.

Osherson, Samuel D. 1980. *Holding On or Letting Go: Men and Career Change at Midlife*. New York: Free Press.

Osipow, Samuel H. 1973. *Theories of Career Development*. New York: Appleton-Century-Crofts.

Oudshoorn, Nelly. 1994. *Beyond the Natural Body: An Archeology of Sex Hormones*. New York: Routledge.

Ouellette, Laurie. 1999. "Inventing the Cosmo Girl: Class Identity and Girl-Style American Dreams." *Media, Culture & Society* 21 (3):359-383.

Ozment, Steven. 2001. *Ancestors: The Loving Family in Old Europe*. Cambridge, MA: Harvard University Press.

Pace, Eric. 1972. "New Book Crop Is Full of Novels." *New York Times*, September 5, 44.

Paletschek, Sylvia. 2001. "Kinder—Küche—Kirche." In *Deutsche Erinnerungsorte*, edited by Étienne François and Hagen Schulze, 419-433. München: C. H. Beck.

Palm, Kerstin. 2011. "Altern in lebenswissenschaftlicher Perspektive: Das Beispiel 'männliche' Menopause." *Gegenworte* 25 (1):74-76.

Palmatier, Robert Allen. 1995. "Empty-Nest Syndrome." In Palmatier, *Speaking of Animals: A Dictionary of Animal Metaphors*, 136. Westport, CT: Greenwood.

Palmer, Rachel Lynn, and Sarah Koslow Greenberg. 1936. *Facts and Frauds in Woman's Hygiene: A Medical Guide against Misleading Claims and Dangerous Products*. New York: Sun Dial.

Pandora, Katherine. 1997. *Rebels within the Ranks: Psychologists' Critiques of Scientific Authority and Democratic Realities in New Deal America*. Cambridge: Cambridge University Press.

Park, Hyung Wook. 2016. *Old Age, New Science: Gerontologists and Their Biosocial Visions, 1900-1960*. Pittsburgh, PA: University of Pittsburgh Press.

Parker, Rebecca A., and Carolyn M. Aldwin. 1997. "Do Aspects of Gender Identity Change from Early to Middle Adulthood? Disentangling Age, Cohort, and Period Effects." In *Multiple Paths of Midlife Development*, edited by Margie E. Lachman and Jacquelyn Boone James, 67-108. Chicago: University of Chicago Press.

Parnes, Ohad, Ulrike Vedder, and Stefan Willer. 2008. *Das Konzept der Generation: Eine Wissenschaftsund Kulturgeschichte*. Frankfurt am Main: Suhrkamp.

"*Passages* II: Advice for the Demon-Worn." 1978. *Time*, August 14, 70.

Patterson, Michelle, and Lucy Sells. 1973. "Women Dropouts from Higher Education." In *Academic Women on the Move*, edited by Alice S. Rossi and Ann Calderwood, 79-91. New York: Russell Sage Foundation.

Payant, Katherine B. 1993. "Female Friendship in the Contemporary Bildungsroman." In *Communication and Women's Friendships: Parallels and Intersections in Literature and Life*, edited by Janet Doubler Ward and JoAnna Stephens Mink, 151-165. Bowling Green, OH: Bowling Green State University Popular Press.

Pearce, Diana. 1978. "The Feminization of Poverty: Women, Work, and Welfare." *Urban and Social Change Review* 11 (1&2):28-36.

Pearlin, Leonard I., and Joyce S. Johnson. 1977. "Marital Status, Life-Strains and Depression." *American Sociological Review* 42 (5):704-715.

Pecile, Jordan. 1978. "Times of Change." Review of *The Seasons of a Man's Life*, by Daniel J. Levinson. *Hartford Courant*, October 19, 30.

Perkin, Harold. 1996. *The Third Revolution: Professional Elites in the Modern World*. London: Routledge.

Pesmen, Curtis. 1984. *How a Man Ages: Growing Older: What to Expect and What You Can Do about It*. New York: Ballantine.

Piaget, Jean. 1980. *Adaptation and Intelligence: Organic Selection and Phenocopy*. Chicago: University of Chicago Press.

Pinkerton, Walter. 1971. "Believe It or Not: The 'New Journalism' Is Sometimes Less than Meets the Eye." *Wall Street Journal*, August 13, 1, 19.

Pitkin, Walter B. 1930. *The Psychology of Achievement*. New York: Simon & Schuster.

——. 1932. *Life Begins at Forty*. New York: McGraw-Hill.

——. 1937. *Careers after Forty*. New York: Whittlesey House.

Pitzulo, Carrie. 2011. *Bachelors and Bunnies: The Sexual Politics of "Playboy."* Chicago: University of Chicago Press.

Plant, Rebecca Jo. 2010. *Mom: The Transformation of Motherhood in Modern America*. Chicago: University of Chicago Press.

——. 2015. "Motherhood." In *Rethinking Therapeutic Culture*, edited by Timothy Aubry and Trysh Travis, 72-84. Chicago: University of Chicago Press.

Plate, Tom. 2007. *Confessions of an American Media Man: What They Don't Tell You at Journalism School*. Singapore: Marshall Cavendish Editions.

Pogrebin, Letty Cottin. 1975. *Getting Yours: How to Make the System Work for the Working Woman*. New York: McKay.

Poirot, Kristan. 2004. "Mediating a Movement, Authorizing Discourse: Kate Millett, *Sexual Politics*, and Feminism's Second Wave." *Women's Studies in Communication* 27 (2):204-235.

Pollock, Kristian. 1988. "On the Nature of Social Stress: Production of a Modern Mythology." *Social Science & Medicine* (26) 3:381-392.

Polsgrove, Carol. 2009. "Magazines and the Making of Authors." In *A History of the Book in America*, vol. 5, *The Enduring Book: Print Culture in Postwar America*, edited by David Paul Nord, Joan S. Rubin, and Michael Schudson, 256-268. Chapel Hill: University of North Carolina Press.

Pool, Gail. 2009. *Faint Praise: The Plight of Book Reviewing in America*. Columbia: University of Missouri Press.

Poovey, Mary. 1988. *Uneven Developments: The Ideological Work of Gender in Mid-Victorian England*. Chicago: University of Chicago Press.

Popper, Karl. 1963. *Conjectures and Refutations*. London: Routledge.

Pratt, Mary Louise. 1992. *Imperial Eyes: Travel Writing and Transculturation*. New York: Routledge.

Preciado, Beatriz. 2014. *Pornotopia: An Essay on Playboy's Architecture and Biopolitics*. Cambridge, MA: MIT Press.

Prescott, Heather Munro. 2002. "Using the Student Body." *Journal of the History of Medicine and Allied Sciences* 57 (1):3-38.

——. 2007. *Student Bodies: The Influence of Student Health Services in American Society and Medicine*. Ann Arbor: University of Michigan Press.

President's Commission on the Status of Women. 1963. *American Women: Report on the President's Commission on the Status of Women*. Washington, DC: Government Publications Office.

Prose, Francine. 1990. "Confident at 11, Confused at 16: Carol Gilligan Studies Girls Growing Up." *New York Times Magazine*, January 7, 23-25, 37-39, 45-46.

Pugh, Derek S., and David J. Hickson. 2016. "Elliott Jaques and the Glacier Investigations." In Pugh and Hickson, *Great Writers on Organizations*, 32-35. New York: Routledge.

"PW Hardcover Bestsellers." 1976a. *Publishers Weekly*, August 16, 130.

"PW Hardcover Bestsellers." 1976b. *Publishers Weekly*, December 13, 74.

"PW Paperback Bestsellers." 1978. *Publishers Weekly*, May 1, 90.

Pycior, Helena, Nancy G. Slack, and Pnina G. Abir-Am, eds. 1996. *Creative Couples in the Sciences*. New Brunswick, NJ: Rutgers University Press.

Quinn, Naomi. 1982. "'Commitment' in American Marriage: A Cultural Analysis." *American Ethnologist* 9 (4):775-798.

Rabinbach, Anson. 1992. *The Human Motor: Energy, Fatigue, and the Origins of Modernity*.

Berkeley: University of California Press.

Rabkin, Judith G., and Elmer L. Struening. 1976. "Life Events, Stress, and Illness." *Science* 194:1013–1020.

Radler, Barry T. 2014. "The Midlife in the United States (MIDUS) Series: A National Longitudinal Study of Health and Well-being." *Open Health Data* 2 (1).

Radway, Janice. 1984. *Reading the Romance: Women, Patriarchy, and Popular Literature*. Chapel Hill: University of North Carolina Press.

———. 1997. *A Feeling for Books: The Book-of-the-Month Club, Literary Taste, and Middle-Class Desire*. Chapel Hill: University of North Carolina Press.

Rahe, Richard H., Merle Meyer, Michael Smith, George Kjaer, and Thomas H. Holmes. 1964. "Social Stress and Illness Onset." *Journal of Psychosomatic Research* 8:35–44.

Rains, Prudence Mors. 1971. *Becoming an Unwed Mother: A Sociological Account*. Chicago: Atherton.

Ramsden, Edmund. 2014. "Stress in the City: Mental Health, Urban Planning, and the Social Sciences in the Postwar United States." In *Stress, Shock, and Adaptation in the Twentieth Century*, edited by David Cantor and Edmund Ramsden, 291–319. Rochester, NY: University of Rochester Press.

Randall, Marilyn. 2001. *Pragmatic Plagiarism: Authorship, Profit, and Power*. Toronto: University of Toronto Press.

Ransom, Roger L., and Richard Sutch. 1986. "The Labor of Older Americans: Retirement of Men on and off the Job, 1870–1937." *Journal of Economic History* 46 (1):1–30.

Rapoport, Robert N. 1970. *Mid-career Development: Research Perspectives on a Developmental Community for Senior Administrators*. London: Tavistock.

Rauch, Jonathan. 2014. "The Real Roots of the Midlife Crisis." *Atlantic*, December, 88–95.

———. *The Happiness Curve: Why Life Gets Better after 50*. New York: St. Martin's.

Raymond, John. 1980. "Man's Life Stages Missed by the Bard." *Atlanta Constitution*, September 28, F1.

Reagan, Leslie. 1997. *When Abortion Was a Crime: Women, Medicine, and Law in the United States, 1867–1973*. Berkeley: University of California Press.

Reed, Charles A. L. 1901. *A Text-book of Gynecology*. New York: Appleton.

Reger, Jo. 2012. *Everywhere and Nowhere: Contemporary Feminism in the United States*. Oxford: Oxford University Press.

Reuben, David. 1969. *Everything You Always Wanted to Know about Sex (but Were Afraid to Ask)*. New York: McKay.

Reverby, Susan M. 1987. *Ordered to Care: The Dilemma of American Nursing, 1850–1945*. Cambridge: Cambridge University Press.

"Review of *A Different Woman*, by Jane Howard." 1973. *Kirkus Reviews*, November 7.

Rhode, Deborah L. 2016. *Adultery: Infidelity and the Law*. Cambridge, MA: Harvard University Press.

——. 2017. *Women and Leadership*. Oxford: Oxford University Press.

Rhodes, Richard. 1978. "Passionate Explorations of Man's 'Passages.'" Review of *The Seasons of a Man's Life*, by Daniel J. Levinson, and *Coming of Middle Age*, by Arnold Mandell. *Chicago Tribune*, April 16, F7.

Richardson, Laurel Walum. 1977. *The Dynamics of Sex and Gender: A Sociological Perspective*. Chicago: Rand McNally.

——. 1979. Review of *The Seasons of a Man's Life*, by Daniel J. Levinson. *Journal of Marriage and the Family* 41 (4):915-916.

——. 1991. "Sharing Feminist Research with Popular Audiences." In *Beyond Methodology: Feminist Scholarship as Lived Research*, edited by Mary Margaret Fonow and Judith A. Cook, 284-296. Bloomington, IN: Indiana University Press.

Riesman, Daniel, with Nathan Glazer and Reuel Denney. 1950. *The Lonely Crowd*. New Haven, CT: Yale University Press.

Rivers, Caryl. 1983. "Crocodile Tears for the Working Woman." *Los Angeles Times*, May 30, B5.

Rivers, Caryl, Rosalind C. Barnett, and Grace K. Baruch. 1979. *Beyond Sugar and Spice: How Women Grow, Learn, and Thrive*. New York: Putnam.

Roazen, Paul. 1976. *Erik H. Erikson: The Power and Limits of a Vision*. New York: Free Press.

Robb, Christina. 1980. "Vive la Difference." *Boston Globe Magazine*, October 5, 11, 69-80.

——. 2007. *This Changes Everything: The Relational Revolution in Psychology*. New York: Farrar, Straus and Giroux.

Robinson, Leonard Wallace. 1974. "The New Journalism: A Panel Discussion with Harold Hayes, Gay Talese, Tom Wolfe and Professor L. W. Robinson." In *The Reporter as Artist: A Look at the New Journalism Controversy*, edited by Ronald Weber, 66-75. New York: Hastings House.

Rodgers, Daniel T. 2011. *Age of Fracture*. Cambridge, MA: Belknap.

Rose, Harold. 1980. Review of *The Seasons of a Man's Life*, by Daniel J. Levinson. *Adult Education Quarterly* 30 (4):245-246.

Rose, Nikolas. 1990. *Governing the Soul: The Shaping of the Private Self*. New York: Routledge.

——. 1998. *Inventing Our Selves: Psychology, Power, and Personhood*. New York: Cambridge University Press.

Rosen, Gerald M. 1978. "Suggestions for an Editorial Policy on the Review of Self-Help Treatment Books." *Behavior Therapy* 9 (5):960.

——. 2004. "Remembering the 1978 and 1990 Task Forces on Self-Help Therapies." *Journal of Clinical Psychology* 60 (1):111-113.

Rosen, Judith. 2013. "Harvard University Press Turns 100." *Publishers Weekly*, April 15, 4.

Rosen, R[ichard] D. 1980. "Epping: Plagiarize or Perish." *New Republic*, November 15, 13-14.

——. 1989. "Bullcrit: The Reading Disorder of the Literary Fast Lane." *New York Magazine*, February 6, 44-47.

Rosen, Ruth. 2000. *The World Split Open: How the Modern Women's Movement Changed America*. New York and London: Penguin.

Rosenberg, Charles E. 1962. "The Place of George M. Beard in Nineteenth-Century Psychiatry." *Bulletin of the History of Medicine* 36:245-259.

Rosenberg, Rosalind. 1982. *Beyond Separate Spheres: Intellectual Roots of Modern Feminism*. New Haven, CT: Yale University Press.

Rosenblum, Constance. 1979. "'Just Blame It on My Midlife Crisis.'" *Chicago Tribune*, January 14, K1.

Rosenfield, Sarah. 1980. "Sex Differences in Depression: Do Women Always Have Higher Rates?" *Journal of Health and Social Behavior* 21 (1):33-42.

Rosin, Hanna. 2012. *The End of Men: And the Rise of Women*. London: Penguin.

Rossi, Alice S. 1964. "Equality between the Sexes: An Immodest Proposal." *Daedalus* 93 (2):607-652.

——. 1980. "Life-Span Theories and Women's Lives." *Signs* 6 (1):4-32.

——, ed. 1994. *Sexuality across the Life Course*. Chicago: University of Chicago Press.

——, ed. 2001. *Caring and Doing for Others: Social Responsibility in the Domains of Family, Work, and Community*. Chicago: University of Chicago Press.

Rossiter, Margaret W. 1982-2012. *Women Scientists in America*. 3 vols. Vol. 1, *Struggles and Strategies to 1940* [1982]. Vol. 2, *Before Affirmative Action, 1940-1972* [1995]. Vol. 3, *Forging a New World since 1972* [2012]. Baltimore: Johns Hopkins University Press.

——. 1993. "The Matilda Effect in Science." *Social Studies of Science* 23 (2):325-341.

Rowold, Katharina. 2010. *The Educated Woman: Minds, Bodies, and Women's Higher Education in Britain, Germany, and Spain, 1865-1914*. New York: Routledge.

Rubin, Gayle. 1975. "The Traffic in Women: Notes on the 'Political Economy' of Sex," in *Toward an Anthropology of Women*, edited by Rayna R. Reiter, 157-210. New York: Monthly Review Press.

Rubin, Joan S. 1992. *The Making of Middlebrow Culture*. Chapel Hill: University of North Carolina Press.

Ruddick, Sara. 1980. "Maternal Thinking." *Feminist Studies* 6 (2):342-367.

——. 1989. *Maternal Thinking: Toward a Politics of Peace*. Boston: Beacon Press.

Ruddick, Sara, and Pamela Daniels, eds. 1977. *Working It Out: 23 Women Writers, Artists, Scientists, and Scholars Talk about Their Lives and Work*. New York: Pantheon.

Rupnow, Dirk, Veronika Lipphardt, Jens Thiel, and Christina Wessely, eds. 2008. *Pseudowissenschaft:*

Konzeptionen von Nichtwissenschaftlichkeit in der Wissenschaftsgeschichte. Frankfurt am Main: Suhrkamp.

Rupp, Leila J. 2001. "Is Feminism the Province of Old (or Middle-Aged) Women?" *Journal of Women's History* 12 (4):164-173.

Russett, Cynthia Eagle. 1989. *Sexual Science: The Victorian Construction of Womanhood*. Cambridge, MA: Harvard University Press.

Rutherford, Alexandra. 2017. "'Making Better Use of U.S. Women': Psychology, Sex Roles, and Womanpower in Post-WWII America." *Journal of the History of the Behavioral Sciences* 53 (3):1-18.

Rutherford, Alexandra, Kelli Vaughn-Blount, and Laura C. Ball. 2010. "Responsible Opposition, Disruptive Voices: Science, Social Change, and the History of Feminist Psychology." *Psychology of Women Quarterly* 34 (4):460-473.

Ryback, David. 1976. "Crisis Can Conceal Opportunity." Review of *Passages*, by Gail Sheehy. *Atlanta Constitution*, July 18, 11C.

Ryder, Norman B. 1965. "The Cohort as a Concept in the Study of Social Change." *American Sociological Review* 30 (6):843-861.

Sabine, Gordon, and Patricia Sabine. 1983. *Books That Made the Difference: What People Told Us*. Hamden, CT: Library Professional Publications.

Salholz, Eloise. 1986. "Feminism's Identity Crisis." *Newsweek*, March 31, 58-59.

Sammon, Virginia. 1969. "Surviving the *Saturday Evening Post*." *Antioch Review* 29 (1):101-108.

Sanborn, Sara. 1976. "A Gesell for Adults." Review of *Passages*, by Gail Sheehy. *New York Times*, May 30, BR3-4.

Sandage, Scott A. 2005. *Born Losers: A History of Failure in America*. Cambridge, MA: Harvard University Press.

Sandberg, Sheryl. 2013. *Lean In: Women, Work, and the Will to Lead*. London: Allen. Reprint, 2015.

Sarachild, Kathie. 1970. "A Program for Feminist 'Consciousness Raising.'" *Notes from the Second Year*, 78-80.

Sarasin, Philipp. 2007. "Unternehmer seiner selbst." Review of *Geschichte der Gouvernementalität*, by Michel Foucault. *Deutsche Zeitschrift für Philosophie* 55 (3):473-493.

Sassen, Georgia. 1980. "Success Anxiety in Women: A Constructivist Interpretation of Its Sources and Its Significance." *Harvard Educational Review* 50 (1):13-25.

Saur, Michael. 2013. "Der weite Weg zum Glück: Interview mit George Vaillant." *Süddeutsche Zeitung Magazin*, March 28, 32-38.

Savage, Mike. 2010. *Identities and Social Change in Britain since 1940: The Politics of Method*.

Oxford: Oxford University Press.

Scanlon, Jennifer. 1995. *Inarticulate Longings: The "Ladies' Home Journal," Gender, and the Promises of Consumer Culture*. New York: Routledge.

——. 2009. *Bad Girls Go Everywhere: The Life of Helen Gurley Brown*. New York: Oxford University Press.

Scarf, Maggie. 1972. "Husbands in Crisis." *McCall's*, June, 76-77, 120-125.

——. 1976a. *Body, Mind, Behavior*. Washington, DC: New Republic.

——. 1976b. "Time of Transition: The Male in the Mid-life Decade." In Scarf, *Body, Mind, Behavior*, 263-281. Washington, DC: New Republic.

——. 1978. "Rough Passages." Review of *Transformations*, by Roger Gould. *New York Times*, July 16, BR2.

Schäfer, Daniel. 2015. *Old Age and Disease in Early Modern Medicine*. New York: Routledge.

Schiebinger, Londa. 1999. *Has Feminism Changed Science?* Cambridge, MA: Harvard University Press. Reprint, 2003.

Schmidt, Susanne. 2018. "The Anti-Feminist Reconstruction of the Midlife Crisis: Popular Psychology, Journalism and Social Science in 1970s America." *Gender & History* 30 (1):153-176.

Schnädelbach, Sandra. 2017. "Entscheidende Gefühle: Rechtsgefühl und juristische Emotionalität in der deutschsprachigen Jurisprudenz, 1870-1930." PhD diss., Freie Universität Berlin.

Schoen, Johanna. 2015. *Abortion after Roe*. Chapel Hill: University of North Carolina Press.

Schudson, Michael. 1978. *Discovering the News*. New York: Basic Books.

Schwandt, Hannes. 2015. "Why So Many of Us Experience a Midlife Crisis." https://hbr.org/2015/04/why-so-many-of-us-experience-a-midlife-crisis (accessed December 19, 2017).

Scott, James F. 1898. *The Sexual Instinct: Its Use and Dangers as Affecting Heredity and Morals*. New York: Treat.

Scott, Joan W. 1983. "Women in History: The Modern Period." *Past & Present* 101:141-157.

——. 1989. "French Feminists and the Rights of 'Man': Olympe de Gouges's Declarations." *History Workshop* 28 (1):1-21.

——. 1996. *Only Paradoxes to Offer: French Feminists and the Rights of Man*. Cambridge, MA: Harvard University Press.

Secord, Anne. 1994. "Science in the Pub: Artisan Botanists in Early Nineteenth-Century Lancashire." *History of Science* 32:269-315.

Secord, James A. 2000. *Victorian Sensation: The Extraordinary Publication, Reception, and Secret Authorship of Vestiges of the Natural History of Creation*. Chicago: University of Chicago Press.

——. 2004. "Knowledge in Transit." *Isis* 95 (4):654-672.

See, Carolyn. 1996. "Days of the Lives of Women." Review of *Seasons of a Woman's Life*, by Daniel J. Levinson. *Washington Post*, February 2, B2A.

Segrave, Kerry. 2001. *Age Discrimination by Employers*. Jefferson, NC: McFarland.

Sejersted, Francis. 2011. *The Age of Social Democracy: Norway and Sweden in the Twentieth Century*. Princeton, NJ: Princeton University Press.

Self, Robert. 2012. *All in the Family: The Realignment of American Democracy since the 1960s*. New York: Farrar, Straus & Giroux.

Sengoopta, Chandak. 2000. "The Modern Ovary: Constructions, Meanings, Uses." *History of Science* 38:425-88.

——. 2006. *The Most Secret Quintessence of Life: Sex, Glands, and Hormones, 1850-1950*. Chicago: University of Chicago Press.

Senn, Milton J. E., ed. 1950. *Symposium on the Healthy Personality: Transactions of Special Meetings of Conference on Infancy and Childhood*. New York: Macy Foundation.

Setiya, Kieran. 2014. "The Midlife Crisis." *Philosophers' Imprint* 14 (31):1-18.

——. 2017. *Midlife: A Philosophical Guide*. Princeton, NJ: Princeton University Press.

Shaevitz, Marjorie Hansen. 1984. *The Superwoman Syndrome*. New York: Warner.

Sharp, Daryl. 1988. *The Survival Papers: Anatomy of a Midlife Crisis*. Toronto: Inner City Books.

Shaughnessy, Joan M. 1988. "Gilligan's Travels." *Law and Inequality* 7 (1):1-27.

Shaw, Katherine. 1990. "*Reader's Digest*." In *American Mass Market Magazines*, edited by Alan Nourie and Barbara Nourie, 425-431. Westport, CT: Greenwood.

Sheehy, Gail. 1968a. "Nanas in the Park." *New York*, June 3, 18-21.

——. 1968b. "Powwow in Middle Village." *New York*, August 19, 32-35.

——. 1968c. "The Tunnel Inspector and the Belle of the Bar Car." *New York*, April 29, 20-26.

——. 1969a. "Bachelor Mothers: Missing Elements in New York Families, Part I." *New York*, January 13, 20-26.

——. 1969b. "Childless by Choice: Missing Elements in New York Families, Part II." *New York*, January 20, 35-41.

——. 1970a. "A City Kind of Love: A Report on the State of the Art in New York City, 1970." *New York*, February 16, 28-34.

——. 1970b. "The Great St. Valentine's Day Uprising." *New York*, February 16, 46-52.

——. 1970c. "Lovesounds of a Wife." *McCall's*, August, 90-102.

——. 1970d. "The Men of Women's Liberation Have Learned Not to Laugh." *New York*, May 18, 28-35.

——. 1971a. "Divorced Mothers as a Political Force." *New York*, May 10, 10.

——. 1971b. "Divorced Mothers as a Political Force." In *The Future of the Family*, edited by Louise Kapp Howe, 55-57. New York: Simon & Schuster. Reprint, 1972.

——. 1971c. "Nice Girls Don't Get into Trouble." *New York*, February 15, 26-30.

——. 1971d. *Panthermania: The Clash of Black against Black in One American City*. New York: Harper & Row.

——. 1971e. "Teach Me Tonight." *New York*, May 17, 8-9.

——. 1972a. "The Fighting Women of Ireland." *New York*, March 13, 45-55.

——. 1972b. "The Landlords of Hell's Bedroom." *New York*, November 20, 67-80.

——. 1972c. "The Secret of Grey Gardens." *New York*, January 10, 24-29.

——. 1973a. *Hustling: Prostitution in Our Wide Open Society*. New York: Delacorte.

——. 1973b. "Why Can't a Woman Be More like Margaret Mead?" *New York*, August 13, 39-47.

——. 1974a. "Catch-30: And Other Predictable Crises of Growing Up Adult." *New York*, February 18, 30-51.

——. 1974b. "Why Mid Life Is Crisis Time for Couples." *New York*, April 29, 31-35.

——. 1976a. "The Age 40 Crucible." *Wharton Magazine*, Fall, 31-35.

——. 1976b. "The Crisis Couples Face at 40." *McCall's*, May, 107, 155-162.

——. 1976c. "A Crisis Every Woman Must Face." *Family Circle*, July, 52-56.

——. 1976d. "Impasse: A Stinging Look at One Couple's Marriage, Plus Crucial Questions for the Two of You." *Bride's*, December, 62, 88-92.

——. 1976e. "No Pure Ideas." *Time*, June 28, 6.

——. 1976f. *Passages: Predictable Crises of Adult Life*. New York: Dutton.

——. 1976g. "Why Do Men Marry? For Love, for Money, for Safety, for Freedom or All of the Above?" *Glamour*, April, 70, 72-74.

——. 1976h. "You Are in Good Company." *Sky*, October, 13-15, 55-62.

——. 1977a. "The Crisis Couples Face at Forty." *Reader's Digest*, March, 73-76.

——. 1977b. "A Fistful of Dollars: Featuring the Good, the Bad, and the Ugly." *Rolling Stone*, July 14, 47-59.

——. 1978. "What Do Men Want?" *New York Times*, BR4.

——. 1980. "Women and Leadership: Gloria Steinem." *New York Times*, January 31, C2.

——. 1984. "Culture of Survivalism." Review of *The Minimal Self*, by Christopher Lasch. *Vogue*, November, 266-267.

——. 1986. "The Passage of Corazón Aquino." *Parade Magazine*, June 8, 4-9.

——. 1988. *Character: America's Search for Leadership*. New York: Morrow.

——. 1989. "The Blooming of Margaret Thatcher." *Vanity Fair*, June, 102-112, 164-174.

——. 1990. *The Man Who Changed the World: The Lives of Mikhail S. Gorbachev*. New York: HarperCollins.

——. 1991. "The Silent Passage: Menopause." *Vanity Fair*, October, 222-227, 252-263.

——. 1992. *The Silent Passage: Menopause*. New York: Random House.

——. 1996. *New Passages: Mapping Your Life across Time*. New York: Random House.

——. 1998. *Understanding Men's Passages: Discovering the New Map of Men's Lives*. New York: Random House.

——. 2006. *Sex and the Seasoned Woman: Pursuing the Passionate Life*. New York: Random House.

——. 2010. *Passages in Caregiving*. New York: Morrow.

——. 2014. *Daring: My Passages*. New York: Morrow.

Shenk, Joshua Wolf. 2009. "What Makes Us Happy?" *Atlantic*, June, 36-41, 44, 46-48, 50-53.

Shepherd, Glen R. 1952. "Doctor's Notebook: Menopause Causes Baseless Fears." *Washington Post*, March 9, S10.

Sherfey, Mary Jane. 1972. *The Nature and Evolution of Female Sexuality*. New York: Random House.

Shergold, Peter R. 1982. *Working-Class Life: The "American Standard" in Comparative Perspective, 1899-1913*. Pittsburgh, PA: University of Pittsburgh Press.

Sherman, Geraldine. 1995. "The Joy of 'Middlescence' and Other Passages in Time." *Globe and Mail*, July 1, C20.

Sherwood, Margaret. 1949. "You Can Have Glamour after Forty." *Independent Woman*, June, 183-184.

Shinn, Terry, and Richard Whitley, eds. 1985. *Expository Science: Forms and Functions of Popularisation*. Dordrecht: Reidel.

Showalter, Elaine. 1985. *The Female Malady: Women, Madness, and English Culture, 1830-1980*. New York: Pantheon.

——. 1998. "Changing Places: This Time, Gail Sheehy Examines the Problems Men Face." *New York Times*, June 7, BR38.

Shweder, Richard A., ed. 1998. *Welcome to Middle Age! (And Other Cultural Fictions)*. Chicago: University of Chicago Press.

Sidel, Ruth. 1978. *Urban Survival: The World of Working-Class Women*. Lincoln: University of Nebraska Press.

Sieber, Sam D. 1974. "Toward a Theory of Role Accumulation." *American Sociological Review* 39 (4):567-578.

Siegel, Reva B. 2008. "The Right's Reasons: Constitutional Conflict and the Spread of Woman-Protective Antiabortion Argument." *Duke Law Journal* 57:1641-1692.

Sifford, Darrell. 1985. "How to Cope with Midlife Crisis: An Interview with William Nolen." *South China Morning Post*, May 27, 41.

Silverman, Chloe. 2012. *Understanding Autism: Parents, Doctors, and the History of a Disorder*.

Princeton, NJ: Princeton University Press.
Simmons, Dana. 2016. "Impostor Syndrome: A Reparative History." *Engaging Science, Technology, and Society* 2:106-127.
Simpson, Elizabeth L. 1974. "Moral Development Research: A Case Study of Scientific Cultural Bias." *Human Development* 17:81-106.
Skinner, Quentin. 1969. "Meaning and Understanding in the History of Ideas." *History and Theory* 8(1):3-53.
Skae, Francis. 1865. "Climacteric Insanity." *Edinburgh Medical Journal* 10:703-716.
Skopek, Jeffrey M. 2011. "Principles, Exemplars, and Uses of History in Early 20th Century Genetics." *Studies in History and Philosophy of Biological and Biomedical Sciences* 42:210-225.
Slater, Philip E. 1963. "On Social Regression." *American Sociological Review* 28:339-364.
——. 1974. *Earthwalk*. Garden City, NY: Anchor Press/Doubleday.
Slaughter, Anne-Marie. 2015. *Unfinished Business: Women, Men, Work, Family*. New York: Random House.
Smith, Cecil. 1976. "TV Review: A Meeting of the Minds on KCET." *Los Angeles Times*, July 29, F16.
Smith, David. 1973. "Forty Hear Reporter Discuss Investigation of Prostitution." *Columbia Spectator*, March 30, 3.
Smith, Lynn. 1983. "Psychologists Analyze Their Needs: Group Probes Personal Pitfalls of Fame, Fortune, Power, Alcohol." *Los Angeles Times*, September 6, C1, C6, C8.
Smith, Tony. 1976. "Social Violence and Conservative Social Psychology: The Case of Erik Erikson." *Journal of Peace Research* 13 (1):1-13.
Smith-Rosenberg, Carroll. 1985. "Puberty to Menopause: The Cycle of Femininity in Nineteenth-Century America [1973]." In Smith-Rosenberg, *Disorderly Conduct: Visions of Gender in Victorian America*, 182-196. New York: Oxford University Press.
Soddy, Kenneth. 1967. *Men in Middle Life*. London: Tavistock.
Solomon, Barbara Miller. 1985. *In the Company of Educated Women: A History of Women and Higher Education in America*. New Haven, CT: Yale University Press.
Sommers, Tish. 1974. "The Compounding Impact of Age on Sex: Another Dimension of the Double Standard." *Civil Rights Digest* 7 (1):2-9.
Sontag, Susan. 1972. "The Double Standard of Aging." *Saturday Review*, September 23, 29-38.
"Special Issue on Men: As Sons, as Lovers, at Work, in Bed, or . . . Not at All." 1975. *Ms.*, October.
Spencer, Anna Garlin. 1913. *Woman's Share in Social Culture*. New York: Kennerley.
Spock, Benjamin. 1946. *The Common Sense Book of Baby and Child Care*. New York: Duell, Sloan & Pearce.

Srole, Leo, Thomas S. Langner, Stanley T. Michael, Marvin K. Opler, and Thomas A. C. Rennie. 1962. *Mental Health in the Metropolis: The Midtown Manhattan Study*. New York: McGraw-Hill.

Stack, Carol B. 1975. *All Our Kin: Strategies for Survival in a Black Community*. New York: Harper & Row.

Stearns, Peter N. 1980. "Old Women: Some Historical Observations." *Journal of Family History* 5:44-57.

Steinem, Gloria. 1970. "'Women's Liberation' Aims to Free Men, Too." *Washington Post*, June 7, 192.

——. 2015. *My Life on the Road*. New York: Random House.

Steptoe, Andrew, Angus Deaton, and Arthur Stone. 2014. "Subjective Wellbeing, Health, and Ageing." *Lancet* 385 (9968):640-648.

Stern, Richard. 1974. "For Hal Scharlatt (1935-1974)." *New York Review of Books*, February 21, 388.

Sternbergh, Adam. 2006. "Up with Grups: The Ascendant Breed of Grown-Ups Who Are Redefining Adulthood." *New York*, April 3, 26-34.

Steward, James B. 2011. "Top Aide To a C.E.O.: Her Husband." *New York Times*, Nov. 5, B11.

Stockham, Alice B. 1887. *Tokology: A Book for Every Woman*. Chicago: Sanitary Publishing. Original edition, 1883.

Stolberg, Michael. 2007a. "Das männliche Klimakterium: Zur Vorgeschichte eines modernen Konzepts (1500-1900)." In *Männlichkeit und Gesundheit im historischen Wandel ca. 1800—ca. 2000*, edited by Martin Dinges, 105-121. Stuttgart: Steiner.

——. 2007b. "From the 'Climacteric Disease' to the 'Male Climacteric': The Historical Origins of a Modern Concept." *Maturitas* 58:111-116.

Stoler, Ann Laura. 1995. *Race and the Education of Desire: Foucault's "History of Sexuality" and the Colonial Order of Things*. Durham, NC: Duke University Press.

Stoll, Clarice Stasz. 1973a. Review of *Speed Is of the Essence*, by Gail Sheehy. *Journal of Contemporary Ethnography* 2:121-122.

——. 1973b. Review of "Cleaning Up Hell's Bedroom" and "The Landlords of Hell's Bedroom," by Gail Sheehy. *Journal of Contemporary Ethnography* 2:114-115.

Stoltzfus, Emilie. 2003. *Citizen, Mother, Worker: Debating Public Responsibility for Child Care after the Second World War*. Chapel Hill: University of North Carolina Press.

Stone, Abraham, and Lena Levine. 1956. *The Premarital Consultation: A Manual for Physicians*. New York: Grune & Stratton.

Stone, Alison. 2004. "Essentialism and Anti-Essentialism in Feminist Philosophy." *Journal of Moral Philosophy* 1 (2):135-153.

Stone, Arthur A., Joseph E. Schwartz, Joan E. Broderick, and Angus Deaton. 2010. "A Snapshot of the Age Distribution of Psychological Well-being in the United States." *Proceedings of the National Academy of Sciences* 107 (22):9985-9990.

"Student and Teacher of Human Ways: Anthropologist Margaret Mead, America's BestKnown Woman Scientist, Gives Modern America Some Tips for Improvement." 1959. *Life*, September 14, 143-148.

Surkis, Judith. 2014. "Of Scandals and Supplements: Relating Intellectual and Cultural History." In *Rethinking Modern European Intellectual History*, edited by Darrin M. McMahon and Samuel Moyn, 94-111. Oxford: Oxford University Press.

Swidler, Ann. 1980. "Love and Adulthood in American Culture." In *Themes of Work and Love in Adulthood*, edited by Neil J. Smelser and Erik H. Erikson, 120-147. Cambridge, MA: Harvard University Press.

——. 2001. *Talk of Love: How Culture Matters*. Chicago: University of Chicago Press.

Swinth, Kirsten. 2018. *Feminism's Forgotten Fights: The Unfinished Struggle for Work and Family*. Cambridge, MA: Harvard University Press.

Symonds, Alexandra. 1974. "The Liberated Woman: Healthy and Neurotic." *American Journal of Psychoanalysis* 34 (3):177-183.

Tager-Flusberg, Helen, Simon Baron-Cohen, and Donald J. Cohen, eds. 1993. *Understanding Other Minds: Perspectives from Autism*. Oxford: Oxford University Press.

Tarde, Gabriel. 1969. "Opinion and Conversation [1898]." In *Gabriel Tarde on Communication and Social Influence: Selected Papers*, edited by Terry N. Clark, 297-318. Chicago: University of Chicago Press.

Tarrant, Shira. 2009. *When Sex Became Gender*. New York: Routledge.

Tavris, Carol. 1982. "Women and Men and Morality." *New York Times*, May 2, BR14.

——. 1992. *The Mismeasure of Woman: Why Women Are Not the Better Sex, the Inferior Sex, or the Opposite Sex*. New York: Simon & Schuster.

——. 1995. "Forward to Middlescence." *New York Times*, June 25, BR15.

Taylor, Charles. 1989. *Sources of the Self: The Making of the Modern Identity*. Cambridge, MA: Harvard University Press.

Taylor, Jill McLean, Carol Gilligan, and Amy M. Sullivan. 1996. *Between Voice and Silence: Women and Girls, Race and Relationship*. Cambridge, MA: Harvard University Press.

Taylor, Walter C. 1871. A *Physician's Counsels to Woman, in Health and Disease*. Springfield, MA: Holland.

Tebbel, John William. 1981. *A History of Book Publishing in The United States*, vol. 4, *The Great Change, 1940-1980*. New York: Bowker.

Thane, Pat, ed. 2005. *The Long History of Old Age*. London: Thames & Hudson.

Theorell, Tores. 1976. "Selected Illnesses and Somatic Factors in Relation to Two Psychosocial

Stress Indices: A Prospective Study on Middle-Aged Construction Building Workers." *Journal of Psychosomatic Research* 20:7-20.

Théré, Christine. 2015. "Life Change and Change of Life: Asymmetrical Attitudes towards the Sexes in Medical Discourse in France (1770-1836)." *Clio* 42:53-77.

Thoits, Peggy A. 1983. "Multiple Identities and Psychological Well-being." *American Sociological Review* 48 (2):147-187.

Thom, Mary. 1997. *Inside "Ms.": 25 Years of the Magazine and the Feminist Movement*. New York: Holt.

Thomson, Irene Taviss. 2000. *In Conflict No Longer: Self and Society in Contemporary America*. New York: Rowman & Littlefield.

——. 2005. "The Theory That Won't Die: From Mass Society to the Decline of Social Capital." *Sociological Forum* 20 (3):421-448

"Three Sticky Subjects: Kids, Oil, and Middle Age." 1978. *Esquire*, April 11, 6.

Tiedeman, David V., and Robert P. O'Hara. 1963. *Career Development: Choice and Adjustment*. New York: College Entrance Examination Board.

Tiefer, Leonore. 1986. "In Pursuit of the Perfect Penis: The Medicalization of Male Sexuality." *American Behavioral Scientist* 29:579-599.

Tilley, Helen. 2011. *Africa as a Living Laboratory: Empire, Development, and the Problem of Scientific Knowledge, 1870-1950*. Chicago: University of Chicago Press.

Tilt, Edward John. 1851a. "On the Management of Women at, and after the Cessation of, Menstruation." *Provincial Medicine and Surgery Journal* 15:281-287, 342-344, 401-404, 545-548.

——. 1851b. *On the Preservation of the Health of Women at the Critical Period of Life*. London: Churchill.

——. 1851c. "On the Right Management of Women, at First Menstruation, and during the Persistence of that Function." *Provincial Medicine and Surgery Journal* 15 (8):206-210.

——. 1851d. "On the Right Management of Young Women before the First Appearance of Menstruation." *Provincial Medicine and Surgery Journal* 15 (6):148-150.

——. 1857. *The Change of Life in Health and Disease: A Practical Treatise on the Nervous and Other Affections Incidental to Women at the Decline of Life*. London: John Churchill. Reprint, 1870.

Toffler, Alvin. 1970. *Future Shock*. New York: Random House.

Tomasello, Michael. 2009. *Why We Cooperate*. Cambridge, MA: MIT Press.

Topham, Jonathan R. 2009. "Rethinking the History of Science Popularization/Popular Science." In *Popularizing Science and Technology in the European Periphery, 1800-2000*, edited by Faidra Papanelopoulou, Agustí Nieto-Galan, and Enrique Perdiguer, 1-20. Surrey: Ashgate.

Traister, Bruce. 2000. "Academic Viagra: The Rise of American Masculinity Studies." *American Quarterly* 52 (2):274-304.

Trent, Sarah. 1934. *Women over Forty*. New York: Macaulay.

Trentmann, Frank. 2008. *Free Trade Nation: Commerce, Consumption, and Civil Society in Modern Britain*. Oxford: Oxford University Press.

Tunc, Tanfer Emin. 2010. "Talking Sex: Deciphering Dialogues of American Female Sexuality in the Mosher Survey, 1892-1920." *Journal of Women's History* 22 (1):130-153.

Twemlow, Stuart W. 2005. "Elliott Jaques on the Life and Behavior of Living Organisms." *International Journal of Applied Psychoanalytic Studies* 2:389-395.

Tyrer, Louise, Betty Friedan, Charlayne Hunter-Gault, Cora Weiss, Mary Tyler Moore, Eliza Collins, Grace Mirabella, and Lorraine Davis. 1983. "Women Now: The Open Doors: *Vogue*'s Eighth Annual American Woman Symposium." *Vogue*, June, 188-195, 254-255.

United States Census Bureau. 1957. "Women Past Thirty-five in the Labor Force: 1947 to 1956." *Current Population Reports* P-50 (75).

——. 1986. *Money Income and Poverty Status of Families and Persons in the United States: 1985*. Washington, DC: GPO.

United States Cong. S. Subcomm. on the Constitution of the S. Comm. on the Judiciary. 1981. *Constitutional Amendments relating to Abortion: Hearings on S.J. Res. 18, S.J. Res. 19, and S.J. Res. 110*, 97th Cong.

United States Department of Labor. 1956. *Handbook on Women Workers*. Bulletin of the Women's Bureau no. 261.

——. 1960. *Handbook on Women Workers*. Bulletin of the Women's Bureau no. 275.

——. 1991. *The Glass Ceiling Initiative: A Report*. Washington, DC.

University Grants Committee. 1964. *University Appointments Boards: A Report by the Rt. Hon. the Lord Heyworth*. London: Her Majesty's Stationery Office.

Vaidhyanathan, Siva. 2003. *Copyrights and Copywrongs: The Rise of Intellectual Property and How It Threatens Creativity*. New York: New York University Press.

Vaillant, George E. 1977a. *Adaptation to Life*. Boston: Little, Brown.

——. 1977b. "The Climb to Maturity: How the Best and the Brightest Came of Age." *Psychology Today*, September, 34-41, 107-110.

——. 1985. "Loss as a Metaphor for Attachment." *American Journal of Psychoanalysis* 45 (1):59-67.

——. 1986. *Empirical Studies of Ego Mechanisms of Defense*. Washington, DC: American Psychiatric Press.

——. 1992. *Ego Mechanisms of Defense: A Guide for Clinicians and Researchers*. Washington, DC: American Psychiatric Press.

——. 1993. *The Wisdom of the Ego*. Cambridge, MA: Harvard University Press.

——. 2002. *Aging Well: Surprising Guideposts to a Happier Life from the Landmark Harvard Study of Adult Development*. Boston: Little, Brown.

——. 2012. *Triumphs of Experience: The Men of the Harvard Grant Study*. Cambridge, MA: Belknap.

Vaillant, George E., and Charles C. McArthur. 1972. "Natural History of Male Psychologic Health, I: The Adult Life Cycle from 18-50." *Seminars in Psychiatry* 4 (4):415-427.

Vandewater, Elizabeth A., and Abigail J. Stewart. 1997. "Women's Career Commitment Patterns and Personality Development." In *Multiple Paths of Midlife Development*, edited by Margie E. Lachman and Jacquelyn Boone James, 375-410. Chicago: University of Chicago Press.

Verbrugge, Lois M. 1982. "Women's Social Roles and Health." In *Women: A Developmental Perspective*, edited by Phyllis W. Berman and Estelle R. Ramey, 49-78. Bethesda, MD: National Institutes of Health.

Verheyen, Nina. 2014. "Age(ing) with Feeling." In Ute Frevert et al., *Emotional Lexicons: Continuity and Change in the Vocabulary of Feeling, 1700-2000*. Oxford: Oxford University Press.

Vicedo, Marga. 2013. *The Nature and Nurture of Love: From Imprinting to Attachment in Cold War America*. Chicago: University of Chicago Press.

Voss, Kimberly Wilmot, and Lance Speere. 2007. "A Women's Page Pioneer: Marie Anderson and Her Influence at the *Miami Herald* and Beyond." *Florida Historical Quarterly* 85 (4):398-421.

Wachowiak, Dale. 1977. "Counseling Inside/Out." Review of *Passages*, by Gail Sheehy. *Personnel & Guidance Journal* 55 (7):376.

Waggoner, Walter H. 1973. "Times Sq. Bookstores Sue City and Landlords for 'Harassment.'" *New York Times*, January 20, 38.

Wahl-Jorgensen, Karin. 2001. "Letters to the Editor as a Forum for Public Deliberation: Modes of Publicity and Democratic Debate." *Critical Studies in Media Communication* 18 (3):303-320.

——. 2007. *Journalists and the Public: Newsroom Culture, Letters to the Editor, and Democracy*. New York: Hampton Press.

Waite, Linda J., and Mark Nielsen. 2001. "The Rise of the Dual-Earner Family, 1963-1997." In *Working Families*, edited by Rosanna Hertz and Nancy L. Marshall, 23-41. Berkeley: University of California Press.

Walker, Lawrence. 1984. "Sex Differences in the Development of Moral Reasoning: A Critical Review." *Child Development* 55 (3):677-691.

Walker, Nancy A. 2000. *Shaping Our Mothers' World: American Women's Magazines*. Jackson: University Press of Mississippi.

Wallace, R., and D. Wallace. 1990. "Origins of Public Health Collapse in New York City: The Dynamics of Planned Shrinkage, Contagious Urban Decay and Social Disintegration." *Bulletin of the New York Academy of Medicine* 66:391-434.

"Washington Best Sellers." 1984. *Washington Post*, January 29, BW12.

Watkins, Elizabeth Siegel. 2007a. *The Estrogen Elixir: A History of Hormone Replacement Theory in America*. Baltimore: Johns Hopkins University Press.

——. 2007b. "The Medicalisation of Male Menopause in America." *Social History of Medicine* 20 (2):369-388.

——. 2008. "Medicine, Masculinity, and the Disappearance of Male Menopause in the 1950s." *Social History of Medicine* 21 (2):329-344.

Watlington, Dennis. 2006. *Chasing America: Notes from a Rock 'n' Soul Integrationist*. New York: Macmillan.

Weber, Ronald, ed. 1974. *The Reporter as Artist: A Look at the New Journalism Controversy*. New York: Hastings House.

Weed, Elizabeth, and Naomi Schor, eds. *The Essential Difference*. Bloomington: Indiana University Press.

Wegman, Myron E. 1946. Review of *Common Sense Book of Baby and Child Care*, by Benjamin Spock. *American Journal of Public Health* 36 (11):1329.

Weidman, Nadine. 2016. "Between the Counterculture and the Corporation: Abraham Maslow and Humanistic Psychology in the 1960s." In *Groovy Science: Knowledge, Innovation, and American Counterculture*, edited by David Kaiser and W. Patrick McCray, 109-141. Chicago: University of Chicago Press.

Weingarten, Marc. 2005. *The Gang That Wouldn't Write Straight*. New York: Three Rivers Press.

Weinstein, Fred, and Gerald Platt. 1975. "The Coming Crisis in Psychohistory." *Journal of Modern History* 47:202-228.

Weisman, Abner I. 1951. *Women's Change of Life*. New York: Renbayle House.

Weiss, Alexander, James E. King, Miho Inoue-Murayama, Tetsuro Matsuzawa, and Andrew J. Oswald. 2012. "Evidence for a Midlife Crisis in Great Apes Consistent with the U-Shape in Human Well-being." *Proceedings of the National Academy of Sciences of the United States of America (PNAS)* 109 (49):19949-19952.

Weiss, Jessica. 2000. *To Have and to Hold: Marriage, the Baby Boom, and Social Change*. Chicago: University of Chicago Press.

Weiss, Nancy Pottishman. 1977. "Mother, the Invention of Necessity: Dr. Benjamin Spock's *Baby and Child Care*." *American Quarterly* 29 (5):519-546.

Weissman, Myrna. 1979. "The Myth of Involutional Melancholia." *JAMA* 242 (8):742-744.

Weisstein, Naomi. 1968. *Kinder, Küche, Kirche as Scientific Law: Psychology Constructs the*

Female. Boston: New England Free Press.
——. 1970. "Kinder, Küche, Kirche as Scientific Law: Psychology Constructs the Female [1968]." In *Sisterhood Is Powerful: An Anthology of Writings from the Women's Liberation Movement*, edited by Robin Morgan, 205-219. New York: Vintage.
——. 1989. "The Early Years of the Women's Liberation Movement in Chicago." *Phoebe: An Interdisciplinary Journal of Feminist Scholarship, Theory and Aesthetics* 1 (1):3-20.
Wessely, Christina. 2014. *Welteis: Eine wahre Geschichte*. Berlin: Matthes & Seitz.
West, Charles. 1858. *Lectures on the Diseases of Women*. Philadelphia: Blanchard & Lea.
Wethington, Elaine. 2000. "Expecting Stress: Americans and the 'Midlife Crisis.'" *Motivation and Emotion* 24:85-103.
Wethington, Elaine, Ronald C. Kessler, and Joy E. Pixley. 2004. "Turning Points in Adulthood." In *How Healthy Are We? A National Study of Well-being at Midlife*, edited by Orville G. Brim, 586-613. Chicago: University of Chicago Press.
Wheeler, Helen Rippier. 1997. *Women and Aging: A Guide to the Literature*. Boulder, CO: Lynne Rienner.
Whelehan, Imelda. 2005. *The Feminist Bestseller: From "Sex and the Single Girl" to "Sex and the City."* New York: Palgrave Macmillan.
Whitbourne, Susan Krauss. 1986. *The Me I Know: A Study of Adult Identity*. New York: Springer.
——. 2010. *The Search for Fulfillment: Revolutionary New Research That Reveals the Secret to Long-term Happiness*. New York: Ballantine.
——. 2012. "The Top 10 Myths about the Midlife Crisis: It's Time to Demystify the Midlife Crisis." psychologytoday.com/blog/fulfillment-any-age/201207/the-top-10-myths-about-the-midlife-crisis (accessed December 19, 2017).
White, Cynthia L. 1970. *Women's Magazines, 1693-1968*. London: Michael Joseph.
Whitt, Jan. 2008. *Women in American Journalism: A New History*. Urbana: University of Illinois Press.
Whyte, William H. 1956. *The Organization Man*. New York: Simon & Schuster.
Wiel, Lucy van de. 2014a. "For Whom the Clock Ticks: Reproductive Ageing and Egg Freezing in Dutch and British News Media." *Studies in the Maternal* 6 (1):1-28.
——. 2014b. "The Time of the Change: Menopause's Medicalization and the Gender Politics of Aging." *International Journal of Feminist Approaches to Bioethics* 1:74-89.
——. 2015. "Frozen in Anticipation: Eggs for Later." *Women's Studies International Forum* 53:119-128.
Wilbush, Joel. 1980. "Tilt, E. J., and *The Change of Life* (1857)—The Only Work on the Subject in the English Language." *Maturitas* 2 (4):259-267.
——. 1981. "What's in a Name? Some Linguistic Aspects of the Climacteric." *Maturitas*

3:1-9.

Willer, Stefan, Sigrid Weigel, and Bernhard Jussen. 2013. *Erbe: Übertragungskonzepte zwischen Natur und Kultur*. Berlin: Suhrkamp.

Williams, Bernard. 1981. "Moral Luck." In Williams, *Moral Luck: Philosophical Papers, 1973-1980*, 20-39. Cambridge: Cambridge University Press.

Williams, Bernard, and Thomas Nagel. 1976. "Moral Luck." *Proceedings of the Aristotelian Society* 50:115-151.

Williams, Whiting. 1920. *What's on the Worker's Mind*. New York: Scribner's.

Willis, Ellen. 1975. "The Conservatism of *Ms.*" In *Feminist Revolution*, edited by Redstockings, 170-171. New Paltz, NY: Redstockings.

Wilson, Elizabeth. 1985. *Adorned in Dreams: Fashion and Modernity*. London: Virago.

Wilson, Robert A. 1966. *Feminine Forever*. New York: Evans.

Wilson, Robert A., and Thelma A. Wilson. 1963. "The Fate of the Nontreated Postmenopausal Woman: A Plea for the Maintenance of Adequate Estrogen from Puberty to the Grave." *Journal of the American Geriatrics Society* 11:347-362.

Wilson, Sloan. 1955. *The Man in the Gray Flannel Suit*. New York: Simon & Schuster.

Wind, Eddy de. 1968. "The Confrontation with Death." *International Journal of Psychoanalysis* 49 (2-3):302-305.

Wing, Lorna. 1974. *Children Apart: Autistic Children and Their Families*. London: National Society for Autistic Children.

Wing, Lorna, and Judith Gould. 1979. "Severe Impairments of Social Interaction and Associated Abnormalities in Children: Epidemiology and Classification." *Journal of Autism and Developmental Disorders* 9:11-29.

Winnicott, Donald W. 1965. *The Maturational Processes and the Facilitating Environment: Studies in the Theory of Emotional Development*. London: Hogarth.

——. 1971. *Playing and Reality*. New York: Basic Books.

——. 1988. "The Ordinary Devoted Mother [1966]." In *Babies and Their Mothers*, 1-14. London: Free Association.

Witmer, Helen. 1950. Introduction to *Symposium on the Healthy Personality: Transactions of Special Meetings of Conference on Infancy and Childhood*, edited by Milton J. E. Senn, 13-14. New York: Josiah Macy, Jr. Foundation.

Wolfe, Linda. 1972. "A Time of Change." *New York*, June 5, 68-69.

Wolfe, Tom. 1970. "Radical Chic: That Party at Lenny's." *New York*, June 8, 25-56.

——. 1976. "The 'Me' Decade and the Third Great Awakening." *New York*, August 23, 26-40.

——. 2008. "A City Built of Clay." *New York*, July 6, 16-21, 84.

Wolff, Cynthia Griffin. 1979. "Erikson's 'Inner Space' Reconsidered." *Massachusetts Review*

20 (2):355-368.

"Women Needn't Worry." 1953. Review of *The Menopause*, by Lena Levine and Beka Doherty. *Psychiatric Quarterly* 27 (1):170-171.

"Women's Lib and Me! (Our Readers Speak Out)." 1970. *Ladies' Home Journal*, 69, 74.

Woods, William Leon, Lucien Brouha, and Carl Coleman Seltzer. 1943. *Selection of Officer Candidates*. Cambridge, MA: Harvard University Press.

Worell, Judith. 1978. "Sex Roles and Psychological Well-being: Perspectives on Methodology." *Journal of Consulting and Clinical Psychology* 46:777-791.

——. 1988. "Single Mothers." *Women & Therapy* 7 (4):3-14.

——. 2000. "Feminism in Psychology: Revolution or Evolution?" *Annals of the American Academy of Political and Social Science* 571:183-196.

Work in America: Report of a Special Task Force to the Secretary of Health, Education, and Welfare. 1973. Cambridge, MA: MIT Press.

Wright, J. Patrick. 1979. *On a Clear Day You Can See General Motors: John Z. De Lorean's Look inside the Automotive Giant*. Grosse Pointe, MI: Wright.

Wylie, Philip. 1942. *Generation of Vipers*. New York: Rinehart.

——. 1963. "The Career Woman." *Playboy*, January, 117-118, 154-156.

Yankelovich, Daniel. 1981. *New Rules: Searching for Self-Fulfillment in a World Turned Upside Down*. New York: Random House.

Yankelovich, Skelly and White, Inc. 1978. *The 1978 Consumer Research Study on Reading and Book Purchasing: A Study Inquiring into the Nature of Reading and Book Buying Habits of the American Public*. New York: Book Industry Study Group.

Young, Iris Marion. 1998. "Polity and Group Difference: A Critique of the Ideal of Universal Citizenship." In *The Citizenship Debates: A Reader*, edited by Gershon Shafir, 263-290. Minneapolis, MN: University of Minnesota Press.

Zaretsky, Natasha. 2007. *No Direction Home: The American Family and the Fear of National Decline, 1968-1980*. Chapel Hill: University of North Carolina Press.

Zeisler, Andi. 2016. *We Were Feminists Once: From Riot Grrrl to CoverGirl®, the Buying and Selling of a Political Movement*. New York: PublicAffairs.

Zola, Irving Kenneth. 1972. "Medicine as an Institution of Social Control." *Sociological Review* 20 (4):487-504.

Zuckerman, Mary Ellen. 1998. *A History of Popular Women's Magazines in the United States, 1792-1995*. Westport, CT: Greenwood.

Zunz, Olivier. 1990. *Making America Corporate, 1870-1920*. Chicago: University of Chicago Press.

▮ 著者

スザンヌ・シュミット／Susanne Schmidt

ベルリン・フンボルト大学の歴史研究員。ケンブリッジ大学で科学史と科学哲学の博士号を取得後，ベルリン自由大学のポスドク研究員，ハーバード大学科学史学科，ジョージタウン大学，マックス・プランク科学史研究所，ドイツ歴史研究所（ワシントンDC）の客員研究員を務める。現在は，ベルリン・フンボルト大学で現代の社会的・文化的思想と実践の歴史を研究している。

▮ 監訳者

岡本祐子／おかもと・ゆうこ

広島大学名誉教授，HICP東広島心理臨床研究室代表，教育学博士，臨床心理士，公認心理師。広島大学大学院教育学研究科博士課程後期修了。専門は，成人期発達臨床心理学。主な著書に，『世代継承性研究の展望』『成人発達臨床心理学ハンドブック』（以上，ナカニシヤ出版），『アイデンティティ生涯発達論の展開：中年の危機と心の深化』（ミネルヴァ書房）などがある。

▮ 訳者

寺田容子／てらた・ようこ

東京外国語大学ロシア東欧課程ロシア語専攻卒業。書籍・ウェブサイトなどの翻訳を行うほか，英語放送同時通訳として，NHK，CNN，BBCなどのテレビ各局にて国際ニュースや記者会見，スポーツ中継などの通訳業務に携わる。オバマ大統領の広島演説や大統領就任式など，重大ニュース報道での同時通訳を担当。

青山 薫／あおやま・かおる

津田塾大学学芸学部英文学科卒業。出版社勤務を経て，書籍，雑誌，英語教材の編集に携わったあと，渡仏してフランス語を学ぶ。翻訳は雑誌やCNNなどのメディアを中心に経験。主な訳書に『アメリカン・トリビア』（朝日出版社），『サイエンス超簡潔講座 感染症』『サイエンス超簡潔講座 動物行動学』（以上，ニュートンプレス）などがある。

女性の中年危機

ミドルエイジ・クライシス（中年の危機）をチャンスに変える方法

2021年7月15日発行

著者　スザンヌ・シュミット
監訳者　岡本祐子
訳者　寺田容子，青山 薫
翻訳，編集協力　有限会社ルーベック
編集　道地恵介，鈴木ひとみ
表紙デザイン　岩本陽一
発行者　高森康雄
発行所　株式会社 ニュートンプレス
〒112-0012 東京都文京区大塚 3-11-6
https://www.newtonpress.co.jp

ISBN　978-4-315-52399-7

カバー，表紙画像：© Courtneyk/Getty Images